Hugo Ginsberg

Der Briefwechsel des Spinoza

Hugo Ginsberg

Der Briefwechsel des Spinoza

ISBN/EAN: 9783743456495

Hergestellt in Europa, USA, Kanada, Australien, Japan

Cover: Foto ©ninafisch / pixelio.de

Weitere Bücher finden Sie auf **www.hansebooks.com**

Der

BRIEFWECHSEL DES SPINOZA

im Urtexte

herausgegeben

und mit einer Einleitung über dessen Leben, Schriften und Lehre versehen

von

HUGO GINSBERG,
DOCTOR DER PHILOSOPHIE.

Angehängt ist:

LA VIE DE B. DE SPINOSA

PAR

JEAN COLERUS.

LEIPZIG, 1876.

ERICH KOSCHNY
(L. HEIMANN'S VERLAG.)

Vorwort.

Als zweiter Theil der von dem unterzeichneten Herausgeber der Ethik des Spinoza in dem Vorwort zu dieser Schrift angekündigten Gesammtausgabe der philosophischen Werke dieses epochemachenden Denkers erscheint hier sein Briefwechsel. Soweit derselbe in der ersten Ausgabe der Opera posthuma 1677 veröffentlicht wurde, ist dem vorliegenden Bande, ebenso wie der Ethik, der Text dieser Ausgabe zu Grunde gelegt. Epistola LXXV ist zuerst von Bruder in dessen Gesammtausgabe der Werke Spinoza's aufgenommen. Neu hinzugekommen sind die neuerdings aufgefundenen Ergänzungen schon bekannter und sieben bisher unbekannte Briefe, welche zuerst van Vloten in seinem Supplementum ad Benedicti de Spinoza Opera (Amstelodami 1862) veröffentlicht hat. Hiebei sind die angeführten Texte zu Grunde gelegt.

Da in der bisherigen Literatur über Spinoza die Briefe nach der Zählung der Ausgabe der Opera posthuma 1677 citirt werden, so sind die römischen Zahlen derselben beibehalten, um aber die neu hinzugekommenen Briefe kenntlich zu machen, vorn fortlaufende arabische Ziffern hinzugefügt, so dass auch in dieser ersten vollständigen Briefausgabe die früher bekannten Briefe nach der alten Zählung leicht aufgefunden werden können. Das gleiche Verfahren ist in der Einleitung hinsichtlich der Citate beobachtet. Die von Bruder in der Ausgabe der Briefe gemachte Paragrapheneintheilung ist nicht in Anwendung gebracht, weil sie den Briefen ein pedantisches Gepräge giebt, das Spinoza's brieflicher Verkehr durchaus nicht hat. Ebenso sind literar-historische Notizen, wie sie Bruder unter dem Texte beigegeben, ohne sie als Zusätze des Herausgebers kenntlich zu machen, in die Einleitung verwiesen.

In Beziehung auf diese literar-historischen Notizen hat sich der Herausgeber möglichste Vollständigkeit zur Pflicht gemacht, um so dem Besitzer dieser Briefausgabe, besonders wenn ihm für den Zweck wissenschaftlicher Arbeiten über Spinoza und dessen Lehre grosse öffentliche Bibliotheken nicht bequem zugänglich sind, einen umfassenden literarischen Apparat zu ersetzen.

Unter diesem Gesichtspunkte musste auch die Einleitung vorzugsweise auf die wörtliche Wiedergabe der Hauptergebnisse der Untersuchungen eines Trendelenburg, Sigwart, Kuno Fischer über die Schriften und die Lehre Spinoza's beschränkt bleiben, zumal die Verlagshandlung den Wunsch ausgesprochen, bei diesem Band nicht wesentlich den Umfang des ersten Bandes der Gesammtausgabe überschritten zu sehen.

Namentlich der letzte Band unserer Gesammtausgabe wird Gelegenheit bieten, noch weiter auf die Entwicklung der Lehre des Philosophen zurückzukommen.

Die Einleitung musste auch desshalb eine wesentliche Einschränkung erfahren, weil sich der Herausgeber entschloss, diesem Bande La vie de B. de Spinoza par Jean Colerus nach der Originalausgabe (à la Haye 1706) beizugeben, was gewiss dazu beiträgt, diese Gesammtausgabe um so brauchbarer zu machen. Angehängt ist die neuerdings aufgefundene und von van Vloten (a. o. a. O.) zuerst veröffentlichte gegen Spinoza in Anwendung gebrachte Bannformel.

Die Argumenta zu den früher bekannten Briefen sind Christoph Theophil von Murr's Schrift Benedicti de Spinoza Adnotationes ad Tractatum theol.-polit. entlehnt.

Nach den Absichten der Verlagshandlung wie des Herausgebers wird es hoffentlich möglich sein, die Gesammtausgabe der philosophischen Werke Spinoza's bis Ende dieses Jahres zu vollenden.

Breslau, den 30. Juni 1876.

Der Herausgeber.

Einleitung.

EINLEITUNG.

Schon der erste Herausgeber der nachgelassenen Werke Spinoza's, der Arzt Ludwig Meyer, veröffentlichte den Briefwechsel des Philosophen mit dem Zusatz auf dem Titel „dass derselbe nicht wenig zur Erläuterung seiner Schriften beitrage".

Dieser Zusatz hat schon früh dazu geführt für die Darstellung und Kritik der Lehre Spinoza's auch seinen Briefen eine eingehende Berücksichtigung zu schenken [1]; indess ist für eine wissenschaftliche Verwerthung und Würdigung derselben nach dieser Richtung grosse Vorsicht erforderlich.

Soll nämlich diesen Briefen eine Bedeutung für die Erläuterung der Lehre beigelegt werden, so ist nicht nur die Zeit ihrer Abfassung sorgfältig zu beachten, sondern auch besonders zu berücksichtigen an wen sie gerichtet sind. Wohl nirgends sonst in den uns erhaltenen Schriften hat sich der Philosoph so sehr angelegen sein lassen „sich der Fassungskraft der Menge anzubequemen" als in seinen Briefen, deren nicht wenige an solche Verehrer und Freunde gerichtet sind, mit denen eine Verständigung über die Grundgedanken seiner Lehre nicht erreichbar erscheint.

Einen besondern Werth erhält der Briefwechsel zumal in seiner jetzigen erweiterten und vervollständigten Gestalt

---

[1] Vergl. z. B. Christoph. Wittichii Anti-Spinoza, sive examen ethices Benedicti de Spinoza (diese Schrift erschien 1690) p. 18 und oft, wo sich der Autor bei seiner Kritik der Lehre des Philosophen auf dessen briefliche Auslassungen beruft.

dadurch, dass er mannigfache Aufschlüsse und Anhaltspunkte für die Lebensbeziehungen Spinoza's und für die Abfassungszeit seiner Schriften gewährt.

Enthält auch unsre Ausgabe der Ethik in der Einleitung bereits wiederholt Hinweisungen auf den Ertrag, welchen die Briefe für das Leben des Philosophen und die Entwicklung seiner Lehre gewähren, so erscheint es doch angemessen, an dieser Stelle noch einmal darauf zurückzukommen. Was zunächst die Notizen über die Lebensbeziehungen des Philosophen angeht, so können wir uns hier darauf beschränken das anzuführen, was Trendelenburg in seiner Abhandlung „über die aufgefundenen Ergänzungen zu Spinoza's Werken und deren Ertrag für Spinoza's Leben und Lehre" (Historische Beiträge zur Philosophie III. Bd. S. 296 ff.) hierüber bemerkt. „Es ist hergebracht" — heisst es an der angeführten Stelle — „Spinoza, den verstossenen Juden, als einen einsamen Denker darzustellen und sein vereinsamtes Leben auszumalen. Dies Bild stimmt nicht ganz mit den uns aufbehaltenen Lebensbeziehungen Spinoza's, die wir durch die Ergänzungen sich erweitern sehen. Allerdings hat, wie es nach den Briefen scheint, die Herausgabe des in den allgemeinen Glauben einschneidenden tractatus theologico-politicus die alten Bande nicht fester gezogen, sondern gelockert. Das trifft die letzten sieben Jahre seines Lebens. Sonst kann man den nicht einsam nennen, der im Haag, schon ehe er sich dort niederliess, eine grosse Anzahl Freunde in bedeutenden Lebensstellungen hatte, (Colerus, S. 616, in der Ausgabe der Werke Spinoza's, Bd. II., von Paulus)[1]) den früh ein Mann, wie Oldenburg, aus der Ferne aufsuchte, mit dem Boyle, Englands Physiker und Chemiker, eine wissenschaftliche Verbindung anknüpfte, der mit einem Huygens philosophische Gedanken tauschte und in freundlichem Verhältniss stand, und um dessen philosophische Lehre sich ein Kreis junger strebender Männer sammelte. Es mag sein, dass Oldenburgs Briefe, nachdem der Tractat erschienen und Spinoza's Denkungsart ganz und mit ihren Folgen kundgab, kritischer, zurückhaltender, abmahnender wurden; aber der Briefwechsel dauerte bis zu Spinoza's Tode. Es mag sein, dass Boyle, dessen christliche Ueberzeugungen und Bestrebungen die entgegengesetzte Richtung hatten, das frühere Verhältniss

---

[1]) Siehe S. 221 dieses Bandes.

erkalten liess. Es mag sein, dass in Folge der Herausgabe sein Leben im Haag stiller war, als in Rhynsburg und Voorburg. Aber verlassen und einsam in seinen philosophischen Bestrebungen war er nicht. Thatsachen widersprechen dem. Drei Jahre nach dem Erscheinen des Tractats wurde er zum Lehrer der Philosophie an die Universität zu Heidelberg gerufen. Leibniz schrieb ihm über den Tractat und begehrte seine philosophische Lehre zu kennen. Vereinsamt war der nicht, der in den letzten Lebensjahren unter seinen jungen Freunden einen Tschirnhausen hatte, eifrig, sich philosophisch zu unterrichten. In einer Vereinsamung liegt schwerlich der Grund, wenn Spinoza's eigentliche philosophische Arbeiten mit dem 35. oder 36. Lebensjahre geschlossen erscheinen und das letzte Jahrzehnt seines Lebens ohne die Frucht einer Schrift hingeht, und wenn er selbst den frühbegonnenen gross angelegten tractatus de intellectus emendatione als Bruchstück hinterlässt. Eine volle äussere Erklärung dürfte es für diese Erscheinung nicht geben. Spinoza kränkelt, schleift optische Gläser für seinen Unterhalt, und als sein tractatus theologico-politicus verschrieen und und angefochten wird, denkt er, wie die Briefe zeigen, auf Verständigung und Vertheidigung. Diese Gedanken beschäftigen ihn zumeist, aber jene metaphysische für die Durchführung seiner Lehre so wichtige Frage Tschirnhausen's (Brief XXLI) [1] findet keine methodische Behandlung."

Ueber den Briefwechsel, wie er uns jetzt vorliegt, bemerkt Trendelenburg in der oben angeführten Abhandlung (S. 281 ff.): „Die in dem Waisenhause der Collegianten aufgefundenen Originale einiger in den nachgelassenen Werken herausgegebenen Briefe hellen einige Lebensbeziehungen auf, die der Herausgeber der opera postuma, Ludwig Meyer, absichtlich in Dunkel gelassen hatte. Mit Fleiss

---

[1] Trendelenburg's Bemerkung bezieht sich auf die später näher erörterte Frage Tschirnhausen's am Eingange der Epistola 73 (LXXI) über die Ableitung der Mannigfaltigkeit der Dinge (a priori) aus dem Begriff der Ausdehnung: „Velim ut hac in re mihi gratificeres indicando, qui ex conceptu extensionis secundum tuas meditationes varietas rerum a priori possit ostendi, quandoquidem meministi opinionis Cartesii, in qua Cartesius statuit se eam ex extensione nullo alio modo deducere posse quam supponendo motu a Deo excitato hoc effectum fuisse in extensione".

hatte er, wie er in der Vorrede erklärt (s. S. 78 unserer Ausgabe der Ethik), in vielen Fällen die vorkommenden Namen nur mit Anfangsbuchstaben oder gar nur mit Sternchen bezeichnet; und übte darin eine Rücksicht gegen die Personen, deren Ruf durch Berührung mit Spinoza gelitten hätte, denn seine Philosophie galt dem Atheismus gleich. Eine solche Schonung war in Spinoza's Sinn. Unter Anderm zeigt dies ein in Holland im Jahre 1843 zu Tage gekommener Brief des Spinoza an Dr. Lambert van Velthuysen. . . . . .

In den hinterlassenen Werken eröffnet der Briefwechsel mit Heinrich Oldenburg die Reihe Brief 1—25, (I—XXV).[1] Heinrich Oldenburg, ein Bremer, war als Secretair der Gesellschaft der Wissenschaften in London ein lebendiger Mittelsmann für die Beziehungen der Gelehrten in den verschiedenen Ländern. Schon im Jahre 1661 besuchte er Spinoza in Rhynsburg (Brief I); es ist bezeichnend, wenn ihn der Name des 29jährigen Spinoza dorthin zog; und der erste seiner Briefe, schon im August 1661 gleich nach der Rückkunft in London geschrieben, zeigt ziemlich deutlich, dass schon damals in Rhynsburg die Argumente der spätern Spinozischen Philosophie zwischen ihnen verhandelt wurden. In dem Supplemente wird uns Oldenburg's letzter Brief mitgetheilt aus dem Jahre vor Spinoza's Tode, vom 11. Februar 1676, die Antwort auf den letzten Brief Spinoza's, den die opera postuma (Brief XXV) enthalten (Suppl. pag. 309 sq.).[2]

Die dem Spinoza eigenthümlichen Anschauungen wollen auch da noch dem Geiste Oldenburg's nicht einleuchten, der mehr von dem positiven Standpunkte des gewöhnlichen Bewusstseins argumentirt. Zwischen beide Endpunkte fällt ein neuer Brief Oldenburg's (Suppl. pag. 300 sq.),[3] während der Pest in London geschrieben, wahrscheinlich aus dem Septbr. 1665, in welchem er einen Dank Boyle's, des Physikers und Chemikers, ausrichtet, des Astronomen Hevel gedenkt und nach Huygens bewundernd fragt. Leider fehlt uns der Brief Spinoza's, durch welchen Boyle sich ihm verpflichtet fühlte und die Beziehung bleibt uns dunkel. Der Zeit nach schiebt sich dieser neue Brief zwischen den XIII.

---

[1] In unserer Ausgabe sind Ep. XIIIb u. Ep. XXVb eingeschoben.
[2] 27. Epistola XXVb, S. 60 dieses Bandes.
[3] 14. Epistola XIIIb, S. 40 dieses Bandes.

und XIV. unserer Sammlung ein,¹) und die Gegenstände, welche Oldenburg im [15.] XIV Brief bespricht, knüpfen augenscheinlich an einen Brief an, der uns fehlt, wahrscheinlich an Spinoza's Antwort auf den nun vorliegenden Oldenburg's.

Es war ein edles Verhältniss zwischen Spinoza und einem wohlhabenden jungen Mann in Amsterdam Simon van Vries ²), dessen freigebige Unterstützung, Spinoza abgelehnt hatte (Coler. II. S. 622 f. Paul.). ³)

Die hinterlassenen Werke haben von ihm einen Brief mit metaphysischen Fragen vom Februar 1663 und Spinoza's Antwort (Brief XXVI. XXVII.), sowie einen späteren wissenschaftlichen Brief an ihn als Antwort auf eine Frage (Brief XXVIII). Die beiden ersten Briefe liegen nun vollständig (Suppl. pag. 295 ff.)⁴) vor.

Der Herausgeber, Ludwig Meyer, hatte den Namen voll ausgedruckt, denn Simon van Vries war gestorben, aber die persönlichen Beziehungen weggelassen; ja die Veranlassung des Briefes durch eine Aenderung verwischt. In den hinterlassenen Werken erscheinen die Fragen von Simon van Vries als seine Fragen. Aber nach dem nun mitgetheilten Eingang beider Briefe fragt er im Namen junger Männer, welche sich in Amsterdam zu einem Kreise vereinigt hatten und Spinoza's Metaphysik in dem Manuscript des ersten Buches der ethica more geometrico demonstrata zusammen studirten (Febr. 1663).

Spinoza freut sich dieser Gemeinschaft, aber wachsam verlangt er, dass ein junger Hausgenosse von ihm — nach van Vlotens Vermuthung Albert Burgh, der in spätern Jahren zum Katholicismus übertrat, — in seine eigentliche Lehre nicht eingeführt werde; denn er sei dazu noch nicht reif. In dem nun vorliegendem Schluss des XXVI. Briefes⁵) sehen wir Simon van Vries mit einem Collegium der Anatomie beschäftigt, mit dem Vorhaben Chemie zu hören umgehend und auf den Rath Spinoza's Willens, die ganze Medicin zu durchlaufen. So herrschen in Spinoza's jungen Freunden naturwissenschaftliche Studien vor.

In den hinterlassenen Werken enthalten Brief XXXI bis

---

¹) In unserer Ausgabe 14. Ep. XIIIb, S. 40.
²) Vergl. S. 15 der Einleitung zur Ethik.
³) Siehe S. 224 dieses Bandes.
⁴) Siehe 28. Epistola XXVI u. 29. Epistola XXVII d. Bandes.
⁵) Siehe 28. Epistola XXVI, S. 64 d. Bds.

XXXVIII¹) einen Briefwechsel zwischen Wilhelm van Blyenbergh in Dortrecht und Spinoza aus dem Ende des Jahres 1664 bis Juni 1665. Sie sind Uebersetzungen aus dem Holländischen; die Originale der Blyenbergh'schen Briefe sind jetzt aufgefunden, und der letzte Brief Spinoza's, Brief XXXVIII, ²) niederländisch geschrieben, wird mitgetheilt. In diesen Briefen greift Blyenbergh Spinoza's Meinungen an, indem er namentlich die ethischen Consequenzen des Determinismus zieht. Spinoza vertheidigt sich und sucht die Missverständnisse wegzuräumen, wobei er besonders den Begriff der Privation nach seiner Auffassungsweise erläutert. Der Herausgeber, Ludwig Meyer, hat kein Bedenken getragen, Blyenbergh's Namen voll auszudrucken, wahrscheinlich weil eine Rücksicht nicht nöthig war, denn Blyenbergh hatte sich bereits in seiner 1674 herausgegebenen Widerlegung des tractatus theologico-politicus als Gegner Spinoza's offenbart.

Ein mit I. O. bezeichneten Mann hat dem Spinoza die Einwürfe Velthuysen's (Brief XLVIII) ³) mitgetheilt und Spinoza sendet demselben I. O. (Brief XLIX)⁴) seine Entgegnung. Aus dem aufgefundenen Concept dieses letzten Briefes (Supplem. pag. 305) ⁵) tritt nun der Mann hervor. Es ist kein anderer als Isaac Orobius de Castro, ein merkwürdiger Mensch, der von katholischen Eltern geboren, Lector der Methaphysik auf der Universität zu Salamanca, des heimlichen Judenthums angeklagt, aber trotz der Martern der Inquisition nicht geständig wurde, bis er nach Frankreich und dann nach Amsterdam auswandernd in Amsterdam sich beschneiden liess (vergl. Joecher s. v. — Ad vit. Sp. Colect. b. Paulus p. 677). ⁶) Spinoza's Brief ist kurz und kühl gehalten. Spinoza lebte nicht mehr, als Isaac Orobius eine Schrift gegen Bredenburg, jenen Collegianten mit spinozischen Ge-

---

¹) 33. Ep. XXXI bis 40. Ep. XXXVIII ds. Bandes.
²) 40. Ep. XXXVIII ds. Bds.
³) 50. Ep. XLVIII ds. Bds.
⁴) 51. Ep. XLIX ds. Bds.
⁵) Siehe S. 135 ff. ds. Bds.
⁶) Orobio medicus Judaeus sane eruditus, (is ipse, quem Limborchius confutavit et qui, ut audivi, opere posthumo, necdum in lucem edito, respondit Limborchio) contra demonstrationem Bredenburgii librum evulgavit, cui titulus: Certamen philosophicum propugnatae veritatis divinae ac naturalis adversus J. B. principia, Amstelod. 1684.

danken herausgab (1684). Das Datum des bezeichneten Briefes ist weder in den hinterlassenen Werken noch aus dem aufgefundenen Concept mitgetheilt.

Auch einige neue Nachrichten über die persönlichen Beziehungen zu unsern deutschen Philosophen Leibniz und Tschirnhausen kommen durch die Auffindung von Original-Briefen ans Licht. Niemand wusste, dass Tschirnhausen, der Erfinder der caustischen Curven, der Erfinder der Brennspiegel, der Entdecker der Porcellanerde, in der philosophischen Welt durch seine 1687 zu Amsterdam erschienene medicina mentis sive artis inveniendi praecepta generalia bekannt, mit Spinoza in Verbindung gestanden. Es war bekannt, dass er 1668, 17 Jahre alt, auf die Universität Leiden gegangen war und in Holland gegen Ludwig XIV. 18 Monate Kriegsdienste genommen hatte. Aber weder im „éloge von Fontenelle," noch in der 1709 zu Goerlitz erschienenen „Lebens- und Todesgeschichte" des weltberühmten Ritters „und Herrn Ehrenfried Walter" von Tschirnhauss ist irgendwie erwähnt worden, dass Tschirnhauss Spinoza gekannt habe — und plötzlich zeigt sich jetzt, dass in den hinterlassenen Werken die Briefe LXI bis LXXII[1]) einen Briefwechsel zwischen Tschirnhausen und Spinoza von October 1674 bis Juli 1676 bilden. Unter den sieben Sternchen hatte Niemand Tschirnhausen's Namen vermuthet. In Amsterdam, so scheint es, war Tschirnhausen mit jüngern Freunden Spinoza's bekannt geworden und hatte ihn in Amsterdam oder im Haag selbst gesprochen; denn er schreibt Brief LXIII (I, pag. 668)[2])! praesens mihi indicasti methodum, qua uteris in indagandis needum cognitis veritatibus und lobt den Erfolg dieser Methode, welchen er an sich erfahren. Durch Tschirnhausen knüpfen sich nun einige nähere Beziehungen zwischen Leibniz und Spinoza.

Wir hatten bis dahin nur einen Brief von Leibniz an Spinoza aus Francfurt vom Jahre 1671, mit welchem Leibniz, dem Spinoza seine notitia opticae promotae übersendet. Jetzt scheint es, dass aus jener Zeit Spinoza mehrere Briefe von Leibniz in Händen hatte. Denn in einem neu mitgetheilten Briefe an Schaller, Dr. der Medicin, einen Freund Tschirnhausen's, aus dem Jahre 1675, sagt Spinoza von

---

[1]) 63. Ep. LXI bis 74. LXXII ds. Bds.
[2]) 65. Ep. LXIII, S. 176 ds. Bds.

Leibniz (Suppl. p. 317) ¹) „quantum ex ipsius epistolis coniicere potui, visus est mihi homo liberalis ingenii et in omni scientia versatus."

Einer dieser Briefe Leibnizens handelte von dem tractatus theologico-politicus (Suppl. p. 316). In jenem bisher bekannten Briefe (Brief LI) ²) hellt sich durch die Auffindung der Urschrift ein Name auf. Leibniz sagt mit Bezug auf die angeschlosssene notitia opticae promotae: audio et amplissimum (nun folgen sechs Sternchen) in eodem genere florere nec dubito tibi cognitissimum esse. Unde si huius quoque iudicium et favorem mihi impetraveris, beneficium mirifice auxeris. Der Mathematiker, dem Leibniz empfohlen zu sein wünscht und den er zu Spinoza's Bekannten zählt, zeigt sich nun als Hudden (Joannes Huddenius (Suppl. pag. 306), ³) der durch mathematische Schriften bekannt, Rathsherr und später Bürgermeister in Amsterdam war. Tschirnhausen hatte Leibniz in Paris getroffen, war mit ihm vertraut geworden und wünschte ihm (nach dem Briefe an Schaller (Suppl. pag. 316) ⁴) Spinoza's Schriften (ohne Zweifel die noch ungedruckte Ethik) mitzutheilen. Aber Spinoza hält damit misstrauend zurück. „Qnantum ex ipsius epistolis coniicere potui, visus est mihi homo liberalis ingenii et in omni scientia versatus. Sed tamen ut tam cito ei mea scripta credam inconsultum esse iudico. Cuperem prius scire quid in Gallia agat et iudicium nostri Tschirnhusii audire, postquam ipsum diutius frequentaverit et ipsius mores intimius noverit." ⁵) Wir können fragen, was denn den Spinoza gegen Leibniz eingenommen hatte, aber können darüber kaum etwas vermuthen. Hatte Spinoza vielleicht in den vorangegangenen Briefen etwas von den Gedanken gewittert, mit welchen Leibniz das deutsche Bücherwesen unter den kurmainzischen Schutz, aber auch unter dessen Censur bringen wollte? Was Leibniz 1668 beabsichtigt, ist demjenigen schnurstracks zuwider, was Spinoza in seinem tractatus theologico-politicus als Denkfreiheit erstrebt...... Es ist bekannt, dass Leibniz nach Hannover berufen auf seiner Rückreise, es war gegen

---

¹) Siehe 80. Ep. S. 206 ds. Bds.
²) 53. Ep. LI. ds. Bds.
³) Siehe S. 151 ds. Bds.
⁴) 79. Brief, S. 205 ds. Bds.
⁵) 80. Brief, S. 206 ds. Bds.

das Ende des folgenden Jahres, also wenige Monate vor Spinoza's Tode, im Haag den Spinoza aufsuchte und sprach. Leibniz erwähnt diese Begegnung in der Theodicee (bei Erdmann, S. 613).

Inniger war die Verbindung zwischen Tschirnhausen und Spinoza. Niemand kannte sie bislang. Aber es war schon dem literarisch forschenden Tennemann (in seiner Geschichte der Philosophie Bd. XI, S. 209 f.) aufgefallen, dass zwischen Tschirnhausen's medicina mentis und Spinoza's unvollendetem tractatus de intellectu emendatione eine grosse Aehnlichkeit bestehe und er wies durch Vergleichung einiger Stellen und einer Definition nach, dass Tschirnhausen die Schriften Spinoza's müsse gelesen haben. Jene Briefe gewinnen daher für den historischen Zusammenhang beider Philosophen eine neue Bedeutung. In der That enthalten sie principielle Fragen und zeigen uns, dass Tschirnhausen nie auf dem Standpunkt der Metaphysik des Spinoza stand.

Im LXI. Briefe [1]) bespricht er den Determinismus des Spinoza und setzt ihm Cartesius Ansicht von der Freiheit des Menschen entgegen. Wenn der metaphysische Grundgedanke Spinoza's in der Lehre von den Attributen liegt, in dem unendlichen Denken und der unendlichen Ausdehnung als Attributen Gottes, sodass unser Verstand die eine unendliche Substanz bald unter dem Attribute des Denkens bald unter dem Attribute der Ausdehnung begreift, so macht Tschirnhausen die erheblichsten Einwürfe (Briefe LXV, LXVII, LXXI) [2]) und Spinoza löst sie keineswegs alle. Als Tschirnhausen fragt, wie aus Einem Attribute allein mehrere Eigenschaften fliessen können, denn man sehe in der Mathematik nirgends aus Einer Definition allein die mannigfaltigen Eigenschaften entspringen, sondern erst aus der Verbindung mehrerer, z. B. des Kreises und der geraden Linie, wie also z. B. aus dem Einen Attribut der Ausdehnung allein die unendliche Mannigfaltigkeit der Körper entstehen könne, antwortet Spinoza bezeichnend im offenen Eingeständnisse: „Sed de his forsan aliquando, si vita suppetit", es ist im Jahre vor Spinoza's Tode, „clarius tecum agam. Nam hucusque nihil de his ordine disponere

---

[1]) Siehe 63. Ep. LXI, S. 171 ff. ds. Bds.
[2]) 67. Ep. LXV. 69. Ep. LXVII. 73. Ep. LXXI, S. 176 ff. ds. Bds.

mihi licuit." Diese Worte enthalten schwerlich eine Vertröstung auf mündliche Besprechung, wie E. Boehmer diese Stelle aufgefasst hat (vergl. dessen Spinozana in der Zeitschrift für Philosophie und philosoph. Kritik 1863. S. 112), weil Spinoza verhindert worden, etwas Ausführliches für den Freund aufzusetzen (alle Andeutungen solcher Art fehlen), sondern erklären offen, dass Spinoza bisher Nichts methodisch darüber habe entwerfen können.

Tschirnhausen hat mit dieser Frage einen Zweckschuss gethan und den Punkt in der Scheibe getroffen. Neuere haben dasselbe unter einer andern Form eingewandt, wenn sie fragten, woher in Spinoza's unendlichen Attributen, der Ausdehnung und dem Denken die Determination stamme, aus welcher erst Endliches — die Gestalten der Welt — würden hervorgehen können. Spinoza ist ohne Antwort auf diese Frage aus der Welt gegangen.

Es ist der erste Riss, der in Spinoza's metaphysische Hypothese geschehen ist. Tschirnhausen bleibt sich consequent, wenn in der medicina mentis, welche überhaupt nur die formale Methodenlehre behandelt, Spinoza's metaphysische Voraussetzungen sich nicht finden; wo Tschirnhausen das Metaphysische berührt, wie z. B. pag. 286, da sehen wir in ihm die alten Begriffe der Theologie, welche Spinoza in demselben Sinne nicht kennt, Dei sapientia, potentia ac bonitas, und wir sehen nicht, dass er ihnen, wie wohl bisweilen Spinoza thut, einen andern Sinn gegeben. Dagegen stehen ein Brief Tschirnhausen's und eine Antwort Spinoza's in Zusammenhang mit dem Gegenstand der medicina mentis, und wenn es wahr ist, was Fontenelle in seinem éloge vorträgt, dass Tschirnhausen seit seinem 18. Jahre an diesem Buch arbeitete, vielleicht in einigem Zusammenhange mit der logischen Auffassung in der medicina mentis.

Im LXIII. Briefe [1]) erkennt Tschirnhausen dankbar die Fortschritte an, die er in der Mathematik und Physik gemacht habe seit er die ihm von Spinoza mitgetheilte Methode, unentdeckten Wahrheiten nachzuspüren, anwende und fragt nach dem Unterschiede der idea adaequata und idea vera, und fragt weiter, da es von vielen Dingen in unendlich verschiedener Weise des Ausdrucks eine adaequate Idee gebe, wie z. B. vom Kreise einmal nach der

---

[1]) 65. Ep. LXIII, S. 176 ds. Bds.

Gleichheit der Radien und dann wieder nach der Gleichheit unendlich vieler Rechtecke, welche sich durch die Abschnitte einander schneidender Sehnen bilden lassen, welche adäquate Idee für die Ableitung der daraus fliessenden Folgen die leichtere und fruchtbarere sei. Spinoza unterscheidet in der Antwort die idea vera und idea adaequata nur beziehungsweise und giebt auf die letzte Frage als sichere Norm die Regel, eine solche adäquate Idee oder Definition zu suchen, welche die wirkende Ursache in sich schliesse, aus einer solchen würden sich immer alle Eigenschaften der Sache ableiten lassen.

So empfiehlt Spinoza die genetischen Definitionen. Tschirnhausen geht zwar in seiner Schrift von cartesischen Betrachtungen über das Selbstbewusstsein aus, aber in seiner ars inueniendi, wie er bisweilen an Leibniz anklingend seine medicina mentis nennt, ist die Forderung genetischer Definitionen fast der Mittelpunkt.

Es hängt damit ferner der Grundgedanke Tschirnhausen's zusammen, dass Seiendes und Nichtseiendes dasselbe sei als Mögliches und Unmögliches oder zwischen dem was kann und dem was nicht kann begriffen werden.

Der intellectus bewegt sich in dem was begriffen und nicht begriffen werden kann. Leibniz äussert in einem Briefe an Placcius 1687 (opp. ed. Dut. VI, S. 42. VI, S. 44): Tschirnhausen, der Anfangs durch und durch Cartesianer gewesen, sei durch Leibniz über das Wesen der Realdefinition belehrt, aus welcher sich müsse erkennen lassen, ob die Sache möglich sei oder nicht.

So nimmt Leibniz zwei Jahre nach der Erscheinung der medicina mentis für sich in Anspruch, was vielmehr schon früher Spinoza in Tschirnhausen angeregt hatte. Dass Tschirnhausen mit Spinoza's Schriften vertraut war, sieht man ferner aus einzelnen Ausdrücken, insbesondere aber aus dem durchgeführten Gegensatz von intellectus und imaginatio. Es erinnert an spinozische Gedanken, wenn Tschirnhausen den intellectus als die facultas concipiendi sub forma actionis und die imaginatio als die facultas percipiendi sub forma passionis erklärt.

In einem Briefe an Huygens aus dem Jahre 1682 spricht Tschirnhausen von der Absicht, die medicina mentis herauszugeben und nennt sie geradezu mit demselben Namen, welchen Spinoza's nachgelassener Tractat führt, de intellectus emendatione. Ihm schwebt also die Erinnerung an Spinoza vor. Dessen ungeachtet schweigt er von Spinoza in der medicina mentis. Mehrere Male, wenn er Anderer Arbeiten, zumal des Cartesius gedenkt, war die Gelegenheit geboten, Spinoza's Schrift zu nennen, aber es ist als ob Grabesstille auf Spinoza's Namen ruhte.

Wo die Fragen so dringend waren, wie Tschirnhausen's Fragen in seinen Briefen an Spinoza, wo die Briefe voll Liebe, wie die Briefe Spinoza's an Tschirnhausen, da hätte man allerdings eine solche Zurückhaltung, ein solches absichtliches Verdecken nicht erwarten sollen. Aber es lag eine Scheu in der Zeit Spinoza zu berühren. Sein Name war gebannt, zumal wohl in Frankreich, für welches die medicina mentis, Ludwig XIV. zugeeignet, mit bestimmt war.

Nur Christian Wolff hat uns in seiner Lebensbeschreibung eine mündliche günstige Aeusserung Tschirnhausen's über Spinoza aufbehalten.[1]

Tschirnhausen hatte aus Paris den Brief vom 23. Juli 1675 (Brief LXV)[2] an Schaller, Dr. der Medicin in Amsterdam eingelegt und Schaller übersendet ihn an Spinoza mit einem Briefe der über Tschirnhausen's Leben in Paris einige Data enthält (Suppl. pag. 314).[3] Spinoza hatte Tschirnhausen, so sieht man daraus, auf Huygens aufmerksam gemacht und ihm seinen Umgang empfohlen.

Zwischen Huygens und Spinoza bestand ein Verhältniss der Hochachtung (vgl. Brief XIII und XV an Oldenburg)[4] und Huygens hatte kürzlich den tractatus theologico-politicus empfangen und gelesen.

Es ist unbekannt, an wen Spinoza im Jahre 1666 Brief XXXIX, XL und XLI[5] richtete, sechs oder sieben Sternchen stehen in der Ueberschrift statt des Namens, sie handeln in praecisen metaphysichen Versuchen von Gott als Einem und nothwendigen Wesen. Am Ende des letzten Briefes schliesst Spinoza eine optische Frage über die Zweck-

---

[1] Christian Wolff's eigene Lebensbeschreibung von Heinrich Wuttke 1841, pag 127: Tschirnhausen sagte mir von Spinoza „er habe keineswegs Gott und die Natur mit einander confundiret, wie man ihm insgemein imputirte, sondern Gott multo significantius als Cartesius definiret."
[2] 67. Ep. LXV, S. 179 f. ds. Bds.
[3] Siehe S. 203 ff. ds. Bds.
[4] 13. Ep. XIII u. 16. Ep. XV, S. 39 ff. ds. Bds.
[5] 41. Ep. XXXIX bis 43. Ep. XLI, S. 115 ff. ds. Bds.

mässigkeit von convex-concaven Gläsern an und sagt bei der Figur die er hinzeichnet, litteras in hac apposita figura, ut eas in parva tua dioptrica locas, appingamus. Wer schrieb diese kleine Dioptrik? Wäre es wie wahrscheinlich Huygens, so bestätigte sich eine von Hrn. Friedrich Müller in einem Exemplar der in holländischer Sprache gedruckten Briefsammlung aufgefundene Nachricht, nach welcher Brief XXXIX (also auch XL und XLI) an C. Huygens gerichtet. (Eduard Boehmer Spinozana a. a. O. 1863. XLII. I. S. 85).

Die Briefe XXXIX und XL haben ein Datum aus dem Jahre 1666. Um dieselbe Zeit, etwa im September 1665, schreibt Oldenburg in einem Briefe an Spinoza, der erst jetzt ans Licht tritt (Supplem. pag. 302): [1]) quid amabo, vestrates iudicant de pendulis Hugenianis? Quid etiam de ipsius dioptrica et tractatu de motu quem utrumque diu iam exspectavimus. Die Frage zeigt, dass man damals die Dioptrik von Huygens, die in England noch erwartet wurde, in Holland kannte, und es lässt sich daher noch die Bestätigung des dioptrischen Citats hoffen, wenn es auch bis jetzt nicht gelang, die beschriebene Figur in Huygens Werke aufzufinden."

Fügen wir noch hinzu, was Trendelenburg in der angeführten Abhandlung aus den Briefen für die nähere Bestimmung der Abfassungszeit der Ethik zusammenstellt (a. a. O. pag. 294 ff.).

„Es ist bekannt, sagt er, dass Spinoza die nach seinem Tode herausgegebene „ethica more geometrico demonstrata" theils öfter in seinen Briefen citirt, theils wenigstens Partien daraus Freunden mittheilte. Thomas in seiner Schrift: Spinoza als Metaphysiker 1840, will schliessen, dass alle uns erhaltenen Schriften des Spinoza zwischen 1661—1664 verfasst seien. Doch sind die für diesen Schluss benützten Andeutungen der Briefe nicht bestimmt genug, man sieht nur, dass einiges aus diesen Schriften früh bekannt war. Es fragt sich, ob wir aus dem uns jetzt vollständiger vorliegenden Briefwechsel für diese literarische Frage neue Daten gewinnen. In dieser Beziehung heben wir zwei Stellen hervor. In der Ergänzung, welche der Brief des jungen van Vries vom 24. Februar 1663 an Spinoza erfährt (Brief

---

[1]) 14. Ep. XIIIb, S. 41 ds. Bds.

XXVI in opp. post.), finden sich (Suppl. pag. 296)[1]) zwei neue Citate aus dem 1. Buch der Ethik (I. 8, schol. 3, 1, 19, schol.). Das erste Citat I. 8, schol. 3[2]) entspricht in unsrer Ausgabe der Ethik dem Scholion zn I. 10.

Das erste Buch ist also im Jahre 1663 — Spinoza war damals 31 Jahre alt — bereits fertig. Die Versetzung des Scholions wird aus späterer Durchsicht stammen.

In dem neuen Brief an Bresser aus dem Mai oder Juni 1665 (Suppl. pag. 304)[3]) findet sich folgende Aeusserung: Quod ad tertiam partem nostrae philosophiae attinet, eius aliquam brevi vel tibi, si translator esse vis vel amico de Vries mittam, et quamvis decreveram nihil mittere antequam eam absolverem tamen, quia praeter sententiam longior evadit, nolo vos nimis diu detinere; mittam usque ad 80 propositionem circiter. In dieser Mittheilung an den Kreis junger Amsterdamer Freunde sieht man Spinoza an dem dritten Theil der Ethik arbeiten. Wenn er aber den 80. Lehrsatz citirt, so fällt dies auf, denn das dritte Buch enthält nur 59 Lehrsätze. Wir erklären dies einstweilen so:

Der erste Theil der Ethik enthält die Methaphysik, der zweite die Erkenntnisslehre, der dritte die Psychologie der Affecte, der vierte, wie eine Folge ihrer Natur, ihre Macht über den Menschen, der fünfte, als eigentliche Ethik, die befreiende Macht des intellectus. Hiernach stehen der dritte und vierte Theil in genauester Verbindung, der dritte de origine et natura affectuum, der vierte de servitute humana seu de affectuum viribus; und es ist möglich, dass beide Theile einen einzigen bilden sollten, und Spinoza sie erst später, wie er sagt: quia praeter sententiam longior evadit (pars tertia) trennte.

In der Antwort an Blyenbergh vom Maerz 1665 (Brief XXXVI, pag. 583 ed. Paulus)[4]) wird ein Begriff aus der Ethik angeführt, der ebenfalls unserm vierten Buche angehört (vgl. Ethik IV, 37, schol. 2). Auf jeden Fall war nach jener Andeutung im Mai oder Juni 1665 der fünfte Theil (de potentia intellectus seu de libertate humana) noch zu-

---

[1]) 28. Epist. XXVI S. 62 ff. von „iamdudum — sententiam affert" ds. Bds.
[2]) Siehe S. 64 ds. Bds.
[3]) 78. Ep. S. 203 ds. Bds.
[4]) 38. Ep. XXXVI, S. 111 ds. Bds.

rück. Im September desselben Jahres schrieb Spinoza, wie man aus Oldenburg's Antwort ersieht (Suppl. pag. 301)[1] dass er beschäftigt sei, seine Gedanken über Engel, Prophetie und Wunder aufzuzeichnen. Wir dürfen hiernach sicher annehmen, dass die ethica, als Spinoza 1670 seinen tractatus theologico-politicus herausgab, in der ersten Ausarbeitung längst vollendet war und der tractatus theologico-politicus, der früh angelegt sein mag (vergl. Oldenburg ep. VII, cf. XVII)[2], bei dem Erscheinen bereits das volle und durchdachte System der Ethik hinter sich hat (vergl. Christoph Sigwart Spinoza's neu entdeckter Tractat u. s. w. 1866, S. 147). Der Abschluss der Ethik mag in das 34. oder 35. Lebensjahr des Spinoza fallen: So stehen nothwendig die Gedanken in den Hauptschriften Spinoza's in bündiger Einheit."

Die aus Sigwart's Schrift „über den neuentdeckten Tractat von Trendelenburg angezogene Stelle geben wir hier, jedoch weiter in Sigwart's Darstellung der Entwicklung der Lehre unsers Philosophen zurückgreifend, (bis S. 145 der angeführten Abhandlung), wenngleich dies nicht ohne Wiederholung dessen geschehen kann, was Trendelenburg hervorgehoben hatte, weil dadurch eine noch deutlichere Zusammenstellung derjenigen Briefstellen gewonnen wird, aus denen sich Anhaltspunkte für die Abfassung und Erweiterung der Ethik ergeben.

„In welcher Zeit — heisst es in der angeführten Abhandlung S. 145 in Betreff der Ethik — und durch welche Mittelglieder etwa hierdurch die erste Fassung in die letzte Redaction übergegangen ist, darüber haben wir freilich nur spärliche Andeutungen. So lange man vollends die Briefe nur in der Form kannte, in der sie von Spinoza's Freunden zuerst herausgegeben wurden, wurde man geradezu irre geführt, indem sie, wie sich jetzt herausstellt, verschiedene Citate abgeändert hatten, um sie der gedruckten Ethik zu accomodiren, während sie auf eine frühere Recension sich bezogen. Durch van Vloten's Mittheilungen sind wir in den Stand gesetzt mit einiger Wahrscheinlichkeit das allmähliche Werden der Ethik zu verfolgen.

---

[1] 14. Ep. XIIIb, S. 40 ds. Bds.: „Video te — desideratissimum."
[2] 7. Ep. VII, S. 22 cf. 18. Ep. XVII, S. 49 ds. Bds. v.: „ad totum negotium — allabores."

Die wichtigsten Documente sind der Brief von Simon de Vries und Spinoza's Antwort darauf, die beide in verstümmelter Gestalt in der bisherigen Sammlung als Epist. XXVI und XXVII stehen, von van Vloten aber p. 296 ff. vollständig aus den Originalien mitgetheilt werden. Wir erfahren daraus zunächst, dass Simon de Vries in Amsterdam mit einigen Schülern Spinoza's ein Collegium gebildet hatte, in welchem sie, was Spinoza ihnen mittheilte, lasen und erklärten und über etwaige Schwierigkeiten ihn selbst zu befragen beschlossen hatten. Sie stehen eben am Anfang, an den Definitionen und Axiomen. Aus verschiedenen Spuren geht nun hervor, dass Spinoza ihnen seine Sätze stückweise schickte und dass er selbst keine Abschrift zurückbehielt. Denn wie sie über die dritte Definition Bedenken haben, schreibt er (Ep. XXVII):[1] Ipsa definitio, ut ipsam ni fallor, tibi tradidi, sic sonat etc.

Simon de Vries dankt ferner für die ihm zugekommenen Schriften, die ihn sehr erfreut haben, besonders das Scholion zu Prop. 19; dieser Dank kann sich unmöglich auf dasjenige beziehen, was er schon längst hat und dessen Dunkelheiten der Brief aufzuklären bittet, sondern nur auf eine neue Sendung. Während er Definitionen, Axiome und wenigstens 8 Sätze schon in Händen hat, hat er die Fortsetzung, die wohl neben dem 19. Satz auch die jetzt Eth. 1, 29. Schol. stehende Unterscheidung von natura naturans und naturata enthielt, (Ep. XXVII) eben erst erhalten. Ganz dasselbe wiederholt sich zwei Jahre später, Mai oder Juni 1665, wenn er einem andern Freunde und Schüler ursprünglich den ganzen dritten Theil seiner Philosophie senden wollte, aber um ihn und de Vries nicht länger hinzuhalten, einstweilen einen Theil schickte, ungefähr bis zum 80. Satz (Suppl. pag. 304).

So sehen wir, dass vom Jahre 1661 bis 1665 Spinoza in der Bearbeitung seiner Lehre nach geometrischer Methode allmählich fortrückt. Im Winter von 1662 auf 63 lesen seine Freunde zum zweiten Male (Suppl. pag. 295: cum nostris collegis non omnia satis clare appareant, — ideoque iterum collegii initium fecimus) die ersten Sätze, die schon weiter gediehen sind, als der Anhang oder die Beilage an Oldenburg. Februar 1663 erhalten sie den

---

[1] 29. Ep. XXVII, S. 66 ff. ds. Bds.

19. Satz, 1665 den dritten Theil der Spinozischen Philosophie.

Wie allmälich Spinoza fortschritt, erhellt wohl am besten daraus, dass nirgends von einem **ersten** Theil die Rede ist. Wo die Herausgeber in Ep. XXVI Verweisungen auf das erste Buch der Ethik setzten, da sind im Original nur die Sätze gezählt, und erst später scheint ein zweiter und dritter Theil hinzugekommen zu sein. Ob aber der dritte Theil, den der Brief vom Jahr 1665 erwähnt, dem dritten Buch der Ethik entspricht, oder ob er, was gleichfalls möglich wäre, damals der letzte war und das Werk abschloss, (darauf könnte das „nihil mittere antequam eam **absolverem**" hinweisen, Suppl. pag. 304) so dass aus den ursprünglichen zwei Theilen des Tractats [de Deo] zunächst drei und erst später fünf geworden wären, darüber lässt sich nichts Sicheres ausmachen. Aber wenn wir Epist XXXVI [1]) vom 13. März 1665 vergleichen, so finden wir, dass Spinoza dort schreibt, er habe in seiner noch nicht herausgegebenen Ethik (der Name kommt hier zum ersten Male vor) die Gerechtigkeit als das Streben Jedem das Seine zu geben aus der klaren Erkenntniss, welche die Frommen von sich und von Gott haben abgeleitet. Er bezieht sich also ohne Zweifel auf das, was jetzt Eth. IV. prop. 34—38 steht. Wenn nun zwei Monate später der dritte Theil noch nicht vollendet ist, so lässt sich schliessen, dass die Ethik damals überhaupt nur aus drei Theilen bestand. Dasselbe ergiebt sich aus dem von van Vloten prop. 300 ff. zum ersten Male mitgetheilten Briefe Oldenburg's vom Sept. 1665 sowie aus Ep. XIV [2]) vom Oktober desselben Jahres. Denn aus diesen geht hervor, dass Spinoza schon am 4. Sept. geschrieben hatte, dass er sich mit seinem theologisch-politischen Tractat beschäftigte, die Ethik hatte er also wohl vollendet. Nun bleibt von Mai oder Juni bis Anfang September kaum Zeit, um einen vierten oder fünften Theil der Ethik zu verfassen.

Jedenfalls wissen wir dass, was Spinoza seinen Freunden damals mittheilte, weder der Anfang des Tractats [de Deo] noch die Ethik war, die wir jetzt besitzen.

---

[1]) 38. Ep. XXXVI ds. Bds.
[2]) 15. Ep. XIV ds. Bds.

Zunächst waren die Sätze anders gezählt. Die Definition Gottes stand zwar wie in der Ethik als sechste (Ep. XXVI[1]). Was dagegen Ep. XXVI als dritte Definition aufführt, ist in dem Anhange des Tractats [de Deo] oder den Briefen gar nicht nachzuweisen, in der Ethik in die dritte und vierte Definition auseinander gefallen. War aber die dritte und vierte Definition der Ethik unter Einer Nummer früher zusammengefasst und doch die Definition Gottes beide Male die sechste, so müssen noch weitere Differenzen in den Definitionen selbst oder wenigstens in ihrer Ordnung stattgefunden haben. Was dort drittes Scholion zum 8. Satze war, ist in der Ethik erstes Scholion zum zehnten, und das Scholion zum 19. Satze, über das Simon de Vries besondere Freude hat, kann unmöglich der ziemlich unbedeutende Zusatz sein, der jetzt an dieser Stelle steht. Ebenso zählt im „dritten Theile" Spinoza (Suppl. p. 304) schon bis zum 80. Satze, ohne dass er damit vollendet wäre, während der dritte Theil der Ethik 58 Sätze und an sie anschliessend 48 Definitionen der Affecte giebt.

Zu dieser abweichenden Zählung kommt eine abweichende Fassung der Sätze soweit wir sie angeführt finden. Das dritte Scholion des achten Satzes entspricht zwar grösstentheils dem, was wir jetzt als erstes des zehnten lesen, aber als dritte Definition führt Spinoza an (Ep. XXVII[2]): „Per substantiam intelligo id quod in se est et per se concipitur, hoc est cujus conceptus non involvit conceptum alterius rei; idem per attributum intelligo nisi quod attributum dicatur respectu intellectus, substantiae certam talem naturam tribuentis."

Diese Definition des Attributs weicht von der von 1661, wo sie mit der Definition der Substanz völlig gleichlautete, wesentlich ab, ebenso aber auch von der Definition der Ethik, welche ihr „tanquam substantiae essentiam constituens" anhängt. Der Satz ferner, dass eine Substanz mehrere Attribute haben könne, war in doppelter Weise bewiesen. Der erste dieser Beweise findet sich jetzt ziemlich wörtlich gleichlautend als die zweite Hälfte des Scholion zum zehnten Satze; der zweite aber, auf den Spinoza noch grösseres Gewicht legt, nämlich: quo plura

---
[1] 28. Ep. XXVI ds. Bds.
[2] 29. Ep. XXVII, S. 66 ds. Bds.

attributa alicui enti tribuo eo magis cogor ipsi existentiam tribuere, findet sich in denselben oder ähnlichen Worten überhaupt nicht in der Ethik, wenn auch der entsprechende Gedanke im Scholion zu Prop. 11 (den Beweisen für die Existenz Gottes) ausgeführt ist.

Daraus geht mit Bestimmtheit hervor, dass in den Jahren 1663—1665 die Ethik noch nicht die jetzige Gestalt hatte. Ebenso sicher aber lässt sich aus den Andeutungen der Briefe erkennen, dass was Spinoza's Freunde damals lasen, der Ethik schon ziemlich nahe kam, jedenfalls sich weniger von ihr unterschied als vom Tractatus [de Deo] und der Beilage von Oldenburg. Wir können insbesondere schliessen, dass die Axiome des Anhangs bereits zu Propositionen geworden waren, indem sonst kaum das Scholion zu Eth. I, 10 schon als drittes Scholion zum achten Satze hätte stehen können.

Diese Andeutungen werden aber unterstützt durch Ep. XXIX[1]) vom 20. April 1663, wo Spinoza wieder 3 Hauptsätze über die Substanz aufzählt. Hier stellt er voran dass zu ihrem Wesen die Existenz gehöre, daraus folgt: 2. dass nur Eine Subtanz derselben Natur existirt, sowie 3. dass jede Substanz unendlich ist. Also wieder die Sätze des Tractatus [de Deo] des Anhangs und der Beilage, aber in einer charakteristisch veränderten Ordnung, die ganz dem oben nachgewiesenen Entwickelungsgange entspricht; dass die Substanz durch sich selbst existire, wird ihm immer mehr zur wichtigsten Bestimmung ihres Begriffs, während es zuerst ihre Unendlichkeit gewesen war. In den Briefen XXXIX—XLI[2]) aus dem Jahre 1666 sehen wir ihn durchaus vom Begriff eines durch sich selbst existirenden Wesens ausgehen und daraus seine übrigen Bestimmungen ableiten. Es ist derjenige Begriff, der in der ersten Definition der Ethik auch wirklich an die Spitze getreten ist, wenn auch in der Ausführung die frühere Ordnung wieder durchschlägt.

Dass die Ethik in der Gestalt, in der wir sie jetzt haben, vollendet gewesen, wissen wir erst aus dem Jahre 1675, wo es sich auch um Herausgabe des tractatus quinquepartitus handelt (Ep. XVIII von Oldenburg)[3]). Denn

---

[1]) 31. Ep. XXIX ds. Bds.
[2]) 41. Ep. XXXIX bis 43. Ep. XLI ds. Bds.
[3]) 19. Ep. XVIII ds. Bds.

in den Briefen, welche 1675 durch Vermittelung Schaller's zwischen Walter von Tschirnhausen und Spinoza gewechselt wurden (Ep. LXI—LXXII), wird die Ethik von Anfang an so citirt, dass keine wesentliche Differenz mehr zu entdecken ist; kleine Abweichungen im Einzelnen können sehr wohl auf Rechnung einer ungenauen oder abkürzenden Anführung kommen[1]); höchstens könnte aus Ep. LXVI[2]) geschlossen werden, dass Spinoza die Ordnung der Axiome nach 1675 noch geändert hat.

Vergleichen wir nun die Gestalt, welche die ersten Sätze der Ethik mindestens vierzehn Jahre nach dem ersten Entwurf gewonnen haben, so verräth sie in einer grössern Ausführlichkeit das Bestreben jeden einzelnen Schritt im Gange des Denkens möglichst scharf und bestimmt hervorzuheben. Sie löst, was früher enthymematisch zusammengefasst war, in die einzelnen Praemissen auf. Sie verweist ferner die Axiome, welche die Beilage von Oldenburg aufgezählt hatte, unter die Propositionen; mit vollem Recht, denn Spinoza hatte ja schon damals gezeigt, dass sie Folgerungen aus den Definitionen seien, die Würde von Axiomen also streng genommen nicht haben können. In den Definitionen und Axiomen der Ethik sehen wir ferner das Resultat einer weit vollständigern Analyse, welche bestrebt ist, aller Voraussetzungen sich bewusst zu werden, welche früher als selbstverständlich · nicht zum bestimmten Ausdruck gekommen waren, oder denselben nur gelegentlich gefunden hatten. Aus diesem Buchstaben und aus den vielen vorangehenden Versuchen den Gang der Entwickelung bald so bald so zu gestalten, erklärt sich endlich die immerhin künstliche und gezwungene Ordnung, welche den ursprünglichen Gang der Speculation Spinoza's verhüllt. Wir haben ein methodisches Kunststück vor uns, dessen Zweck die beweisende Darstellung von Gedanken ist, deren genetische Entwickelung in wesentlich andrer Weise vorgegangen war. Die Krystalle, welche nacheinander angeschossen waren, sind zerschlagen und aufgelöst, um sie aufs Neue unter veränderten Bedingungen krystallisiren zu lassen."

---

[1]) Die Stellen sind: Epistolae LXIII, LXIV, LXV, LXVI. (Der Brief führt Axioma 6 des ersten Theiles an, wo nur Axioma 4 gemeint sein kann). Ep. LXVII u. Ep. LXVIII.
[2]) 68. Ep. LXVI ds. Bds.

Diesen Erörterungen über die Abfassungszeit des Hauptwerkes unseres Philosophen schliessen wir der Vollständigkeit wegen noch einige Angaben über seine **übrigen Schriften** an, soweit der Briefwechsel einen Anhalt dafür gewährt, obschon wir auch diesen Punkt bereits in der Einleitung zu unsrer Ausgabe der Ethik (S. 27—31) berührt haben.

1. In Betreff des tractatus de Deo gewinnen wir für die Abfassungszeit nur einen Anhalt, wenn wir voraussetzen, dass in der Correspondenz mit Oldenburg und van Vries sich die Erörterungen über die Lehre Spinoza's auf den Anhang zu dem tract. brevis beziehen.

2. Ueber den tractatus de intellectus emendatione bemerkt der Herausgeber der opera postuma in der praefatio (S. 76 unsrer Ausgabe der Ethik): „tractatus de emendatione intellectus est ex **prioribus** philosophi operibus, testibus et stylo et conceptibus.

In 8. Epist. VIII vom 3. April 1663 (pag. 26 unserer Ausgabe) sagt Oldenburg: Et hic in ipso limine rogare mihi fas sit, confecerisne illud tanti momenti opusculum tuum, in quo de rerum primordio earumque dependentia a prima causa, ut et de **intellectus nostri emendatione** tractas. Die genaue Titelangabe weist auf eine ganz bestimmte Mittheilung Spinoza's an Oldenburg hin, dagegen scheinen die ersten Worte auf einen Irrthum von Seiten des Correspondenten zu beruhen. Oder sollte Spinoza wirklich ursprünglich die Absicht gehabt haben in einem und demselben Werke de rerum primordio earumque dependentia a prima causa und de emendatione intellectus zu handeln? Sollte jene erkenntnisstheoretische Abhandlung vielleicht die Einleitung zu dem grösseren Werke bilden, von welchem Spinoza als von einer Darstellung seiner „Philosophie" spricht? Für eine Lösung dieser Frage ist uns kein Anhalt gegeben, ebenso wenig wie für eine Entscheidung darüber, ob, wenn Oldenburg, wie es den Anschein hat, zwei Schriften zusammenwirft, unter dem tractatus de primordio rerum die kleine Ethik (tractatus de Deo) oder das Hauptwerk unsres Philosophen — das dem Hauptinhalte nach seinem Abschluss nahe sein musste — gemeint ist. In 44. Epistola XLII (pag. 123 dr. Asg.) vom 10. Juni 1666 giebt Spinoza die Grundzüge seiner Methodenlehre. Das oben angeführte Zeugniss des Herausgebers der opera postuma wird es rechtfertigen, dass wir der erst in den nachgelassenen Werken erschienenen Abhandlung diesen Platz in der Reihenfolge der Schriften anweisen.

3. Die principia philosophiae Cartesianae, ursprünglich nicht zur Veröffentlichung bestimmt, erschienen noch bei Spinoza's Lebzeiten 1663. 9. Epistola IX u. 36. Epist. XXXIV geben über die Entstehung dieser Schrift Auskunft. [1])

Hiermit ist zu vergleichen 36. Epist. XXXIV (vgl. S. 103 dr. Ausg.), worin Spinoza 1665 an Blycnbergh schreibt: De opere vero super Cartesium nec cogitavi nec ulteriorem ejus gessi curam, postquam sermone Belgico prodiit et quidem non sine ratione quam hic recensere longum foret.

Der Vollständigkeit wegen mag auch hier noch das eine Stelle finden, was der Herausgeber der hinterlassenen Werke in der Vorrede über diese Schrift bemerkt (cf. praefatio Blatt 3 sine pagina zu der Ausgabe: Renati des Cartes principiorum philosophiae pars I et II more geometrico demonstratae per Bened. de Spinoza Amstelodami 1663): Animadverti tamen vel imprimis velim in his omnibus, nempe tam in I et II princip. partibus, ac fragmento tertiae, quam in cogitatis suis metaphysicis authorem nostrum meras Cartesii sententias illarumque demonstrationes, prout in illius scriptis reperiuntur; aut quales ex fundamento ab illo jactis per legitimam consequentiam deduci debebant proposuisse. Cum enim discipulum suum Cartesii philosophiam docere promisisset, religio ipsi fuit, ab ejus sententia latum unguem discedere aut quid quod ejus dogmatibus aut non responderet aut contrarium esset dictare. Quamobrem judicet nemo illum hic aut sua aut tantum ea quae probat docere. Quamvis enim quaedam vera judicet, quaedam de suis addita fateatur, multa tamen occurrunt, quae tanquam falsa rejicit et a quibus longe diversam fovet sententiam. Cujus notae inter alia, ut ex multis unum tantum in medium afferam, sunt quae de voluntate habentur Schol. Prop. 15 part. I principior. et cap. 12 part. II Appendic. quamvis satis magno molimine atque apparatu probata videantur: Neque enim eam distinctam ab intellectu, multo minus tali praeditam esse

---

[1]) Vgl. 9. Ep. IX, S. 27 ds. Bds. von: Quum mense Aprili — moratus sum.

libertate existimat. Etenim in his asserendis, ut ex dissertat. de method. part. 4 et medit. 2, aliisque locis liquet, tantum supponit non probat Cartesius, mentem humanam esse substantiam absolute cogitantem. Cum contra author noster admittat quidem, in rerum natura esse substantiam cogitantem, attamen neget illam constituere essentiam mentis humanae, sed statuat, eodem modo, quo extensio nullis limitibus determinata est, cogitationem etiam nullis limitibus determinari, adeoque quemadmodum corpus humanum non est absolute, sed tantum certo modo secundum leges naturae extensae per motum et quietem determinata extensio, sic etiam mentem sive animam humanam non esse absolute sed tantum leges naturae cogitantis per ideas certo modo determinatam cogitationem, quae necessario dari concluditur ubi corpus humanum existere incipit. Ex qua definitione non difficile demonstratu esse putat voluntatem ab intellectu non distingui, multo minus ea, quam illi Cartesius adscribit, pollere libertate; quin imo ipsam affirmandi et negandi facultatem prorsus ficticiam; τὸ autem affirmare et negare nihil praeter ideas esse; caeteras vero facultates, ut intellectum, cupiditatem etc. in numerum figmentorum aut saltem illarum nationum reponi debere, quas homines ex eo quod res abstracte concipiunt, formaverunt, quales sunt, humanitas, lapideitas et id genus aliae.

Praetereundum etiam hic nequaquam est, in eundem censum venire, hoc est, ex Cartesii mente tantum dici quod aliquibus in locis reperitur, nempe hoc aut illud captum humanum superare. Neque enim hoc ita accipiendum, ac si ex propria sententia talia proferret noster author."

4. Auf die Veröffentlichung des **tractatus theologico-politicus** beziehen sich 7. Ep. VII. 1663 [1]) und wohl auch 18. Ep. XVII. [2])

5. Ueber die Abfassung des **tractatus politicus** giebt uns der Briefwechsel keinen Aufschluss.

Aus Meyer's Hinweisungen in der Vorrede, so wie aus der Bemerkung der 65. Epist. LXIII (cf. S. 176 dr. Ausg.): „generalia in Physicis quando impetrabimus? Novi te jam

---

[1]) S. S. 22 ds. Bds. von „Omnine consulerem tibi — ignorantem reformides."

[2]) S. S. 49 ds. Bds. von „Nolui dimittere — stabilire allabores".

modo magnos in iis fecisse progressus," erfahren wir, dass Spinoza auch Entwürfe zu naturwissenschaftlichen Arbeiten gemacht habe. Der von Meyer als vernichtet bezeichnete tractatus de Iride ist neuerdings aufgefunden worden.

6. Ueber die Zeit, in welcher Spinoza das in der Ausgabe der opera postuma 1677 veröffentlichte **Fragment der hebräischen Grammatik** abfasste, erhalten wir gleichfalls keine Auskunft. Inwieweit der Philosoph von der Absicht geleitet gewesen sei, den Grundgedanken seiner Lehre, das Verhältniss der Attribute zur Substanz betreffend, auf das Gebiet der Sprachphilosophie zu übertragen und unter diesen Gesichtspunkte ein grammatisches System aufzustellen, kann füglich dahingestellt bleiben. —

Dies jedoch ergiebt sich wohl unzweifelhaft aus dem Briefwechsel, dass diejenigen Schriften Spinoza's, welche für seine Stellung innerhalb der Entwickelungsgeschichte der Philosophie entscheidend sind, ihrer Entstehung nach einer relativ frühen Epoche seines Lebens angehören, mit Ausnahme des tractatus politicus, von dem wir vermuthen dürfen, dass er ebenso wie die Principien der cartesianischen Philosophie seine Entstehung einer äussern Anregung, etwa von Seiten eines befreundeten Staatsmannes, verdankt. Wir werden kaum fehlgreifen, wenn wir annehmen, dass alle auf uns gekommenen Schriften unseres Philosophen ihrem wesentlichen Inhalt nach bis zu oder kurz nach dem Jahre 1665 vollendet gewesen sind. In dem tractatus politicus zeigt sich uns Spinoza, um dies gleich hier zu bemerken, ebenso als selbstständiger Kenner der Staatslehre des Hobbes, wie er in den Principien der cartesianischen Philosophie als gewissenhafter, gleichwohl aber in der eignen Ueberzeugung vielfach abweichender Darsteller der Lehre des Cartesius sich erkennen lässt.

Dürfen wir annehmen, dass der kaum dreissigjährige Spinoza, als Oldenburg zu ihm in persönliche und briefliche Beziehung trat, wenn auch nicht durch veröffentlichte Schriften so doch durch Entwürfe zu wissenschaftlichen Arbeiten, welche im Freundeskreise handschriftlich circulirten, sich bereits eine gewisse Berühmtheit erworben hatte, und erfordert es die Natur der Untersuchungen, besonders derjenigen, welche sich auf die Bibelexegese beziehen, dass wir auch ihre erste schriftliche Darstellung bis in die Zeit der Ausschliessung aus der Synagogengemeinschaft zurückverlegen, so ist es wesentlich das Jahrzehnt zwischen 1655—1665, in welches Spinoza's productive schriftstellerische Thätigkeit fällt. Dies ist wohl auch der Eindruck, den wir aus der Lectüre des Briefwechsels erhalten.

Später sind es nicht sowohl neue Entwürfe als die Sorge für Ausführung und Veröffentlichung der unternommenen wissenschaftlichen Arbeiten, welche unsern Philosophen beschäftigen, wie sich dies gleichfalls aus mannigfachen Aeusserungen in seinen Briefen ergiebt.

Nach diesen Hinweisungen auf die Bedeutung des Briefwechsels für das Leben und die Abfassungszeit der Schriften Spinoza's müssen wir uns darauf beschränken, kurz diejenigen Briefe zu berühren, welche für die Erörterung der Hauptpunkte der Lehre unsres Philosophen von besonderer Wichtigkeit sind.

Es ist schon früher hervorgehoben, dass hiebei zu unterscheiden ist, zu welcher Zeit und an welche Person die Briefe gerichtet sind, besonders der letztere Punkt bleibt zu beachten. Es ist leicht erklärlich, dass Spinoza auch philosophische Fragen demjenigen anders beantwortet, der sich über Gespenster- und Geisterspuk bei ihm glaubt Raths erholen zu können, als demjenigen, der, wie der jugendliche Tschirnhausen, ein tiefes Interesse und Verständniss für das erkenntnisstheoretische Problem der Philosophie in seinem Zusammenhange mit der Attributenlehre zeigt.[1]

Die Zeit der Abfassung der Briefe fällt jedoch im Ganzen weniger in's Gewicht, denn selbst die frühesten, die von Oldenburg und van Vries, zeigen uns Spinoza zur selben Zeit, in welche die Abfassung der princip.-philos. Cartesianae fällt, als bereits weit vorgeschritten in der Entwickelung einer selbständigen Weltanschauung.

Für die Lehre von Gott als der einen, unendlichen Substanz (Eth. I, Prop. XI u. XIV: Deus sive substantia constans infinitis attributis, quorum unumquodque aeternam et infinitam essentiam exprimit, necessario existit, und: praeter Deum nulla dari neque concipi potest substantia; vergleiche auch hierzu das Scholion zur Eth. Prop. X, welches betont, dass durch die Mehrheit der Attribute die Einheit und Einzigkeit der Substanz nicht

---

[1] cf. 68. Ep. LXVI S. 181 f.: „ad dubia pergo — nullam hic dubitandi rationem video."

alterirt werde und besonders die Stelle am Ende des Scholions S. 87, wo die bisher zugelassene Möglichkeit einer Mehrheit der Substanzen beseitigt wird) ist besonders Brief 43 (XLI) zu beachten, wo Spinoza aus der Unendlichkeit der Substanz deren Einzigkeit abzuleiten sich zur Aufgabe macht.

Der Brief ist die Antwort auf einen solchen vom 19. Mai 1663 und gehört zu denen, welche an Huygens gerichtet sein sollen. Huygens Briefe werden nicht mitgetheilt, aber wir sehen aus Spinoza's Antworten, dass der bedeutende Optiker — als solchen kennzeichnet den Empfänger des Briefes der Schluss — sich auch für die höchsten Probleme der Metaphysik lebhaft interessirt. Spinoza legt seiner Erörterung die 6. Definition zu Grunde, deren Richtigkeit zugegeben ist und beseitigt nun die Schwierigkeit gegen die Lehre von der Einzigkeit der Substanz, s. S. 120 ff. ds. Bds., von den Worten „sextam absolute concedis — judicium ferre poteris." Die Briefe 41 (XXXIX) — 43 (XLI) sind überhaupt einer näheren Begründung der Lehre von der Einzigkeit Gottes gewidmet.

Den in Eth. I, prop. XVIII vorgetragenen Satz „Deus est omnium rerum causa immanens non vero transiens" erläutert unser Philosoph in Brief 22 (XXI) an Oldenburg. Letzterer gedenkt des Anstosses, welchen diejenigen Stellen des theolog.-polit. Tractates erregen, wo in zweideutiger Weise von Gott und der Natur gesprochen wird. Hierauf gesteht Spinoza zu, dass er in diesem wie noch zwei andern Punkten eine von den Christen seines Zeitalters abweichende Ansicht habe (vergl. die Stelle „Sed ut — tota errant via S. 53 ds. Bds.). Trendelenburg führt in seiner mehrfach erwähnten Abhandlung (Historische Beiträge, Band III, S. 356) eine Stelle aus den „Cogitationes privatae des Cartesius an (s. Oeuvres inedites de Descartes publiées par le comte Foucher de Careile 1859 I, p. 14): tria mirabilia fecit Dominus: res ex nihilo, liberum arbitrium et hominem Deum." Joël hebt in seiner Schrift zur Genesis der Lehre des Spinoza hervor (S. 10), dass gerade diese drei Wunder bei Maimonides, Gersonides, Creskas eine Erörterung gefunden hatten, die dem Spinoza das Verharren in den cartesianischen Voraussetzungen zur Unmöglichkeit machte.

Ist Gott causa immanens, so kann er auch nicht —

wenigstens nicht in dem gewöhnlichen Sinne — causa libera sein. Vergl. die Stelle in Brief 64 (LXII) S. 173: Ego eam rem — necessitate ponere zur Erläuterung der Def. VII, Eth. I. Auf die ethischen Consequenzen weist schon Oldenburg in Brief 23 (XXII) (vgl. Spinoza's Bemerkungen im folgenden Briefe) und besonders Blyenbergh in seinem Briefwechsel hin. Brief 62 (LX) beantwortet Spinoza die Frage nach der Erkennbarkeit Gottes dahin: Deum enim non imaginari sed intelligere possumus, vergl. die Stelle S. 169 ff.: ad quaestionem tuam — ignarus essem.

Die Fassung des Gottesbegriffes unter dem Begriffe der Substanz im eigentlichen Sinne des Wortes — der Terminus substantia war von der scholastischen Philosophie übernommen — erschien dem Zeitalter unsers Philosophen nur als Consequenz der cartesianischen Lehre und war nur anstössig in der Gleichsetzung mit dem Naturbegriff (Deus sive natura). Hier war der Punkt, von dem aus die theologische wie die philosophische Kritik, letztere auch vom Standpunkt der cartesianischen Philosophie aus sich gegen die Lehre Spinoza's zu gewichtigen, zunächst metaphysischen Einwürfen berechtigt glaubte. Der Verlauf des Briefwechsels mit Blyenbergh zeigt deutlich, wie klar das Bewusstsein in Spinoza sich entwickelt hatte, dass eine Verständigung mit den Vertretern dieser Standpunkte nicht denkbar sei.

Der Entschluss, Anmerkungen zu seinem theologisch-politischen Tractat zu schreiben, kann wohl so gedeutet werden, dass sich der Philosoph vor neuen Verketzerungen schützen wollte, welche ihn bei zunehmender Kränklichkeit in den letzten Lebensjahren schwerer treffen mussten, als in seiner Jugend, jedoch die Selbständigkeit des philosophischen Standpunktes aufzugeben, welche er bereits als Bearbeiter der Principien der cartesianischen Philosophie und besonders in dem Anhange zu denselben, in den „metaphysischen Gedanken" für sich in Anspruch genommen hatte (vgl. Meyer's Vorrede zu den Principien), daran dachte Spinoza sicherlich nicht.

Richtig ist, dass mit Rücksicht auf die philosophische Einsicht und den Standpunkt der Empfänger nicht alle Briefe Spinoza's für die Erläuterung seiner Lehre den gleichen speculativen Werth beanspruchen, wie bereits oben bemerkt ist. Jedenfalls aber hat der mannigfache briefliche Verkehr mit Leuten von verschiedener wissenschaftlicher Bildung und Einsicht unserem Philosophen Anregung dazu gegeben, sich über die Grundgedanken und Consequenzen seiner Weltanschauung immer mehr klar zu werden.

Die Grundgedanken seiner **Metaphysik**, wie sie in der späteren Darstellung das erste Buch der Ethik giebt, finden wir bereits in Brief 42 (XL) (vom 10. Mai 1666, S. 117 ff. ds. Bds.), welcher sich eng an die in Brief 41 (XXXIX) gegebenen Voraussetzungen anschliesst. Abweichend ist besonders die Anwendung des Begriffes perfectio und imperfectio; in einem Sinne wie ihn Spinoza später vermeidet.

Schon frühe ist der Einwurf erhoben worden, wie sich mit der Lehre von der Wesenseinheit der Substanz, als welche Spinoza schon im zweiten Briefe vom Ende September 1661 Gott definirt (siehe die Defin. S. 4 ff. ds. Bds.) die Annahme unendlich vieler, oder doch wenigstens — um gleich bei dem stehen zu bleiben, was von Bedeutung für die weitere Entwicklung des Systems wird — mehrerer Attribute vereinigen lasse.

In Brief 4 (IV) S. 10: Per substantiam — alterius rei und Brief 2 (II) S. 5: Per attributum — alterius rei sind die Definitionen von Substanz und Attribut völlig gleichlautend. Auch Simon van Vries nimmt Anstoss daran dass sich mit der wesentlichen Natur der Substanz eine Mehrheit von Attributen solle vereinigen lassen und knüpft hier an das jetzige Scholion zu Prop. X[1]) des ersten Theiles der Ethik an: „Ex his apparet quod, quamvis duo attributa realiter distincta concipiantur, hoc est, unum sine ope alterius, non possumus tamen inde concludere, ipsa duo entia sive duas diversas substantias constituere. Id enim est de natura substantiae, ut unumquodque ejus attributorum per se concipiatur; quandoquidem omnia, quae habet attributa simul in ipsa fuerunt, nec unum ab alio produci potuit; sed unumquodque realitatem sive esse substantiae exprimit. Longe ergo abest, ut absurdum sit, uni substantiae plura attributa tribuere; quin nihil in natura

---

[1]) In dem Text des Briefes 28 (XXVI) S. 64 ds. Bds., wie er jetzt von van Vloten veröffentlicht ist, ist dies Scholion als drittes zu Eth. I, prop. 8 bezeichnet. Vergleiche darüber auch S. 20 der Einleitung ds. Bds.

clarius quam quod unumquodque ens sub aliquo attributo debeat concipi, et quo plus realitatis aut esse habeat, eo plura attributa, quae et necessitatem sive aeternitatem et infinitatem exprimunt, habeat; et consequenter nihil etiam clarius quam quod ens absolute infinitum necesse sit definiendum (ut def. 6 tradidimus) ens, quod constat infinitis attributis quorum unumquodque aeternam et infinitam certam essentiam exprimit. Signis autem jam quaerit, ex quo ergo signo diversitatem substantiarum poterimus dignoscere, legat sequentes propositiones, quae ostendunt in rerum natura non nisi unicam substantiam existere, eamque absolute infinitam esse, quaprovter id signum frustra quaereretur."

Nach van Vries' Meinung hebt die Mehrheit der Attribute nothwendig die Wesenseinheit auf. Spinoza beharrt aber in Brief 29 (XXVII) darauf, dass sich der Begriff eines unendlichen Wesens, zu dessen Bestimmungen die Einheit gehört, nicht anders fassen lasse, als indem man sich in ihm unendlich viele Attribute denkt (s. die Stelle des eben angezogenen Briefes S. 65: „Quod autem dicis — unde ens absolute infinitum definiendum est").

Aber in demselben Briefe finden wir auch jene Aeusserung, welche Anlass geworden ist zu der Verschiedenheit der Auffassung der Attributenlehre Spinoza's. Es ist schon bemerkt, dass in dem Briefwechsel mit Oldenburg die Definition der Substanz und des Attributes ganz gleichlauten: „per substantiam intelligo id quod in se est et per se concipitur, et idem per attributum intelligo" aber hier folgt nun der Zusatz: „nisi quod attributum dicatur respectu intellectus, substantiae certam talem naturam tribuentis (cf. Eth. I, Defin. 4: per attributum intelligo id, quod intellectus de substantia percipit tanquam ejusdem essentiam constituens).

Seine Erklärung „idem per attributum intelligo" erläutert nun Spinoza durch folgenden Zusatz (S. 66 ds. Bds.): Haec inquam definitio satis clare quid per substantiam sive attributum intelligere volo, explicat. Vis tamen, quod minime opus est ut exemplo explicem quomodo una eademque res duobus nominibus insigniri possit. Sed ne parcus videar duo adhibebo. Primo dico per Israelem intelligi tertium patriarcham; idem per Jacobum intelligo, quod nomen Jacobi ipsi imponebatur propterea quod calcem fratris apprehenderat. Secundo per planum intelligo id quod omnes radios lucis sine ulla mutatione reflectit; idem per album intelligo nisi quod album dicatur respectu hominis planum intuentis.

Anknüpfend an den Satz: per attributum intelligo id quod intellectus de substantia percipit tanquam ejusdem essentiam constituens hat J. E. Erdmann [1]) die Attribute als blosse Betrachtungsweisen des Verstandes, der sie an die Substanz heranbringt, ohne dass die indeterminirte Substanz selbst etwas damit zu thun habe, aufgefasst.

H. C. W. Sigwart weisst in seiner schätzbaren Schrift „der Spinocismus historisch und philosophisch erläutert, Tübingen 1839" S. 247, Anmerkung 107 darauf hin, dass Erdmann die erste Anregung dieser Auffassung und den Hauptgedanken wohl von Hegel genommen habe (vergl. dessen Vorlesungen über Geschichte der Philosophie Bd. III, S. 380 u. a. St.). Erdmann giebt nun seiner Kritik der Attributenlehre Spinoza's folgende Fassung: „Die Attribute kommen von Aussen zur Subtanz. Schon das Wort deutet darauf hin. Nicht was der Substanz eigen ist (proprium, proprietates), sondern quod ei attribuitur (sc. ab alio)."

Sp. sagt ferner in der Definition nicht: dass die Attribute die Substanz ausmachen, sondern sie seien, was der Verstand an ihr wahrnimmt, und wo er den Ausdruck braucht, dass die Attribute das Wesen der Substanz ausdrücken (exprimunt), ist es immer der Verstand, für den das Wesen so ausgedrückt wird. Der Verstand aber gehört, wie Spinoza ausdrücklich sagt, nicht zur Substanz als solcher. Die Attribute sind also Bestimmungen, welche ein äusserer Verstand als solcher an die Substanz bringt, die an sich ganz bestimmungslos ist. Sie kann keine Bestimmung, d. h. Negation in sich zu lassen [2]). Soll nun etwas Bestimmtes

---

[1]) In seinem Versuche einer „wissenschaftlichen Darstellung der neueren Philosophie" Bd. I, Abthlg. II 1836, S. 59 ff., sowie in seinen „Vermischten Aufsätzen" 1846, in der Abhandlung: die Grundbegriffe des Spinocismus S. 147—152, und „Grundriss der Geschichte der Philosophie" 1866, II, S. 314 ff.

[2]) Erdmann fasst hier den Satz: Omnis determinatio est negatio (Brief 52 (L) S. 151) in einem Sinne, in welchem der

von ihr ausgesagt werden, so kann es nur geschehen, indem der Verstand an sie Bestimmungen heranbringt. Deshalb kann auch Spinoza, wo er von der Substanz gesprochen hat, hinzufügen, dass das Attribut ganz dasselbe sei wie die Substanz, nur dass es Attribut genannt wird im Verhältniss zu einem Verstande, welcher der Substanz eine bestimmte Natur zuschreibt. Die Attribute sind also Bestimmungen, welche allerdings das Wesen der Substanz ausdrücken, weil sie es aber auf eine bestimmte Weise ausdrücken, die Substanz selbst aber keine bestimmte Weise des Seins hat, fallen sie ausserhalb der Substanz in einen betrachtenden Verstand!

Dieses äusserliche Verhältniss der Substanz zu den Attributen zeigt sich auch wenn man zusieht, wie viele und welche Attribute der Substanz Spinoza annimmt. Wären die Attribute etwas der Substanz selbst Inhaerirendes und ihr Nothwendiges, so müsste von einer bestimmten Zahl von Attributen die Rede sein, d. h. von gerade so vielen, als der Substanz eigen sind. Aber eine solche Nothwendigkeit, d. h. Bestimmtheit ist nicht in ihr, also ist sie ganz indifferent gegen die Zahl der Attribute, die an sie gebracht werden. Ebensowenig kann sie aber irgend ein Attribut von sich ausschliessen, weil dies hiesse, ihr eine bestimmte Idiosynkrasie zuschreiben; also wird gesagt, dass die Substanz unendlich viele Attribute habe, d. h. es können alle möglichen Attribute in sie gesetzt werden. Trotz dieser unendlich vielen Attribute, wird sie nur unter zwei Attributen betrachtet, unter dem Attribut des Denkens und dem der Ausdehnung. Gott oder die Substanz ist also denkend, sofern der Verstand ihn unter dem Attribut der Ausdehnung betrachtet; und zwar liegt der Grund dazu, dass er nur unter diesem Attribut betrachtet wird, nicht in Gott, sondern darin, dass der betrachtende menschliche Geist (oder die Idee eines existirenden Körpers) nur Ausdehnung und Denken in sich findet. Darum wird Gott nur unter diesen

---

Geist der Lehre Spinoza's ihn zu fassen nicht gestattet. Determinatio ist hier nicht in der Bedeutung von „Bestimmung" sondern von „Einschränkung" zu nehmen, wie negatio dann an die privatio, στέρησις, der scholastischen Philosophie erinnert.

beiden betrachtet. Das hindert Spinoza aber nicht zu sagen, er habe von Gott eine **ebenso klare Idee** wie **von einem Triangel**, obwohl er viele Attribute Gottes nicht kenne. Also nur unter zwei Attributen wird die Substanz betrachtet. Dass es aber nicht scheine, als bestimme sie selbst sich gerade zu diesen beiden, werden sie zu zwei zufällig ausgewählten von den unendlich vielen (d. h. für die Substanz zufällig)."

„Deswegen sind dann auch die Attribute als ganz selbständig gefasst, oder **müssen per se begriffen** werden. Sie haben diese Selbständigkeit erstlich **gegen einander** und müssen sie haben, weil ein äusserer Verstand bald so bald anders die Substanz betrachtet, der Begriff der Attribute aber ist sogar nicht abhängig von dem Begriff der Substanz, eben weil sie **certam essentiam** ausdrücken können sie nicht nothwendige Folgen aus der, jede Bestimmung ausschliessenden Substanz sein. Die Bestimmtheit ist der Substanz fremd, also kann ihr **bestimmtes Wesen**, d. h. das Attribut, nicht **aus ihr** erklärt werden, sondern muss per se begriffen werden. Mit dieser Selbständigkeit der Attribute ist aber die Einheit der Substanz gar nicht gefährdet. Vielmehr nur dadurch, dass die Attribute als selbständig gefasst werden, kann die Einheit der Substanz erhalten werden. Wären sie in ihrer Bestimmtheit vom Begriff der Substanz abhängig, so müsste in dieser ein Trieb, sich in den Attributen zu expliciren, d. h. sich zu bestimmen, also Negation angenommen werden, und sie wäre nicht mehr die eine mit sich identische Substanz." Soweit Erdmann.

Trendelenburg bemerkt dagegen: „Man verfehlt den Sinn der Attribute, wenn man sie auffasst, als ob der Verstand sie als Betrachtungsweise, mit der die indeterminirte Substanz nichts zu thun habe, an die Substanz heranbringe, wenn man Gott als das Wesen mit den unendlichen Attributen definirt, aber die Attribute zu blossen Betrachtungsweisen des Verstandes macht und sie nur in unsere Auffassung verlegt. Eine solche Auffassung entsteht aus der Analogie der uns geläufigen kantischen Ansicht, die die Formen der Anschauung, in welche wir die Dinge fassen und die Stammbegriffe des Verstandes, durch welche wir sie denken, nur dem Subjecte zuspricht.

Diese Ansicht widerspräche dem auf das Reale gerichteten Spinoza, sie widerspräche der metaphysischen Lehre des Spinoza, nach welcher es nichts giebt als die Substanz und die Modi, welche Affectionen der Attribute Gottes sind (Eth. I, axiom. 1, vergl. def. 5, I. 4. dem. I. 25. cor. I. 28 u. s. w.), sie widerspräche ebenso der Erkenntnisslehre des Spinoza, nach welcher die adäquaten Vorstellungen des Intellectus auf Principien beruhen, welche ebenso im Theil als im Ganzen sind (quae aeque in parte ac in toto sunt Eth. II. 38); sie würde den intellectus, der Ewiges erkennt, zur Imagination machen, welche die Quelle der inadäquaten Vorstellungen ist. Diese Ansicht, welche Erdmann durchgeführt und auch neuerdings festgehalten hat, führt auf solche und andere Widersprüche." (Histor. Beiträge III, S. 366 ff.)

Auf die Widersprüche näher eingehend, sagt Trendelenburg in der Abhandlung „Ueber Spinoza's Grundgedanken und dessen Erfolg" (vgl. Histor. Beitr. II, S. 41 Anmerkung): „Entweder der intellectus hat adäquate Vorstellungen, welche die Sache wiedergeben, was Spinoza überall behauptet (vgl. z. B. eth. II, 435 schol. Ende), und dann bringt er die unumgänglichen Grundbegriffe der Attribute nicht an die Substanz heran, oder er bringt sie von aussen heran, und dann werden adäquate Vorstellungen unmöglich, indem ihr Grund verloren geht, Principien, welche ebenso im Theil als im Ganzen sind (eth. II, 38). Ueberhaupt darf die Substanz, die als causa sui zugleich causa rerum ist, nicht mit einem nackten Substrat verwechselt werden, an welches der Verstand Denken und Ausdehnung äusserlich heranbrächte, wie in der eingehenden Schrift C. H—r. Spinoza's Lehre vom Verhältniss der Substanz zu ihren Bestimmtheiten dargestellt, Bern 1850, S. 32 erörtert ist. Die Attribute sind ewig und die nothwendigen Attribute werden in optischen Farbenschein verwandelt, wenn der Verstand sogar (vermischte Aufsätze S. 151, vgl. S. 158) einem Betrachter verglichen wird, „„der nur durch eine Brille sehen kann, die ein gelbes und blaues Glas hat, dem also die Sache, die keins von beiden ist, je nachdem er ein oder das andre Auge schliesst, so oder so erscheinen muss.""

„Mit dieser Brille kommt der Verstand, wenn möglich, noch unter die Imagination herab und doch heisst es z. B.

eth. I, 19 deutlich genug: Deus sive omnia Dei attributa sunt aeterna [1]).

Hatte J. E. Erdmann in seiner Auffassung der Attribute als Verstandesbegriffe an Hegel angeknüpft, so weist Kuno Fischer's Darstellung dieses Theiles der Lehre Spinoza's in der Geschichte der neuern Philosophie (2. Aufl. 1865) auf Jacobi in der Schrift „über die Lehre des Spinoza in Briefen, Breslau 1785" und auf Herder (in „Gott, einige Gespräche über Spinoza's System") zurück. Beide fassen die Attribute als Kräfte der einen unendlichen Substanz und ihnen folgt Kuno Fischer in dem angeführten Werke.

Gegen Erdmann's subjectivistische Auffassung stellt Kuno Fischer mit Recht die Frage: „Wenn das Attribut bloss in unserm Verstande und nicht in der Sache selbst enthalten wäre, also keine Realität hätte, wie könnte Spinoza den Satz aufstellen, „„je mehr Realität in einem Wesen enthalten ist, um so mehr Attribute müssen ihm zukommen"" (eth. I, prop. IX, S. 86 unserer Ausgabe der Ethik cf. Brief 29, XXVII).

„Ist hier die mindeste Zweideutigkeit? Ist es etwa zweifelhaft, was Realität im Sinne des Spinoza bedeutet? Um jeden Zweifel zu heben, nehmen wir die 6. Defin. im zweiten Buch der Ethik „„unter Realität und Vollkommenheit verstehe ich dasselbe."" Sagt nicht Spinoza, dass jedes Attribut durch sich begriffen werden muss (Eth. I, prop. X, S. 86 unserer Ausgabe)? Wie wäre das möglich, wenn das Attribut nur aus der Natur und den Bedingungen des menschlichen Verstandes abgeleitet werden könnte?

Wenn das Attribut nicht in der That das Wesen der Substanz ausdrückte, so hätte Spinoza niemals schliessen können: was von einem Attribute gilt, das gilt von der Substanz selbst, wenn aus einem Attribute die Theilbarkeit folgte, so wäre die Substanz theilbar. Da es kein Attribut giebt, aus welchem die Theilbarkeit folgt, so ist

---

[1]) Vergl. in der Demonstration: per Dei attributa intelligendum est id, quod divinae substantiae essentiam exprimit, hoc est, id quod ad substantiam pertinet: id ipsum, inquam, ipsa attributa involvere debent. Atqui ad naturam substantiae pertinet aeternitas, ergo unumquodque attributorum aeternitatem involvere debet, adeoque omnia sunt aeterna.

die Substanz (oder Gott) untheilbar. (Eth. I, pag. XII. XIII.)

Wenn das Attribut nicht dem Wesen der Substanz als solchem zukäme und dasselbe ausmachte, wie könnte Spinoza sagen, was er so oft wiederholt und was in der That keinerlei Zweideutigkeit zulässt: Die Substanz besteht aus unendlich vielen Attributen? ...

Wären die Attribute nur solche Beschaffenheiten, die wir nach der Art und Weise unserer Erkenntniss Gott beilegen, so ist jener Satz Spinoza's unmöglich: „„Gott und alle seine Attribute sind ewig."" Wie könnte dann Spinoza sagen: Deus sive omnia attributa ejus? Das heisst doch wohl: Gott nach Abzug aller seiner Attribute gleich Nichts. Und was ist Gott nach Abzug aller unserer Betrachtungsweisen? Er ist und bleibt Alles. So weit also ist diese Erklärungsweise entfernt von der wahren Meinung Spinoza's (s. Kuno Fischer, Bd. I, Thl. II, S. 273 ff.)."

Wie treffend auch Kuno Fischer die Auffassung Erdmann's in Bezug auf Spinoza's Attributenlehre widerlegt, so wenig lässt sich, wie bereits früher bemerkt, ohne gewaltsame Umdeutung einzelner Stellen oder Uebergehung anderer gewichtiger Auseinandersetzungen, besonders in den Briefen seine eigne Ansicht von diesem Theile des Systems Spinoza's als mit dem Grundgedanken der Lehre in Einklang stehend anerkennen.

Jacobi und Herder, denen der historische Zusammenhang und die Entwickelung der Weltanschauung, welche in der Ethik ihren reifen Ausdruck findet, nicht mit der Klarheit erkennbar war, mit welcher wir sie gegenwärtig zu überschauen vermögen, mochten wohl berechtigt sein, wenn sie die Attribute als Wesensbestimmungen und Wesensmanifestationen der Substanz fassten, sie als Kräfte derselben zu betrachten, wie sie ja auch das pantheistische Moment der Lehre auf Giordano Bruno zurückführten, weil sie andere historische Anhaltspunkte bei dem jüdischen Denker nicht aufzufinden Gelegenheit hatten.

Aber Kuno Fischer, dem ein ungleich reicheres historisches Material, sowohl in Bezug auf die gesammte Geschichte der Philosophie als auch in Bezug auf Spinoza zu Gebote steht, war nicht vor die Alternative gestellt, entweder die Attribute mit Erdmann nur als Betrachtungsweisen des menschlichen Verstandes gelten zu lassen oder sie, um ihre objective Realität festzuhalten, als Kräfte zu fassen.

Lassen wir jedoch Kuno Fischer seine Ansicht selbst darstellen. „Gott ist in der That die Ursache aller Dinge (S. 283), deren innere Ursache. Diese Ursache handelt in jedem Dinge als **wirkende Kraft**, die sich auf eine völlig bestimmte Weise äussert. **Es giebt zahllose Dinge in der Welt, also giebt es zahllose Kräfte in Gott**, denn ausser Gott giebt es keine Kraft, überhaupt nichts, das wirkender Natur wäre. Jede Kraft gehört zur wirkenden Natur, also zum Wesen Gottes, sie drückt die wirkende Natur, d. h. ewige und unendliche Wesenheit in einer bestimmten Weise aus; jede Kraft ist in ihrer Art unendlich: jede ist ein Attribut Gottes.

Wie in der Mathematik die zahllosen ewigen Wahrheiten, die in dem Wesen des Raums gegeben sind, mit dem Begriffe des einen Raums nicht streiten, ebenso wenig streiten in der Lehre Spinoza's die zahllosen Attribute mit dem Begriff der einen Substanz; im Gegentheil sie erfüllen dieselbe und begreifen den unendlichen Reichthum der Kräfte, woraus die zahllosen Dinge immer mit derselben Nothwendigkeit von Ewigkeit zu Ewigkeit folgen. Die Attribute setzen die Substanz in Kraft, die sonst nichts wäre als ein starres und unvermögendes Wesen, eine unfruchtbare und leblose Einheit, „die Nacht des Absoluten, in der alle Unterschiede ersterben." Die Substanz athmet in den zahllosen Attributen das unendliche Weltleben.

Diese Attribute sind also nicht Substanzen oder Atome, sondern sie sind Potenzen oder Kräfte. So allein können wir jene Alternative vermeiden, die in der Erklärung der Attribute entgegengesetzte Richtung einschlägt: auf der einen Seite wird der Begriff der einen Substanz aufgegeben gegen die Attribute und zersetzt in zahllose Substanzen oder Atome; auf der andern Seite wird der Begriff der Attribute aufgegeben gegen die eine Substanz und die Attribute werden für blosse Erkenntnissformen erklärt, die ausserhalb des Verstandes keine Realität haben. Die Alternative heisst: entweder die Substanz oder die Attribute. Die Bejahung der ersten Seite führt zu der formalistischen Ansicht der Attribute, die freilich den zahllosen Attributen gegenüber nicht einmal den Schatten einer Möglichkeit hat; die Bejahung der andern Seite führt zu der atomistischen Ansicht der Substanz. Beide Ansichten widerstreiten dem Sinn und den Worten Spinoza's, dessen Lehre auf dem Satz steht: die Substanz und ihre Attribute. **Beide Begriffe hängen in dieser Lehre so genau zusammen, wie Ursache und Kraft.**

Wir wollen damit nicht gesagt haben, dass in Betreff der zahllosen Attribute Spinoza's Lehre widerspruchslos sei; sie trägt einen Widerspruch in sich, der aber tiefer liegt als der, wo er gesucht wird und der in seinem letzten Grunde dem ganzen System zur Last fällt" fügt Kuno Fischer hinzu, und Trendelenburg zeigt (in den historischen Beiträgen Bd. III, p. 368), dass Kuno Fischer's Auffassung der Attribute als Kräfte den Widerspruch eben so wenig zu lösen vermöge als Erdmann's formalistische Deutung: „Sie steht — nach Trendelenburg — im Widerspruch mit den Verhandlungen, welche uns über diesen Begriff in den Briefen XXVI—XXVIII [28. Brief — 30. Brief dieser Ausgabe] zwischen Spinoza und van Vries überliefert ist, insbesondere der ausdrücklichen Erklärung, welche Spinoza im XXVII. Briefe [29. Brief dieser Ausg.] von dem Attribute giebt. Diese hat nur dann Sinn, wenn Spinoza das Verhältniss verschiedener Attribute so fasste, wie verschiedene Definitionen oder Ausdrücke einer und derselben Sache. Denn dahin gehen seine Erklärungen und Beispiele. Hätte Spinoza unter verschiedenen Attributen lediglich verschiedene Kräfte verstanden, wie etwa am Menschen Gehör und Gesicht und Gehen und Greifen, so hätte Spinoza die Erklärung leichter gehabt. Die Vereinigung und das Zusammenwirken verschiedener Kräfte in Einem Wesen bietet dem gewöhnlichen Bewusstsein gar keine Schwierigkeit, es ist die gemeinfassliche Ansicht aller Welt bei allen Dingen. Spinoza spricht von etwas ganz anderem.

Die verschiedenen Attribute drücken Ein und dasselbe Wesen nur verschieden aus. Daher hat das Beispiel des dritten jüdischen Erzvaters einen guten Sinn, denn Israel drückt an ihm den Gotteskämpfer aus, Jakob aber, dass er die Ferse seines Bruders ergriffen hatte. Dasselbe Wesen wird durch eben (planum) und weiss (album) ausgedrückt; das planum bezeichnet die Ursache, die geometrische Beschaffenheit des Körpers, welche die alte vornewtonsche Optik angab, um den Eindruck des Weissen im Auge hervorzubringen (cf. schon Aristot. metaphys. Z. 4. p. 1029. b. 16. meteor. III. 6. p. 377. b. 15. Cartes dioptr. c. l. p. 55. ed. Francof. 1685). Die Beispiele sagen praecis, was sie sollen; sie drücken dasselbe Ding verschieden aus, jenes äusserlich im Namen, dieses innerlich im Wesen der Sache. Dies Verhältniss trifft nicht die Kräfte, welche vielmehr Verschiedenes darstellen. Wenn Kuno Fischer die Erklärung Spinoza's im Briefe weg erklärt, weil sie eine briefliche Erklärung sei, die noch dazu einem Schüler gegeben worden, den Spinoza offenbar sehr exoterisch behandle, oder weil sie eine Antwort sei, welche dem Schüler die Sache durch leichte Beispiele fasslich und plausibel machen solle: so darf man fragen, wo dem Spinoza das Plausibelmachen am Herzen liege, wo er den Simon van Vries, dem er das Schwerste der Metaphysik, das erste Buch seiner Ethik, in die Hand gegeben, exoterisch behandle, wo er sonst etwas durch solche Beispiele, welche gerade Falsches zu fassen anleiten würden, fasslich zu machen unternehme? Wenn Kuno Fischer fragt, was sind das für Beispiele, in denen der Gott Spinoza's mit einem jüdischen Erzvater, dann mit der Oberfläche des Körpers verglichen wird? so dürfte zur Antwort dienen, dass Simon van Vries keine Erläuterung des Gottesbegriffs gefordert hatte, sondern nur wie dieselbe Sache auf zwei Weisen könne betrachtet werden [cf. Brief 28 (XXVI) S. 64 unserer Ausgabe]: denn das von Spinoza ihm gegebene Beispiel scheint ihm nicht zwei, sondern nur eine Weise der Betrachtung darzustellen. Es ist für diese Hypothese der Auffassung bedenklich, dass sie, um zu bestehen, nöthig hat, erst eine authentische Deklaration, eine deutliche Erklärung des Spinoza bei Seite zu schieben.

Wenn die Attribute sich wie die verschiedenen Definitionen Einer und derselben Sache verhalten, so ergiebt sich, dass das eine Attribut nicht in das andre übergreifen und dass es keine Einwirkung des einen Attributs in das andre geben kann; denn sie sind dasselbe Ding, nur in verschiedener Beziehung aufgefasst. Die genetische Definition eines Kreises durch den sich um einen Punkt bewegenden Halbmesser und die algebraische Definition nach dem Verhältniss der Ordinaten und Abscissen können nicht aufeinander wirken; sie sind der verschiedene Ausdruck eines und desselben Wesens: Umgekehrt verhält es sich, wenn die Attribute als verschiedene Kräfte der Einen Substanz aufgefasst werden: Warum sollten diese nicht auf einander wirken? Das Natürliche ist vielmehr, dass sie es thun, wie z. B. unsere motorische Kraft, wenn die Muskeln das Auge öffnen, richten, schliessen auf unsre sensitive Kraft wirkt. Spinoza hat daher im tractatus brevis, wo er die Attribute noch als Kräfte fasst, keine Schwierigkeit gefunden, die Möglichkeit des Zweckes zuzulassen, in welchem eine Einwirkung des Denkens auf die Ausdehnung, des Begriffs auf die Gestaltung der Dinge, gedacht wird. Mit der strengen Fassung der Attribute, dass sie alle dasselbe sind, als die Eine Substanz, nur ausgesagt in Bezug auf den Verstand, der sie betrachtet, tritt nothwendig die scharfe Polemik gegen den Zweck ein. So lange die Attribute Ausdehnung und Denken als zusammengehörige und zusammenwirkende Grundkräfte angeschaut werden, ist der Zweck im Grunde der Dinge denkbar; er hat die Bedingungen seine Möglichkeit in der Grundannahme.

„„Aus dem Wesen der Einen Substanz folgt die Ordnung der Dinge, die nicht anders sein kann, als sie ist. Sie folgt zugleich aus der unendlichen Macht des Denkens und aus der unendlichen Macht der Ausdehnung. Also wirken die beiden Attribute genau in derselben Ordnung. Diese Ordnung ist der Causalnexus. Nach derselben Causalordnung erfolgen die Modificationen des Denkens und nach derselben die Ausdehnung."„

Diese Erklärung ist nicht aus Spinoza entnommen, sondern ihm geliehen, daher kommt es, dass das: also wirken die beiden Attribute genau in derselben Ordnung der Nothwendigkeit eines Schlusses entbehrt. Denn es hat an sich gar nichts Widersprechendes, dass die Ordnung im Denken von dem Causalnexus des Zweckes, hingegen die Ordnung in der Ausdehnung von dem Causalnexus der wirkenden Ursache abhänge, wie Leibniz ja einer solchen Annahme folgt. In dem Also zeigt sich demnach eine Lücke, inwiefern der Zweck durch keinen Grund ausgeschlossen wird, und diese Lücke, diesen Riss in dem Zusammenhang dürfen wir der Verkettung der spinozischen Gedanken nicht zuführen.

Warum ist denn bei dieser Erklärung der Attribute als Kräfte der Zweck ausgeschlossen? Aus den Attributen, die doch das Wesen der Substanz ausdrücken, folgt in dieser Auffassung der Attribute als zusammenwirkender Kräfte die Unmöglichkeit des Zweckes nicht; vielmehr sind darin die Bedingungen seiner Möglichkeit vorhanden. Der verbietende Grund liegt nach Kuno Fischer's Ansicht nicht im Metaphysischen, wo er liegen müsste, sondern im Logischen.

„„Der Zweckbegriff passt nicht in die mathematische Denkweise. Es hat keinen Sinn, wenn man fragen wollte: wozu sind die Winkel eines Dreiecks gleich zwei Rechten? wozu sind die Radien eines Kreises einander gleich? wozu ist zwei mal zwei gleich vier? Man kann hier nur fragen, warum es sich so verhält? Die mathematischen Wahrheiten haben nur Gründe, aber keine Zwecke. Und wenn in der Natur der Dinge Alles so nothwendig folgt, wie die Sätze in der Mathematik, so giebt es überhaupt keine Zwecke, so ist der Zweck ein Unding in der Welt, ein Ungedanke in meinem Kopf, eine unklare und verworrene Vorstellung, nichts als eine wesentliche Imagination. So wird der Begriff der wirkenden Ursache dem der Finalursache entgegengesetzt und die Möglichkeit der Zwecke von Grund aus aufgehoben und verworfen. [1]) Gilt die mathematische Methode in ihrem strengen Verstande als die Richtschnur aller wahren Erkenntniss, so muss die Weltordnung so gedacht werden, dass sie mit dieser Methode übereinstimmt."" Wir vermissen das Citat einer Stelle aus Spinoza, welche darum den Zweck verwirft, weil er der geometrischen Methode widerspreche, weil er in die mathematische Denkweise nicht pass. Sonst fügt sich die Methode der Natur des Objectes, aber aus der Methode kann nicht die Natur des Objectes folgen. In dem Anhang zum ersten Buch der Ethik sagt Spinoza nur, dass die Mathematik, aber auch noch andere Gründe, die Menschen des Vorurtheils, die Natur auf menschliche Zwecke zu beziehen, entwöhnt habe. [2])

---

[1]) Kuno Fischer a. a. O. S. 233 ff., vgl. J. E. Erdmann, Grundriss der Geschichte der Philosophie. 1866. II. S. 51.

[2]) eth, I, app. p. 71. nisi mathesis, quae non circa fines sed tantum circa figurarum essentias et proprietates versatur, aliam veritatis normam hominibus ostendisset; et praeter mathesin aliae etiam adsignari possunt causae (quia hic numerare supervacaneum est) a quibus fieri potuit, ut homines

Es ist richtig, dass die mathematischen Gebilde, Figuren und Zahlen, mit ihren Eigenschaften nur aus der wirkenden Ursache verstanden werden. Aber der Grund dass der Zweck nicht in die mathematische Denkweise passe, ist nicht im Sinne der geometrischen Methode ersonnen. Spinoza stellt uns seine Ethik im Gange des Euclides dar. Und womit beginnen die Elemente des Euclides? Mit einem Zweck; denn sie beginnen mit einer Aufgabe, ein gleichseitiges Dreieck zu construiren. Das ganze geschlossene System schreitet dadurch fort, dass es durch Lehrsätze Aufgaben lösen und durch Aufgaben (Construction) Lehrsätze beweisen lehrt; es ist eine von Erkenntnissen der wirkenden Ursache und Erkenntnissen der durch sie erreichbaren Zwecke gefügte Kette. In der angewandten Mathematik, z. B. der Mechanik, werden durch die mathematische Methode durchweg Zwecke erreicht. In dem Briefe, den Spinoza an Leibniz schreibt [54. ep. LII, S. 152 u. 153 dieser Ausgabe], handelt es sich um optische Zwecke, welche die Mathematik stellt und möglich macht. Leibniz, der wohl wusste, was in die mathematische Denkweise passe, stellt sich Gott nach mathematischer Analogie vor, bald wie Plato, nach dessen Worte Gott immer Geometrie übt, als Architect der Welt, bald als einen construirenden Geometer, wenn er sagt: Gott hat das Vollkommenste gewählt, d. h. dasjenige, was zugleich das Einfachste in den Voraussetzungen und das Reichste in den Erscheinungen ist.

Es ist der Mathematik eigen, die allgemeinsten Formen der wirkenden Ursache zu erkennen und durch diese Erkenntniss mittelst der wirkenden Ursache Zwecke zu erreichen. Anders denkt es sich die teleologische Ansicht auch nicht. Ehe wir daher die Stelle des Spinoza kennen, dass Spinoza darum den Zweck aus der Natur gestrichen, weil er nicht in die mathematische Denkweise passe, suchen wir den Grund anderswo und nur da, wo er nach dem Begriff des Zweckes allein liegen kann, im Metaphysischen und nicht in einer Denkweise, in Spinoza's Grundanschauung des Verhältnisses von Denken und Ausdehnung, in seiner Lehre von den Attributen. Wo die Attribute als zusammenwirkende Kräfte genommen werden,

---

communia haec praejudicia animadverterent et in verum rerum cognitionem ducerentur.

ist er möglich; wo indessen, wie Spinoza ausdrücklich erklärt, als verschiedene Definitionen desselben Wesens, ist er unmöglich.|

Wie die beiden erörterten Cardinalpunkte der Lehre Spinoza's: die **Einzigkeit** der unendlichen Substanz und die **Mehrheit** der Attribute, ferner die Einschränkung der unendlich vielen Attribute auf eine **Zweizahl** in Bezug auf den erkennenden Verstand schon frühzeitig Gegenstand brieflicher Auseinandersetzung waren, so ist es auch ein drittes vom Standpunkt Spinoza's sich ergebendes Problem dessen Lösung gefordert wird.

In Freundeskreisen war sicher auch schon das bekannt, was jetzt nach der letzten Bearbeitung, den Inhalt der Sätze XXIX (c. Schol.) und XXX des ersten Theiles der Ethik bildet: In natura non nisi una substantia datur nempe Deus, nec ullae aliae affectiones quam quae in Deo sunt et quae sine Deo nec esse nec concipi possunt, heisst es in prop. XXX. Zum vollen Verständniss dieser Stelle ist auf das zurückzugehen, was in prop. XXIX und deren Schol. hierauf Bezug hat: „Modi divinae naturae, sagt Spinoza in der demonstratio zu diesem Satz, ex eadem etiam necessario, non vero contingenter secuti sunt; idque vel quatenus divina natura absolute, vel quatenus certo modo ad agendum determinata consideratur. Porro horum modorum Deus non tantum est causa, quatenus simpliciter existunt, sed etiam quatenus ad aliquid operandum determinati considerantur.

Schol. Antequam ulterius pergam, hic quid nobis per **naturam naturantem** et quid per **naturam naturatam** intelligendum sit, explicare volo, vel potius monere. Nam ex antecendentibuc jam constare existimo, nempe, quod per **naturam naturantem** nobis intelligendum est id quod in se est et per se concipitur, sive talia substantiae attributa quae aeternam et infinitam essentiam exprimunt, hoc est Deus, quatenus ut causa libera consideratur. Per **naturatam** autem intelligo id omne quod ex necessitate Dei naturae sive uniuscujusque Dei attributorum sequitur, hoc est, omnes Dei attributorum modos, quatenus considerantur ut res, quae in Deo sunt et quae sine Deo nec esse nec concipi possunt.

Schon von Eth. I, prop. XXI ab stellt sich Spinoza die Aufgabe, zu zeigen, wie der Uebergang von der einen unendlichen Substanz zu der Reihe der endlichen Dinge

Einleitung. 45

[zu] denken sei; er ist sich der hierbei zu Tage tretenden [Sc]hwierigkeiten wohl bewusst, und sucht sie in dem [S]chol. zu Prop. 27 ¹) zu beseitigen, indem er zwischen [Di]ngen unterscheidet, welche Gott als deren **nächste [U]rsache** unmittelbar hervorgebracht und zwischen solchen, [al]s deren **entferntere Ursache** im eigentlichen Sinne Gott [ni]cht bezeichnet werden dürfe.

Das Scholion mag wohl seinen Ursprung oder wenig[s]tens seine Fassung in der letzten Redaction wesentlich [d]em Umstande verdanken, dass Tschirnhausen in epist. [67 LXV] eine Erklärung darüber verlangt, was unter unmittel[b]aren und mittelbaren Modis zu verstehen sei.

Nachdem er gefragt 1. ob wir mehrere Attribute Gottes als Denken und Ausdehnung zu erkennen vermögen, 2. ob der von unserem Intellect seinem Wesen und seiner Existenz nach durchaus verschiedene Intellect Gottes, der also mit dem unsrigen überhaupt nichts gemein habe, auch nicht als Ursache unseres Intellects gedacht werden dürfe; 3. ob es nicht Wesen gäbe, welche drei, vier und mehr Attribute haben — kommt er auf den Unterschied zwischen unmittelbaren und mittelbaren Modificationen. Quarto, heisst es an der angeführten Stelle, eorum quae a Deo immediate producta sunt, quaeque mediante infinita quadam modificatione producuntur, exempla desiderarem. Prioris generis cogitatio et extensio posterioris vero in cogitatione, motus in extensione esse videntur. Spinoza antwortet auf die letzte Frage in epist. [68 LXVI]: „Denique exempla, quae petis, primi generis sunt in cogitatione intellectus absolute infinitus, in extensione autem motus et quies; secundi autem facies totius universi, quae quamvis infinitis modis variet, manet tamen eadem, de quo vide schol. lemmatis 7. ante prop. 14. ethic. part. 2."

Hatte Spinoza, um den Weg aus der Unendlichkeit in die Welt der endlichen Dinge (Modi) nehmen zu können, den Begriff der unendlichen Modificationen aufgestellt und damit wenigstens eine formale Lösung des Problems versucht, so gesteht er in einem andern Punkte, fast am Ende seines Lebens (im Juli 1676) ein, dass er auf eine

---

¹) S. 102 unserer Ausgabe der Ethik.

genügende Beantwortung der Frage noch nicht vorbereitet sei, was um so beachtenswerther ist, als seine Ethik, welche zu dieser Zeit nach ihrer letzten Bearbeitung vollendet sein musste, ihm sicherlich das Problem nahe genug gerückt hatte.

Auf die Bemerkung in Ep. [73 LXXI], dass es nicht bloss schwer, sondern geradezu unmöglich sei, aus dem Begriff der Ausdehnung, wie sie Descartes auffasst, nämlich als eine ruhende Masse, das Dasein der Körper zu beweisen, antwortet Spinoza in Ep. [74 LXXII]: „Quod petis, an ex solo extensionis conceptu rerum varietas a priori posset demonstrari, credo me jam satis clare ostendisse, id impossibile esse; ideoque materiam a Cartesio male definiri per extensionem; sed eam necessario debere explicari per attributum, quod aeternam et infinitam essentiam exprimat. Sed de his forsan aliquando, si vita suppetit, clarius tecum agam. Nam huc usque nihil de his ordine disponere mihi licuit."

Für die gesammte Naturauffassung Spinoza's ist das wichtig, was er in 16. Ep. XV S. 44 ff. gegen Ende des Jahres 1665 über den Begriff des Ganzen und der Theile, über die Uebereinstimmung der Theile mit dem Ganzen sagt; er erinnert ausdrücklich daran, dass er der Natur weder Schönheit noch Hässlichkeit, weder Ordnung noch Verwirrung zutheile, da die Dinge nur in Beziehung auf unsere Einbildung schön oder hässlich, geordnet oder verwirrt genannt werden können [1]). Demgemäss gehört auch consequenter Weise der Zweckbegriff der menschlichen Einbildung an. In 62. Ep. LX zählt er die „qualitates occultas, species intentionales, formas substantiales" zu den tausend andern Possen, welche man gleich Spukgestalten und Gespenster ausgedacht habe [2]). Vergl. damit die Stelle im Anhange zur Ethik I „ut jam autem ostendam, naturam finem nullum praefixum habere, et omnes causas finales nihil nisi humana esse figmenta

---

[1]) 34. Ep. XXXII. S. 97 dieses Bandes: „novimus quicquid est, in se consideratum sine respectu ad aliud quid, perfectionem includere, quae sese eo usque in quacumque re extendit, quo se extendit ipsa rei essentia: nam essentia etiam nihil aliud est."

[2]) Siehe S. 170 ds. Bds.

non opus est multis 1). Vergl. hierüber auch die oben mitgetheilten Ausführungen Trendelenburgs.

Eine Consequenz seines Standpunktes ist es, wenn Spinoza den Satz aufstellt: Cognitio boni et mali nihil aliud est quam laetitiae vel tristitiae affectus, quatenus ejus sumus conscii Eth. IV, prop. VIII. Aus dem Briefwechsel ersehen wir, wie frühe auch diese Auffassung sich bei unserm Philosophen zu klarem Bewusstsein entwickelt hatte. In dieser Beziehung sind die Briefe 34 (XXXII) 2) und 38 (XXXVI) 3) an Blyenbergh aus dem Anhange des Jahres 1665 besonders beachtenswerth. Blyenbergh verabsäumt allerdings nicht wie die metaphysischen so auch die ethischen Consequenzen aus den Erörterungen unsres Philosophen zu ziehen, indem er ihm Determinismus und Fatalismus und die Leugnung der sittlichen Zurechnungsfähigkeit des Menschen zum Vorwurf macht.

Blyenbergh betont, dass, wenn Spinoza lehre, „der Mensch habe vor seinem Irrthum nicht mehr Wesenheit als die göttliche Einsicht und Macht ihm zutheilt und wirklich gewährt" dies heisse den Menschen so von Gott abhängig machen, wie die Elemente, die Steine, die Pflanzen 4). „Wie kann ich da", — fragt Blyenbergh an einer andern Stelle — „die Freiheit des Willens erlangen" 5). Blyenbergh lässt hier ganz unbeachtet, was der Herausgeber der Principia philosophiae Cartesianae gerade in Bezug auf das Schol. zu Prop. 15, part. I Principiorum ausdrücklich in der Praefatio erklärt (worauf sich auch Spinoza 36. Ep. XXXIV S. 99 u. 103 ds. Bds. beruft).

Hiermit wird Blyenbergh's Polemik gegenstandslos und es ist eine besondere Rücksicht Spinoza's, wenn er im folgenden Briefe näher auf den Einwurf eingeht; er thut

---

1) Siehe S. 111 unserer Ausgabe der Ethik.
2) Siehe S. 79 ds. Bds.: Quoad me non possum concedere peccata et mala quid positivum esse.
3) Siehe S. 109 ds. Bds.: Si jam poteris — Deus ejus esse causam.
4) 35. Ep. XXXIII, S. 86 ds. Bds.: Ante errorem scribis — herbas etc.
5) l. c. S. 87: Tertio, si a Deo libertas usu venire potest.

dies so, dass er an Stelle der **Willensfreiheit** die **Erkenntnissfreiheit** betont. „Unsere Freiheit" — heisst es in 36. Ep. XXXIV — „liegt nicht in einer Art Zufälligkeit oder Unbestimmtheit, sondern in dem Zustande des Bejahens und Verneinens; ·deshalb sind wir um so freier, je weniger unbestimmt wir etwas bejahen oder verneinen. Ist z. B. die Natur Gottes von uns erkannt, so folgt aus unsrer Natur ebenso nothwendig die Bejahung, dass Gott besteht, wie aus der Natur des Dreiecks folgt, dass dessen Winkel zweien rechten gleich sind; und doch sind wir niemals freier als wenn wir etwas in dieser Weise bejahen. [1]

Wir sehen, wie Spinoza schon zu dieser Zeit an die Stelle der libertas die libera necessitas ganz im Sinne der Def. VII, Eth. I setzt. Gleich im weitern Verlaufe des Briefes verabsäumt Spinoza nicht, den ethischen Consequenzen Blyenbergh's gegenüber auf den höhern ethischen Gesichtspunkt seiner Auffassung hinzuweisen; „der Nutzen, der sich aus meiner Auffassung ergiebt," fügt er unmittelbar seiner Darlegung hinzu, „liegt vorzugsweise darin, dass unser Verstand unsere Seele und unsern Körper ohne allen Aberglauben Gott anheimgiebt." [2]

Wenn sich Spinoza den theologischen Vorstellungen Blyenbergh's in so weit anbequemt, dass er die theologischen Begriffe selbst anwendet, sie aber seinem Standpunkte gemäss umbildet, so erklärt sich dies in der Zeit des Briefwechsels daraus, dass derselbe sich nur an Sätze der „Principien der Cartesianischen Philosophie und an die angehängten metaphysischen Gedanken" anlehnen kann und dass sich zur Zeit Spinoza nicht auf eine selbständige Darstellung seiner Lehre berufen kann. Anders verhält sich dies bei Oldenburg. Dieser war, wie wir wissen, schon frühe mit den Grundgedanken der Lehre des Philosophen durch handschriftliche Mittheilung der Hauptsätze der Ethik bekannt geworden. Gleichwohl sehen wir auch diesen Gelehrten, nachdem ein brieflicher Verkehr bereits durch fast 15 Jahre stattgefunden hatte, bei den

---

[1] a. a. O. S. 100 ds. Bds.: Secundo — tali modo affirmamus.

[2] a. a. O. S. 100 s. f.: Jam ad ea — superstitionem offert.

hergebrachten theologischen Vorstellungen verharren. „Sie scheinen", sagt Oldenburg im 23. Briefe (XXII) vom 15. Dec. 1675, „eine fatalistische Nothwendigkeit aller Dinge und Handlungen anzunehmen und Ihre Leser glauben, dass, wenn man dies gestattet und behauptet, damit der Nerv aller Gesetze sowie aller Tugend und der Religion durchschnitten sei und aller Lohn und alle Strafe nutzlos werden. Dieser Zwang und diese Nothwendigkeit gilt, wie Jene meinen, auch als Entschuldigung, deshalb wird vor Gott keiner unentschuldbar sein. Wenn das Schicksal uns führt und wenn Alles mit harter und geschlossner Hand auf festen und unausweichlichen Wegen geführt wird, so können Ihre Leser nicht begreifen, wo da noch Raum für Schuld und Strafe bleiben könne."[1])

Es sind dieselben Einwendungen, welchen wir bei Blyenbergh begegnen und welche Spinoza im 36. (XXXIV)[2]) Brief beantwortet. Im 24. (XXIII)[3]) Briefe tritt Spinoza's Standpunkt weit klarer hervor. „Ich nehme an," — dies ist der Grundgedanke der Erörterung des Philosophen —, „dass Alles mit unvermeidlicher Nothwendigkeit aus Gottes Natur so folgt, wir Alle annehmen, dass aus dieser Natur Gottes folgt, dass Gott sich selbst kennt. Niemand leugnet, dass dies aus Gottes Natur so folgt, und doch nimmt Niemand an, Gott sei durch das Schicksal hierbei gezwungen, vielmehr **erkennt er trotz der Nothwendigkeit frei sich selbst.**"[4])

Wenn Spinoza also dasjenige Wesen frei nennt, welches gemäss der Nothwendigkeit der eignen Natur handelt, so liegt eben die Freiheit darin, dass zur eignen Natur eines solchen Wesens **Erkenntnissfreiheit**, anfänglich zwar nicht actuell doch aber potentiell, gehört; und sie dauernd zu gewinnen, bildet nach der Lehre Spinoza's die eigentlich ethische Aufgabe des Menschen.

Aus der Affectenlehre unsers Philosophen führt ein wissenschaftlich wohl geebneter Weg in die eigentliche

---

[1]) S. 54 ds. Bds.: fatalem videris — assequuntur.
[2]) S. 101: Nec reticere — facerent.
[3]) Nam Deum nullo modo — ad dedecus S. 35 ff.
[4]) Vergl. auch das, was im 51. (XLIX) Brief S. 147 ff. (Haec inevitabilis — statuitur.) über diesen Punkt bemerkt ist, sowie im 62. (LX) Brief (aus dem Jahre 1674) S. 168 die Stelle: Similiter me latet — cognoscere ac operari.

Ethik, mag auch immerhin das Vorwiegen des dianoetischen Moments den Parallelismus beeinträchtigen, welcher ursprünglich zwischen diesem dianoetischen und dem naturalistischen Moment in der systematischen Darstellung bestand.[1])

„Die Einwürfe, welche sich ergeben, wenn man Spinoza auf seinem eignen Wege verfolgt, und alle Hauptpunkte an der Consequenz oder Inconsequenz mit dem Grundgedanken misst," fasst Trendelenburg (in der eben angeführten Abhandlung „Histor. Beiträge" Bd. II, S. 108 ff.) dahin zusammen:

„Spinoza's Grundgedanke steht klar da, wenn er Denken und Ausdehnung als die Attribute bestimmt, die, unter sich in keinem Causalzusammenhange, nur für den Verstand die verschiedenen Ausdrücke Einer und derselben Substanz sind.

Zur Kritik dieser eigenthümlichen Auffassung ergab sich, wenn wir die entscheidenden Punkte aus der Verflechtung ablösen, Folgendes.

Zunächst ist die ganze Ansicht formell gefallen und die reale Untersuchung, ob die Ausdehnung auf das Denken und das Denken auf die Ausdehnung wirken könne, durch die gleich Axiomen gesetzten Definitionen von vorn herein abgeschnitten.

Ferner lässt sich der Parallelismus zwischen den Er-

---

[1]) Trendelenburg bemerkt hierüber: „Offenbar sucht Spinoza in dem intelligere eine Macht zu gründen, die der Mensch in seiner Hand habe, um die Affecte, wenn nicht aufzuheben, doch zu mildern. Aber nach dem Grundgedanken giebt es von der Seele zum Leibe, vom Denken zur Ausdehnung keinen Causalvexus. .. Daher geht von diesem Punkte ein Schwanken aus. In der Betrachtung der früheren Bücher überwiegt die blindwirkende Ursache des Leiblichen, die sich von selbst in der Vorstellung wiederspiegelt, in dem fünften Buche überwiegt hingegen die Einsicht in diese wirkende Ursache; in jenen ist die Vorstellung, der Ausdruck im Denken, nur ein Zweites und Folgendes; in diesem sind die leiblichen Affectionen, die sich nach der Einsicht ordnen, ein solches Consequens. Beides fällt von dem allgemeinen Grundgedanken ab." Siehe in den „Historischen Beiträgen", Band II, die Abhandlung: „Ueber Spinoza's Grundgedanken und dessen Erfolg", S. 89.

zeugnissen des Denkens und den Gestalten der Ausdehnung, in wiefern die einen den unendlichen Gedanken Gottes, die andern die unendliche Ausdehnung bilden, aber beide nur der verschiedene Ausdruck Einer und derselben Substanz sein sollen, nicht durchführen. Das Continuum der Körper bildet die unendliche Ausdehnung, aber es lässt sich nicht auf gleiche Weise ein Continuum von Gedanken vorstellen, welche zusammen den Verstand Gottes bildeten. Wo blieben in Gottes unendlichen Gedanken die irrigen Vorstellungen der Menschen? und wo entsprächen allen wirklichen Bewegungen, wahre Vorstellungen?

Die inadäquaten Vorstellungen wurzeln in der Imagination, inwiefern wir als Theile eines denkenden Wesens Theile auffassen, aber der Begriff der Theile, der hier den Irrthum erzeugt, ist in der Lehre des Spinoza so wenig erklärt, als die Determination, wodurch es geschieht, dass der Intellectus vom Unendlichen zum Endlichen übergeht und im Endlichen wahre Vorstellungen bildet. Soll wirklich eingesehen werden, dass Denken und Ausdehnung nur verschiedene Ausdrücke Einer und derselben Substanz sind, so darf diese Frage, wie sich das Denken bestimme, so wenig unerledigt bleiben als die Frage, wie sich die Ausdehnung determinire.

Spinoza leitet alle Affecte aus dem Satze ab, dass jedes Wesen sich in seinem Sein zu behaupten strebe, und alle Tugend aus der Macht etwas zu bewirken, was aus den Gesetzen der eignen Natur verstanden werden kann. In diesen Sätzen verbirgt sich das individuelle Leben, das in seiner Determination keine blosse Negation sondern Bejahung ist, aber ohne die zum Grunde liegenden Zwecke nicht gedacht werden kann. Spinoza setzt mitten in dieser Betrachtung der Naturgesetze der Seele den teleologischen Standpunkt voraus.

Wie die verworrene Vorstellung, das imaginari, die leidenden Zustände der Seele bedingt und festhält, so werden wir von denselben durch die Einsicht, das intelligere, befreit, indem sich die Zustände des Leibes nach den Bedingungen des Begriffs ordnen. Dem intelligere wird darin eine Wirkung auf die leiblichen Zustände zugeschrieben, welche der Grundgedanke nicht erträgt.

Im Ethischen führt das intelligere, die Einsicht in die durch Vereinigung verstärkte Macht zur Anerkennung von Zwecken, z. B. der allgemeinen Gerechtigkeit, die ursprünglicher sind als dass sie sich aus der blossen wirkenden Ursache ableiten liessen. Auf diese passt Spinoza's Wort nicht, dass die Zwecke eine nur menschliche Erfindung sind.

Endlich ist es in der Consequenz der Grundansicht, dass Denken und Ausdehnung nur der nothwendige Ausdruck Einer und derselben Substanz seien, nicht zu begreifen, wie der intellectus, als der bessere und ewige Theil von uns, der übrig bleibe, wenn der Körper zerstört wird, bezeichnet werden könne."

Gegen diese Kritik Trendelenburg's wendet sich Kuno Fischer, indem er bestreitet, dass der Grundgedanke in der Bestimmung des Verhältnisses der Attribute liege. „Das Verhältniss der Attribute" — sagt Kuno Fischer in seiner Geschichte der Philosophie Bd. I, Abthlg. II (2. Aufl. 1865) S. 566 — „ist schon deshalb nicht der Grundgedanke Spinoza's, weil das Attribut nicht der Grundbegriff ist. Der Grundbegriff ist Gott oder die Substanz."

Für die Kritik nun, welche Spinoza auf seinen eignen Wegen vorfolgt, werden die Briefe, bei aller Vorsicht in ihrem Gebrauche zu diesem Zwecke, immer ein schätzbares Hilfsmittel sein. Wie sehr auch der Umstand ins Gewicht fällt, dass, mit Ausnahme des Briefwechsels mit Oldenburg und van Vries, sich die Erörterungen nur an die Darstellung der Principien der Cartesianischen Philosophie und den Anhang dazu, sowie auf die allgemeinen speculativen Grundlagen des tractatus theol.-polit. anlehnen können, so haben sie doch einen Vorzug darin, dass der Philosoph hier frei ist von den Fesseln der mathematischen Methode.

Ueberhaupt darf man für eine unparteiische Würdigung der Leistungen Spinoza's zwei Umstände nicht ausser Acht lassen. Einmal, dass ihm der Gebrauch der lateinischen Sprache Unbequemlichkeiten in Bezug auf die Darlegung seiner Weltanschauung auferlegte, welche nicht gering angeschlagen werden dürfen, und zweitens, dass die Nothwendigkeit, seine Lehre von dem Gedankenkreise des Cartesius aus und mit der Terminologie der Scholastik seinem Zeitalter verständlich zu machen, dem inneren Gehalt seiner Geistesarbeit ein fremdartiges Gepräge aufdrückt.

In dieser Beziehung ist eine der frühesten Schriften Spinoza's belehrend. Wir meinen den tractatus de intellectus emendatione. Ist derselbe auch nur Fragment geblieben, so vermögen wir doch daraus Spinoza's eigenthümliche Geistesart und besonders auch die Grundrichtung seines Denkens auf das Ethische zu erkennen. Auch diese Abhandlung ist erst, wie bekannt, in den nachgelassenen Werken des Philosophen veröffentlicht worden. Es fehlen darum alle Beziehungen auf ihren Inhalt in dem Briefwechsel, aber das ergiebt sich für die Kritik der Lehre daraus, dass wir nicht nöthig haben eine „Rettung" für den ethischen Gehalt eines Systems zu schreiben, dessen Grundgedanken wir in dieser frühen Abhandlung so deutlich ausgeprägt finden.

Wir könnten noch weiter auf den neuerdings entdeckten tractatus de Deo et homine verweisen, wenn wir nicht die Gelegenheit darauf zurückzukommen auf einen spätern Anlass versparen müssten. Genug, dass der Briefwechsel dazu dient, ein Bild von dem Menschen und Denker Spinoza zu gewinnen, das nicht getrübt werden kann, von den Beschuldigungen des Atheismus und Pantheismus, des Akosmismus und Egoismus, des Mechanismus und Materialismus, wie sie zum Theil schon bei seinem Leben, namentlich aber im ersten Jahrhundert nach seinem Tode von den verschiedensten Seiten her gegen ihn erhoben worden sind.

Zum Schlusse möge hier noch die herbe Kritik Schelling's, welche derselbe gegen Spinoza's Lehre (im 1. Bd. seiner philosophischen Schriften S. 417 f., erschienen zuerst Landshut 1809) übt, eine Stelle finden: „Der Fehler seines System's liegt keineswegs darin, dass er die Dinge in Gott setzt, sondern darin, dass es Dinge sind — in dem abstracten Begriff der Weltwesen, ja der unendlichen Substanz selber, die ihm eben auch ein Ding ist. — Daher die Leblosigkeit seines Systems, die Gemüthlosigkeit der Form, die Dürftigkeit der Begriffe und Ausdrücke, das unerbittlich Herbe bei Bestimmungen, das sich mit der abstracten Betrachtungsweise vortrefflich verträgt; daher auch ganz folgerichtig seine mechanische Naturansicht. Oder zweifelt man, dass schon durch die dynamische Vorstellung der Natur die Grundansichten des Spinozismus wesentlich verändert werden müssen? Wenn die Lehre von dem Begriffsein aller Dinge in Gott der Grund des ganzen Systems ist, so muss sie zum wenigstens erst belebt und der Abstraction entrissen werden, ehe sie zum Princip eines Vernunftsystems werden kann. — Man könnte den Spinozismus in seiner Starrheit wie die Bildsäule des Pygmalion ansehen, die durch warmen Liebeshauch beseelt werden müsste, aber dieser Vergleich ist unvollkommen, da er vielmehr einem nur in den äussersten Umrissen entworfenen Werk gleicht, in dem man, wenn es beseelt wäre, erst die vielen fehlenden oder unausgeführten Züge bemerken würde. Eher wäre er den ersten Bildern der Gottheit zu vergleichen, die, je weniger individuell-lebendige Züge aus ihnen sprachen, desto geheimnissvoller erschienen. Mit einem Wort, er ist einseitig-realistisches System, welcher Ausdruck zwar weniger verdammend wirkt als Pantheismus, dennoch aber weit richtiger das Eigenthümliche desselben bezeichnet."

Gruppen des brieflichen Verkehrs.

Mit Hinzuziehung eines von Bruder in dessen Ausgabe der Schriften Spinoza's und der von van Vloten in dem Supplement veröffentlichten (später aufgefundenen) Briefe ergiebt sich für den brieflichem Verkehr unseres Philosophen folgende Zusammenstellung.

1) Brief 1 (I) — 27 (XXVb) Briefwechsel mit Oldenburg.

Ueber Oldenburg enthält Menken's Gelehrten-Lexicon, zweite Auflage, herausgegeben von Joecher (dem wir auch die späteren Notizen über die Personen, mit welchen Spinoza im brieflichen Verkehr stand, entlehnen), s. v. Oldenburg folgende Angaben:

Oldenburg (Henricus), sonst auch Grubendolc durch Versetzung der Buchstaben genannt, war von Bremen, ging in Engelland und hielt sich unter Cromwellen als Consul des niedersächsischen Kreises in London etliche Jahr auf; wurde nachher Secretarius bei der Königlichen Societaet und gab die transactiones von 1664 bis 1677 heraus, wandte sich nachher 1677 nach Oxford und war bei einem jungen Irländer Hofmeister, übersetzte auch einige Dinge ins Englische, als prodromun de solidis naturae in solidis contentis aut. Nic. Steno; A. B. Peganii genuinam expositionem libri revelationum; An. vidam ducis Mazariniae etc., und starb zu Charlton, näher Greenwich, im August 1678. Vergl. auch S. 6 d. Einl. z. dm. Bd.

2) Brief 28 (XXVI) — 30 (XXVIII) Briefwechsel mit Simon de Vries.

Brief 28 (XXVI) und 29 (XXVII) erscheinen mit den von van Vloten zuerst veröffentlichten Ergänzungen.
Ueber Simon de Vries vergl. La vie de Spinosa par Jean Colerus S. 224 f. ds. Bds. und Trendelenburg's Bemerkungen über sein Verhältniss zu Spinoza S. 7 der Einleitung.

3) Brief 31 (XXIX) an Ludwig Meyer, den Arzt, nach einer Notiz in einer holländischen Uebersetzung der Briefe, daher die Ueberschrift: viro doctissimo atque expertissimo L. M. P. M. Q. D. (soll wohl heissen: Ludowico Meyero philosophiae medicinaeque doctoris.
Ludwig Meyer, ein Dr. med. zu Amsterdam und Freund des Spinoza, war der Urheber des berühmten Buches: Sacrae Scripturae interpres. (Amstelod.) 1666.

4) Brief 32 (XXX) an Peter Balling.

5) Brief 33 (XXXI) — 40 (XXXVIII) Briefwechsel mit Wilhelm v. Blyenbergh, einem Kaufmann zu Dortrecht, welcher ein lebhaftes Interesse an philosophischen, besonders ethischen Problemen bekundet, aber als gläubiger Christ sich mit Spinoza nicht verständigen kann. Die Briefe sind ursprünglich holländisch geschrieben und van Vloten hat den 38. in dieser Sprache im Supplement veröffentlicht.

6) Brief 41 (XXXIX) — 43 (XLI) wahrscheinlich an Christian Huygens.
Christian Hugenius, geboren im Haag 1629, 14. April, legte sich von Jugend an auf die Mathesis, studirte zu Leyden, trieb zu Breda die Jurisprudenz, that eine Reise nach Hollstein und Daenemarck, gieng etliche mal nach Frankreich und Engelland, wurde 1665 Doctor juris, machte viele schöne Tubos, erfand die Penduluhren, wurde ein Mitglied der Königl. englischen Societät, und nach diesem nach Paris berufen, allwo er eine königl. Pension kriegte und sich von 1666—1681 aufhielt; in welchem Jahre er wegen seiner beifälligen Gesundheit wieder nach Holland reisete und daselbst 1695, 8. Juni im Haag unverehlicht starb.

Er schrieb horologium; horologium oscillatorium; brevem institutionem de usu horologiorum ad inveniendas longitudines; theoremata de quadratura hyperboles, Ellipsis et Circuli; de circuli et hyperbolae quadratura controversiam; de luna Saturni; systema Saturninum; brevem assertionem systematis sui saturnini; de annulo Saturni; Cosmotheoron; de ratiociniis in ludo aleae; novum cyclum harmonicum; experimenta physica, optica etc., welche Werke der Herr Gravesande 1724 zu Leyden in 4 Theile, nebst Hugenii Lebens-Beschreibung zusammen herausgegeben. Die Tractate de lumine et gravitate, wie auch die opera posthuma dieses Hugenii, welche besonders gedruckt worden, stehen nicht mit darin.

7) Brief 44 (XLII) an J. B., wahrscheinlich Johann Bresser, Dr. medic., in Amsterdam; an denselben wahrscheinlich auch Brief 78, welcher van Vloten zuerst im Supplement veröffentlichte.

8) Brief 45 (XLIII) an J. v. M., eine nicht weiter bekannte Persönlichkeit. Anlass zu den Erörterungen über die Wahrscheinlichkeit beim Spiele hat vielleicht Huygens Schrift „de ratiociniis in ludo aleae" gegeben.

9) Brief 46 (XLIV) — 49 (XLVII) an Jarrig Jellis.
Jarrig Jellis war ein mennonitischer Kaufmann in Holland in der letzten Hälfte des 17. Jahrhunderts, welcher hernach von seinen Renten lebte. Er war ein Freund und Anhänger des Spinoza und wird für den Herausgeber der opera posthuma B. de S. 1677. 4. gehalten. Er hat die vor denselben befindliche Vorrede in holländischer Sprache abgefasst, da dann Ludwig Meyer sie ins Lateinische übersetzte. So Bayle Oeuvres diverses. Thl. 4. S. 114. Vgl. auch Einleitung zur Ethik S. 21.

10) Brief 50 (XLVIII). Lambert van Velthuysen an Isaak Orobio de Castro. An Velthuysen ist auch ein Brief Spinoza's gerichtet, welchen Bruder in seine Gesammtausgabe der Werke Spinoza's unter Nr. LXXV aufgenommen hat; zuerst hat ihn Professor H. W. Tyde-

mann 1843 veröffentlicht, in unsrer Ausgabe ist er unter Nr. 77 abgedruckt.

Lambert van Velthuysen, Dr. medic., reformirter Religion, von Utrecht, war daselbst Scabinus, lebte zuletzt als eine Privatperson und schrieb: de institutione divina et humana; dissertatio de usu rationis in rebus Theologicis et praesertim in interpretatione Scripturae; tractatus moralis de naturali pudore et dignitate hominis; de praedestinatione et gratia; de officio Pastorum; de jure magistratus; de authoritate Ecclesiae; de idololatria et superstitione; jus Christianorum belligerendi; de articulis fidei fundamentalibus; de initiis philosophiae juxta fundamenta Cartesii; de principiis justi et decori; dissertatio de finito et infinito pro Cartesio; de quiete solis et motu terrae; probationem quod neque doctrina de quiete solis et motu terrae neque principia Renati des Cartes verbo Dei sunt contraria, contra Joh. de Bois; tractatus duos, unum de liene, alterum de generatione; de cultura naturali et origine moralitatis, contra Spinosam, welche opera meist zu Rotterdam 1680 in 4 zusammen gedruckt wurden. Er starb 1685.

11) Brief 51 (XLIX) Spinoza an Isaak Orobio.
Er hielt mit Philippo a Limborch einige Unterredungen von der Religion, welche derselbe unter dem Titel: Amica collatio cum erudito Judaeo de veritate religionis christianae hat drucken lassen. Ueber Isaak Orobio siehe Einleitung S. 8, vergl. auch des Herausgebers kleine Schrift „Lebens- und Characterbild Baruch Spinoza's (Leipzig 1876) S. 7 ff.

12) Brief 52 (L) lässt nicht einmal durch hinzugefügte Anfangsbuchstaben eine Vermuthung über den Empfänger zu; ursprünglich in holländischer Sprache abgefasst, muss er an eine in den Niederlanden sehr bekannte, zur Zeit der Veröffentlichung noch lebende Persönlichkeit gerichtet gewesen sein.

13) Brief 53 (LI) Leibniz an Spinoza.

Brief 54 (LII) Spinoza's Antwort darauf.
Ueber Leipniz' brieflichen Verkehr mit Spinoza s. Einleitung S. 9 f. d. Einl. z. ds. Bd.

14) Brief 55 (LIII) Fabricius an Spinoza.

Brief 56 (LIV) Spinoza's Antwort an Fabricius.

15) Brief 57 (LV) — 62 (LX) enthält den Briefwechsel mit einer, wie der Gebrauch der Landessprache vermuthen lässt, dem Gelehrtenstande nicht angehörigen Persönlichkeit, für die Spinoza äussere Rücksichten haben mochte, da er ihren Gespensterglauben durch psychologische Argumente zu bekämpfen sich herbeilässt.

16) Brief 63 (LXI) — 74 (LXXII) Briefwechsel mit Tschirnhausen, wie durch van Vloten's Auffindung der Originale festgestellt ist. Hierher gehören auch der 79. (LXXVII) und 80. (LXXVIII) Brief von Dr. Schaller an Spinoza gerichtet und Spinoza's Antwort.
Ueber Tschirnhausen vgl. noch Einleitung S. 11 ff. d. Einl. z. ds. Bd.
Ehrenfried Walter von Tschirnhausen stammte aus einem gräfl. Geschlecht in Böhmen und war geboren den 10. April 1651. Er studirte zu Leyden in Holland, allwo er aus grosser Lust zur Mathesi sich nebst der Physik in Mechanicis trefflich übte, und in grosse Hochachtung kam. In Frankreich war seine Gelehrsamkeit so hoch berühmt, dass er 1682 in die königl. Akademie aufgenommen wurde. Als ein specimen seiner Schriften verfertigte er die medicinam mentis et corporis. Ferner hat man von ihm: **Gründliche Anleitung zu nützlichen Wissenschaften, absonderlich zur Mathesi und Physica.** Seine Mittel wandte er zu vielen kostbaren Erfindungen in opticis, durch Verfertigung erstaunenswürdiger Brennspiegel, in re metallica et minerali an.
Auch der neueste Biograph Tschirnhausen's, Dr. Hermann Weissenborn, welcher seine Lebensbeschreibung des Herrn Walter von Tschirnhausen (Eisenach 1866) doch nach der Herausgabe des Supplement-

bandes von van Vloten (1862) veröffentlichte, thut der Beziehungen des deutschen Denkers zu Spinoza keine Erwähnung.

17) Brief 75 (LXXIII) Albert Burgh an Spinoza.

Albert Burgh ist ein ursprünglich Hoffnung erregender Schüler und wahrscheinlich auch zeitweiliger Hausgenosse Spinoza's, der zur katholischen Kirche übertrat und dann an seinen ehemaligen Lehrer selbst einen Bekehrungsversuch macht, welchen in

Brief 76 (LXXIV) Spinoza zurückweist.

18) Brief 77 An Lambert van Velthuysen gerichtet, zuerst 1843 von Tiedemann veröffentlicht und von Bruder in die Gesammtausgabe der Werke Spinoza's aufgenommen.

19) Brief 78 an J. B., wahrscheinlich an denselben (Dr. med. Joh. Bresser), an welchen der Brief 44 (XLII) gerichtet ist.

20) Brief 79. Schaller an Spinoza.

Brief 80. Spinoza's Antwort an Schaller. Vergl. das zum Briefwechsel zwischen Spinoza und Tschirnhausen über diese Briefe Bemerkte.

Literatur
das Leben und die Lehre des Spinoza betreffend.

Dr. J. Sr. Coronel: Baruch Spinoza im Rahmen seiner Zeit. Aus dem Holländischen. Basel 1873.

Dr. Hugo Ginsberg: Lebens- und Characterbild Baruch Spinoza's. Leipzig 1876.

Christoph Wittichii: Anti-Spinoza sive examen ethices Benedicti de Spinoza. Amsteld. 1690.

Moritz Brasch: B. v. Spinoza's System der Philosophie in genetischer Entwickelung dargestellt. Berlin 1873.

Jacobus Guttmann: De Cartesii Spinozaeque philosophiis et quae inter eas intercedat rationes. (Dissert.) Vratisl. 1868.

Dr. Fr. Gustav Hann: Die Ethik Spinoza's und die Philosophie Descartes. Insbruck 1876.

Dr. Georg Busolt: Die Grundzüge der Erkenntnisstheorie und Metaphysik Spinoza's. Gekrönte Preisschrift. Berlin 1875.

R. Albert: Spinoza's Lehre von der Existenz einer Substanz. Dresden 1875.

Dr. Salom. Rubin: Spinoza und Maimonides. Wien 1868.

Zu dem Briefwechsel Spinoza's sind auch die biographischen und literarischen Notizen wichtig, welche Christ. Theoph. de Murr in „Benedicti de Spinozae adnotationes ad tractatum theologico-politicum, Hagae Comitum MDCCCII" zusammengestellt hat. (Sie sind von uns sorgfältig benützt.)

Biographische und literarhistorische Notizen zum Briefwechsel.

Alexander ab Alexandro[1]), ein Rechtsgelehrter, geboren 1461 zu Neapolis, legte sich erstlich auf die Praxin und trieb solche zu Rom und in dem Neapolitanischen, wurde aber endlich über die Ungerechtigkeit der Richter verdriesslich, liess die Praxin fahren und legte sich in der Einsamkeit auf die Humaniora, wobei er Protonotarius des Königreichs Neapolis wie auch Abt der Abtei Carbona des Ordens St. Basilii in Basilicata wurde. Er schrieb dissertationes IV de rebus admirandis, quae in Italia nuper contigere; Dies geniales, worüber Andreas Tiraquellus, Christoph. Colerus, Dionysius Gothofredus und Nicolaus Mercerius Anmerkungen geschrieben. Die beste Auflage dieses Werkes ist zu Leyden 1673 in 2 Vol. in 8 erfolgt. Er starb 1523 den 2. October zu Rom.

Adrian Auzout (Auzotius)[2]), ein berühmter Mathematikus und Physicus des 17. Jahrhunderts, war zu Rouen geboren und ward einer der ersten Mitglieder der Akademie zu Paris und starb 1691. Sein Brief an Johann Pecquet de vasis lacteis ward 1657 einzeln gedruckt und zwei Jahr darauf von Hemsterhuys seiner Messi aureae, Heidelberg 1659, einverleibt. Er erfand zugleich eine leichtere Berechnung des Laufes der Planeten und Kometen, worüber er mit Hevelio in Streit gerieth, ferner eine Verbesserung der Ferngläser, ingleichen den Micro-

---

[1]) 59. Ep. LVII, S. 159 ds. Bds.
[2]) 15. Ep. XIV. S. 43 ds. Bds.

meter, welchen letzteren er in einer Abhandlung beschrieb, die in den Schriften der Akademie 1693 gedruckt wurden.

Borellus, Joan. Alfonsus[1]), ein Philosoph und Mathematiker, geboren 1608 den 28. Januar zu Neapel, hat zu Florenz und Pisa gelehrt und zu Rom die übrige Lebenszeit zugebracht, woselbst er 1679 den 31. December gestorben ist. Er schrieb: de motu animalium; de motibus naturalibus a gravitate pendentibus; de vi percussionis; de causis febrium malignarum; historiam incendii Aethnaei etc.; gab Euclidem restitutum und opera Archimedis heraus, erfand auch eine gewisse Maschine, durch welche man eine lange Zeit unter dem Wasser leben und sich bewegen kann.

Cardanus, Hieronymus[2]), ein Arzt, geboren den 24. September 1501 zu Pavia, woselbst er den Euclid erklärte, dann zu Padua Doctor, hierauf zu Mailand Professor Matheseos und in das Collegium medicorum aufgenommen wurde. Er lehrte die Medicin öffentlich, sonst auch in Schottland, Pavia, Bologna und Rom, an welchem letzteren Orte er auch den 21. September 1575 gestorben ist. Er hat Christo und sich selbst eine Nativität gestellt, daher er, wie man meinet, sich selbst, um nicht gefehlt zu haben, zu Tode gehungert auch sonst eine ausserordentliche Lebensart geführt, und de studio Socratis; encomium Neronis; encomium astrologiae, podagrae, medicinae, geometriae, de arithmetica, de utilitate ex adversis capienda, de subtilitate, de secretis, de rerum varietate, de urinis et cet., wie auch sein eignes Leben, darin viel unglaubliche Dinge enthalten, geschrieben. Seine Werke sind 1663 zu Lyon in 10 Bänden in fol. zusammen gedruckt worden.

Clavius (Christoph)[3]), ein in mathematischen Wissenschaften wohlerfahrner Jesuit aus Bamberg, corrigirte den gregorianischen Kalender, schrieb comment. in Euclidis elementa geometrica; geometriam practicam; al-

---

[1]) 28. Ep. XXVI, S. 63 ds. Bds.
[2]) 59. Ep. LVII, S. 159 ds. Bds.
[3]) 28. Ep. XXVI, S. 63 ds. Bds.

gebram; sinuum tangentium et secantium rationem etc. und starb zu Rom den 6. Februar 1612 im 75. Lebensjahre.

Craane (Theod.)[1], ein holländ. Doctor medicinae und philos., war professor medicinae zu Leyden, churbrandenburgischer Rath und Leibmedicus und ein eifriger Vertheidiger der cartesianischen Philosophie, schrieb: Disputationes; lumen rationale medicum; oeconomiam animalem ad circulationem sanguinis delineatam; tractatus de homine, in quo status ejus tam naturalis quam praeternaturalis quoad theoriam rationalem mechanice demonstratur.

Grotius (Hugo de Groot)[2], geboren 1583 zu Delft, mehr noch durch seine gelehrten Kenntnisse in der Philol., Geschichte, Jurisprudenz und Theologie, so wie durch seine politische Wirksamkeit und seine wechselvollen Schicksale berühmt, als durch eigenthümliche Philosopheme. Nachdem er schon im 16. Jahrhundert die juristische Doctorwürde erworben hatte, ward er 1600 advocatus jcts im Haag, 1607 General-Advocat von Holland, Seeland und Westfriesland (als welcher er zur Vertheidigung der Freiheit des holländischen Handels nach Indien sein Werk „mare liberum" schrieb, auch nach England gesandt wurde) und 1613 Rathspensionar von Rotterdam (als welcher er zugleich Deputirter der Provinz Holland und Mitglied der Generalstaaten wurde). Da er sich bei den durch die Lehre des Arminius über die Gnadenwahl erregten Religionsstreitigkeiten auf die Seite der Arminianer oder Remonstranten neigte, und sogar im Namen der Staaten von Holland ein Edict zur Duldung derselben ausfertigte, so war nicht nur die contraremonstrantische Geistlichkeit und der grosse mit ihr verbundene Haufe gegen ihn erbittert, sondern es benutzte auch der damalige Statthalter, Prinz Moritz von Oranien, diese Umstände, um seine Gegner, unter denen sich (ausser dem Grosspensionar Oldenbarneveld, welcher hingerichtet wurde) auch Grotius befand, zu stürzen. Dieser ward daher 1618 im Haag festgenommen, mit Verlust seiner

---

[1] 75. Ep. LXXIII, S. 187 ds. Bds.
[2] 55. Ep. LIII, S. 154 ds. Bds.

Güter zu ewiger Gefangenschaft verurtheilt und 1619 nach dem Schlosse Loevestein abgeführt. Die Klugheit seiner Gattin, Maria v. Reigersberg, rettete ihn jedoch 1621 mittels eines Bücherkastens, in welchen sie ihn versteckte, aus dem Gefängnisse. Er floh nach Frankreich, wo er eine Pension erhielt, bis 1631 blieb und auch sein Werk de jure belli ac pacis (grösstentheils zu Balagny, einem Landgute seines Freundes, des Präsidenten von Mesmes) ausarbeitete. Im Jahre 1631 verliess er Frankreich wieder, da ihm Richelieu abgeneigt wurde und die Pension verkümmerte; er ging nach Holland zurück, unter dem neuen Statthalter, Prinzen Friedrich Heinrich von Oranien, die Aufhebung des früheren Verdammungsurtheils hoffend. Da er sich aber in dieser Hoffnung getäuscht und der Gefahr einer neuen Gefangenschaft ausgesetzt sah, verliess er 1632 zum zweiten Mal sein Vaterland, ging zuerst nach Hamburg, dann nach Stockholm, indem er durch Vermittelung des Kanzlers Oxenstierna, während der Minderjährigkeit der Königin Christina, in schwedische Dienste trat. Nachdem er nun wieder seit 1634 als schwedischer Rath und Gesandter in Paris gelebt hatte, ohne jedoch in seinen Verhandlungen mit dem französischen Hofe glücklich zu sein, kehrt er 1644 durch Holland nach Schweden zurück, gab aber 1645 die schwedischen Dienste wegen neuer Verdriesslichkeiten auf und starb in demselben Jahre auf der Reise nach Deutschland zu Rostock, wohin er sich krank hatte bringen lassen, da die Ueberfahrt nach Lübeck durch Ungewitter verunglückt war (vergl. W. T. Krug „Allgemeines Handwörterbuch der philosophischen Wissenschaften nebst ihrer Literatur und Geschichte" zweiter Band, S. 332 ff., Leipzig 1833).

Grotius war ein frühzeitiger Gelehrter, wie er denn bereits im 8. Jahre seines Alters treffliche Proben in der Poesie ablegte und 15 Notas über den Martianum Capellam bekannt machte. Sonst gab er heraus: Arati phaenomena; Theocriti Idyllia; excerpta ex Joan. Stobaeo; Plutarchum et Basil. M. de usu graecorum poetarum; excerpta ex comoediis et tragoediis graec.; Euripidis Phoenissas; philosophorum veterum sententias de fato; Hieroclis in Pythagorae aurea carmina Commentarium; Procopium et alios autores de historia Gothorum; Justini martyris apologiam; Menandri et Philemonis reliquias; Lucani pharsalia; Tacitum; florum sparsionem ad jus Justinianaeum; orationem ad senatum Amstelodamensem de recta mente ordinum, in conservanda vera religione reformata; epistolas ad Gallos; epistolas de studio politico; dissertat. de studiis recte instituendis; epistolam ad Laurentium anatomizatam; epistolas ad Berneggerum; epistolas ad Jaskium; epistolas ad Ruarum; epistol. ad Simonem episcopum de Tilano; epistol. ad Baudium, welche in Brantii vita Arminii steht; poemata; de antiquitate Reipublicae Batavicae; Chronicon Hollandiae; pietatem Hollandiae ordinum; pietatem Hollandiae ordinum vindicatam; apologeticum eorum, qui Hollandiae Westfrisiaeque praefuerunt; obsidionem Grollae; de origine gentium Americanarum dissertation. II.; annales et historias Belgicas; Stephani Levini librum de investigandorum ratione portuum; mare liberum; de jure belli et pacis libros III; Inleydinge tot de hollandsche Rechtsgelertheyt; de imperio summarum potestatum circa sacra; de modis quibus ususfructus finitur; disquisitionem pelagianam; defensionem fidei catholicae de satisfactione Christi; Bewys van den waeren Gottsdienst; de veritate religionis Christianae libros VI; de coenae administratione ubi pastores non sunt; explicationem decalogi; de fide et operibus; de absoluto reprobationis decreto; de antichristo; notas in consultationem Cassandri; animadversiones in Riveti animadversiones; viam ad pacem ecclesiasticam; votum pro pace ecclesiastica; discussionem apologetici Rivetani; annotationes in Vetus Testamentum et annotationes in Novum Testamentum und insonderheit curiose Episteln, in welchen er sich aber öfter der Ziffern und erdichteten Namen bedient: wiewohl der Herr v. Pufendorff hierzu einen vollkommenen Clavem und noch eine grosse Menge ungedruckter Briefe gehabt, welche jetzt in des Herrn geheimen Raths v. Bünau in Dresden Händen sind. 1727 kamen zu Leipzig Hugonis Grotii manes ab iniquis obtrectationibus vindicati heraus, welche die vollständigste Nachricht von dessen Leben und Schriften enthalten.

Hevelius Joan[1]), ein Mathematicus, geboren zu Danzig den 28. Januar 1611, wurde nach Gondetsch zur

---

[1]) 15. Ep. XIV, S. 43 ds. Bds.

Erlernung der polnischen Sprache geschickt und Anfangs der Kaufmannschaft gewidmet, hernach aber in das Gymnasium zu Danzig gethan, allwo er sich auf die Mathesin wie auch aufs Zeichnen und allerhand mechanische Künste legte. Dann studirte er zu Leyden Jura, reiste nach England, Frankreich und Deutschland, wurde nach seiner Zurückkunft zu Danzig in die Schöppen-Bank der alten Stadt wie auch in den Rath gezogen und erbaute in seinem Hause verschiedene Observatoria mit grossen Unkosten, wodurch er sehr viele Sterne erfunden. Es gingen ihm aber seine Observationes nebst der schönen Bibliothek, Maschinen und Manuscriptis im Feuer auf.

Seine Tubos verfertigte er selbst und stach die wahrgenommenen maculas solares eigenhändig in Kupfer; gab auch selenographiam; prodromum cometicum; cometographiam; machinam coelestem; annum climactericum; Mercurium in Sole visum; scutum Sobieskianum; nativam Saturni faciem; prodromum astronomiae cum catalogo fixarum heraus, wurde von verschiedenen hohen Potentaten ansehnlich beschenkt, von dem Könige in Frankreich mit einer Pension bis an seinen Tod begnadigt, in der französischen und englischen Societaet zum Mitglied aufgenommen und starb den 28. Januar 1687 an seinem Geburtstage. Er hatte einen so starken Briefwechsel mit gelehrten Leuten, dass er 15 Folianten der an ihn geschriebenen Briefe nachgelassen, aus welchen Oloff 1683 einen Auszug herausgegeben.

Nach seinem Tode wurden ihm zu Ehren zwei Münzen ausgeprägt, deren eine auf der ersten Seite sein Brustbild und Namen, auf der andern aber einen gegen die Sonne fliegenden Adler mit der Ueberschrift: In summis cernit acute: die andre aber sein Brustbild nebst den Worten vorstellt: Joannes Hevelius Dantiscanus, Consul vet. civit., delicium regum ac principum, astronomorum ipse princeps, in gloriam atque admirationem seculi, patriae, orbis, anno 1611 die 28. Jan. natus, rem consiliis publicam juvit, literariam praecellentibus monumentis auxil., meritis in utram que illustris, splendorem nominis aeternitate inseruit; ipso die natali anno 1687 denatus.

Hudden (Johann)[1], ein trefflicher Mathematicus

---

[1] 53. Ep. LI, S. 151 ds. Bds.

und Bürgermeister zu Amsterdam, schrieb schon 1658 Epistolas de reductione, aequationum et de maximis ac minimis, und starb den 16. April 1704.

Kircherus (Athanasius)[1], ein berühmter Jesuite, Philosoph und Mathematicus von Fulda, lehrte zu Wuerzburg in Franken, begab sich nachher nach Avignon und Rom, entdeckte viele curieuse Dinge, und sonderlich die Geheimnisse der orientalischen Sprachen, schrieb artem magneticam; mundum subterraneum; iter ecstaticum coeleste; Oedipum Aegypt.; Obeliscum Aegyptiacum; Chinam illustratam; museum Romanum; turrim Babel; physiologiam; arcam Noae; de arte lucis et umbrae etc. und starb den 30. October 1680. Weil er sehr leichtgläubig war, so wurde er von Andr. Müllero Greifenhagens. einstens artig betrogen. Denn als Kircherus statuirte, die aegyptische Sprache sei noch vorhanden, so war dieser her und fingirte eine Schrift mit besondern Buchstaben, schickte selbige Kirchero zu und schrieb in seinem Briefe, es käme ihm vor, als wenn dieses eine aegyptische Schrift wäre, doch wollte er es auf sein Urtheil lassen ankommen. Kircherus gab ihm alsobald Beifall und schickte ihm darüber eine lange Erklärung zu, worüber Müller herzlich lachte. In seinem Oedipo Aegyptiaco hat er griechische Inscriptiones mit gedoppelt gezogenen Buchstaben vor aegyptische angesehen, bloss weil sie in Aegypten gefunden worden. Er hat sein Leben selbst beschrieben, welches Herr Langenmantel 1684 zu Augsburg nebst dessen Briefen drucken lassen.

Huet oder Huetius (Pet. Dan.)[2], geb. 1630 zu Cadom, Zögling der Jesuiten, mehr Polyhistor als Philosoph, anfangs der cartesianischen Philosophie ergeben, dann ihr heftiger Gegner, und weil er auch in der aristot. und platon. Philosophie keine Befriedigung gefunden, an der Vernunft verzweifelnd und dem Skepticismus huldigend, um anstatt der Philosophie den (kathol.) Glauben zu empfehlen, wie aus seiner Demonstratio evangelica und andern Schriften erhellt. Da er früher am Hofe der

---

[1] 14. Ep. XIIIb, S. 40 ds. Bds.
[2] 74. Ep. LXXII, S. 187 ds. Bds.

Königin Christine von Schweden, nachher am Hofe Ludwig XIV. (als Lehrer des Dauphins gemeinschaftlich mit Bossuet) lebte: so gewann er bald Ruhm, Ansehn und Einfluss. Nachdem er 10 Jahre jenes Lehramt verwaltet — wo er vornehmlich die Idee, die classischen Schriftsteller in usum Delphini zu bearbeiten, d. h. zu verstümmeln, begünstigte und auch selbst den Manilius in der Art bearbeitete — trat er in den geistlichen Stand, erhielt die Abtei Aulne, später auch ein Bisthum, und lebte, meist beschäftigt mit gelehrten Studien und in ständiger Verbindung mit den Jesuiten, denen er auch seine grosse Bibliothek vermachte. Er starb 1721. Seine Werke sind: De interpretatione libri IV.; demonstratio evangelica; censura philos. cartes., (dagegen erschienen: Philos. cartes. adversus censuram Huetii vindicatio auct. A. Petermanno und réponse au livre qui a pour titre: censura etc. par Pierre Silvain, ferner nouveaux mémoires pour servir à l'histoire du cartésianisme par M. S. de l'A-); quaestiones alnetanae (von der Abtei Aulne so genannt) de concordia rationis et fidei; traité de la foiblesse de l'esprit humain; dasselbe deutsch mit antiskept. Anmerkungen, Francf. a. M. 1724. (Dieses erst nach Huets Tode erschienene Werk enthält den Grundgedanken, dass in den Objecten wohl Wahrheit sein könne, dass aber dieselbe nur Gott zu erkennen vermöge; der menschliche Geist sei zu schwach dazu; für ihn sei alles ungewiss; er müsse sich daher an den Glauben halten, der von einer übernatürlichen, über alle Vernunft hinausgehenden Offenbarung abhänge und von der Kirche erhalten und fortgepflanzt werde.) Endlich hat Huet auch sein eignes Leben beschrieben in: Commentarius de rebus ad eum pertinentibus. (Siehe Krug's W. T., allgem. Handwörterbuch der philosophischen Wissenschaften nebst ihrer Literatur und Geschichte.)

de Lana (Franc.)[1], ein Jesuit von Brescia, 1631 geboren, war zu Rom Professor liter. human. Philos. und Mathem.; schrieb im Italienischen Prodromum s. specimina novarum inventionum artis magistrae; de principiis philosophiae naturalis; magisterium naturae et artis, in 2 tomis;

---

[1] 53. Ep. LI, S. 151 ds. Bds.

zwar hatte er sich vorgenommen, 9 Volumnia von dieser Materie zu schreiben, aber er starb schon über dem 3. tomo den 26. Februar 1687 im 56. Jahre.

Lavaterus (Lud.) [1]), ein protestirender Prediger zu Zürich, woselbst er geboren, hat seines Schwiegervaters Henrici Bulligeri Leben und Schriften herausgegeben, auch historiam de origine et progressu controversiae sacramentariae; Commentar. in proverbia Salomonis, librum Josuae, Ezechielem, libros paralipomenon; de coena Domini; **de spectris, lemuribus** etc. geschrieben und ist den 15. Juli 1585 gestorben.

Linus (francisc.) [2]), ein Jesuit, geboren 1595 zu London, lehrte die hebräische Sprache und Mathesin zu Lüttich, schrieb explicationem pyramidis horologialis; **de corporum inseparabilitate**; de pseudo-quadratura circuli D. Thomae Viti etc. und starb gegen Ausgang des 17. Jahrhunders.

Maimonides (Moses) [3]) oder **Maimuni** (Moseh, Sohn des Richters Maimun), geboren zu Cordova den 30. März 1135, zog mit seinem Vater wegen des von den Almohaden geübten Religionszwanges erst nach Fez, dann 1165 über Palästina nach Aegypten und lebte in Fostat (Alt-Kairo), wo er am 13. December 1204 gestorben ist. Durch die aristotelische Philosophie gebildet, brachte er in seiner (1158—1168 verfassten) Erläuterung der Mischnah und in den vierzehn Büchern des Gesetzes (1170—1180) systematische Ordnung in das Talmud-Conglomerat, wogegen der historische Sinn bei ihm, wie bei seinen Zeitgenossen überhaupt, unentwickelt blieb.

Das philosophische Hauptwerk des Moses Maimonides: Dalalat al Hairin (Leitung der Zweifelnden) ist in der hebräischen Uebersetzung des Samuel ibn Tibbon um das Jahr 1200 unter dem Titel: Moreh Nebuchim mehrmals schon vor 1480 ohne Angabe des Ortes, dann Ven. 1551 etc. erschienen, mit lateinischer Uebersetzung Paris 1520

---

[1]) 59. Ep. LVII, S. 159 ds. Bds.
[2]) 10. Ep. X, S. 34 ds. Bds.
[3]) 51. Ep. XLIX, S. 149 ds. Bds.

und gleichfalls mit lateinischer Uebersetzung edirt von Joan. Buxtorf, Basel 1626, in's Deutsche (theilweise) übersetzt von R. T. Fuerstenthal, Krotoschin 1838, und von Simon Scheyer, Francf. a. M. 1838, neuerdings aber von S. Munk arabisch und französisch mit kritischen, literarischen und erklärenden Anmerkungen veröffentlicht worden unter dem Titel: Le guide des égarés, traité de théologie et de philosophie, t. I—III, Paris 1856, 61,66.

Die „Leitung der Zweifelnden" enthält (nach Munk's Urtheil, Mélanges S. 486) in philosophischem Betracht zwar keine epochemachenden Resultate, hat aber mächtig dazu beigetragen, die Juden mehr und mehr zum Studium der peripatetischen Philosophie anzuregen, wodurch sie fähig wurden, die Wissenschaft der Araber dem christlichen Europa zu übermitteln und hierdurch einen beträchtlichen Einfluss auf die Scholastik zu üben. Am bedeutendsten hat Maimonides auf die jüdische Theologie eingewirkt. Er geht von der Ueberzeugung aus, dass das Gesetz nicht bloss zur Uebung des Gehorsams, sondern auch als Offenbarung der höchsten Wahrheiten den Juden gegeben sei, dass also die Gesetzestreue im Handeln keineswegs genüge, sondern auch die Erkenntniss der Wahrheit eine religiöse Pflicht sei. Er hat hierdurch das religionsphilosophische Denken kräftig angeregt, jedoch auch durch Aufstellung bestimmter Glaubenssätze wider Willen zu einer beengenden Fixirung jüdischer Dogmen beigetragen, obschon seine eigne Forschung durchaus einen rationellen Character trägt. Astrologische Mystik weist er ab; man soll nur glauben, was entweder durch die Sinne bezeugt oder durch den Verstand streng erwiesen oder durch Propheten und fromme Männer überliefert ist. Auf dem wissenschaftlichen Gebiet gilt ihm Aristoteles als der zuverlässigste Führer, von dem er nur da abgeht, wo das Dogma es fordert, insbesondere in der Lehre von der Schöpfung und Leitung der Welt. Maimonides hält an dem Glauben fest (ohne den nach seiner Ansicht auch die Lehre von der Inspiration und von den Wundern als Suspensionen der Naturgesetze nicht würde bestehen können), dass Gott nicht nur die Form, sondern auch die Materie der Welt aus dem Nichts in das Dasein gerufen habe; weil ihm die philosophischen Gegenbeweise nicht als stringent erscheinen. Hätten dieselben mathematische Gewissheit, so müssten die anscheinend entgegenstehenden Bibelstellen allegorisch gedeutet werden, was jetzt nicht zulässig ist. Demgemäss hält Maimonides für verwerflich die Annahme der Weltewigkeit im aristotelischen Sinne, wonach die immer vorhandene Materie auch immer die durch den Trieb zur Verähnlichung mit dem ewigen Gottesgerichte begründete Ordnung oder Form an sich getragen habe; die Bibel lehre das zeitliche Entstandensein der Welt. Näher stehe der biblischen Lehre die platonische Annahme, die Maimonides mit strengster Genauigkeit nach dem Wortsinne des Dialogs Timaeus (welchen er in einer arabischen Uebersetzung lesen konnte) so auffasst, dass zwar die Materie ewig sei, die durch Gott gewirkte Ordnung aber, durch deren Hinzutritt aus der Materie die Welt werde, zeitlich entstanden sei. Doch bekennt er sich nicht selbst zu dieser Lehre, sondern hält an dem Glauben fest, dass auch die Materie durch Gott geschaffen sei. In der Ethik legt Maimonides besonderes Gewicht auf die Willensfreiheit. Jeder Mensch hat die volle Freiheit, den guten Weg einzuschlagen und fromm zu sein, oder böse Wege zu gehen und schlecht zu werden. Lass dich nicht von Thoren bereden, dass Gott vorausbestimme, wer gerecht oder böse sein solle. Wer sündigt, hat sich's selbst zu zuschreiben und kann nichts Besseres thun, als schleunig umkehren. Gottes Allmacht hat dem Menschen die Freiheit zuertheilt und seine Allwissenheit kennt seine Wahl, ohne sie zu lenken. Nicht um des Lohnes und der Strafe willen sollen wir gleich Kindern und Unwissenden das Gute wahren, sondern dasselbe um seiner selbst willen aus Liebe zu Gott verrichten; doch steht der unsterblichen Seele die jenseitige Vergeltung bevor. Die Auferstehung des Leibes lässt Maimonides nur als einen Glaubensartikel gelten, der nicht bekämpft werden dürfe, aber auch nicht erörtert werden könne. (Siehe Ueberwegs Grundriss der Geschichte der Philosophie der patristischen und scholastischen Zeit, 3. Aufl., S. 169, 176 ff. Berlin 1868.)

a Mansveld (Regnerus)[1], ein Philosoph von

---

[1] 52. Ep. L, S. 151 ds. Bds.: „Librum, quem Ultrajectinus professor — paratissimos esse.

Utrecht, war daselbst Professor der Metaphysik und Ethik, schrieb libellum de legitima ratiocinandi ratione; disputationes de variis argumentis. Comment. in Epicteti enchiridion; das gegen Spinoza's tractatum theologico politicum gerichtete „opus postumum adversus anonymum theologo-politicum liber singularis", Amstel. 1674. 4. pag. 364. und starb den 29. Mai 1671.

Mersenus (Marinus)¹), ein Mönch aus dem Minimen-Orden, geb. den 8. September 1588 in dem Flecken Oise in dem Herzogthum Maine, trieb in der Sorbonne zu Paris die Theologie und hebräische Sprache, hatte eine besondere Neigung zur Mathematik, schrieb libros de harmoniis oder harmonie universelle; cogitata physico — mathematica; la verité des sciences; einen Commentar über das 1. Buch Mosis; l'impiété des Déistes, Athées et Libertins de ce temps combattue, avec la réfutation des opinions de Charron, de Cardan, de Jordan Brun; questions rares et curieuses etc. und starb den 1. Septbr. 1648 zu Paris. Sein Leben hat Hilarion de Coste beschrieben.

Musaeus (Joannes), ein lutherischer Theologe, geboren den 7. Februar 1613 zu Langenwiesen in der Grafschaft Schwarzburg, las auf der Schule für sich des Aristoteles Organon und dessen Bücher ad Nicomachum, studirte zu Erfurt und Jena, wurde 1643 zu Jena Professor historiarum et poëseos und 1646 Professor theologiae und nahm den Gradum Doctoris an. Er widerlegte in seinen Schriften des Curcellaei, Herberti de Cherbury, Vorstii, Keckermanni, Molinaei, Mascnii, Walenburgii und Andrer Irrthümer und wechselte auch mit den Wittenbergern, die eine Schrift wider ihn herausgegeben, wegen der Art der Vereinigung Gottes mit den Gläubigen verschiedene Streitigkeiten. Er schrieb: de conversione hominis peccatoris ad Deum; de usu principiorum rationis in theologia; introductionem in theologiam; de libertate philosophandi; do electionis decreto; de ecclesia; de syncretismo et scriptura sacra; praelectiones in for-

---

¹) 50. Ep. XLVIII, S. 135 f. ds. Bds.

mulam concordiae; de conjugio; von der Secte der Gewissener; tractatus theologico-politicus ad veritatis lumen examinatus etc. und starb den 4. Mai 1681.

Oltius (Joanes)[1], ein gelehrter Schweizer in der andern Hälfte des 17. Jahrhunderts, schrieb cogitationes physico-mathematicas de visione. (Siehe Grosses Universal-Lexicon, Bd. 25, Leipzig 1741.)

Rab Ghasdai[2]. Chasdai Creskas, dessen Lebens- und Wirkenszeit in die 2. Hälfte des 14. und den Anfang des 15. Jahrhunderts fällt, stammt aus einer angesehenen Familie in Barcelona. Die äusseren Lebensverhältnisse Chasdai's scheinen nicht bloss günstig, sondern hervorragend gewesen zu sein. Er geniesst auch in nichtjüdischen Kreisen die höchste Anerkennung und es wird von seinem Ansehen am arragonischen Hofe geredet. Aber diese Stellung und dieses Ansehen schützten ihn nicht, die ganze Bitterkeit der damaligen Zeitverhältnisse zu kosten. Wohl noch im ersten Mannesalter stehend wird er um einer falschen Anschuldigung willen mit seinem greisen Lehrer R. Nissim, seinem Freunde Isaac ben Scheschet und vier anderen angesehenen Mitgliedern der jüdischen Gemeinde in Barcelona auf Befehl der Regierung eingekerkert. Doch hatte dieser Vorfall insofern keine weitere Folge für ihn, als der Ungrund der Anklage bald ans Licht kam und ihre Unschuld in aller Form anerkannt wurde. Die schlimmsten Tage aber, die Chasdai sah, fielen in das Jahr 1391, in welchem die vom Bekehrungsfanatismus angefachten Judenverfolgungen in Spanien wie ein Feuerbrand von Sevilla nach Cordova, von da nach Valencia, von da nach den Balearen, von da nach Barcelona, Lerida und Gerona sich wälzten.

Chasdai's Geisteskraft und Leistungsfähigkeit war aber keineswegs durch die schauderhaften Vorgänge, die den Juden und den Menschen in ihm gleich sehr getroffen hatten, geschwächt. Im Gegentheil fallen die von ihm bekannt gewordenen Leistungen alle nach 1391. Das

---

[1] 53. Ep. LI, S. 151 ds. Bds.
[2] 31. Ep. XXIX, S. 72.

Werk, in dem er mit einer objectiven Ruhe, die Nichts von den Stürmen ahnen lässt, die er erfahren, die christlichen Dogmen beleuchtet, ist in seiner ursprünglichen Sprache und Fassung nicht auf uns gekommen. Wir besitzen das, wie er angiebt, auf Anregung christlicher Freunde in spanischer Sprache verfasste Buch nur in der hebräischen Ueberarbeitung des Joseph Ibn-Schemtob unter dem Titel: „Widerlegung der christlichen Dogmen". Auch sonst ist Chasdai einer der Vordersten in der Reihe der Männer, welche die schnöden Angriffe der zum Theil hochgestellten Apostaten, die aus der Noth, die sie zur Annahme des Christenthums getrieben, eine Tugend zu machen bemüht waren, mit den ihm zu Gebote stehenden geistigen Waffen bekämpfte. Das eigentliche Hauptwerk seines Lebens aber, das am besten geeignet ist, die persönliche Schätzung zu erklären, in der er bei seinen Zeitgenossen stand, ist das 1410 beendete Buch Or Adonai [1]). (Ueber ihn siehe: Joël, Don Chasdai Creskas' religionsphilosophische Lehren in ihrem geschichtlichen Einflusse dargestellt, Breslau 1866, S. 5 f.)

Serarius (Petrus) [2]), ein Prediger zu Amsterdam, lebte um 1660, wurde abgesetzt, weil er chiliastische Principia seinen Zuhörern beizubringen suchte und schrieb dissert. de fatali et admiranda illa omnium planetarum in uno eodemque signo sagittarii igneae triplicitatis ultimo conjunctione, darin er aus der heil. Schrift, jetzt erwähnter Conjunction und andern Umständen beweisen wollte, dass Christi herrliche Zukunft vor der Thür sei: da er das zerstreute jüdische Volk versammeln, die Sünden der Menschen vertilgen und das herrliche Reich auf Erden anrichten würde. Ihm widersetzte sich Samuel Maresius. Mit der Antoinette Bourignon hielt er es anfänglich in vielen Stücken, nachher aber zerfiel er mit ihr und schrieb ferner examen synodorum etc.

Steno (Nicolaus) [3]), ein berühmter Arzt und Theologe des 17. Jahrhunderts, war von Geburt ein Jütländer

---

[1]) Gotteslicht.
[2]) 10. Ep. X, S. 33 ds. Bds.
[3]) 76. Ep. LXXIV, S. 197 ds. Bds.

und brachte es in der Medicin, besonders in der Anatomie so weit, dass er von dem König Christian V. in Daenemark zum Professor der Universität Copenhagen ernannt wurde. Damit er aber diese Wissenschaft neben der Experimentalphysik noch besser verstehen lernte, reiste er mit des Königs Erlaubniss nach Italien und hielt sich eine Zeit lang zu Florenz auf, wo er von dem Grossherzog sehr werth gehalten wurde und Gelegenheit bekam, seinen prodromum libri de solido intra solidum naturaliter contento zu schreiben. Einige Zeit nachher trug ihm der Grossherzog eine medicinische Professur in Florenz an, mit der Freiheit, bei der lutherischen Religion zu bleiben, allein er wendete sich 1675 unvermuthet zur römischkatholischen Kirche und bekam von dem Papst den Titel eines Bischofs in Titiopolis. Hierauf machte ihn der Papst zum General-Vicar in ganz Niedersachsen und musste sich nach Hannover begeben, um den kurz vorher katholisch gewordenen Herzog Joh. Friedrich in der neu angenommenen Lehre zu stärken. Seine übrige Lebenszeit brachte er in Hamburg zu, wo er zuletzt Vorsteher der katholischen Gemeinde war und starb endlich zu Schwerin den 10. November 1686 im 61. Jahre seines Alters. Er schrieb: Katholische Glaubenslehre vom Fegefeuer; parochorum hoc age, welches ein Unterricht für die kathol. Geistlichen ist; epistolam ad virum eruditum, exponentem methodum convincentem acatholicos; ep. ad novae philosophiae reformatorem de vera philosophia; scrutinium reformatorum ad demonstrandum, reformatores morum in ecclesia fuisse a Deo, reformatores fidei non fuisse a Deo; ep. ad virum auditum, cum quo in unitate S. R. E. desideret aeternam amicitiam inire, detegentem illorum artes, qui suum interprete SS. errorem sanctorum patrum testimonio confirmare nituntur. Von seinen anatomischen Schriften sind zu merken: Discours sur l'anatomie de cerveau; myologia; de ore, oculis et naribus etc.

Tacquet (Andr.) [1]), geboren zu Antwerpen 1611, trat 1629 in den Jesuiter-Orden, lehrte 15 Jahre die Mathematik, starb 1660 und schrieb: Cylindricor. et an-

---

[1]) 28. Ep. XXVI, S. 63 ds. Bds.

nullarium libr. V; elementa geometr.; arithmeticae theoriam etc.

Thyraeus (Pet.)[1]), ein Jesuite, war Professor zu Trier, Mainz und Würzburg, woselbst er 1601 im 55. Jahre starb. Er schrieb: Loca infesta; lib. de terriculamentis nocturnis; de daemoniacis; de apparitionibus spirituum tract. II; apparitiones N. T. etc.

Vossius (Isaac)[2]), 1618 zu Leyden geboren, 1639 edirte er den Scylacem Caryadensem, er ging nach Schweden, hierauf nach England, wo er 1670 zu Oxford den Titel eines doctor juris annahm, 1673 seinen tract. de orac. Sibyll. herausgab und 1673 Canonicus zu Windsor wurde, wo er den 10. Februar 1689 starb. Er defendirte die Version der 70 Dolmetscher in einem Buch wider den P. Simonium, machte sich an den Catull., Invenal. und Petronium. Seine übrigen Schriften sind: dissertatio de vera mundi aetate, dagegen Hornius schrieb, dem er Castigationes ad scriptum Hornii de aetate mundi, desgleichen auctarium castigationum entgegensetzte; de lucis natura et proprietate; responsio ad objecta Joannis de Bruin et Petri Petit de luce; de motu marium et ventorum; de Nili et aliorum fluminum origine; epistolae ad Rivetum; de poematum cautu et viribus; variarum observationum liber. Er hinterliess einen sonderbaren Schatz von Manuscriptis, den Ruhm eines in der Antiquität erfahrenen, aber in den Sachen seiner Zeit unerfahrnen Mannes, der mehr die Vernunft als den Glauben bei sich gelten liess, aber doch in vielen Stücken sich durch Leichtgläubigkeit bloss gab.

Voetius (Gisbertus)[3]), ein calvinischer Theologe, geboren 1589 zu Heussden in den Niederlanden, wurde Professor theologiae zu Utrecht. Er wohnte dem dortrechtischen Synodo bei und war nach der Zeit ein eifriger Vertheidiger des Calvin's. Besonders aber stritt er wider die Philosophie des Cartesius und machte sich an Mare-

---

[1]) 59. Ep. LVII, S. 159 ds. Bds.
[2]) 47. Ep. XLV, S. 127 ds. Bds.
[3]) 51. Ep. XLIX, S. 146 ds. Bds.

sium, Joh. Coccejum und dessen Schüler: daher sich die holländischen Theologen in Voetianer und Coccejaner theilten. Seine vornehmsten Schriften sind: Bibliothec. studiosi theolog.; disputationes selectae; politica ecclesiastica; desperata causa papatus contra Jansenium; de Johanna Papissa; vindiciae pro lege et imperio contra Hobbes; accestica; prove ende kragt der godtsaligheid; catechesis ad catechismum remonstrantium etc. und starb 1676.

Wierus (Joh.) [1], sonst Piscinarius genannt, ein Doctor medicinae, 1515 zu Grave an der Maass in Brabant geboren, fing seine Studien in Deutschland unter Cornelius Agrippa an. Er wurde des Herzogs von Clewe Leibmedicus, vertheidigte die Hexen wider die Richter und hielt sie alle für melancholische und erbarmungswürdige Personen. Bodinus will ihn selbst zum Hexenmeister machen, weil er in seinem Buch: de praestigiis die Beschwörungen der Geister lehrt nnd das Reich der Höllen beschreibt. Er bekennt auch selbst, dass er Trithemii steganographiam in Agrippae Cabinet ohne dessen Vorwissen abgeschrieben habe. Sein Symbolum war: Vince te ipsum. Er starb zu Tecklenburg 1588. Seine Schriften sind: Observat. medicae rariores; de scorbuto; de morbo irae et curatione ejusdem; de praestigiis et incautationibus; de lamiis etc.

---

[1] 59. Ep. LVII, S. 159 ds. Bds.

Argumenta.

1. Epistola I. Henrici Oldenburgii; Londini, d. 26. Aug. 1661. Inviserat Spinozam in secessu Rhenoburgi, ubi de Deo, de extensione et cogitatione infinita, etc. sermonem habebant, quas res ut fusius sibi exponat Philosophus, rogat, promittitque de missurum Boylii exercitationes physiologicas.

2. Ep. II. Respondet definiendo Deum esse ens constans infinitis attributis, quorum unumquodque est infinitum, sive summe perfectum in suo genere; extensionem per se et in se concipi; at motum non item. Per attributum intelligi omne id, quod concipitur per se et in se. Ad definitionem Dei mittit folia definitionum et axiomatum ethicis partis I usque ad propositionem quartam. De philosophiae Cartesii et Baconis erroribus. Hanc epistolam Rhenoburgi adhuc habitans scripsit.

3. Ep. III. Oldenburgii. Lond. 27. Sept. 1661. Varias movet quaestiones de existentia Dei, de cogitatione, de substantia.

4. Ep. IV. Philosophi nostri ad iter Amstelodamense se accingentis. Respondet ad Oldenburgii objectiones in tres suas, quas miserat, propositiones, caeteris propter temporis brevitatem omissis.

5. Ep. V. Oldenburgius d. 21. October 1661 promissum libellum Boylii mittit.

6. Ep. VI. continet adnotationes nostri philosophi in librum Roberti Boyle (Londini 1661. 4.), de nitro, fluiditate et firmitate, additis figuris.

7. Ep. VII. Oldenburgius et Boylius gratias agunt Philosopho pro meditationibus communicatis. De societate regia stabilita. Hortatur Spinozam Oldenburgius, ut quae in Philosophicis et Theologicis concinnaverat, in publicum prodire sinat, quidquid Theologastri oggannire poterint.

8. Ep. VIII. Est responsio Oldenburgii d. 3. April 1663 ad Ep. VI. De Boylii sententia circa analysin Nitri deque suo experimento.

9. Ep. IX. Oldenburgio exponit, se ob editionem Principiorum metaphys. Cartesii aliquod tempus Amstelodami moratum fuisse. Boylio agit gratias ob responsiones ad suas animadversiones in tractatum de nitro; transitque ad experimenta.

10. Ep. X. Oldenburgius d. 31. Julii 1663 illi mittit Boylii defensionem virtutis elasticae aeris contra Franciscum Linum. Addit experimentum, quod valde torquebat Vacuistas; Plenistis vero vehementer placebat, addita figura. Iterum inculcat Spinozae publicationem eorum, que meditatus fuerat.

11. Ep. XI. Oldenburgius d. 4. Aug. 1663 de contentis in Boyliano libello agit.

12. Ep. XII. Oldenburgius d. 28. April 1665 scribit multum esse Boylium in laudando nostro, ejusque profundas meditationes avide a doctis exspectari. De aliis agit Boylii libris.

13. Ep. XIII. Spinoza scribit Oldenburgio de Boylii tractatu de coloribus, anglice edito, gaudetque hunc cum alio de frigore et thermometris latina civitate donatos esse, quia linguam anglicanam haud calleret. Sibi mira narrasse Hugenium de microscopiis et de telescopiis quibusdam in Italia

elaboratis, quibus eclipses in Jove ab interpositione satellitum observare potuerunt, ac etiam umbram quamdam in Saturno, tamquam ab annulo factam, explosa simul Cartesii praecipitantia.

14. Ep. XIIIb. Oldenburgius in responsione mens. Septbr. 1665 Boylii, Kircheri librorum et de Joannis Hevelii cometographia mentionem facit.

15. Ep. XIV. Oldenburgius d. 12. Octbr. 1665 philosophum, ut strenue et $\dot{\alpha}\varkappa\varrho\iota\beta\tilde{\omega}\varsigma$ philosophari pergat, hortatur ut et Boylius. De Kircheri mundo subterraneo. De disceptatione, ob nuperos cometas, inter Hevelium et Auzoutum. De Hugenii laboribus aliisque variis rebus.

16. Ep. XV. Oldenburgio rescribit noster philosophus, ut et Boylio, quid sentiat circa quaestionem: ut cognoscamus, quomodo unaquaeque pars naturae cum suo toto conveniat, et qua ratione cum reliquis cohaereat. Quaedam de Hugenio et de methodo in expoliendis vitris dioptricis. Docuit Spinozam experientia, in patinis sphaericis libera manu tutius et melius expoliri quam quavis machina.

17. Ep. XVI. Oldenburgius d. 8. Dec. 1665 percunctatur a philosopho, qua in re tam Cartesium quam Hugenium in regulis motus errare judicet. De observatis anatomicis Oxoniensium. De Israelitarum ficto reditu in patriam. Multae epistolae hic desunt.

18. Ep. XVII. Oldenburgius d. 8. Juni 1675 (falso legitur 8. October 1665) Spinozae confitetur, tantum abesse, ut quidquam in verae religionis solidaeve philosophiae damnum moliatur, ut contra genuinum christianae religionis finem, nec non divinam fructuosae philosophiae sublimitatem et excellentiam commendare et stabilire adlaboret.

19. Ep. XVIII. Idem d. 22. Julii 1675 commercio litterario instaurato, Spinozam monet de tractatu suo

(ethices) quinquepartito, quem in litteris 5. Julii se editurum scripserat.

20. Ep. XIX. Philosophus Oldenburgio respondet, se Amstelodami a stolidis theologis et Cartesianis deterritum editionem, quam parabat (ethices) differe statuisse, petitque ut loca tractatus theologico-politici, quae viris doctis scrupulum injecerunt, sibi indicaret: cupere enim istum tractatum notis quibusdam illustrare (quas hic edimus), et conceptas de eo praejudicatasque opiniones si fieri posset, tollere.

21. Ep. XX. Oldenburgius d. 15. Nov. 1675 probat hoc institutum philosophi, et quae sentit de Deo et natura, de Jesu Christo deque ejus incarnatione latius exponi cupit.

22. Ep. XXI. rescribit, se de Deo et natura sententiam fovere longe diversam ab ea, quam neoterici christiani defendere solent. Sic et de ceteris.

23. Ep. XXII. Oldenburgius varias de hisce proponit quaestiones nostro philosopho.

24. Ep. XXIII. Oldenburgio exponit qua ratione fatalem omnium rerum et actionum necessitatem statuat. Miracula et ignorantiam se pro aequi pollentibus sumere; rel.

25. Ep. XXIV. Oldenburgius d. 14. Januarii 1676 respondet rem acu tetigisse Spinozam, causam percipiendo, quare fatalem illam rerum omnium necessitatem vulgari nollet; rel.

26. Ep. XXV. Oldenburgio scribit d. 7. Februar 1676, quod in praecedentibus dixerat, nos ideo esse inexcusabiles, quia in Dei potestate sumus, ut lutum in manu figuli, se hoc sensu intelligi voluisse, videlicet quod nemo Deum redarguere potest quod ipsi naturam infirmam seu animum impotentem dederit. Christi passionem, mortem et sepulturam

Einleitung. 83

se literaliter accipere ejus autem ressurrectionem allegorice, etc.

27. Ep. XXV b. Oldenburgius d. 11. Februar 1676 antei-nozae fatalismum refutare conatur; Christi m sm non solum passionem, mortem, sepultura Spcd etiam resurrectionem ad verbum intelligendam esse demonstrat.

28. Ep. XXVI. Simon de Vries, Spinozae amicissimus, d. 24. Februar 1663 Amstelodamo illi de definitionibus quaestionem movet, cupidus sciendi Borelline an Clavii sententiae adsentiatur. De substantiae attributis ex scholio propos. X, p. I ethices, quae jam a diversis fuit descripta et cum amicis communicata.

29. Ep. XXVII. Amicum docet noster philosophus inter genera definitionum distinguendum esse etc.

30. Ep. XXVIII. eum docet nos nunquam egere experientia ad sciendum, utrum definitio alicujus attributi sit vera, nisi ad illa, quae ex rei definitione non possunt concludi.

31. Ep. XXIX. d. 20. April 1663 Rheinsburgi, amicissimo Ludovico Meyero, philosophiae medicinaeque Doctori, substantia, modo, aeternitate et duratione consideratis, exponit quaestionem de infinito, citato R. Chasdai Creskas.

32. Ep. XXX. Versio. Belgice enim ad Petrum Balling, Voorburgi d. 20. Julii 1664 scripta fuit, ut multae sequentes, quae exstant in de nagelate Schriften, pag. 526 seq. De ominibus sententiam suam illi exponit. Meras esse imaginationes confirmat casu, qui ipsi elapsa hieme Voorburgi accidit. Mentem aliquid, quod futurum est confuse posse praesentire.

33. Ep. XXXI. Versio. Guilielmus de Blyenbergh, mercator Dordracenus, Dordraci 12. December 1664 de Cartesii principiis Philosophiae a Spinoza

Fe

more geometrico demonstratis, e quibus nonnulla quae percipere nequit, sibi clariora desiderat.

34. Ep. XXXII. Versio. Respondet ad ignoti sibi hominis quaestiones candidus Spinoza, qui nihil doli a nugatore Blyenbergio suspicabatur.

35. Ep. XXXIII. Versio. De Blyenbergh d. 16. Januar. 1665 prolixe proponit oppositiones, dubia novasque quaestiones, et quid per negationem in Deo intelligat, erudiri exoptat.

36. Ep. XXXIV. Versio. Spinoza molesto Blyenbergio respondet multis d. 28. Jan. 1665, tam ad priorem quam ad alteram epistolam d. 21. Jan.

37. Ep. XXXV. Versio. De Blyenbergh 19. Februar. 1665 iterum prolixa epistola aures Philosophi obtundit, quem in transitu Leidensi se salutaturum spondet.

38. Ep. XXXVI. Versio. Patientissimus Spinoza d. 13. Martii 1665 iterum respondet ad quaestiones intempestivas hominis, qui tantummodo pro joco et risu inserviunt: nulli autem usui sunt. Viderat philosophus, nullam apud Blyenberghium demonstrationem locum habere posse.

39. Ep. XXXVII. Versio. Inviserat Spinozam hic nugator. Varias iterum quaestiones Cartesianas movet, d. 27. Martii 1665.

40. Ep. XXXVIII. Versio. Taedioso Blyenberghio, ut amoveat futuras suas litteras, rescribit, se occasionem exspectare coram animi sui sensa illi exponendi, speratque ultro a suis molestis litteris destiturum.

41. Ep. XXXIX. Versio. Forsan ad Christianum Hugenium Voorburgi, d. 7. Januari 1666. De unitate Dei.

42. Ep. XL. Versio. Ad eundem. Pergit disputare de Dei unitate. Voorb. 10. April 1666.

43. Ep. XLI. Versio. Quibusdam de unitate Dei denuo expositis amici sententiam de poliendis vitris audire cupit. ¹)

44. Ep. XLII. Voorburgi. 10. Juni 1666 ad J. B., forsan ad Joannem Bresserum, Doct. med.; de optima methodo, qua inoffenso pede in rerum cognitione pergere possimus.

45. Ep. XLIII. Versio. Arithmeticam quaestionem solvit amico J. v. M. nobis non amplius noto. Voorburgi d. 1. Oct. 1666.

46. Ep. XLIV. Versio Epistola dioptrica ad Jarrig Jellis mennonistam. Voorburgi d. 3. Martii 1667.

47. Ep. XLV. Versio. Eidem, d. 25. Martii 1667 scribit se convenisse Dom. (Isaacum) Vossium de Helvetii negotio, qui effuse ridebat chrysopoeiam ignoti hominis apud Helvetium factam; de demonstratione Cartesiana existentiae Dei. Reliqua dioptrica sunt.

48. Ep. XLVI. Versio. Eidem, Voorburgi d. 5. Septbr. 1669 experimenta hydrostatica exponit. M. Oct. Hagam Comitum accessit Spinoza, Voorburgio relicto. Habitabat in aggere Veerkaay apud viduam van Velden, retro in ultimis aedibus, in secunda contignatione, ubi postea degebat Joh. Colerus. Anno vero 1671 in platea a tergo, dicta Pavilioengragt, apud Henricum van der Spyck aliam conduxit habitationem, in qua etiam 1677 d. 21. Febr. Deo animam redditid.

49. Ep. XLVII. Versio. Eundem in literis Hagae Comitum 17. Febr. 1671 datis rogat ut, si fieri posset, versionis belgicae tractatus theologico-politici impressionem impediat. De libro perniciosissimo „homo politicus." De Thalete Milesio.

---

¹) De his tribus epistolis confer introductionis pag. 14. 29. hujus vol.

50. Ep. XLVIII. Haec epistola, a Lamberto de Velthuysenio ad Isaacum Orobium de Castro scripta, ad Spinozam autem ab hoc missa ejus refutandae, continet judicium de singulis tractatus theol.-politic. capitibus, cujus summa: authorem religionem evertere et atheismum docere. Ultraj. 24. Jan. 1671.

51. Ep. XLIX. Responsio praecedentis epistolae ad Isaacum de Orobio. Spinoza se non atheismum docere demonstrat; de vera religione, de Deo et divina revelatione, etc.

52. Ep. L. Versio. Anonymo d. 2. Junii 1674 discrimen inter se et Hobbesium ob oculos ponit. De unitate Dei. E fenestra bibliopolae se pendentem vidisse Regneri a Mansvelt librum postumum adversus tractatum theolog.-polit., commemorat.

53. Ep. LI. Leibnitius librum de optica editum mittit Spinozae ejusque judicium cupit cognoscere. Francof. 5. Oct. 1671.

54. Ep. LII. Responsio ad praecedentem. Hagae Comitis 9. Nov. 1671. Spinoza Leibnitii novam sententiam se non satis intellexisse scribit ejusque explicationem optat.

55. Ep. LIII. Jo. Ludov. Fabritius, Professor et Consiliarius Palatinus; jussu et nomine Electoris, Heidelbergae d. 16. Febr. 1673 Spinozae munus professoris philosophiae ordinarii in academia Heidelbergensi offert cum amplissima philosophandi libertate.

56. Ep. LIV. d. 30. Martii 1673. Philosophus principi clementissimo gratias agit, et quoniam nunquam se publice docere animus fuit et propter alias quasdam causas, ut de hac re magis deliberare liceat, modeste rogat.

57. Ep. LV. Versio. d. 14. September 1674 anonymus Spinozae de apparitionibus, spectris et lemuribus sententiam scire desiderat.

58. Ep. LVI. Versio. Respondet Spinoza spectra quid sint se ignorare, neque veterum neque recentiorum authoritatem quidquam valere. Hag. Com. m. Sept. 1674.

59. Ep. LVII. Versio. Idem anonymus d. 21. Sept. 1674 diversa ridicula argumenta et testimonia ad spectrorum existentiam demonstrandam profert.

60. Ep. LVIII. Versio. Quaestio de mundi creatione necessaria. Philosophus iterum anonymi argumenta scriptorumque testimonia refutat, et quia scripserat ille sapiens anonymus, fortasse nullos dari spiritus feminini generis, reponit Spinoza se non parum obstupuisse, homines facundiam suam insumere eaque abuti, ut aliis ejusmodi nugas persuadeant.

61. Ep. LIX. Versio. Non cessat anonymus aures tanti viri obtundere et in suis opinionibus credulis persistere conatur.

62. Ep. LX. Versio. Spinoza hactenus nullam intelligibilem se de spectris vel lemuribus hausisse proprietatem adseverat.

63. Ep. LXI. d. 8. October 1674 Tschirnhausen Spinozae varias philosophicas quaestiones proponit in litteris per J. R. (Jo. Rieuwerts bibliopolam) missis, de Cartesii et Spinozae sententia de libero arbitrio.

64. Ep. LXII. Responsio ad praecedentem. Argute et sagaciter de libertate exponit philosophus.

65. Ep. LXIII. Tschirnhausen d. 5. Jan. 1675 hortatur philosophum nostrum ut methodum suam s. tractatum de intellectus emendatione edat; disquirit de ideae verae et adaequatae differentia.

66. Ep. LXIV. Spinoza nullam aliam differentiam agnoscit quam quod nomen veri respiciat tantummodo

Einleitung.

convenientiam ideae cum suo ideato; nomen adaequati autem naturam ideae in se ipsa ex quibusdam proprietatibus alicujus rei (quacunque data idea) alia facilius, alia difficilius inveniri posse.

67. Ep. LXV. Amstelodami d. 25. Julii 1675 Tschirnhausen per Schaller. varias de attributis Dei quaestiones movet.

68. Ep. LXVI. Spinoza d. 29. Julii 1675 ad dubia respondet.

69. Ep. LXVII. Londini d. 13. Aug. 1675 Tschirnhausen petit demonstrationem animum non posse plura attributa Dei quam extensionem et cogitationem percipere; scribitque contrarium ex schol. prop. 7 part. II eth. posse deduci.

70. Ep. LXVIII. Hagae d. 18. Aug. 1675 amicum ad prop. 10 part. I eth. ablegat.

71. Ep. LXIX. Tschirnhausen 2. Mai 1676 erudiri cupit, quomodo intelligenda sint quae Spinoza in ep. 31 (XXIX) Rhenoburgi 20. April 1663 de Infinito scripserat.

72. Ep. LXX. Spinoza mentem suam de Infinito latius amico exponit d. 5. Maji 1676.

73. Ep. LXXI. Tschirnhausen Parisiis 23. Junii 1676 doceri desiderat, qui ex conceptu extensionis secundum Spinozae meditationes, varietas rerum a priori possit ostendi.

74. Ep. LXXII. Philosophus explicat rem quaesitam. De Huëtii libro et novis inventis, quae ad refractionem pertinent. Hagae Com. d. 15. Julii 1676.

75. Ep. LXXIII. Albertus Burgh, fidem romano-catholicam amplexus, Florentiae d. 11. Sept. 1675, longis atque taediosis litteris hortatur philosophum ut fiat pontificius, ut legat sanctos patres et doctores Ecclesiae. Deum enim animam suam

ab aeterna damnatione eripere velle, modo ipse velit.

76. Ep. LXXIV. Iuveni isti Spinoza respondet se credere vix potuisse, cum Romanae ecclesiae membrum ejusque acerrimum propugnatorem esse, miserrimis Burghii argumentis explosis, ut resipiscat, ex animo optat.

77. Ep. Hagae Com. anno 1674 vel 1675. Philosophus cum Velthusio consilium communicat, tractatum theol.-polit. notis illustratum denuo edendi, ita ut adjungat, quae ipse Velthusius contra scripserat una cum responsione sua, idque ut concedat et nova quaedam argumenta addat, ab eo petit.

78. Ep. Philosophus Jo. Bressero scribit de ethices parte tertia vertenda.

79. Ep. Amstel. 14. Nov. 1675. G. H. Schaller quaestiones Tschirnhausii philosopho proponit de interpretatione eth. II prop. 5. 7. 8. et eth. I axiom. IV.

80. Ep. Hagae Com. 18. Nov. 1675. Spinoza respondet de quaestionibus propositis. De Leibnitii moribus et negotiis percunctatur.

EPISTOLAE

DOCTORUM QUORUNDAM VIRORUM

AD

B. DE S.

ET AUCTORIS

RESPONSIONES

AD ALIORUM EIUS OPERUM ELUCIDATIONEM NON
PARUM FACIENTES.

1. EPISTOLA I.

Clarissimo viro B. DE S.
HENRICUS OLDENBURGIUS.

CLARISSIME DOMINE, AMICE COLENDE,

Tam aegre nuper, quum tibi in secessu tuo Rhenoburgi adessem, a latere tuo divellebar, ut quam primum in Angliam factus sum redux, tecum rursus unire, quantum fieri potest, commercio saltem epistolico annitar. Rerum solidarum scientia, coniuncta cum humanitate et morum elegantia (quibus omnibus natura et industria amplissime te locupletarunt) eas habent in semet ipsis illecebras, ut viros quosvis ingenuos et liberaliter educatos in sui amorem rapiant. Age itaque, vir praestantissime, amicitiae non fucatae dextras iungamus, eamque omni studiorum et officiorum genere sedulo colamus. Quod quidem a tenuitate mea proficisci potest, tuum iudica. Quas tu possides ingenii dotes, earum partem, quum sine tuo id fieri detrimento possit, me mihi vindicare sinas. Habebamus Rhenoburgi sermonem de Deo, de extensione et cogitatione infinita, de horum attributorum discrimine et convenientia, de ratione unionis, animae humanae cum corpore; porro de principiis phiosophiae Cartesianae et Baconianae. Verum quum quasi per transennam et in transcursu duntaxat de tanti momenti argumentis tunc loqueremur, atque interim ista omnia menti meae crucem figant, ex amicitiae inter nos initae iure tecum agere nunc aggrediar, ac peramanter rogare, ut circa subiecta praememorata tuos conceptus nonnihil fusius mihi exponere, inprimis vero in hisce duobus me edocere non graveris, videlicet, primo, qua in re extensionis et cogitationis verum discrimen ponas; secundo, quos in Cartesii et Baconis philosophia defectus observes, quaque ratione eos e medio tolli ac solidiora substitui posse iudices. Quo liberalius de hisce et similibus ad me scripseris, eo arctius me tibi devincies et ad paria, si modo

possim, praestanda vehementer obstringes. Sub praelo hic iam sudant exercitationes quaedam physiologicae a nobili quodam Anglo, egregiae eruditionis viro, perscriptae. Tractant illae de aëris indole et proprietate elastica, quadraginta tribus experimentis comprobata, de fluiditate item et firmitudine et similibus. Quam primum excusae fuerint, curabo, ut per amicum, mare fortassis traiicientem, tibi exhibeantur. Tu interim longum vale et amici tui memor vive, qui est
 Londini ⅛ August. 1661.

tuus omni affectu et studio
Henricus Oldenburg.

2. EPISTOLA II.

Viro nobilissimo ac doctissimo Henr. Oldenburgio

B. de S.

Responsio ad praecedentem.

Vir clarissime,

Quam grata sit mihi tua amicitia, ipse iudicare poteris, modo simul a tua humanitate impetrare possis, ut tibi ad virtutes, quibus abundas, reflectere liceat, et quamvis, quam diu ipsas contemplor, non parum mihi videar superbire, nempe quod eam tecum inire audeam, praesertim dum cogito amicorum omnia, praecipue spiritualia, debere esse communia; tamen hoc tuae humanitati potius, simul et benevolentiae, quam mihi, erit tribuendum. Summitate enim illius te deprimere et copia huius adeo me locupletare voluisti, ut arctam amicitiam, quam mihi constanter polliceris et a me reciprocam dignatus es petere, inire non verear, eaque ut sedulo colatur, enixe sim curaturus. Ingenii mei dotes quod attinet, si quas possiderem, eas te tibi vindicare libentissime sinerem, quamquam scirem, id non sine meo magno detrimento futurum. Sed ne videar hoc modo tibi, quod a me iure amicitiae petis, velle denegare, quid circa illa, de quibus loquebamur, sentiam, conabor explicare; quamquam non putem, nisi tua benignitas intersit, hoc medium futurum, ut mihi arctius devinciaris. De Deo itaque incipiam breviter dicere; quem definio esse ens constans infinitis attributis, quorum unumquodque est infinitum sive summe perfectum in suo genere. Ubi notandum, me per attributum intelligere omne id, quod concipitur per se et in se; adeo ut ipsius conceptus non involvat conceptum alterius rei. Ut ex. gr. extensio per se et in se concipitur; at motus non item. Nam concipitur in alio, et ipsius conceptus involvit extensionem. Verum, quod haec sit vera Dei definitio, constat ex hoc, quod per Deum intelligamus ens summe perfectum et absolute infinitum. Quod autem tale ens existat, facile est ex hac definitione demonstrare; sed, quia non est huius loci, demonstratione supersedebo. Sed quod hic demonstrare debeo, ut primae quaestioni viri clar. satisfaciam, sunt haec sequentia: primo, quod in rerum natura non possunt existere duae substantiae, quin tota essentia differant; secundo substantiam non posse produci; sed quod sit de ipsius essentia existere; tertio, quod omnis substantia debeat esse infinita sive summe perfecta in suo genere. Quibus demonstratis facile poterit videre vir clar. quo tendam, modo simul attendat ad definitionem Dei, adeo ut non sit opus apertius de his loqui. Ut autem haec clare et breviter demonstrarem, nihil melius potui excogitare, nisi ut ea more geometrico probata examini tui ingenii subiicerem; ea itaque hic separatim mitto; tuumque circa ipsa iudicium exspectabo. *) Petis a me secundo, quosnam *errores in Cartesii et Baconis philosophia* observem. Qua in re, quamvis meus mos non sit aliorum errores detegere, volo etiam tibi morem gerere. Primus itaque et maximus est, quod tam longe a cognitione primae causae et originis omnium rerum aberrarint; secundus, quod veram naturam humanae mentis non cognoverint; tertius, quod veram causam erroris nunquam assecuti sint: quorum trium quam maxime necessaria sit vera cognitio, tantum ab iis ignoratur, qui omni studio et disciplina prorsus destituti sunt. Quod autem a cognitione primae causae et humanae mentis aberraverint, facile colligitur ex veritate trium propositionum supra memoratarum: quare ad solum tertium errorem ostendendum me converto. De Bacone parum dicam, qui de hac re admodum confuse loquitur et fere nihil probat; sed tantum narrat. Nam primo supponit, quod intellectus humanus praeter fallaciam sensuum sua sola natura fallitur, omniaque fingit ex analogia suae naturae et non ex analogia universi,

---

*) Vide ethices partem 1. ab initio usque ad prop. 4.

adeo ut sit instar speculi inaequalis ad radios rerum, qui suam naturam naturae rerum immiscet etc. Secundo, quod intellectus humanus fertur ad abstracta propter naturam propriam, atque ea, quae fluxa sunt, fingit esse constantia etc. Tertio, quod intellectus humanus gliscat, neque consistere aut aquiescere possit: et quas adhuc alias causas adsignat, facile omnes ad unicam Cartesii reduci possunt; scilicet quia voluntas humana est libera et latior intellectu, sive ut ipse Verulamius (Aph. 49) magis confuse loquitur, quia intellectus luminis sicci non est, sed recipit infusionem a voluntate.*) (Notandum hic, quod Verulamius saepe capiat intellectum pro mente, in quo a Cartesio differt.) Hanc ergo causam, ceteras ut nullius momenti parum curando, ostendam esse falsam; quod et ipsi facile vidissent, modo attendissent ad hoc, quod scilicet voluntas differt ab hac et illa volitione, eodem modo ac albedo ab hoc et illo albo, sive humanitas ab hoc et illo homine; adeo ut aeque impossibile sit concipere, voluntatem causam esse huius ac illius volitionis, atque humanitatem esse causam Petri et Pauli. Quum igitur voluntas non sit nisi ens rationis, et nequaquam dicenda causa huius et illius volitionis; et particulares volitiones, quia, ut existant, egent causa, non possint dici liberae, sed necessario sint tales, quales a suis causis determinantur; et denique secundum Cartesium ipsissimi errores, id est, particulares volitiones, non esse liberas, sed determinari a causis externis et nullo modo a voluntate; quod demonstrare promisi etc.

3. EPISTOLA III.

Clarissimo viro B. DE S.
HENRICUS OLDENBURGIUS.

VIR PRAESTANTISSIME ET AMICISSIME,

Redditae mihi sunt perdoctae tuae literae et magna cum voluptate perlectae. Geometricum tuum probandi morem valde probo; sed meam simul hebetudinem incuso, quod, quae tam accurate doces, ego haud ita prompte

---

*) Vide *Verulamii* novum organum scient. libr. 1. aphorism. 49.

assequar. Patiaris igitur, oro, ut documenta istius meae tarditatis tibi prodam, dum sequentes quaestiones moveo, earumque solutiones a te peto. *Prima* est, an clare et indubitanter intelligas, ex sola illa definitione, quam de Deo tradis, demonstrari, tale ens existere. Ego sane quum mecum perpendo, definitiones non nisi conceptus mentis nostrae continere, mentem autem nostram multa concipere, quae non existunt, et foecundissimam esse in rerum semel conceptarum multiplicatione et augmentatione, necdum video, quomodo ex eo conceptu, quem de Deo habeo, inferre possim Dei existentiam. Possum quippe ex mentali congerie omnium perfectionum, quas in hominibus, animalibus, vegetabilibus, mineralibus etc. deprehendo, concipere et formare substantiam aliquam unam, quae omnes illas virtutes solide possideat, quin imo mens mea valet easdem in infinitum multiplicare et augere; adeoque ens quoddam perfectissimum et excellentissimum apud sese effigiare, quum tamen nullatenus inde concludi possit huiusmodi entis existentia. *Secunda quaestio* est, an tibi sit indubitatum, corpus non terminari cogitatione, nec cogitationem corpore; quum adhuc sub iudice lis sit, quid sit cogitatio; sitne motus corporeus, an actus quidam spiritualis, corporeo plane contradistinctus? *Tertia* est, an axiomata illa, quae mihi communicasti, habeas pro principiis indemonstrabilibus et naturae luce cognitis nullaque probatione egentibus. Fortasse primum axioma tale est. Sed non video, quomodo tria reliqua in talium numerum referri queant. Secundum quippe supponit, nihil existere in rerum natura praeter substantias et accidentia, quum tamen multi statuant, tempus et locum rationem habere neutrius. Tertium tuum axioma, *res* nempe, *quae diversa habent attributa, nihil habere inter se commune*, tantum abest, ut clare a me concipiatur, ut potius contrarium eius tota rerum universitas videatur evincere. Res enim omnes nobis cognitae, tum in nonnullis inter se differunt, tum in quibusdam conveniunt. Quartum denique, *res scilicet, quae nihil commune habent inter se, unam alterius causam esse non posse,* non ita perspicuum est intellectui meo caliginoso, quin luce aliqua perfundi egeat. Deus quippe nihil formaliter commune habet cum rebus creatis, earum tamen causa a nobis fere omnibus habetur. Haec igitur axiomata, quum apud me non videantur extra omnem dubitationis aleam posita, facile coniicis, propositiones tuas iis superstructas non posse non vacillare. Et quo magis eas considero, eo pluribus super eas dubitationibus obruar. Ad primam quippe expendo, duos homines esse duas substantias et eiusdem attributi. Circa secundam considero, quum nihil possit esse causa sui ipsius, vix cadere sub captum nostrum, quomodo verum esse possit, *substantiam non posse produci, neque ab alia quacumque substantia.* Haec enim propositio omnes substantias causas sui statuit, easdemque deos facit et hac ratione primam omnium rerum causam negat: quod ipsum lubens fateor me non capere, nisi hanc mihi gratiam facias, ut sententiam tuam de sublimi hoc argumento nonnihil enucleatius et plenius mihi aperias, doceasque, quaenam sit substantiarum origo et productio, rerumque a se invicem dependentia et mutua subordinatio. Ut hac in re libere et fidenter mecum agas, per eam, quam inivimus, amicitiam te coniuro rogoque enixissime, ut persuasum tibi habeas quam maxime, omnia ista, quae mihi impertiri dignaberis, integra et salva fore, meque nullatenus commissurum, ut eorum quippiam in tui noxam aut fraudem a me evulgetur. In collegio nostro philosophico experimentis et observationibus faciendis gnaviter, quantum per facultates licet, indulgemus et concinnandae artium mechanicarum historiae immoramur, ratum habentes ex principiis mechanicis formas et qualitates rerum optime posse explicari et per motum, figuram atque texturam, et varias eorum complicationes omnia naturae effecta produci, nec opus esse, ut ad formas inexplicabiles et qualitates occultas, ceu ignorantiae asylum, recurramus. Librum, quem promisi, tibi transmittam, quam primum legati vestri Belgici, qui hic agunt, nuntium aliquem (ut saepe facere solent) Hagam Comitis expedient, aut quam primum amicus quidam alius, cui tuto eum committere possim, ad vos excurret. Veniam peto meae prolixitati et libertati, atque unice rogo, ut quae sine ullis involucris et elegantiis aulicis libere ad tuas reposui, in bonam partem, ut amici solent, accipias, neque credas sine fuco et arte

Londini die 27. Septemb. 1661.

tibi addictissimum

Henr. Oldenbvrg.

4. EPISTOLA IV.

Viro nobilissimo ac doctissimo Henrico Oldenbürgio

B. DE S.

Responsio ad praecedentem.

VIR CLARISSIME,

Dum paro ire Amstelaedamum, ut ibi hebdomadam unam ac alteram commorer, tuam perquam gratam epistolam accepi, tuasque obiectiones in tres, quas misi, propositiones vidi; quibus solis, ceteris propter temporis brevitatem omissis, conabor satisfacere. Ad *primam* itaque dico, quod non ex definitione cuiuscumque rei sequitur existentia rei definitae; sed tantummodo (ut in scholio, quod tribus propositionibus adiunxi, demonstravi) sequitur ex definitione sive idea alicuius attributi, id est (uti aperte circa definitionem Dei explicui) rei, quae per se et in se concipitur. Rationem vero huius differentiae etiam in memorato scholio satis clare, ni fallor, proposui, praecipue philosopho. Supponitur enim, non ignorare differentiam, quae est inter fictionem et inter clarum et distinctum conceptum; neque etiam veritatem huius axiomatis, scilicet, quod omnis definitio sive clara et distincta idea sit vera. Quibus notatis non video, quid ad primae quaestionis solutionem ultra desideretur. Quare ad solutionem *secundae* pergo: ubi videris concedere, quodsi cogitatio non pertineat ad extensionis naturam, quod tum extensio non terminaretur cogitatione, nimirum quum de exemplo tantum dubites. Sed nota, amabo, si quis dicat extensionem non extensione terminari, sed cogitatione; annon idem dicet, extensionem non esse absolute infinitam, sed tantum quoad extensionem? Hoc est, non absolute mihi concedit extensionem, sed quoad extensionem, id est, in suo genere esse infinitam. At ais: forte cogitatio est actus corporeus. Sit; quamvis nullus concedam. Sed hoc unum non negabis, extensionem, quoad extensionem, non esse cogitationem, quod ad meam definitionem explicandam et ad tertiam propositionem demonstrandam sufficit. Pergis *tertio* in ea, quae proposui, obiicere, quod axiomata non sunt inter notiones communes numeranda. Sed de hac re non disputo. Verum etiam de ipsorum veritate dubitas, imo quasi videris velle ostendere eorum contrarium magis esse vero simile. Sed attente, quaeso, ad definitionem, quam substantiae et accidentis dedi, ex qua haec omnia concluduntur. Nam quum substantiam intelligam id, quod per se et in se concipitur, hoc est, cuius conceptus non involvit conceptum alterius rei; per modificationem autem sive per accidens id, quod in alio est, et per id, in quo est, concipitur: hinc clare constat primo, quod substantia sit prior natura suis accidentibus. Nam haec sine illa nec existere nec concipi possunt. Secundo, quod praeter substantias et accidentia nihil detur realiter sive extra intellectum. Nam quicquid datur, vel per se vel per aliud concipitur, et ipsius conceptus vel involvit conceptum alterius rei, vel non involvit. Tertio, quod res, quae diversa habent attributa, nihil habent inter se commune. Per attributum enim explicui id, cuius conceptus non involvit conceptum alterius rei. Quarto denique, quod rerum, quae nihil commune habent inter se, una alterius causa esse non potest. Nam quum nihil sit in effectu commune cum causa, totum quod haberet, haberet a nihilo. Quod autem adfers, quod Deus nihil formaliter commune habeat cum rebus creatis etc., ego prorsus contrarium statui in mea definitione. Dixi enim, Deum esse ens constans infinitis attributis, quorum unumquodque est infinitum sive summe perfectum in suo genere. Quod autem adfers in primam propositionem, quaeso, mi amice, ut consideres homines non creari, sed tantum generari, et quod eorum corpora iam antea existebant, quamvis alio modo formata. Verum hoc concluditur, quod libenter etiam fateor, scilicet quod si una pars materiae annihilaretur, simul etiam tota extensio evanesceret. Secunda autem propositio non multos deos facit, sed tantum unum, scilicet constantem infinitis attributis etc.

5. EPISTOLA V.

Clarissimo viro B. DE S.

HENRICUS OLDENBURGIUS.

AMICE PLURIMUM COLENDE,

Libellum, quem promiseram, en accipe, mihique tuum de eo iudicium, inprimis circa ea, quae de nitro deque fluiditate ac firmitudine inserit specimina, rescribe. Gratias

tibi maximas ago pro cruditis tuis literis secundis, quas heri accepi. Doleo tamen magnopere, quod iter tuum Amstelaedamense obfuerit, quo minus ad omnia mea dubia responderis. Quod tum praetermissum, quam primum per otium licuerit, expedias oro. Multum quidem mihi lucis in posteriori hac epistola affudisti, non tamen tantum, ut omnem caliginem dispulerit; quod tum, credo, fiet feliciter, quando distincte et clare de vera et prima rerum origine me instruxeris. Quam diu enim perspicuum mihi non est, a qua causa et quomodo res coeperint esse, et quo nexu a prima causa, si qua tales sit, dependeant; omnia, quae audio quaeque lego, scopae mihi dissolutae videntur. Tu igitur, doctissime domine, ut facem hac in re mihi praeeas, deque mea fide et gratitudine non dubites, enixe rogo, qui sum
Londini ¼ Octobr. 1661.

tibi addictissimus
HENR. OLDENBURG.

6. EPISTOLA VI.

Viro nobilissimo ac doctissimo Henr. Oldenburgio

B. DE S.

Responsio ad praecedentem.

VIR CLARISSIME,

Librum ingeniosissimi Boylii accepi, eumque, quantum per otium licuit, evolvi. Maximas tibi ago gratias pro munere hoc. Video me non malam antehac, quum primum hunc mihi librum promiseras, fecisse coniecturam, nempe, te non nisi de re magni momenti sollicitum fore. Vis interim, doctissime domine, ut tibi meum tenue de iis, quae scripsit, iudicium mittam, quod, ut mea fert tenuitas, faciam, notando scilicet quaedam, quae mihi obscura sive minus demonstrata videntur; neque adhuc omnia propter occupationes percurrere, multo minus examinare potui. Quae igitur circa nitrum etc. notanda reperio, sequentibus accipe.

DE NITRO. Primo colligit ex suo experimento de redintegratione nitri, nitrum esse quid heterogeneum, constans ex partibus fixis et volatilibus, cuius tamen natura (saltem quoad phaenomena) valde differt a natura partium, ex quibus componitur, quamvis ex sola mera mixtura harum partium oriatur. Haec, inquam, conclusio, ut diceretur bona, videtur mihi adhuc requiri aliquod experimentum, quo ostendatur spiritum nitri non esse revera nitrum, neque absque ope salis lixiviosi posse ad consistentiam reduci, neque crystallisari; vel ad minimum requirebatur inquirere, an salis fixi quae in crucibulo manet quantitas, semper eadem ex eadem quantitate nitri et ex maiore secundum proportionem reperiatur. Et quod ad id attinet, quod clarissimus vir ait sect. 9., se ope libellae deprehendisse, et etiam quod phaenomena spiritus nitri adeo sint diversa, imo quaedam contraria phaenomenis ipsius nitri, nihil, meo quidem iudicio, faciunt ad confirmandam eius conclusionem. Quod ut appareat, id, quod simplicissimum occurrit ad hoc de redintegratione nitri explicandum, paucis exponam; simulque duo aut tria experimenta admodum facilia adiungam, quibus haec explicatio aliquo modo confirmatur. Ut itaque hoc phaenomenon quam simplicissime explicem, nullam aliam differentiam inter spiritum nitri et ipsum nitrum ponam, praeterquam eam, quae satis est manifesta; hanc scilicet. quod particulae huius quiescant, illius vero non parum concitatae inter sese agitentur. Et fixum sal quod attinet, id nihil facere ad constituendam essentiam nitri supponam: sed ipsum ut foeces nitri considerabo, a quibus neque ipse spiritus nitri (ut reperio) liberatur, sed ipsi, quamvis confrictae, satis copiose innatant. Hoc sal sive hae foeces poros sive meatus habent excavatos ad mensuram particularum nitri. Sed vi ignis, dum particulae nitrosae ex ipsis expellebantur, quidam angustiores evaserunt, et per consequens alii dilatari cogebantur, et ipsa substantia sive parietes horum meatuum rigidae et simul admodum fragiles reddebantur. Ideoque quum spiritus nitri ipsi instillaretur, quaedam ipsius particulae per angustiores illos meatus impetu se insinuare inceperunt, et quum ipsarum crassities (ut a Cartesio non male demonstratur) sit inaequalis, eorum rigidos parietes prius flectebant instar arcus, antequam eos frangerent; quum autem ipsos frangerent, illa fragmenta resilire cogebant, et suum, quem habebant, motum retinendo aeque ac antea ineptae manebant ad consistendum atque crystallisandum; partes vero nitri per latiores meatus se insinuantes, quoniam ipsorum parietes non tangebant, necessario ab aliqua materia subtilissima cingebantur et ab eadem eodem modo, ac a flamma vel calore partes ligni sursum expellebantur et in fumum avolabant; at si satis copiosae erant sive quod cum fragmentis parietum et cum particulis per angustiores meatus ingredientibus congregarentur, guttulas componebant sursum volitantes. Sed si sal fixum ope aquae vel aëris laxetur *) languidiusque reddatur, tum satis aptum fit ad cohibendum impetum particularum nitri et eas cogendum, ut, quem habebant, motum amittant, atque iterum consistant, eodem modo ac globus tormentarius, quum arenae aut luto impingit. In sola hac consistentia particularum spiritus nitri nitri redintegratio consisti-, ad quam efficiendum sal fixum, ut ex hac explicatione apparet, tanquam instrumentum adhibetur. Huc usque de *redintegratione.*

Videamus iam, si placet, primo, cur spiritus nitri et ipsum nitrum sapore adeo inter se differant; secundo, cur nitrum sit inflammabile, spiritus vero nitri nullo modo. Ut primum intelligamus, advertendum est, quod corpora, quae sunt in motu, nunquam aliis corporibus occurant latissimis suis superficiebus; quiescentia vero aliis incumbunt latissimis suis superficiebus. Particulae itaque nitri, si, quum quiescunt, linguae imponantur, ei incumbent latissimis suis superficiebus et hoc modo ipsius poros obstruent, quae causa est frigoris; adde quod saliva non potest nitrum dissolvi in particulas adeo minutas. Sed si, quum hae particulae concitate moventur, linguae imponantur, occurrent ipsi acutioribus superficiebus et per eius poros se insinuabunt, et quo concitatius moveantur, eo acrius linguam pungent; eo modo ac acus, quae si linguae occurrat cuspide aut sua longitudine ipsi incumbat, diversas oriri faciet sensationes.

Causa vero, cur nitrum sit inflammabile, spiritus autem non item, est, quia, quum particulae nitri quiescunt, difficilius ab igne sursum ferri possunt, quam quum proprium versus omnes partes habeant motum, ideoque, quum quiescunt, tam diu igni resistunt, donec ignis eas ab invicem separet, atque undequaque cingat; quum vero ipsas cingit, huc illuc ipsas secum rapit, donec proprium aquirant motum et sursum in fumum abeant. Sed particulae spiritus nitri, quum iam sint in motu et ab invicem separatae, a parvo calore ignis in maiori sphaera undiquaque dilatantur, et hoc modo quaedam in fumum abeunt, aliae per materiam ignem sup-

---

*) Si quaeris, cur ex instillatione spiritus nitri in sal fixum dissolutum ebullitio oriretur, lege notam in §. 24.

peditantem se insinuant, antequam flamma undiquaque cingantur; ideoque ignem potius extinguunt, quam alunt.

Pergam iam ad *experimenta*, quae hanc explicationem comprobare videntur. Primum est, quod reperi particulas nitri, quae inter detonandum in fumum abeunt, merum esse nitrum. Nam quum semel atque iterum nitrum liquefacerem, donec crucibulum satis incanduerit, atque pruna micante incenderem, eius fumum calice vitreo frigido excepi, donec ab ipso irroraretur, et postea halitu oris calicem etiam ultra madefeci et tandem aëri cum frigido exposui, ut siccaretur.*) Quo facto hic illic in calice stiriolae nitri apparuerunt. Et ut minus suspicarer, id non ex solis particulis volatilibus fieri, sed quod forte flamma partes integras nitri secum raperet (ut secundum clarissimi viri sententiam loquar), et fixas simul cum volatilibus, antequam dissolverentur, ex se expelleret: hoc, inquam, ut minus suspicarer, fumum per tubum ultra pedem longum, ut A, quasi per caminum adscendere feci, ut partes ponderosiores tuba adhaererent, et solas volatiliores, per angustius foraminulum B transeuntes, exciperem; et res, uti dixi, successit.

Verum neque hic subsistere volui; sed, ut rem ulterius examinarem, maiorem quantitatem nitri accepi, liquefeci et pruna micante incendi; atque, uti antea, tubum A crucibulo imposui et iuxta foramen B, quam diu flamma duravit, frustulum speculi tenebam, cui materia quaedam adhaesit,

---

*) Quum haec experiebar, aër erat serenissimus.

quae aëri exposita liquescebat; et quamvis aliquot dies exspectaverim, nullum nitri effectum observare potui; sed postquam spiritum nitri affundebam, in nitrum mutabatur. Ex quo videor posse concludere, primo quod partes fixae inter liquandum a volatilibus separantur et quod flamma ipsas ab invicem dissociatas sursum pellit; secundo quod, postquam partes fixae a volatilibus inter detonandum dissociantur, iterum consociari non possunt; ex quo concluditur tertio, quod partes, quae calici adhaeserunt et in stiriolas coaluerunt, non fixae, sed tantum volatiles fuerunt.

Secundum experimentum, et quod ostendere videtur partes fixas non nisi faeces nitri esse, est, quod nitrum quo magis est defaecatum, eo volatilius et magis aptum ad crystallisandum reperio. Nam quum crystallos nitri defaecati sive filtrati poculo vitreo, quale est A, imponerem, et parum aquae frigidae infunderem, simul cum aqua illa frigida partim evaporabat, et sursum circa vitri labra particulae illae fugitivae haerebant et in stiriolas coalescebant.

Tertium experimentum, quod indicare videtur, particulas spritus nitri, ubi suum motum amittunt, inflammabiles reddi, hoc est. Guttulas spiritus nitri involucro humido instillavi, ac deinde arenam inieci, per cuius meatus spiritus nitri continuo se insinuabat, et postquam arena totum aut fere totum spiritum nitri imbiberat, eam in eodem involucro super ignem probe exsiccavi: quo facto arenam deposui et chartam prunae micanti apposui, quae statim atque ignem apprehendebat, eodem modo scintillabat, ac facere solet, quum ipsum nitrum imbiberit. Alia si mihi fuisset commoditas ulterius experiundi, his adiunxissem, quae fortassis rem prorsus indicarent. Sed quia aliis rebus prorsus sum distractus, in aliam occasionem tua venia differam et ad alia notanda pergam.

§. 5. Ubi vir clarrissimus de figura particularum

nitri obiter agit, culpat modernos scriptores, quod ipsam perperam exhibuerint, inter quos nescio, an etiam Cartesium intelligat. Eum si intelligit, forte ex aliorum dictis ipsum culpat. Nam Cartesius non loquitur de talibus particulis, quae oculis conspici queunt. Neque puto clarissimum virum intelligere, quod si stiriolae nitri abraderentur, donec in parallelepipeda aut in aliam quamcumque figuram mutarentur, nitrum esse desinerent; sed forte chymicos aliquos notat, qui nihil aliud admittunt, nisi quod oculis videre et manibus palpare possunt.

§. 9. Si hoc experimentum accurate potuisset fieri, prorsus confirmaret id, quod concludere volebam ex primo supra memorato experimento.

§. 13. usque ad 18. conatur vir clarissimus ostendere, omnes tactiles qualitates pendere a solo motu, figura et ceteris mechanicis affectionibus, quas demonstrationes quandoquidem a clarissimo viro non tanquam mathematicae proferuntur, non opus est examinare, an prorsus convincant. Sed interim nescio, cur clarissimus vir hoc adeo sollicite conetur colligere ex hoc suo experimento; quum iam hoc a Verulamio et postea a Cartesio satis superque demonstratum sit. Neque video, hoc experimentum luculentiora nobis praebere indicia, quam alia satis obvia experimenta. Nam quod calorem attinet; an idem non aeque clare apparet ex eo, quod si duo ligna, quamvis frigida, contra se invicem confricentur, flammam ex solo illo motu concipiant? quod calx inspersa aqua incalescat? Ad sonum quod attinet, non video, quid in hoc experimento magis notabile reperiatur, quam reperitur in aquae communis ebullitione, et in aliis multis. De colore autem, ut tantum probabilia adferam, nihil aliud dicam, nisi quod videmus omnia virentia in tot tamque diversos colores mutari. Porro corpora tetrum odorem spirantia si agitentur, tetriorem spargunt odorem, et praecipue si modice incalescant. Denique vinum dulce in acetum mutatur, et sic multa alia. Quare haec omnia (si libertate philosophica uti liceat) supervacanea iudicarem.[*] Hoc dico, quia vereor, ne alii, qui clarissimum virum minus, quam par est, amant, perperam de ipso iudicent.

§. 24. De huius phaenomeni causa iam locutus sum. Hic tantum addo, me etiam experientia invenisse, guttulis illis salinis particulas salis fixi innatare. Nam quum ipsae

---

[*] In epistola a me missa haec consulto omisi.

sursum volitabant, vitro plano, quod paratum ad id habebam, occurrebant, quod utcunque calefeci, ut, quod volatile vitro adhaerebat, evolaret; quo facto materiam crassam albicantem vitro hic illic adhaerentem conspiciebam.

§. 25. In hac §. videtur clarissimus vir velle demonstrare, partes alcalisatas per impulsum particularum salinarum huc illuc ferri; particulas vero salinas proprio impulsu se ipsas in aërem tollere. Et ego in explicatione phaenomeni dixi, quod particulae spiritus nitri concitatiorem motum acquirunt, eo quod, quum latiores meatus ingrediuntur, necessario a materia aliqua subtilissima cingi debent et ab eadem, ut ab igne particulae ligni, sursum pelli; particulae vero alcalisatae suum motum acceperunt ab impulsu particularum spiritus nitri per angustiores meatus se insinuantium. Hic addo, aquam puram non adeo facile solvere atque laxare posse partes fixas. Quare non mirum est, quod ex affusione spiritus nitri in solutionem salis istius fixi in aqua dissoluti talis ebullitio, qualem vir clarissimus §. 24. recitat, oriatur; imo puto hanc ebullitionem fervidiorem fore, quam si spiritus nitri sali fixo adhuc intacto instillaretur. Nam in aqua in minutissimas moleculas dissolvitur, quae facilius dirimi atque liberius moveri possunt, quam quum omnes partes salis sibi invicem incumbunt atque firmiter adhaerent.

§. 26. De sapore spiritus acidi iam locutus sum. Quare de solo alcali dicendum restat. Id quum imponerem linguae, calorem, quem punctio sequebatur, sentiebam. Quod mihi indicat, quoddam genus calcis esse; eodem enim modo atque calx ope aquae, ita hoc sal ope salivae, sudoris, spiritus nitri et forte etiam aëris humidi incalescit.

§. 27. Non statim sequitur, particulam aliquam materiae ex eo, quod alii iungitur, novam acquirere figuram; sed tantum sequitur ipsam maiorem fieri, et id sufficit ad efficiendum id, quod in hac §. ab clar. viro quaeritur.

§. 33. Quid de ratione philosophandi clarissimi viri sentiam, dicam, postquam videro eam dissertationem, de qua hic et in commentatione prooemiali pag. 23. mentio fit.

DE FLUIDITATE. §. 1. *Satis constat, annumerandas esse maxime generalibus affectionibus* etc. Notiones ex vulgi usu factae, vel quae naturam explicant, non ut in se est, sed prout ad sensum humanum refertur, nullo modo inter summa genera numerandas censerem, neque miscendas (ne dicam confundendas) cum notionibus castis et quae naturam, ut in se est, explicant. Huius generis sunt motus, quies et eorum leges; illius vero visibile, invisibile, calidum, frigidum et, ut statim dicam, fluidum etiam et consistens etc.

§. 5. *Prima est corporum componentium parvitas, in grandioribus quippe* etc. Quamvis corpora sint parva, superficies tamen habent (aut habere possunt) inaequales asperitatesque. Quare si corpora magna tali proportione moveantur, ut eorum motus ad eorum molem sit, ut motus minutorum corporum ad eorundem molem, fluida etiam essent dicenda, si nomen fluidi quid extrinsecum non significaret, et non ex vulgi usu tantum usurparetur ad significanda ea corpora mota, quorum minutiae atque interstitia humanum sensum effugiunt. Quare idem erit corpora dividere in fluida et consistentia, ac in visibilia et invisibilia.

Ibidem. *Nisi chymicis experimentis id comprobare possemus.* Nunquam chymicis neque aliis experimentis nisi demonstratione et computatione aliquis id comprobare poterit. Ratione enim et calculo corpora in infinitum dividimus; et per consequens etiam vires, qua ad eadem movendum requiruntur. Sed experimentis nunquam id comprobare poterimus.

§. 6. *Grandia corpora inepta nimis esse constituendis fluidis* etc. Sive per fluidum intelligatur id, quod modo dixi, sive non, res tamen per se est manifesta. Sed non video, quomodo vir clar. experimentis in hac §. allatis id comprobet. Nam (quando de re incerta dubitare volumus) quamvis ossa ad componendum chylum et similia fluida sint inepta, forte satis erunt apta ad novum quoddam genus fluidi componendum.

§. 10. *Idque dum eas minus, quam antea reddit flexiles* etc. Sine ulla partium mutatione, sed ex eo tantum, quod partes in recipiens propulsae a reliquis separabantur, in aliud corpus oleo solidius coagulari potuerant. Corpora enim vel leviora vel ponderosiora sunt pro ratione fluidorum, quibus immerguntur. Sic particulae butyri, dum lacti innatant, partem liquoris componunt; sed postquam lac novum motum propter agitationem acquirit, cui omnes partes lac componentes non aeque se accommodare possunt, hoc solum facit, ut qaedam ponderosiores evadant, quae partes leviores sursum pellunt. Sed quia hae leviores aëre ponderosiores sunt, ut cum ipso liquorem componant, ab ipso deorsum pelluntur, et quia ad motum ineptae sunt, ideo etiam solae liquorem componere non possunt, sed sibi invicem incumbunt et adhaerent. Vapores etiam quum ab aëre separantur, in aquam mutantur, quae respectu aëris consistens potest dici.

§. 13. *Atque exemplum peto a vesica per aquam distenta, quam a vesica aëre plena* etc. Quum aquae particulae semper quaquaversum indesinenter moveantur, perspicuum est, si a corporibus circumiacentibus non cohibentur, eam quaquaversum dilatatum iri. Porro quid vesicae aqua plenae distentio iuvet ad sententiam de spatiolis confirmandam, fateor me nondum posse percipere. Ratio enim, cur particulae aquae lateribus vesicae digito pressis non cedant, quod alias, si liberae essent, facerent, est, quia non datur aequilibrium sive circulatio, uti datur, quum corpus aliquod, puta digitus noster, a fluido sive aqua cingitur. Sed quantumvis aqua a vesica prematur, eius tamen particulae lapidi, vesicae etiam incluso, cedent eodem modo, ac extra vesicam facere solent.

§. eadem. *Daturne aliqua materiae portio?* Affirmativa statuenda, nisi malumus progressum in infinitum quaerere, aut (quo nil absurdius) concedere dari vacuum.

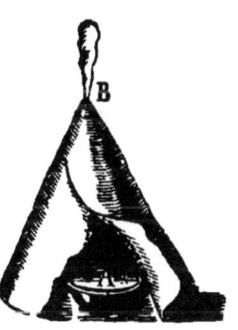

§. 19. *Ut liquoris particulae ingressum in poros illos reperiant ibique detineantur: qua ratione* etc. Hoc non est absolute affirmandum de omnibus liquoribus ingressum in poros aliorum invenientibus. Particulae enim spiritus nitri, si poros albae chartae ingrediantur, eam rigidam ac friabilem reddunt; quod experiri licebit, si capsulae ferreae candenti, ut A, guttulae aliquot infundantur et fumus per involucrum chartaceum, ut B, propellatur. Porro ipse spiritus nitri corium madefacit, non vero humectat; sed contra ipsum, sicuti etiam ignis, contrahit.

§. eadem. *Quas quum natura et volatui et natatui* etc. Causam a fine petit.

§. 23. *Quamvis eorundem motus raro a nobis concipiatur; cape igitur* etc. Sine hoc experimento et sine ullo dispendio res satis apparet ex eo, quod halitus oris, qui tempore hyemali satis conspicitur moveri, tempore tamen aestatis aut in hypocaustis conspici a nobis non potest. Porro si tempore aestatis aura subito frigescat, vapores ex aqua adscendentes quum propter novam densitatem aëris non possint, uti antequam frigesceret, per ipsum adeo facile dispergi, denuo super aquae superficiem tanta copia congregantur, ut a nobis satis conspici queant. Porro motus saepe tardior est, ut a nobis conspiciatur, ut ex gnomone et umbra solis colligere possumus, et saepissime celerior est, quam ut a nobis conspiciatur, ut videre est in fomento ignito, dum aliqua celeritate circulariter movetur; ibi nempe imaginamur, partem ignitam in omnibus locis peripheriae, quam motu suo describit, quiescere: quorum causas hic redderem, nisi id supervacaneum iudicarem. Denique, ut hoc obiter dicam, sufficit, ad naturam fluidi in genere intelligendum scire, quod possumus manum nostram motu fluido proportionato versus omnes partes sine ulla resistentia movere, ut satis manifestum est iis, qui ad notiones illas, quae naturam, ut in se est, non vero ut ad sensum humanum relatam explicant, satis attendunt. Neque ideo hanc historiam tanquam inutilem despicio; sed contra si de unoquoque liquore quam accuratissime et summa cum fide fieret, ipsam utilissimam iudicarem ad eorum peculiares differentias intelligendum, quae res ut summe necessaria omnibus philosophis maxime desideranda.

DE FIRMITATE. §. 7. *Catholicis naturae legibus.* Es demonstratio Cartesii. Nec video clar. virum aliquam genuinam demontrationem ab experimentis vel observationibus desumptam in medium adferre.

Multa hic et in sequentibus notaveram; sed postea vidi clar. virum se ipsum corrigere.

EPISTOLA VI.

§. 16. *Et semel quadringentas et triginta duas.* Si cum pondere argenti vivi tubo inclusi conferatur, proxime ad verum pondus accedit. Verum haec examinare, ut simul habeatur, quoad fieri potest, ratio inter impulsionem aëris ad latera, sive secundum lineam horizonti parallelam et inter illam, quae fit secundum lineam horizonti perpendicularem, operae pretium ducerem, et puto hoc modo posse fieri.

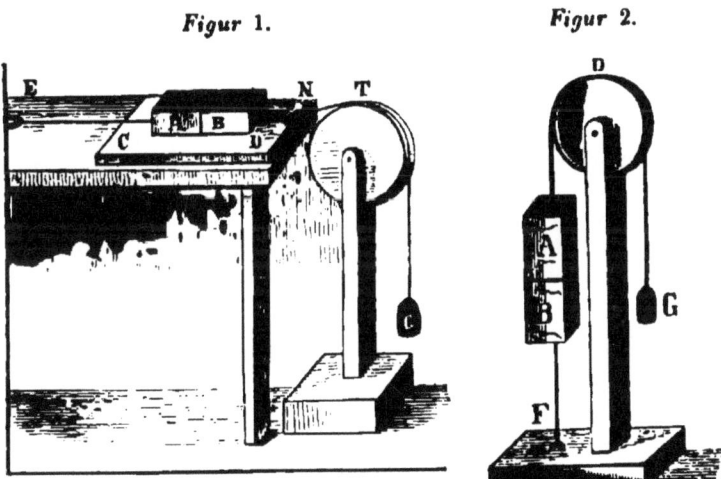

Figur 1.   *Figur* 2.

Sit in Fig. 1. CD speculum planum probissime levigatum; AB duo marmora se immediate tangentia. Marmor A alligatum sit denti E, B vero chordae N alligatum. T est trochlea, G pondus, quod ostendet vim, quae requiritur ad divellendum marmor B a marmore A secundum lineam horizonti parallelam.

In Fig. 2. F. sit filum sericum satis robustum, quo marmor B pavimento alligatur, D trochlea, G pondus, quod ostendet vim, quae requiritur ad divellendum marmor A ab marmore B secundum lineam horizonti perpendicularem.

Reliqua desiderantur.

7. EPISTOLA VII.

Clarissimo viro β. d. ς.
HENRICUS OIDENBURGIUS.

Ante septimanas sat multas, vir clarissime, gratissimam tuam epistolam in Boylii librum docte animadvertentem accepi. Ipse auctor una mecum maximas tibi pro meditationibus communicatis gratias agit, idque citius significasset, nisi eum spes tenuisset, se negotiorum, quibus oneratur, mole tam brevi temporis spatio potuisse levari, ut una cum gratiis etiam responsionem suam eadem opera potuisset remittere. Verum enim vero spe sua se hactenus frustratum sentit, negotiis tum plublicis tum privatis eum ita distrahentibus, ut hac vice non nisi gratum suum animum tibi testari, queat, suam vero de notis tuis sententiam in aliud tempus differre cogatur. Accedit, quod duo adversarii scriptis excusis eum sunt adorti, quibus, ut primo quoque tempore respondeat, obstrictum se arbitratur. Ea vero scripta non in commentationem de nitro, sed in libellum eius alium experimenta pneumatica aërisque elaterem probantia continentem vibrantur. Quam primum laboribus hisce se expediverit, de tuis etiam exceptionibus mentem suam tibi aperiet; at interea temporis rogat, ne moram hanc sinistre interpreteris.

Collegium illud philosophantium, de quo coram apud te mentionem inieceram, iam regis nostri gratia in *societatem regiam* conversum est, publicoque diplomate munitum, quo ipsi insignia privilegia conceduntur, spesque egregia suppeditatur, reditibus necessariis id ipsum locupletandi.

Omnino consulerem tibi, ut, quae pro ingenii tui sagacitate docte, tum in philosophicis, tum theologicis concinnasti, doctis non invideas, sed in publicum prodire sinas, quicquid theologastri oggannire poterint. Liberrima est respublica vestra; liberrime in ea philosophandum. Tua interim ipsius prudentia tibi suggeret, ut conceptus tuos tuamque sententiam, quam poteris modestissime, prodas; de reliquo eventum fato committas. Age igitur, vir optime, metum omnem expectora nostri temporis homunciones irritandi; satis diu ignorantiae et nugis litatum; vela pandamus verae scientiae et naturae adyta penitius, quam hactenus factum,

scrutemur. Innoxie, putem, meditationes tuae apud vos excudi poterunt, nec ullum earum inter sapientes offendiculum verendum. Hos igitur si patronos et fautores inveneris (ut omnino te inventurum spondeo), quid momum ignorantem reformides? Non te missum faciam, amice honorande, quin te exoravero, nec unquam, quantum quidem in me est, concedam, ut cogitata tua, quae tanti sunt ponderis, aeterno silentio premantur. Magnopere rogo, ut quid super hac re consilii capies, mihi significare, quam primum commode potes, non graveris. Occurrent hic forte talia, quae cognitione tua non indigna erunt. Praedicta quippe societas institutum suum nunc acrius urgebit, et forsan, dummodo pax in hisce oris perennet, rempublicam literariam non vulgariter ornabit. Vale, vir eximie, meque crede
tui studiosissimum et amicissimum

HENR. OLDENBURG.

8. EPISTOLA VIII.

Clarissimo viro B. D. S.

HENRICUS OLDENBURGIUS.

Responsio ad epistolam VI.

PRAESTANTISSIME VIR, AMICE CLARISSIME,

Multa equidem afferre possem, quae diuturnum meum silentium apud te excusarent; sed ad duo capita causas illius reducam, iuvaletudinem scilicet nobilissimi Boylii et meorum negotiorum turbam. Illa impedimento fuit, quo minus ad tuas in nitrum animadversiones citius respondere valuerit Boylius; haec adeo me districtum tenuere per plurimos menses, ut mei vix juris fuerim, proindeque nec officio illo defungi potuerim, ad quod me tibi obstrictum profiteor. Gestit animus, amotum esse (pro tempore saltem) utrumque obstaculum, ut meum cum tanto amico commercium instaurare liceat. Id equidem nunc facio maxima cum lubentia; statque animus (favente numine) omni modo cavere, ne deinceps consuetudo nostra literaria tam diu interrumpatur. Caeterum priusquam de iis tecum agam, quae tibi et mihi privatim intercedunt, expediam illa, quae D. Boylii nomine tibi debentur. Notas, quas in chymico-physicum illius tractatulum concinnaveras, sueta sibi humanitate excepit, tibique maximas pro examine tuo gratias rependit. Interim moneri te cupit, propositum sibi non tam fuisse, ostendere, vere philosophicam perfectamque hanc esse nitri analysin, quam explicare, vulgarem et in scholis receptam de formis substantialibus et qualitatibus doctrinam infirmo talo niti, specificasque rerum differentias, quas vocant, ad partium magnitudinem, motum, quietem et situm posse revocari. Quo praenotato auctor porro ait, experimentum suum de nitro satis superque docere, nitri corpus universum in partes, a se invicem et ab ipso toto discrepantes, per analysin chymicam abiisse; postea vero ita rursum ex iisdem coaluisse et redintegratas fuisse, ut parum fuerit de pristino pondere esideratum. Addit vero se ostendisse, rem ipsam ita se habere; de rei autem modo, quem tu coniectari videris, non egisse, nec de eo quicquam, quum praeter institutum eius fuerit, determinasse. Quae tu interim de modo supponis, quodque sal nitri fixum tanquam faeces eius consideras, caeteraque talia, ea a te gratis dicta, nec probata arbitratur: quodque a te affertur, has faeces sivi hoc sal fixum meatus habere ad mensuram particularum nitri excavatos, circa id notat auctor noster, salem cinerum clavellatorum *(Belgice potasch)* cum spiritu nitri nitrum aeque constituere, ac spiritum nitri cum proprio suo sale fixo. Unde liquere putat, similes reperiri poros in eiusmodi corporibus, unde nitrosi spiritus non extruduntur. Nec videt auctor illam materiae subtilissimae, quam adstruis, necessitatem ex ullis phaenomenis probatam; sed ex sola vacui impossibilitatis hypothesi assumptam.

Quae de causis differentiae saporis inter spiritum nitri et nitrum ipsum disseris, ferire se auctor negat. Quod vero de nitri inflammabilitate et spiritus nitri $\dot{α}φλογία$ tradis, Cartesii de igne doctrinam supponere ait, quam sibi necdum satisfecisse testatur.

Quod ad experimenta spectat, quibus tuam phaenomeni explicationem comprobari putas; respondet auctor, primo spiritum nitri nitrum quidem esse materialiter, formaliter nequaquam, quum qualitatibus et virtutibus quam maxime differant, sapore scilicet, odore, volatilitate, potentia solvendi metalla, colores vegetabilium mutandi etc. Secundo, quod coire ais particulas quasdam sursum latas in crystallos nitri, id ex eo fieri statuit, quod partes nitrosae una cum spiritu nitri per ignem protuduntur, quemadmodum in fuligine contingit. Tertio, quod de defaecationis effectu affers, ei respondet auctor, ista defaecatione ut plurimum liberari nitrum a sale quodam, sal commune referente; ascensum vero in stiriolas communem illi esse cum aliis salibus, et ab aëris pressione aliisque quibusdam causis, alias dicendis nilque ad praesentem quaestionem facientibus, dependere. Quarto, quod dicis de experimento tuo tertio, idem fieri ait auctor etiam cum aliis quibusdam salibus; asserens, chartam actu inflammatam particulas rigidas et solidas, quae componebant salem, vibrare, iisdemque hoc pacto scintillationem conciliare.

Quod porro putas sect. 5. auctorem nobilem culpare Cartesium, in hoc te ipsum culpandum credit; dicitque, se nullatenus indigitasse Cartesium, sed Gassendum et alios, qui figuram cylindricam particulis nitri tribuunt, quum revera sit prismica; nec de figuris aliis se loqui, quam visibilibus.

Ad ea, quae in sect. 13—18. animadvertis, hoc tantum reponit, 'se haec scripsisse inprimis, ut chymiae usum ad confirmanda principia philosophiae mechanica ostenderet assereretque; nec se invenisse haec apud alios tam clare tradita et tractata. Est noster Boylius ex eorum numero, qui non adeo suae rationi confidant, ut non velint cum ratione convenire phaenomena. Magnum praeterea discrimen ait intercedere inter obvia experimenta, circa quae quid adferat natura quaeque interveniant, ignoramus, et inter ea, de quibus certo constat, quaenam ad ea afferantur. Ligna sunt corpora multo magis composita, quam subiectum, de quo auctor tractat. Et in aquae communis ebullitione ignis externus additur, qui in procreatione soni nostri non adhibetur. Porro, quod virentia in tot tamque diversos colores mutantur, de eius causa quaeritur; illud vero ex mutatione partium oriri, hoc experimento declaratur, quo apparet, colorem ex spiritus nitri affusione mutatum fuisse. Denique neque tetrum neque suavem habere odorem nitrum ait; sed ex sola dissolutione tetrum acquirere, quem in reconiunctione amittit.

Quae ad sect. 25. natas (caetera enim se non tangere ait), iis respondet usum se fuisse principiis Epicuraeis, quae volunt, motum particulis inesse connatum; opus enim fuisse aliqua uti hypothesi ad phaenomeni explicationem; quam tamen propterea suam non faciat, sed adhibeat ad sententiam suam contra chymicos et scholas sustinendum, duntaxat ostendens ex hypothesi memorata rem posse bene explicari. Quod ibidem subiicis de aquae purae ineptitudine solvendi partes fixas, ei Boylius noster respondet, chymicos passim observare et asserere, aquam puram salia alcalizata citius, quam alia solvere.

Quae circa fluiditatem et firmitudinem annotasti, ea necdnm vacavit auctori expendere. Haec quae consignavi, tibi transmitto, ne diutius commercio et colloquio tuo literario destituerer.

Peto autem enixissime, ut boni ea consulas, quae adeo subsultim et mutilate tibi repono, idque meae potius festinationi, quam illustris Boylii ingenio tribuas. Ea quippe magis ex familiari cum eo circa hoc subiectum sermone collegi, quam ex praescripta et methodica aliqua eius responsione: unde sine dubio factum, ut multa ab ipso dicta me effugerint, forte et solidiora et elegantiora, quam quae hic a me commemorata sunt. Culpam igitur omnem in me reiicio, penitusque ab ea auctorem libero.

Iam ad ea progrediar, quae mihi tecum intercedunt. Et hic in ipso limine rogare mihi fas sit, confecerisne illud tanti momenti opusculum tuum, in quo de rerum primordio earumque dependentia a prima causa, ut et de intellectus nostri emendatione tractas. Certe, vir amicissime, nil credo in publicum prodire posse, quod viris revera doctis et sagacibus futurum sit istiusmodi tractatu gratius vel acceptius. Id tui genii et ingenii vir spectare potius debet, quam quae nostri seculi et moris theologis arrident: non tam illi veritatem, quam commoditates spectant. Te igitur per amicitiae nostrae foedus, per omnia veritatis augendae et evulgandae iura contestor, ne tua de argumentis iis scripta nobis invideas vel neges. Si tamen quid sit maioris momenti, quam ego praevideo, quod ab operis publicatione te arceat, summopere oro, ut epitomen eius per litteras mihi impertire ne graveris; et amicum me senties pro hoc officio et gratum. Alia brevi prodibunt ab eruditissimo Boylio edenda, quae redhostimenti loco tibi transmittam, ea quoque adiuncturus, quae totum tibi institutum regiae nostrae societatis, cui sum cum aliis viginti a consilio et cum uno altero a secretis, depingent. Hac vice temporis angustia praecludor, quo minus evagari ad alia queam. Omnen tibi fidem, quae ab honesta mente proficisci potest, omnemque ad quaevis offi-

cia, quae a tenuitate mea praestari queunt, promptitudinem tibi spondeo, sumque ex animo,
Londini die 3. April 1663.
vir optime, tuus ex asse
Henr. Oldenburg.

---

9. EPISTOLA IX.

Viro nobilissimo ac doctissimo Henr. Oldenburgio

B. D. S.

Responsio ad praecedentem.

Vir Nobilissime,

Literas tuas, mihi dudum desideratas, tandem accepi, iisque etiam respondere licuit. Verum priusquam id aggrediar, ea quae impediverunt, quo minus antehac rescribere potuerim, paucis dicam. Quum mense Aprili meam supellectilem huc transtuli, Amstelaedamum profectus sum. Ibi quidam me amici rogarunt, ut sibi copiam facerem cuiusdam tractatus, secundam partem principiorum Cartesii more geometrico demonstratam et praecipua, quae in metaphysicis tractantur, breviter continentis, quem ego cuidam iuveni, quem meas opiniones aperte docere nolebam, antehac dictaveram. Deinde rogarunt, ut quam primum possem, primam etiam partem eadem methodo concinnarem. Ego ne amicis adversarer, statim me ad eam conficiendam accinxi, eamque intra duas hebdomadas confeci atque amicis tradidi, qui tandem me rogarunt, ut sibi illa omnia edere liceret, quod facile impetrare potuerunt, hac quidem lege, ut eorum aliquis, me praesente, ea stylo elegantiori ornaret, ac praefatiunculam adderet, in qua lectores moneret, me non omnia, quae in eo tractatu continentur, pro meis agnoscere, quum non pauca in eo scripserim, quorum contrarium prorsus amplector, hocque uno aut altero exemplo ostenderet. Quae omnia amicus quidam, cui editio huius libelli curae est, pollicitus est facere et hac de causa aliquod tempus Amstelaedami moratus sum. Et a quo in hunc pagum, in quo iam habito, reversus fui, vix mei iuris esse potui propter amicos, qui me dignati sunt invisere. Iam tandem, amice suavissime, aliquid superest temporis, quo haec tibi communicare, simulque rationem, cur ego hunc tractatum in lucem prodire sino, reddere possum. Hac nempe occasione forte aliqui, qui in mea patria primas partes tenent, reperientur, qui caetera, quae scripsi, atque pro meis agnosco, desiderabunt videre, adeoque curabunt, ut ea extra omne incommodi periculum communis iuris facere possim. Hoc vero si contingat, non dubito, quin statim quaedam in publicum edam; sin minus, silebo potius, quam meas opiniones hominibus invita patria obtrudam, eosque mihi infensos reddam. Precor igitur, amice honorande, ut eo usque exspectare non graveris: tum enim aut ipsum tractatum impressum aut eius compendium, ut a me petis, habebis. Et si interim eius, qui sub praelo iam sudat, unum aut alterum exemplar habere velis, ubi id rescivero et simul medium, quo ipsum commode mittere potero, tuae voluntati obsequar.

Revertor iam ad tuam epistolam. Magnas tibi, uti debeo, nobilissimoque Boylio ago gratias pro perspectissima tua erga me benevolentia, proque benefica tua voluntate. Tot enim, tantique momenti et ponderis negotia, in quibus versaris, non potuerunt efficere, ut tui amici obliviscereris: quin imo benigne polliceris, te omni modo curare, ne in posterum consuetudo nostra literaria tam diu interrumpatur. Eruditissimo domino Boylio magnas etiam ago gratias, quod ad meas notas dignatus fuerit respondere, quamvis obiter et quasi aliud agendo. Equidem fateor, eas non tanti esse momenti, ut eruditissimus vir in iis respondendo tempus, quod altioribus cogitationibus impendere potest, consumat. Ego quidem non putavi, immo mihi persuadere non potuissem, quod vir eruditissimus nihil aliud sibi proposuerit in suo tractatu de nitro, quam tantum ostendere doctrinam illam puerilem et nugatoriam de formis substantialibus, qualitatibus etc. infirmo talo niti. Sed quum mihi persuasissem, clarissimum virum naturam nitri nobis explicare voluisse: quod nempe esset corpus heterogeneum, constans partibus fixis et volatilibus, volui mea explicatione ostendere (quod puto me satis superque ostendisse), nos posse omnia, quae ego saltem novi nitri phaenomena facillime explicare, quamvis non concedamus nitrum esse corpus heterogeneum, sed homogeneum. Quocirca meum non erat ostendere sal fixum faeces esse nitri, sed tantum supponere, ut viderem, quomodo mihi vir clarissimus ostendere posset, illud sal non esse faeces, sed prorsus necessarium ad essentiam nitri constituendam, sine quo non posset concipi; quia, ut dico, putabam, virum clarissimum id ostendere voluisse. Quod vero dixi, sal fixum meatus habere ad mensuram particularum nitri excavatos, eo non egebam ad redintegrationem nitri explicandam. Nam ut ex eo, quod dixi, nempe quod in sola consistentia spiritus nitri eius redintegratio consistit, clare apparet omnem calcem, cuius meatus angustiores sunt, quam ut particulas nitri continere queant, quorumque parietes languidi sunt, aptam esse ad motum particularum nitri sistendum, ac proinde ex mea hypothesi ad ipsum nitrum redintegrandum; adeoque non mirum esse, alia salia, tartari scilicet et cinerum clavellatorum, reperiri, quorum ope nitrum redintegrari potest. Sed ideo tantum dixi, sal nitri fixum meatus habere ad mensuram particularum nitri excavatos, ut causam redderem, cur sal fixum nitri magis aptum sit ad nitrum ita redintegrandum, ut parum absit de pristino suo pondere; immo ex eo, quod alia salia reperiantur, quibus nitrum redintegrari potest, putabam ostendere, calcem nitri ad essentiam nitri constituendam non requiri, nisi vir clarissimus dixisset, nullum sal esse, quod sit (nitro scilicet) magis catholicum: adeoque id in tartaro et cineribus clavellatorum latere potuisse. Quod porro dixi, particulas nitri in maioribus meatibus a materia subtiliori cingi, id ex vacui impossibilitate, ut clarissimus vir notat conclusi; sed nescio, cur vacui impossibilitatem hypothesin vocat, quum clare sequatur ex eo, quod nihili nullae sint proprietates. Et miror, virum clarissimum de hoc dubitare, quum videatur statuere, nulla dari accidentia realia. An quaeso non daretur accidens reale, si daretur quantitas absque substantia?

Quod ad causas differentiae saporis spiritus nitri et nitri ipsius attinet, eas proponere debui, ut ostenderem, quomodo poteram ex sola differentia, quam inter spiritum nitri et nitrum ipsum admittere tantum volui, nulla salis fixi habita ratione, eius phaenomena facillime explicare.

Quae autem tradidi de nitri inflammabilitate et spiritus nitri ἀφλογία, nihil aliud supponunt, quam quod ad excitandam in aliquo corpore flammam requiratur materia, quae eius corporis partes disiungat agitetque; quae duo quotidianam experientiam et rationem satis docere puto.

Transeo ad experimenta, quae attuli, non absolute, sed, ut expresse dixi, *aliquo modo* meam explicationem confirmarem. In primum itaque experimentum, quod attuli, nihil vir clarissimus adfert, praeter quod ipse expressissimis verbis notavi; de caeteris vero, quae etiam tentavi, ut id, quod vir clarissimus mecum notat, minus suspicarer, nihil prorsus ait. Quod deinde in secundum experimentum adfert, nempe defaecatione ut plurimum liberari nitrum a sale quodam, sal commune referente, id tantum dicit; sed non probat. Ego enim, ut expresse dixi, haec experimenta non attuli, ut iis ea, quae dixi, prorsus confirmarem; sed tantum quia ea experimenta, quae dixeram et ratione convenire ostenderam, illa aliquo modo confirmare viderentur. Quod autem ait, adscensum in stiriolas communem illi esse cum aliis salibus, nescio quid id ad rem faciat; concedo enim alia etiam salia faeces habere, atque volatiliora reddi, si ab iis liberentur. In tertium etiam experimentum nihil video adferri, quod me tangat. In sectione quinta auctorem nobilem culpare Cartesium putavi, quod etiam in aliis locis pro libertate philosophandi cuivis concessa utriusque nobilitate illaesa fecit; quod forte etiam alii, qui clar. viri scripta et Cartesii principia legerunt, idem, nisi expresse moneantur, mecum putabunt. Necdum video clar. virum suam mentem aperte explicare; nondum enim ait, an nitrum nitrum esse desineret, si eius stiriolae visibiles, de quibus tantum loqui ait, raderentur, donec in parallepipeda aut aliam figuram mutarentur.

Sed haec relinquo et ad id, quod clar. vir ad ea, quae in sectione 13—18. ponit, transeo, atque dico, me libenter fateri, hanc nitri redintegrationem praeclarum quidem experimentum esse ad ipsam nitri naturam investigandam, nempe ubi prius principia philosophiae mechanica noverimus et quod omnes corporum variationes secundum leges mechanicae fiant; sed nego, haec ex modo dicto experimento clarius atque evidentius sequi, quam ex aliis multis obviis experimentis, ex quibus tamen hoc non evincitur. Quod vero vir clar. ait, se haec sua apud alios tam clare tradita et tractata non invenisse, forte aliquid in rationes Verulamii et Cartesii, quod ego videre non possum, habet, quo ipsas se refutare posse arbitratur. Eas hic non adfero, quia non puto clar. virum ipsas ignorare; hoc tamen dicam, ipsos etiam voluisse, ut cum eorum ratione convenirent phaenomena. Si nihilominus in quibusdam erraverunt, homines fuerunt; humani nihil ab ipsis alienum puto. Ait porro magnum discrimen intercedere inter ea (obvia scilicet et dubia, quae attuli, experimenta) circa quae, quid adferat natura, quaeque interveniant, ignoramus, et inter ea, de quibus certo constat, quaenam ad ea adferantur. Verum nondum video, quod clarissimus vir nobis explicuerit naturam eorum, quae in hoc subiecto adhibentur, nempe calcis nitri huiusque spiritus; adeo ut haec duo non minus obscura videantur, quam quae attuli, calcem nempe communem et aquam. Ad lignum quod attinet, concedo, id corpus esse magis compositum, quam nitrum; sed quam diu utriusque naturam et modum, quo in utroque calor oritur, ignoro, quid id quaeso ad rem facit? Deinde nescio, qua ratione clar. vir affirmare audet, se scire, quae in hoc subiecto, de quo loquimur, natura adferat. Qua quaeso ratione nobis ostendere poterit, illum calorem non ortum fuisse a materia aliqua subtilissima? An forte propterea, quod parum fuerit de pristino pondere desideratum? Quamvis nihil desideratum fuisset, nihil meo quidem iudicio concludere posset. Videmus enim, quam facile res ex parva admodum quantitate materiae calore aliquo imbui possunt, neque ideo ponderosiora, quoad sensum, neque leviora fieri. Quare non sine ratione dubitare possum, an forte quaedam non concurrerint, quae nullo sensu observari potuissent; praesertim, quam diu ignoratur, quomodo omnes illae variationes, quas vir clar. inter experiundum observavit, ex dictis corporibus fieri potuerunt; imo pro certo habeo, calorem et illam effervescentiam, quam clar. vir recitat, a materia adventitia ortas fuisse. Deinde puto me facilius ex aqua ebullitione (taceo iam agitationem) posse concludere, aëris concitationem causam esse, a qua sonus oritur, quam ex hoc experimento, ubi eorum, quae concurrunt, natura plane ignoratur et in quo calor etiam observatur, qui quomodo sive a quibus causis ortus fuerit, nescitur. Denique multa sunt, quae nullum prorsus spirant odorem, quorum tamen partes, si utcumque concitentur atque incalescant, odor statim persentitur, et si iterum frigescant, nullum iterum odorem habent (saltem quoad humanum sensum), ut exempli gratia, succinum et alia, quae etiam nescio, an magis composita sint, quam nitrum.

Quae ad sectionem vigesimam quartem notavi, ostendunt spiritum nitri non esse purum spiritum, sed calce nitri aliisque abundare; adeoque me dubitare, an id, quod vir clarissimus ope libellae deprehendisse ait, quod nempe pondus spiritus nitri, quem instillavit, pondus illius, quod inter detonandum perierat, fere exaequabat, satis caute observare potuit.

Denique, quamvis aqua pura 'quaod oculum salia alcalisata citius solvere possit; tamen quum ea corpus magis homogeneum, quam aër sit, non potest, sicuti aër, tot genera corpusculorum habere, quae per omnis generis calcis poros se insinuare possint. Quare quum aqua certis particulis unius generis maxime constet, quae calcem ad certum terminum usque dissolvere possunt, aër vero non item, inde sequitur, aquam usque ad illum terminum longe citius calcem dissoluturam, quam aërem. Sed quum contra aër constet etiam crassioribus et longe subtilioribus et omnis generis particulis, quae per poros longe angustiores, quam quos particulae aquae penetrare possunt, multis modis se insinuare possunt; inde sequitur aërem, quamvis non tam cito, atque aquam, nempe, quia non tot particulis uniuscuiusque generis constare potest, longe tamen melius atque subtilius dissolvere calcem nitri posse, eamque languidiorem, ac proinde aptiorem ad motum particularum spiritus nitri sistendum reddere. Nam nullam aliam differentiam inter spiritum nitri et nitrum ipsum adhuc agnoscere cogor ab experimentis, quam quod particulae huius quiescant, illius vero valde concitatae inter sese agitentur; adeo ut eadem differentia, quae est inter glaciem et aquam, sit inter nitrum et eius spiritum.

Verum te circa haec diutius detinere non audeo. Vereor, ne nimis prolixus fuerim, quamvis, quantum quidem potui, brevitati studuerim. Si nihilominus molestus fui, id ut ignoscas oro, simulque ut ea, quae ab amico libere et sincere dicta sunt, in meliorem partem interpreteris. Nam ego de his prorsus tacere, ut tibi rescriberem, inconsultum iudicavi. Ea tamen apud te laudare, quae minus placebant, mera esset adulatio, qua nihil in amicitiis perniciosius et damnosius censeo. Constitui igitur, mentem meam apertissime explicare; et nihil hoc viris philosophis gratius fore iudicavi. Interim si tibi videbitur consultius, haec cogitata igni potius, quam eruditissimo domino Boylio tradere, in tua manu sunt. Fac ut lubet; modo me tibi nobilissimoque Boylio addictissimum atque amantissimum credas. Doleo, quod propter tenuitatem meam hoc non nisi verbis ostendere valeam; attamen etc.

10. EPISTOLA X.

Clarissimo viro ♄. D. ♃.

HENRICUS OLDENBURGIUS.

Clarissime vir, amice plurimum colende,

Commercii nostri literarii instaurationem in magna pono parte felicitatis. Scias itaque, me tuas $\tfrac{1\,7}{}$ Iulii ad me datas accepisse insigni cum gaudio, duplici imprimis nomine, tum quod salutem tuam testarentur, tum quod de tuae erga me amicitiae constantia certiorem me redderent. Accedit ad cumulum, quod mihi nuntias, te primam et secundam principiorem Cartesii partem, more geometrico demonstratam, praelo commisisse, eiusdem unum alterumve exemplar liberalissime mihi offerens. Accipio munus perlubenti animo, rogoque, ut istum sub praelo iam sudantem tractatum, si placuerit, domino Petro Serrario, Amstelaedami degenti, pro me transmittas. In mandatis quippe ipsi dedi, ut eiusmodi fasciculum recipiat et ad me per amicum traiicientem expediat.

Caeterum permittas tibi dicam, me impatienter ferre, te etiamnum supprimere ea scripta, quae pro tuis agnoscis, in republica imprimis tam libera, ut sentire ibi quae velis, et quae sentias dicere liceat. Perrumpere te velim ista repagula, imprimis quum subticere nomen tuum possis et hac ratione extra omnem periculi aleam te collocare.

Nobilissimus Boylius peregre abiit. Quam primum redux fuerit factus in urbem, communicabo ipsi eam epistolae tuae doctissimae partem, quae illum spectat, eiusque de conceptibus tuis sententiam, quam primum eam nactus fuero, rescribam. Puto, te iam vidisse ipsius Chymistam Scepticum, qui iam dudum Latine editus inque exterorum oris dispersus fuit, multa continens paradoxa chymico-physica et Stagyricorum principia hypostatica (ut vocant) sub examen severum revocans.

Alium nuper edidit libellum, qui forte necdum ad bibliopolas vestros pervenit: quare eum hoc involucro tibi mitto, rogoque peramanter, ut hoc munusculum boni consulas. Continet libellus, ut videbis, defensionem virtutis elasticae aëris contra quendam Franciscum Linum, qui funiculo quodam, intellectum iuxta ac sensum omnem fugiente, phaenomena in experimentis novis physico-mechanicis domini Boylii recitata explicare satagit. Evolve et expende libellum et tua de eo animi sensa mihi deprome.

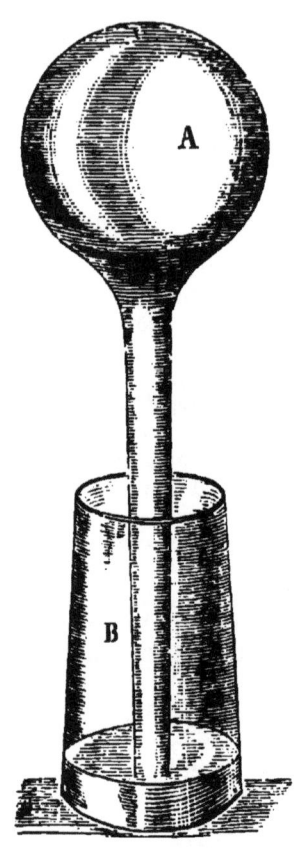

Societas nostra regia institutum suum gnaviter pro viribus prosequitur, intra experimentorum observationumque cancellos sese continens, omnesque disputationem anfractus devitans.

Egregium nuper captum fuit experimentum, quod valde

torquet vacuistas, plenistis vero vehementer placet. Est vero tale.

Phiala vitrea A, repleta ad summitatem aqua, orificio eius in vas vitreum B. aquam continens inverso, imponatur recipienti novae machinae pneumaticae domini Boylii; exhauriatur mox aër ex recipiente: conspicientur bullae magna copia ex aqua in phialam A adscendere et omnem inde aquam in vas B. infra superficiem aquae ibi contentae depellere. Relinquantur in hoc statu duo vascula ad tempus unius alteriusve diei, aëre identidem ex dicto recipiente crebris exantlationibus evacuato: tum eximantur e recipiente et phiala A repleatur hac aqua aëre privata, rursumque invertatur in vas B, ac recipienti denuo utrumque vas includatur. Exhausto iterum recipiente per debitas exantlationes, conspicietur forte bullula quaedam ex collo phialae A adscendere, quae ad summitatem emergens et continuata exantlatione se ipsam expandens, rursum omnem depellet aquam ex phiala, ut prius. Tum phiala iterum ex recipiente eximatur et exhausta aëre aqua ad summum repleatur invertaturque, ut prius, et recipienti immittatur. Tum aëre probe evacuetur recipiens, eoque rite et omnino evacuato remanebit aqua in phiala sic suspensa, ut nullatenus descendat. In hoc experimento causa, quae iuxta Boylium sustinere aquam in experimento Torricelliano statuitur (aër nempe aquae in vasculo B incumbens), ablata plane videtur, nec tamen aqua in phiala descendit. Plura statueram hic subiungere, sed amici et occupationes me avocant.

Non possum claudere literas, quin iterum iterumque tibi inculcem publicationem eorum, quae tu ipse es meditatus. Nunquam desistam te hortari, donec petitioni meae satisfeceris. Interea temporis, si quadam contentorum illorum capita mihi impertiri velles, oh! quam te deperirem, quantaque necessitudine me tibi obstrictum iudicarem! Valeas florentissime, meque, ut facis, amare pergas

Londini 31. Iulii 1663.

tui studiosissimum et amicissimum
HENR. OLDENBURG.

11. EPISTOLA XI.

Clarissimo viro B. D. S.
HENRICUS OLDENBURGIUS.

PRAESTANTISSIME VIR ET AMICE COLENDISSIME,

Vix tres quatuorve dies sunt elapsi, ex quo epistolam per tabellionem ordinarium ad te dabam. Memineram ibi cuiusdam libelli a domino Boylio conscripti et tibi transmittendi. Non tum affulgebat spes tam cito nanciscendi amicum, qui eum perferret. Ex eo tempore se obtulit quidam opinione mea celerius. Accipias igitur, nunc, quod tunc mitti non poterat, unaque domini Boylii, qui nunc rure in urbem reversus est, salutem officiosissimam. Rogat ille ut praefationem in experimenta ipsius circa nitrum factam consulas, intellecturus inde verum, quem sibi praestituerat in eo opere, scopum; ostendere videlicet resurgenti philosophiae solidioris placita claris experimentis illustrari et haec ipsa sine scholarum formis, qualitatibus, elementis nugatoriis optime explicari posse; neutiquam autem in se suscepisse naturam nitri docere, vel etiam improbare ea, quae de materiae homogeneitate deque corporum differentiis, ex motu et figura etc. duntaxat exorientibus, a quoquam tradi possunt. Hoc duntaxat se voluisse ait, texturas corporum varias, varia eorum discrimina inducere, ab iisque diversa admodum effecta proficisci, riteque inde, quam diu ad primam materiam resolutio facta non fuerit, heterogeneitatem aliquam a philosophis et aliis concludi. Nec putem, in rei fundo inter te et dominum Boylium dissensum esse. Quod vero ais, omnem calcem, cuius meatus angustiores sunt, quam ut particulas nitri continere queant, quorumque parietes languidi sunt, aptam esse ad motum particularum nitri sistendum, proindeque ad ipsum nitrum redintegrandum; respondet Boylius, si cum aliis calcibus spiritus nitri misceatur, non tamen cum ipsis verum nitrum compositum iri.

Quoad ratiocinationem, qua ad evertendum vacuum uteris, attinet, ait Boylius, se eam nosse et praevidisse; at in ipsa nequaquam acquiescere: qua de re alibi dicendi locum fore asserit.

Petiit, ut te rogarem, an suppeditare ipsi exemplum possis, in quo duo corpora odora in unum conflata corpus plane inodorum (nitrum scilicet) componant. . Tales ait esse partes nitri, spiritum quippe ipsius teterrimum spargere odorem, nitrumque fixum odere non destitui.

Rogat porro, ut probe consideres, an probam institueris inter glaciem aquamque cum nitro eiusque spiritu comparationem, quum tota glacies non nisi in aquam resolvatur, glaciesque inodora in aquam relapsa inodora permaneat; discrepantes vero qualitates inter nitri spiritum eiusque salem fixum reperiantur, uti tractatus impressus abunde docet.

Haec et similia inter disserendum de hoc argumento ab illustri authore nostro accipiebam; quae per memoriae meae imbecillatem cum multa eius fraude potius, quam existimatione, me repetere certus sum. Quum de rei summa consentiatis, nolim haec ulterius axaggerare; potius author essem, ut ingenia iungatis uterque ad philosophiam genuinam solidamque certatim excolendam. Te imprimis monere mihi fas sit, ut principia rerum pro mathematici tui ingenii acumine consolidare pergas: uti nobilem meum amicum Boylium sine mora pellicio, ut eandem experimentis et observationibus pluries et accurate factis confirmet illustretque. Vides, amice carissime, quid moliar, quid ambiam. Novi nostrates hoc in regno philosophos suo muneri experimentali nequaquam defuturos; nec minus persuasum mihi habeo, te quoque provincia tua gnaviter perfuncturum, quicquid ogganniat vel criminetur sive philosophorum sive theologorum vulgus. Quum literis praegressis iam te fuerim pluribus ad hoc ipsum hortatus, nunc me reprimo, ne fastidium tibi creem. Hoc saltem peto ulterius ut quaecumque eorum typis iam mandata sunt, quae vel in Cartesium es commentatus, vel ex intellectus tui scriniis propriis depromsisti, quanto ocius mihi transmittere per dominum Serrarium digneris. Habebis me tanto arctius tibi devinctum, intelligesque quavis data occasione me esse

Londini 4. August 1663.

tui studiosissimum
Henr. Oldenburg.

12. EPISTOLA XII.

Clarissimo viro B. D. S.
HENRICUS OLDENBURGIUS.

Vir clarisrime mihique amicissime,

Gaudebam magnopere, quum ex nuperis domini Serrarii literis intelligerem, te vivere et valere et Oldenburgii tui memorem esse. Sed simul graviter fortunam meam (si fas est tali vocabulo uti) accusabam, qua factum est, ut per tot mensium spatium commercio illo suavissimo, quo antehac tecum utebar, privatus fuerim. Tum occupationum turba, tum calamitatum domesticarum immanitas culpandae sunt; meum quippe erga te studium amplissimum fidaque amicitia firmo semper stabunt talo et inconcussa perennabunt. Dominus Boylius et ego non raro de te, tua eruditione et profundis meditationibus confabulamur. Vellemus ingenii tui foetus excludi et doctorum amplexibus commendari, teque hac in re exspectationi nostrae facturum satis confidimus. Non est, quod domini Boylii diatriba de nitro, deque firmitate et fluiditate apud vos imprimatur: hic quippe Latino sermone iam excusa est, nec nisi commoditas deest exemplaria ad vos transvehendi. Rogo igitur, nec permittas, ut quis typographus vestras tale quid aggrediatur. Idem Boylius tractatum insignem de coloribus in lucem emisit et Anglice et Latine, simul et historiam experimentalem de frigore, thermometris etc., ubi multa praeclara, multa nova. Nil nisi bellum hoc infaustum obstat, quo minus libri ad vos transmittantur. Prodiit etiam tractatus quidam insignis de sexaginta observationibus microscopicis, ubi multa audacter, sed philosophice (iuxta tamen principia mechanica) disseruntur. Spero bibliopolas nostros viam inventuros, horum omnium exemplaria ad vos expediendi. Ego quid tu nuper egeris, vel sub manu habeas, accipere a manu tua propria aveo, qui sum

Londini die 28. April 1665.

tui studiosissimus et amantissimus
Henr. Oldenburg.

13. EPISTOLA XIII.

Viro nobilissimo ac doctissimo Henr. Oldenburgio
B. D. S.

AMICE INTEGERRIME,

Paucis ante diebus amicus quidam epistolam tuam 28. Aprilis, quam a bibliopola Amstelaedamensi, qui eam sine dubio a domino Serrario acceperat, sibi traditam aiebat. Gavisus sum summopere, quod tandem ex te ipso intelligere licuit, te bene valere, tuumque erga me animum benevolum eundem atque olim esse. Ego sane quotiescumque data fuit occasio, D. Serrarium et Christian. Hugenium Z. D., qui etiam te novisse mihi dixerat, de te tuaque valetudine rogare non desii. Ab eodem D. Hugenio etiam intellexi eruditissimum D. Boylium vivere et in lucem emisisse tractatum illum insignem de coloribus Anglice, quem ille mihi commodato daret, si linguam Anglicam callerem. Gaudeo igitur ex te scire, hunc tractatum simul cum illo altero de frigore et thermometris, de quo nondum audiveram, Latina civitate donatos et publici iuris factos. Liber de observationibus microscopicis etiam penes D. Hugeninm est, sed ni fallor Anglice. Mira quidem mihi de hisce microscopiis narravit et simul de telescopiis quibusdam in Italia elaboratis, quibus eclipses in Iove ab interpositione satellitum observare potuerunt, ac etiam umbram quandam in Saturno tanquam ab annulo factam. Quorum occasione non satis possum mirari Cartesii praecipitantiam, qui ait causam, cur planetae iuxta Saturnum (eius enim ansas planetas esse putavit, forte quia eas Saturnum tangere nunquam observavit) non moventur, posse esse, quod Saturnus circa proprium axem non gyret, quum hoc cum suis principiis parum conveniat, tum quia ex suis principiis facillime ansarum causam explicare potuerat, nisi praeiudicio laboraret etc.

14. EPISTOLA XIIIb.

Clarissimo viro β. d. ς.
HENRICUS OLDENBURGIUS.

Vir praestantissime, colendissime amice,

Ex postremis tuis, 4. Sept. ad me exaratis literis, elucet, tibi nostra non obiter cordi esse. Devinxisti non me modo sed praenobilem Boylium nostrum, qui tibi mecum eo nomine maximas gratias agit, omni officiorum genere, quae quidem ab ipso proficisci possunt, humanitatem et affectum tuum data occasione compensaturus; idem quoque de memetipso firmiter tibi poteris persuadere. Sed virum illum quod spectat nimis officiosum, qui non obstante illa versione tractatus de coloribus, quae hic iam expedita est, adornare aliam voluit, sentiet fortassis se male sibi praepostero illo studio consuluisse. Quid enim de ipsius fiet translatione si author Latinam illam, hic in Anglia paratam, quam plurimis experimentis, quae in Anglico non reperiantur, fecerit auctiorem? Necesse est nostram brevi nunc disseminandam suae omnino tunc praeferri et multa pluris apud quosvis sanos aestimari. Sed abundet suo sensu, si velit: nos nostra prout maxime consultum visum fuerit, curabimus.

Kircheri mundus subterraneus nondum in mundo nostro Anglico comparuit: ob pestem omnia fere commercia prohibentem. Accedit bellum atrocissimum quod nonnisi malorum Iliada secum trahit et humanitatem omnem tantum non in mundo exterminat. Interim tamen, licet societas nostra philosophica nullos, periculoso hoc tempore, coetus agit publicos: hi tamen illive eius socii, tales se esse, non obliviscuntur. Hinc alii experimentis hydrostaticis, alii anatomicis, alii mechanicis, alii aliis privatim incumbunt. D^{nus} Boylius originem formarum et qualitatum, prout ea hactenus in scholis et a paedagogis tractata fuit, sub examen vocavit et tractatum de eo (haud dubie insignem) praelo brevi subjiciendum concinnavit. Video te non tam philosophari quam, si ita loqui fas est, theologizare, de angelis quippe, prophetia, miraculis cogitata tua consignas: sed forsan id agis philosophice: utut fuerit, certus sum opus esse te dignum et mihi desideratissimum. Cum difficillima haec tempora commerciorum obstent libertati, id saltem rogo, ut consilium et scopum tuum in isthoc tuo scripto mihi in proximis tuis significare non graveris.

Quotidie nova exspectamus de secundo praelio navali, nisi forte classis vestra se rursum in portum subduxerit. Virtus, de qua disceptare inter vos innuis, ferina est, non humana. Si enim iuxta rationis ductum agerent homines, non ita se invicem dilaniarent, ut est in propatulo. Sed quid queror? Vitia erunt donec homines, sed nec illa perpetua et interventu meliorum pensantur.

Dum haec scribo, traditur epistola ab insigni illo Astronomo Dantiscano D^{no} Johanne Hevelio, ad me scripta, in qua inter alia mihi significat, Cometographiam ipsius sub praelo sudasse, et paginas iam 400 sive 9 libros priores absolutos esse. Indicat praeterea se mihi exemplaria aliquot transmisisse Prodromi sui Cometici, in quo priorem binomen nuperorum cometarum fuse descripserit, sed ea nondum ad manus meas pervenerunt. Statuit insuper de posteriori quoque cometa librum alium edere et doctorum iudicio subiicere.

Quid, amabo, vestrates iudicant de pendulis Hugenianis, inprimis de illorum genere, quae adeo exactam temporis mensuram exhibere dicuntur, ut longitudinibus in mari inveniendis possint inservire? Quid etiam fit de ipsius Dioptrica et tractatu de motu quem utrumque diu iam exspectavimus. Certus sum eum non otiari; scire tantum cuperem quid promoveat. Tu optime valeas et amare pergas. [mens. Sept. 1665].

Tui studiosissimum
HENR. OLDENBURG.

A Monsieur
    monsr Benedictus Spinoza
        a la Haye
        in de Baggijnestraet
ten huyse van Mr. Daniel de Schilder, in Adam en Eva.

15. EPISTOLA XIV.

Clarissimo viro B. D. S.
HENRICUS OLDENBURGIUS.

Vir praestantissime, amice colende,

Facis, ut virum cordatum et philosophum decet, quod viros bonos amas; nec est, quod dubites, quin illi te redament et merita tua, prout par est, aestiment. Dominus Boylius una mecum salutem plurimam tibi nuntiat, utque strenue et ἀκριβῶς philosophari pergas, te hortatur. Inprimis, si quid tibi lucis affulserit in ardua illa indagine, quae in eo versatur, ut cognoscamus, quomodo unaquaeque pars naturae cum suo toto conveniat et qua ratione cum reliquis cohaereat, ut illud nobis communices, peramanter rogamus. Causas, quas memoras tanquam incitamenta ad tractatum de Scriptura concinnandum, omnino probo, inque votis efflictim habeo, me usurpare iam oculis posse, quae in argumentum istud es commentatus. Dominus Serrarius forte fasciculum aliquem brevi ad me transmittet, cui, si visum ita fuerit, committere tuto poteris, quae ea de re iam composuisti, et reciprocam officiorum nostrorum promptitudinem polliceri.

Kircheri „mundum subterraneum" quadantenus evolvi, et quamvis ratiocinia eius et theoriae non commendent ingenium, observationes tamen et experimenta, nobis ibi tradita, collaudant diligentiam auctoris, eiusque de republica philosophica bene merendi voluntatem. Vides igitur, me plusculum illi tribuere, quam pietatem, facileque dignoscis eorum animum, qui benedictam hanc aquam illi adspergunt. Quando verba facis de tractatu Hugeniano, de motu, innuis Cartesii regulas motus falsas fere omnes esse. Non iam ad manum est libellus, quem antehac edidisti de Cartesii principiis geometrice demonstratis: non subit animum, num ibi falsitatem istam ostenderis, an vero Cartesium in aliorum gratiam κατὰ πόδα fueris secutus. Utinam tandem proprii ingenii foetum excluderes et orbi philosophico fovendum et educandum committeres! Memini te alicubi indigitasse multa ex iis, quae Cartesius ipse captum humanum superare aiebat, quin et multo sublimiora et subtiliora evidenter posse ab hominibus intelligi et clarissime explicari. Quid haeres, mi amice? quid metuis? Tenta, aggredere, perfice tanti momenti provinciam, et videbis totum vere philosophantium chorum tibi patrocinari. Fidem meam obstringere audeo, quod non facerem, si liberare meam posse dubitarem. Nullatenus crediderim, in animo tibi esse, quicquam contra existentiam et providentiam Dei moliri; et fulcris hisce incoluminibus firmo talo stat religio, facileque etiam quaevis contemplationes philosophicae vel defenduntur vel excusantur. Rumpe igitur moras, nec scindi tibi penulam patiaris.

Brevi putem me accepturum, quid *de cometis* nuperis sit statuendum. Disceptant inter se de factis observationibus Hevelius Dantiscanus et Auzoutus Gallus, ambo viri docti et mathematici. Dispicitur hoc tempore controversia, et quando iudicata lis fuerit, mihi, credo, res tota communicabitur et a me tibi. Hoc asserere iam possum, omnes, qui quidem mihi cogniti sunt, astronomos iudicare, non unum, sed duos cometas fuisse, nec in quemquam hactenus incidi, qui ex hypothesi Cartesiana ipsorum phaenomena conatus fuerit explicare.

Rogo, si quid porro acceperis de studiis et laboribus domini Hugenii, deque successu pendulorum, ut et de ipsius transmigratione in Galliam, mihi quam primum significare non graveris. Adiungas ea rogo, quae apud vos forte dicuntur de tractatu pacis, de Suecici exercitus in Germaniam transvecti, consiliis, deque episcopi Monasteriensis progressu. Totam credo Europam sequenti aestate bellis involutum iri, et omnia videntur ad mutationem inusitatam vergere. Serviamus nos summo numini casta mente et philosophiam veram, solidam et utilem excolamus. Nonnulli ex philosophis nostris regem Oxonium secuti non raros ibi coetus agitant et de promovendis studiis physicis consulunt. Inter alia in sonorum naturam inquirere nuper coeperunt. Experimenta, credo, facient, ut explorent, qua proportione augenda sint pondera ad extendendam chordam absque ulla vi alia, ut intendatur eadem ad notam eiusmodi acutiorem, quae facit assignatam consonantiam cum sono priori. De his plura alias. Optime vale et vive memor

Londini 12. Octbr. 1665.

tui studiosissimi
Henr. Oldenburg.

16. EPISTOLA XV.

Nobilissimo ac doctissimo viro Henr. Oldenburgio

B. D. S.

Responsio ad praecedentem.

Vir nobilissime,

Quod me ad philosophandum tu et nobilissimus D. Boylius benigne hortamini, maximas habeo gratias. Ego quidem pro tenuitate mei ingenii, quantum queo, pergo, non dubitans interim de vestro auxilio et benevolentia. Ubi quaeris, quid sentiam circa quaestionem, quae in eo versatur, *ut cognoscamus, quomodo unaquaeque pars naturae cum suo toto conveniat et qua ratione cum reliquis cohaereat,* puto te rogare rationes, quibus persuademur unamquamque naturae partem cum suo toto convenire et cum reliquis cohaerere. Nam cognoscere, quomodo revera cohaereant et unaquaeque pars cum suo toto conveniat, id me ignorare dixi in antecedenti mea epistola; qui ad hoc cognoscendum requireretur, totam naturam omnesque eius partes cognoscere. Conabor igitur rationem ostendere, quae me id affirmare cogit; attamen prius monere velim, me naturae non tribuere pulchritudinem, deformitatem, ordinem neque confusionem. Nam res non nisi respective ad nostram imaginationem possunt dici pulchrae aut deformes, ordinatae aut confusae.

Per partium igitur cohaerentiam nihil aliud intelligo, quam quod leges sive natura unius partis ita sese accommodant legibus sive naturae alterius, ut quam minime sibi contrarientur. Circa totum et partes considero res eatenus, ut partes alicuius totius, quatenus earum natura invicem se accommodat, ut, quod fieri potest, inter se consentiant; quatenus vero inter se discrepant, eatenus unaquaeque ideam ab aliis distinctam in nostra mente format, ac proinde ut totum, non ut pars consideratur. Ex. gr. quum motus particularum lymphae, chyli etc. invicem pro ratione magnitudinis et figurae ita se accommodant, ut plane inter se consentiant, unumque fluidum simul omnes constituant, eatenus tantum chylus, lympha etc. ut partes sanguinis considerantur: quatenus vero concipimus particulas lymphaticas ratione figurae et motus, a particulis chyli discrepare, eatenus eas ut totum, non ut partem consideramus.

Fingamus iam, si placet vermiculum in sanguine vivere, qui visu ad discernendas particulas sanguinis, lymphae etc. valeret, et ratione ad observandum, quomodo unaquaeque particula ex alterius occursu vel resilit, vel partem sui motus communicat etc. Ille quidem in hoc sanguine, ut nos in hac parte universi, viveret et unamquamque sanguinis particulam ut totum, non vero ut partem consideraret, nec scire posset, quomodo partes omnes ab universali natura sanguinis moderantur, et invicem, prout universalis natura sanguinis exigit, se accommodare coguntur, ut certa ratione inter se consentiant. Nam si fingamus, nullas dari causas extra sanguinem, quae novos motus sanguini communicarent, nec ullum dari spatium extra sanguinem, nec alia corpora, in quae particulae sanguinis suum motum transferre possent, certum est, sanguinem in suo statu semper mansurum et eius particulas nullas alias variationes passuras, quam eas, quae possunt concipi ex data ratione motus sanguinis ad lympham, chylum etc., et sic sanguis semper ut totum, non vero ut pars considerari deberet. Verum quia plurimae aliae causae dantur, quae leges naturae sanguinis certo modo moderantur et vicissim illae a sanguine, hinc fit, ut alii motus aliaeque variationes in sanguine oriantur, quae consequuntur non a sola ratione motus eius partium ad invicem, sed a ratione motus sanguinis et causarum externarum simul ad invicem: hoc modo sanguis rationem partis, non vero totius habet. De toto et parte modo dixi.

Iam quum omnia naturae corpora eodem modo possint et debeant concipi, ac nos hic sanguinem concepimus omnia enim corpora ab aliis circumcinguntur et ab invicem determinatur ad existendum et operandum certa ac determinata ratione, servata semper in omnibus simul, hoc est, in toto universo eadem ratione motus ad quietem, hinc sequitur omne corpus, quatenus certo modo modificatum existit, ut partem totius universi considerari debere, cum suo toto convenire et cum reliquis cohaerere; et quoniam natura universi non est, ut natura sanguinis, limitata, sed absolute infinita, ideo ab hac infinitae potentiae natura eius partes infinitis modis moderantur et infinitas variationes pati coguntur. Verum ratione substantiae unamquamque partem arctiorem unionem cum suo toto habere concipio. Nam ut antehac in prima mea epistola, quam Rhenoburgi adhuc habitans tibi scripsi, conatus sum demonstrare, quum de natura substantiae sit esse infinitam, sequi ad naturam substantiae corporeae unamquamque partem pertinere, nec sine ea esse aut concipi posse.

Vides igitur, qua ratione, et rationem, cur sentiam, corpus humanum partem esse naturae. Quod autem ad mentem humanam attinet, eam etiam partem naturae esse censeo; nempe quia statuo, dari etiam in natura potentiam infinitam cogitandi, quae, quatenus infinita, in se continet totam naturam obiective et cuius cogitationes procedunt eodem modo, ac natura, eius nimirum idearum.

Deinde mentem humanam hanc eandem potentiam statuo; non quatenus infinitam et totam naturam percipientem, sed finitam, nempe quatenus tantum humanum corpus percipit, et hac ratione mentem humanam partem cuiusdam infiniti intellectus statuo.

Verum haec omnia et quae huic rei annexa sunt, hic accurate explicare et demonstrare, res esset nimis prolixa, nec puto, te id impraesentiarum a me exspectare. Imo dubito, an mentem tuam satis perceperim, atque aliud responderim, ac rogaveris, quod ex te scire desidero.

Quod deinde scribis, me innuisse, Cartesii regulas motus falsas fere omnes esse, si recte nemini, D. Hugenium id sentire dixi, nec ullam aliam falsam esse affirmavi, quam regulam sextam Cartesii, circa quam D. Hugenium etiam errare me putare dixi. Qua occasione petii, ut mihi communicares experimentum, quod secundum eam hypothesin experti estis in vestra regia societate; sed tibi id non licere iudico, quia de hoc nihil respondes.

Dictus Hugenius totus occupatus fuit et adhuc est in expoliendis vitris dioptricis; in quem finem fabricam adornavit, in qua et patinas tornare potest, satis quidem nitidam. Quid autem ea promoverit, adhuc nescio, nec, ut verum valde scire desidero. Nam me experientia satis docuit, in patinis sphaericis libera manu tutius et melius expoliri, quam quavis machina. De pendulorum successu et tempore transmigrationis in Galliam nondum aliquid certi possum scribere etc.

17. EPISTOLA XVI.

Viro clarissimo B. D. S.
HENRICUS OLDENBURGIUS.

Vir praestantissime, amice plurimun colende,

Perplacent, quae de partium naturae cum toto consensu nexuque philosopharis; quamquam non satis assequar, quomodo possimus ordinem et symmetriam a natura, ut tu facere videris, profligare; inprimis quum ipse agnoscas, omnia eius corpora ab aliis ambiri et ab invicem certa et constanti ratione, tum ad existendum, tum ad operandum determinari, eadem semper in omnibus simul motus ad quietem ratione servata: quae ipsissima veri ordinis ratio formalis esse videtur. At nec hic forte te satis capio, non magis, quam in eo, quod de regulis Cartesii antehac scripseras. Utinam subire laborem velles, me edocendi, qua in re tam Cartesium, quam Hugenium in regulis motus errasse iudices. Pergratum mihi sane hoc officio defungendo praestiteris, quod quidem pro viribus demereri studerem.

Praesens non fui, quando D. Hugenius experimenta hypothesin suam comprobantia hic Londini fecit. Intelligo interim quendam inter alia pilam unius librae penduli in modum suspendisse, quae delapsa percusserit aliam eodem modo suspensam, sed librae dimidiae, ex angulo quadraginta graduum; et Hugenium praedixisse paucula computatione Algebraica, quis foret effectus, et hunc ipsum praedictioni ad amussim respondisse. Abest vir quidam insignis, qui multa talia experimenta proposuerat, quae solvisse dicitur Hugenius. Quam primum dabitur ipsum, qui abest, convenire, uberius et enucleatius forsan hanc rem tibi exposuero. Tu interim superiori petito me ne refrageris, iterum atque iterum rogo; et si quid praeterea de Hugenii successu in poliendis vitris telescopicis cognoveris, impertiri quoque ne graveris. Spero societatem nostram regiam, peste iam insigniter per Dei gratiam desaeviente, brevi Londinum reversuram, coetusque suos hebdomadicos instauraturam. Quae ibi transigentur scitu digna, eorum communicationem certo tibi poteris polliceri.

Mentionem antehac feceram de *observatis anatomicis*.

Scripsit ad me non ita pridem Dom. Boylius (qui te perhumaniter salutat), eximios anatomicos Oxonii se certum reddidisse, quod asperam arteriam tum quarundam ovium, tum boum, gramine refertam invenerint; et quod ante paucas septimanas dicti anatomici invitati fuerint ad videndum bovem, qui per duos tresve dies collum fere continuo obstipum erectumque tenuerat, et ex morbo, quem possessores plane non cognoverint, mortuus fuerit: in quo, dissectis partibus ad collum et iugulum spectantibus, ipsi repererint cum admiratione asperam eius arteriam in ipso trunco penitus gramine refertam fuisse, ac si quis illud vi intro adegisset. Id quod iustam suggerit inquirendi causam, tum qua ratione tanta graminis quantitas illuc pervenerit; tum, quum ibi esset, quomodo eiusmodi animal tam diu supervivere potuerit. Praeterea idem amicus mihi significavit, curiosum quendam medicum, itidem Oxoniensem, lac in sanguine humano invenisse. Narrat enim puellam, sumpto largiori ientaculo hora septima matutina, sanguinem misisse in pede hora eiusdem diei undecima; et primum sanguinem immissum fuisse scutellae, eumque pauco exinde temporis spatio elapso alborem induisse; postremum vero sanguinem in vasculum minus, quod acetabulum, ni fallor, vocant (Anglice a sawcer) influxisse, cumque protinus in placentae lacteae formam abiisse: interiectis quinque aut sex horis medicum reversum sanguinem utrumque inspexisse, eumque, qui in scutella erat, dimidium fuisse sanguinem, dimidium vero chyliformem, qui chylus sanguini, ut serum lacti, innataverit; at eum, qui erat in acetabulo, totum fuisse chylum sine ulla sanguinis specie; quumque utrumque super igne seorsim calefaceret, ambos liquores induruisse; puellam vero bene valuisse, nec sanguinem misisse, nisi quod nunquam passa fuisset menstrua, quamquam colore florido vigeret.

Sed transeo ad *politica*. In omnium ore hic est rumor de Israëlitarum per plus quam bis mille annos dispersorum reditu in patriam. Pauci id hoc loco credunt; at multi optant. Tu quid hac de re audias statuasque, amico tuo significabis. Me quod attinet, quam diu nova haec a viris fide dignis non perscribuntur ex urbe Constantinopolitana, cui huius rei maxime omnium interest, fidem iis adhibere non possum. Scire aveo, quid Iudaei Amstelaedamenses ea de re inaudiverint et quomodo tanto nuntio afficiantur, qui, verus si fuerit, rerum omnium in mundo catastrophen induturus sane videtur.

Quid Suecus nunc moliatur et Brandiburgicus, si potes, explica; et crede me esse
Londini die 8. Decemb. 1665.
tui studiosissimum
Henr. Oldenburg.

P. S. Quid de nuperis cometis nostri philosophi statuant, brevi tibi indicabo Deo volente.

18. EPISTOLA XVII.

Clarissimo viro B. D. S.
HENRICUS OLDENBURGIUS.
S. P.

Nolui dimittere commodam hanc occasionem, quam doctissimus Dom. Bourgeois, medicinae doctor Cadomensis et reformatae religionis addictus, iam in Belgium abituriens, mihi offert, ut hac ratione tibi significarem, me ante aliquot septimanas tibi gratum meum animum pro tractatu tuo mihi transmisso, licet nunquam tradito, exposuisse; at dubium fovere, num literae illae meae ad manus rite pervenerint. *Indicaveram in iis meam de tractatu illo sententiam; quam utique, dehinc re propius inspecta et perpensa, nimis immaturam fuisse nunc existimo.* Quaedam mihi videbantur tunc temporis vergere in fraudem religionis, dum eam ex eo pede metiebar, quam theologorum vulgus et receptae confessionum formulae (quae nimium spirare videntur partium studia) suppeditant. At totum negotium intimius recogitanti multa occurrunt, quae mihi persuasum eunt, te tantum abesse, ut quicquam in verae religionis solidaeve philosophiae damnum moliaris, ut contra genuinum Christianae religionis finem, nec non divinam fructuosae philosophiae sublimitatem et excellentiam commendare et stabilire allabores. Quum igitur hoc ipsum animo tuo sedere nunc credam, rogatum te enixe velim, ut quid eum in finem nunc pares et mediteris, veteri et candido amico, qui instituti tam divini successum felicissimum totus anhelat, frequentibus literis exponere digneris. Sancte tibi polliceor, me nihil eorum ulli mortalium propalaturum, siquidem tu mihi silentium iniunxeris; hoc me solummodo enixurum, ut bonorum et sagacium virorum mentes ad amplexandas illas veritates, quas tu aliquando in ampliorem lucem depromes, sensim disponam et praeiudicia adversus meditationes tuas concepta e medio tollam. Ni fallor admodum, penitius mihi perspicere videris mentis humanae naturam et vires eiusque cum corpore nostro unionem. De quo argumento ut tua cogitata edocere me velis, impense oro. Vale, vir praestantissime, et doctrinae ac virtutis tuae cultori studiosissimo favere perge

Londini 8. Junii 1875.

Henric. Oldenburg.

19. EPISTOLA XVIII.

Clarissimo viro B. d. S.

HENR. OLDENBURGIUS.

Commercio nostro literario sic feliciter instaurato, vir clarissime, nolim amici officio deesse literarum intermissione. Quum ex responsione tua 5. Julii ad me data intellexerim, animo sedere tuo, tractatum illum tuum quinque partitum publici iuris facere, permittas, quaeso, te moneam ex affectus in me tui sinceritate, ne quicquam misceas, quod religiosae virtutis praxin labefactare ullatenus videatur; maxime quum degener et flagitiosa haec aetas nil venetur avidius, quam dogmata eiusmodi, quorum conclusiones grassantibus vitiis patrocinari videantur.

De caetero non renuam aliquot dicti tractatus exemplaria recipere. Hoc duntaxat rogatum te velim, ut suo tempore mercatori cuidam Belgico, Londini commoranti, inscribantur, qui mihi postmodum tradenda curet. Nec opus fuerit verba de eo facere, libros scilicet istiusmodi ad me fuisse transmissos: dummodo enim in potestatem meam tuto pervenerint, nullus dubito, quin commodum mihi futurum sit, eos amicis meis hinc inde distribuendi iustumque pro iis pretium consequendi. Vale et, quando vacaverit, rescribe

Londini, 22. Julii 1675.

tui studiosissimo

Henr. Oldenbvrg.

20. EPISTOLA XIX.

Viro nobilissimo ac doctissimo Henrico Oldenburgio
B. D. S.
Responsio ad praecedentem.

Nobilissime et Clarissime Domine,

Eo tempore, quo literas tuas 22. Julii accepi, Amstelaedamum profectus sum eò consilio, ut librum, de quo tibi scripseram, typis mandarem. Quod dum agito, rumor ubique spargebatur, librum quendam meum de Deo sub praelo sudare, meque in eo conari ostendere, nullum dari Deum: qui quidem rumor a plurimis accipiebatur. Unde quidam theologi (huius forte rumoris auctores) occasionem cepere, de me coram principe et magistratibus conquerendi; stolidi praeterea Cartesiani, quia mihi favere creduntur, ut a se hanc amoverent suspicionem, meas ubique opiniones et scripta detestari non cessabant, nec etiamnum cessant. Haec quum a viris quibusdam fide dignis intellexissem, qui simul affirmabant, theologos mihi ubique insidiari, editionem, quam parabam, differre statui, donec, quo res evaderet, viderem, et quod tum consilium sequerer, tibi significare proposui. Verum negotium quotidie in peius vergere videtur, et quid tamen agam, incertus sum. Interim meam ad tuas literas responsionem diutius intermittere nolui, et primo tibi maximas ago gratias pro amicissima tua admonitione, cuius tamen ampliorem explicationem desidero, ut sciam, quaenam ea dogmata esse credas, quae religiosae virtutis praxin labefactare viderentur. Nam quae mihi cum ratione convenire videntur, eadem ad virtutem maxime esse utilia credo. Deinde, nisi tibi molestum sit, velim, ut loca tractatus theologico-politici, quae viris doctis scrupulum iniecerunt, mihi indicares. Cupio namque istum tractatum notis quibusdam illustrare et concepta de eo praeiudicia, si fieri possit, tollere. Vale.

21. EPISTOLA XX.

Clarissimo viro ♭. ᴅ. ♪.
HENRICUS OLDENBURGIUS.
P. S.

Quantum video ex tuis novissimis, in periculo versatur libri a te publico destinati editio. Non possum non probare institutum tuum, quo illustrare et mollire te velle significas, quae in tractatu theologico-politico crucem lectoribus fixere. Ea inprimis esse putem, quae ambigue ibi tradita videntur de Deo et natura; quae duo a te confundi quam plurimi arbitrantur. Ad haec multis tollere videris miraculorum autoritatem et valorem, quibus solis divinae revelationis certitudinem adstrui posse, omnibus fere Christianis est persuasum. Insuper de Iesu Christo, mundi redemptore et unico hominum mediatore, deque eius incarnatione et satisfactione sententiam tuam celare te aiunt, postulantque, ut de tribus hisce capitibus mentem tuam dilucide aperias. Quod si feceris, in eoque Christianis cordatis et ratione valentibus placueris, in tuto res tuas fore opinor. Haec paucis te scire volui, qui sum tui studiosissimus. Vale.

Dab. die 15. Novemb. 1675.

P. S. Fac, quaeso, brevi sciam, has meas lineolas tibi rite traditas fuisse.

---

22. EPISTOLA XXI.

Viro nobilissimo ac doctissimo Henrico Oldenburgio

♭. ᴅ. ♪.

Responsio ad praecedentem.

NOBILISSIME DOMINE,

Perbreves tuas literas 15. Nov. ad me datas die Saturni elapsa accepi. In iis ea tantummodo indicas, quae in tractatu theologico-politico crucem lectoribus fixere, quum tamen ex iis etiam cognoscere speraverim, quaenam eae opiniones essent, quae religiosae virtutis praxin labefactare viderentur, de quibus antea monueras. Sed, ut de tribus illis capitibus, quae notas, mentem meam tibi aperiam, dico, et quidem ad primum, me *de Deo et natura* sententiam fovere longe diversam ab ea, quam neoterici Christiani defendere solent. Deum enim rerum omnium causam immanentem, ut aiunt, non vero transeuntem statuo. Omnia, inquam, in Deo esse et in Deo moveri cum Paulo affirmo, et forte etiam cum omnibus antiquis philosophis, licet alio modo; et auderem etiam dicere, cum antiquis omnibus Hebraeis, quantum ex quibusdam traditionibus, tametsi multis modis adulteratis, coniicere licet. Attamen quod quidam putant, tractatum theologico-politicum eo niti, quod Deus et natura (per quam massam quandam sive materiam corpoream intelligunt) unum et idem sint, tota errant via. Ad *miracula* deinde quod attinet, mihi contra persuasum est, divinae revelationis certitudinem sola doctrinae sapientia, non autem miraculis, hoc est, ignorantia adstrui posse, quod satis prolixe cap. VI. de miraculis ostendi. Hoc tantum hic addo, me inter religionem et superstitionem hanc praecipuam agnoscere differentiam, quod haec ignorantiam, illa autem sapientiam pro fundamento habeat, et hanc causam esse credo, cur Christiani non fide, neque caritate, neque reliquis spiritus sancti fructibus, sed sola opinione inter reliquos dignoscuntur; nempe, quia, ut omnes, solis miraculis, hoc est ignorantia, quae omnis malitiae fons est, se defendunt; atque adeo fidem, licet veram, in superstitionem vertunt. Verum an huic malo remedium adhibere reges unquam concedent, valde dubito. Denique, ut *de tertio* etiam *capite* mentem meam clarius operiam, dico, ad salutem non esse omnino necesse, Christum secundum carnem noscere; sed de aeterno illo filio Dei, hoc est, Dei aeterna sapientia, quae sese in omnibus rebus, et maxime in mente humana, et omnium maxime in Christo Iesu manifestavit, longe aliter sentiendum. Nam nemo absque hac ad statum beatitudinis potest pervenire, utpote quae sola docet, quid verum et falsum, bonum et malum sit. Et quia, uti dixi, haec sapientia per Iesum Christum maxime manifestata fuit, ideo ipsius discipuli eandem, quatenus ab ipso ipsis fuit revelata, praedicaverunt, seseque spiritu illo Christi supra reliquos gloriari posse ostenderunt. Caeterum quod quaedam ecclesiae his addunt, quod Deus naturam humanam assumpserit, monui expresse, me quid dicant nescire; imo, ut verum fatear, non minus absurde mihi loqui videntur, quam si quis mihi diceret, quod circulus naturam quadrati induerit. Atque haec sufficere arbitror ad explicandum, quid de tribus illis capitibus sentiam. An eadem Christianis, quos nosti acitura sint, id tu melius scire poteris Vale.

23. EPISTOLA XXII.

Clarissimo doctissimoque viro β. d. ſ.
HENR. OLDENBURGIUS.
S. P.
Responsio ad praecedentem.

Quandoquidem accusare me videris nimiae brevitatis, culpam illam hac vice nimia prolixitate eluam. Exspectaveras, ut video, earum in scriptis tuis opinionum enarrationem, quae religiosae virtutis praxin convellere lectoribus tuis videantur. Dicam quid sit rei, quod potissimum eos excruciet. Fatalem videris rerum et actionum omnium necessitatem adstruere; atqui illa concessa assertaque legum omnium, omnis virtutis et religionis incidi nervos, omnesque remunerationes et poenas inanes esse autumant. Quicquid cogit vel necessitatem infert, excusare iidem arbitrantur: proindeque neminem inexcusabilem in Dei conspectu fore censent. Si fatis agamur, duraque revoluta manu omnia certo et inevitabili tramite vadunt, quis culpae poenarumque sit locus, illi equidem non assequuntur. Quis huic nodo adhiberi possit cuneus, perquam ardua res dictu est. Tu quid opis hanc in rem suppeditare posses, scire et discere pervelim.

Ad sententiam illam tuam, quam de tribus capitibus a me notatis aperire mihi dignaris, haec inquirenda subeunt. Primo, quonam sensu *miracula et ignorantiam* pro synonymis et aequipollentibus habeas, ut in novissimis tuis sentire videris; quum Lazari a mortuis resuscitatio et Iesu Christi a morte rosurrectio omnem naturae creatae vim superare et soli potentiae divinae competere videatur; neque id ignorantiam culpabilem arguat, quod intelligentiae finitae certisque repagulis constrictae limites excedat necessum est. An non convenire censes creatae menti et scientiae, increatae mentis ac supremi numinis talem scientiam potentiamque agnoscere, quae penetrare ac praestare ea possit, quorum ratio ac modus a nobis homuncionibus reddi et explicari nequeat? Homines sumus, humani nihil a nobis alienum ducendum videtur. Deinde, quum capere te nequire fatearis, Deum revera naturam humanam assumpsisse, quaerere ex te fas sit, quomodo illa evangelii nostri et epistolae ad Hebraeos scriptae locos intelligas, quorum prior affirmat, *verbum carnem factum esse,* posterior, *filium Dei non angelos, sed semen Abrahae assumpsisse.* Et totius evangelii tenorem id inferre putem, filium Dei unigenitum λόγον (qui et Deus et apud Deum erat) in natura humana se ostendisse et pro nobis peccatoribus ἀντίλυτρον, redemptionis pretium, passione et morte sua exsolvisse Quid de his et similibus dicendum, ut sua constet evangelio et Christianae religioni, cui te favere opinor, veritas, lubens edoceri vellem.

Plura scribere statueram, sed interpellant amici invisentes, quibus negare humanitatis officia nefas duco. Sed et haec, quae congessi hac epistola, suffecerint et fortasse taedium tibi philosophanti creaverint. Vale igitur et me iugem eruditionis et scientiae tuae cultorem crede.

Dab. Londini die 16. Decemb. 1675.

24. EPISTOLA XXIII.

Viro nobilissimo ac doctissimo Henr. Oldenburgio

B. D. S.

Responsio ad praecedentem.

Nobilissime Domine,

Video tandem, quid id fuerit, quod a me postulabas, ne evulgarem. Sed quia id ipsum praecipuum est fundamentum eorum omnium, quae in tractatu, quem edere destinaveram, habentur, volo hic paucis explicare, qua ratione ego fatalem omnium rerum et actionum necessitatem statuam. Nam Deum nullo modo fato subiicio, sed omnia inevitabili necessitate ex Dei natura sequi concipio eodem modo, ac omnes concipiunt, ex ipsius Dei natura sequi, ut Deus se ipsum intelligat; quod sane nemo negat ex divina natura necessario sequi, et tamen nemo concipit, Deum fato aliquo coactum, sed omnino libere, tametsi necessario, se ipsum intelligere.

Deinde haec inevitabilis rerum necessitas nec iura divina, nec humana tollit. Nam ipsa moralia documenta sive formam legis seu iuris ab ipso Deo accipiant, sive non, divina tamen sunt et salutaria; et si bonum, quod ex virtute et amore divino sequitur, a Deo tanquam iudice accipiamus, vel ex necessitate divinae naturae emanet, non erit propterea magis aut minus optabile; ut nec contra mala, quae ex pravis actionibus et affectibus sequuntur, ideo, quia necessario ex iisdem sequntur, minus timenda sunt; et denique sive ea, quae agimus, necessario vel contingenter agamus, spe tamen et metu ducimur.

Porro homines coram Deo nulla alia de causa sunt inexcusabiles, quam quia in ipsius Dei potestate sunt, ut lutum in potestate figuli, qui ex eadem massa vasa facit, alia ad decus alia ad dedecus. Ad haec pauca si attendere velis aliquantulum, non dubito, quin facili negotio ad omnia argumenta, quae in hanc sententiam obiici solent, respondere possis, ut multi iam mecum experti sunt.

Miracula et ignorantiam pro aequipollentibus sumpsi, quia ii, qui Dei existentiam et religionem miraculis adstruere conantur, rem obscuram per aliam magis obscuram, et quam maxime ignorant, ostendere volunt, atque ita novum argumentandi genus adferunt, redigendo, scilicet non ad impossibile, ut aiunt, sed ignorantiam. Caeterum meam de miraculis sententiam satis, ni fallor, explicui in tractatu theologico-politico. Hoc tantum hic addo, quod si ad haec attendas, quod scilicet Christus non senatui, nec Pilato, nec cuiquam infidelium, sed sanctis tantummodo apparuerit, et quod Deus neque dextram neque sinistram habeat, nec in loco, sed ubique secundum essentiam sit, et quod materia ubique sit eadem, et quod Deus extra mundum in spatio, quod fingunt, imaginario, sese non manifestet, et quod denique corporis humani compages intra debitos limites solo aëris pondere coërceatur: facile videbis, hanc Christi apparitionem non absimilem esse illi, qua Deus Abrahamo apparuit, quando hic vidit homines, quos ad secum prandendum invitavit. At dices, apostolos omnes omnino credidisse, quod Christus a morte resurrexerit et ad coelum revera ascenderit: quod ego non nego. Nam ipse etiam Abrahamus credidit, quod Deus apud ipsum pransus fuerit, et omnes Israëlitae, quod

Deus e coelo igne circumdatus ad montem Sinai descenderit et cum iis immeditate locutus fuerit, quum tamen haec et plura alia huiusmodi apparitiones seu revelationes fuerint, captui et opinionibus eorum hominum accommodatae, quibus Deus mentem suam iisdem revelare voluit. Concludo itaque, Christi a mortuis resurrectionem revera spiritualem et solis fidelibus ad eorum captum revelatam fuisse, nempe quod Christus aeternitate donatus fuit et a mortuis (mortuos hic intelligo eo sensu, quo Christus dixit: *sinite mortuos mortuos suos sepellire*) surrexit, simulatque vita et morte singularis sanctitatis exemplum dedit; et eatenus discipulos suos a mortuis suscitat, quatenus ipsi hoc vitae eius et mortis exemplum sequuntur. Nec difficile esset totum evangelii doctrinam secundum hanc hypothesin explicare. Imo caput 15. epist. I. ad Corinthios ex sola hac hypothesi explicari potest, et Pauli argumenta intelligi, quum alias communem hypothesin sequendo infirma appareant et facili negotio refelli possint; ut iam taceam, quod Christiani omnia, quae Iudaei carnaliter, spiritualiter interpretati sunt. Humanam imbecillitatem tecum agnosco. Sed te contra rogare mihi liceat: an nos homunciones tantam naturae cognitionem habeamus, ut determinare possimus, quousque eius vis et potentia se extendit et quid eius vim superat? Quod quia nemo sine arrogantia praesumere potest, licet ergo absque iactantia miracula per causas naturales, quantum fieri potest, explicare, et quae explicare non possumus, nec etiam demonstrare, quod absurda sint, satius erit iudicium de iis suspendere et religionem, uti dixi, sola doctrinae sapientia adstruere. Loca denique evangelii Iohannis et epistolae ad Hebraeos iis, quae dixi, repugnare credis, quia linguarum orientalium phrases Europaeis loquendi modis metiris; et quamvis Iohannes suum evangelium Graece scripserit, hebraizat tamen. Quicquid sit, an credis, quando Scriptura ait, quod Deus in nube sese manifestaverit, aut quod in tabernaculo et in templo habitaverit, quod ipse Deus naturam nubis, tabernaculi et templi assumpserit? Atqui hoc summum est, quod Christus de se ipso dixit, se scilicet templum Dei esse, nimirum quia, ut in meis praecedentibus dixi, Deus sese maxime in Christo manifestavit, quod Iohannes, ut efficacius exprimeret, dixit: verbum factum esse carnem. Sed he his satis.

25. EPISTOLA XXIV.

Viro clarissimo ꞵ. D. ꟗ.
HENRICUS OLDENBURGIUS.
εὖ πράττειν.

Responsio ad praecedentem.

Rem acu tetigisti, dum percipis causam, quare fatalem illam rerum omnium necessitatem vulgari nollem, ne scilicet virtutis exercitium inde sufflaminaretur, nec praemia ac poenae vilescerent. Quae in eam rem novissimae tuae literae suggerunt, necdum conficere hoc negotium, mentemque humanam tranquillare videntur. Etenim si nos homines in omnibus actionibus nostris, moralibus aeque ac naturalibus, ita in potestate Dei sumus, ut lutum in manu figuli, qua fronte quaeso accusari ullus nostrum potest, quod hoc vel illo modo egerit, quum secus agere ipsi omnino fuerit omnino fuerit impossibile? An non ad unum omnes regerere Deo poterimus: Inflexibile fatum tuum ac irresistibilis tua potestas nos eo adegit, ut sic operaremur, nec operari aliter potuimus; cur igitur et quo iure nos dirissimis poenis mancipabis, quas nullatenus evitare potuimus, te omnia per supremam necessitatem pro arbitrio et beneplacito tuo operante et dirigente? Quum tu dicis: homines coram Deo nulla alia de causa esse inexcusabiles, quam quia sunt in potestate Dei; ego argumentum illud plane inverterem diceremque maiori, ut videtur, ratione: homines ideo plane esse excusabiles, quia in potestate Dei sunt. In promptu enim est omnibus obiicere: Ineluctabilis est potestas tua, o Deus; quare merito, quod aliter non egi, excusandus videor!

Deinde, quod miracula et ignorantiam pro aequipollentibus etiamnum capis, videris potentiam Dei et hominum, etiam acutissimorum, scientiam iisdem finibus concludere; quasi nihil agere vel producere Deus queat, cuius rationem reddere homines non possint, si omnes ingenii viris intendant. Ad haec historia illa de Christi passione, morte, sepultura, resurrectione vivis adeo coloribus genuinisque descripta videtur, ut vel appellare conscientiam tuam ausim, credasne illa allegorice potius, quam literaliter esse accipienda, dummodo

de historiae veritate fueris persuasus? Circumstantiae illae, quae ab evangelistis ea de re adeo dilucide sunt consignatae, urgere penitus videntur, historiam illam ad literam esse capiendam. Haec paucis ad argumentum illud notare porro volui, quibus ut ignoscas et pro candore tuo amice respondeas, enixe rogo. Dom. Boylius te officiose resalutat. Quid regia societas nunc agat alia vice exponam. Vale et me amare perge.
Londini 14. Ianuar. 1676.

26. EPISTOLA XXV.

Viro nobilissimo ac doctissimo Henrico Oldenburgio

B. D. S.

Responsio ad praecedentem.

Nobilissime Domine,

Quod in praecedentibus meis dixi, nos ideo esse inexcusabiles, quia in Dei potestate sumus, ut lutum in manu figuli, hos sensu hoc intelligi volui, videlicet quod nemo Deum redarguere potest, quod ipsi naturam infirmam seu animum impotentem dederit. Sicut enim absurde circulus conquereretur, quod Deus ipsi globi proprietates, vel infans, qui calculo cruciatur, quod ei corpus sanum non dederit, sic etiam homo animo impotens queri posset, quod Deus ipsi fortitudinem veramque ipsius Dei cognitionem et amorem negaverit, quodque ipsi naturam adeo infirmam dederit, ut cupiditates suas nec coërcere nec moderari possit. Nam naturae cuiuscumque rei nihil aliud competit, quam id, quod ex data ipsius causa necessario sequitur. Quod autem naturae uniuscuiusque hominis non competat, ut animo forti sit, et quod in nostra potestate non magis sit corpus sanum, quam mentem sanam habere, negare nemo potest, nisi qui tam experientiam, quam rationem negare velit. At instas: Si homines ex naturae necessitate peccant, sunt ergo excusabiles, nec quod inde concludere velis, explicas, an scilicet quod Deus in eos irasci nequeat, an vero quod beatitudine, hoc est, Dei cognitione et amore digni sint. Sed si primum putas, omnino concedo, Deum non irasci, sed omnia ex ipsius sententia fieri: at nego, quod propterea omnes beati esse debeant; possunt quippe homines excusabiles esse, et nihilo minus beatitudine carere et multis modis cruciare. Est enim equus excusabilis, quod equus et non homo sit; at nihilominus equus et non homo esse debet. Qui ex morsu canis furit, excusandus quidem est, et tamen iure suffocatur; et qui denique cupiditates suas regere et metu legum easdem coërcere nequit, quamvis etiam ob infirmitatem excusandus sit, non potest tamen animi acquiescentia Deique cognitione et amore frui; sed necessario perit. Neque hic necesse esse puto monere, quod Scriptura, quando ait, Deum in peccatores irasci cumque iudicem esse, qui de hominum actionibus cognoscit, statuit et iudicat, more humano et secundum receptas vulgi opiniones loquatur, quia ipsius intentum non est philosophiam docere, nec homines doctos, sed obtemperantes reddere.

Quo praeterea pacto videar, ex eo, quod miracula et ignorantiam pro aequipollentibus sumpserim, potentiam Dei et hominum scientiam iisdem finibus concludere, non video.

Caeterum Christi passionem, mortem et sepulturam tecum literaliter accipio, eius autem resurrectionem allegorice. Fateor quidem hanc etiam ab evangelistis iis narrari circumstantiis, ut negare non possimus, ipsos evangelistas credidisse, Christi corpus resurrexisse et ad coelum adscendisse, ut ad Dei dextram sederet; et quod ab infidelibus etiam potuisset videri, si una in iis locis adfuissent, in quibus ipse Christus discipulis apparuit; in quo tamen, salva evangelii doctrina, potuerunt decipi, ut aliis etiam prophetis contigit, cuius rei exempla in praecedentibus dedi. At Paulus, cui etiam Christus postea apparuit, gloriatur, quod Christum non secundum carnem, sed secundum spiritum noverit. Vale, vir amplissime, et me omni studio atque affectu tuum esse crede.

27. EPISTOLA XXVb.

Clarissimo viro β. D. S.
HENRICUS OLDENBURGIUS.
S. P.

In novissimis tuis 7. Februar. ad me exaratis supersunt nonnulla quae stricturam mereri videntur. Ais, queri hominem non posse, quod Deus ipsi veram sui cognitionem et sufficientes ad peccata vitanda vires negaverit, cum naturae cuiusque rei nihil aliud competat, quam quod ex causa eius necessario sequitur. At dico ego, quandoquidem Deus creator hominem ipsos ad sui imaginem formaverit, quae sapientiam et bonitatem et potentiam in conceptu suo videtur implicare, omnino sequi videtur, magis in potestate hominis esse mentem sanam quam corpus sanum habere, cum physica corporis sanitas a principiis mechanicis, sanitas vero mentis a προαιρέσει et consilio dependeat. Subiungis posse homines esse inexcusabiles et tamen multis modis cruciari. Hoc durum primo adspectu videtur, quodque probationis loco subnectis, ex morsu canem furentem excusandum quidem esse, sed tamen iure trucidari, rem conficere non videtur; cum eiusmodi canis occisio saevitiam argueret, nisi necessaria ad id foret, ut alii canes aliave animalia; et ipsi homines a furibundo eiusmodi morsu essent praeservandi. At si Deus mentem sanam inderet hominibus uti potest, nulla foret vitiorum contagies pertimescenda. Et sane crudele admodum videtur, Deum aeternis vel saltem diris ad tempus cruciatibus devovere homines ob peccata, quae nullatenus poterant ab iis evitari. Ad haec totius S. Scripturae tenor id supponere et implicare videtur, posse homines abstinere a peccatis: abundat quippe abominationibus et promissis, praemiorum et poenarum denunciationibus, quae omnia videntur contra peccandi necessitatem militare, et poenarum evitandarum possibilitatem inferre. Quo negato, mens humana non minus mechanice quam humanum corpus agere dicenda foret.

Porro quod miracula et ignorantiam pro aequipollentibus sumere pergis, hoc fundamento niti videtur, quod creatura possit debeatque infinitam creatoris potentiam et sapientiam perspectam habere; quod utique secus se habere mihi hactenus est persuasissimum.

Denique quod affirmas Christi passionem, mortem et sepulturam literaliter quidem accipienda esse, resurectionem vero eius allegorice, nullo, quod mihi apparet, argumento a Te fulcitur. Aeque literaliter tradi in Evangeliis videtur resurrectio Christi ac reliqua. Et hoc resurrectionis articulo tota religio Christiana eius veritas nititur, eaque sublata Christi Iesu missio ac doctrina coelestis collabascit. Latere te non potest quantopere laborarit Christus a mortuis resuscitatus, ut discipulos suos de resurectionis proprie sic dictae veritate convinceret. Omnia illa in allegorias vertere velle idem est, ac si quis omnem Evangelicae Historiae veritatem convellere satagat.

Pauca haec rursus in medium afferre volui pro mea philosophandi libertate, quam ut boni consulas, enixe rogo.

Dabam Londini d. 11. Febr. 1676.

Proxime de Regiae societatis studiis et exercitiis praesentibus tecum agam, si Deus vitam et valetudinem concesserirt.

28. EPISTOLA XXVI.

Clarissimo viro B. D. S.

SIMON DE VRIES.

AMICE INTEGERRIME,

Iam dudum exoptavi tibi semel adesse, sed tempus magnaque hiems non satis mihi propitia fuerunt. Aliquando de sorte mea queror, quod nobis intercedit spatium, quod nos ab invicem tam longe dividit. Felix, imo felicissimus tuus socius casuarius sub eodem tecto remorans, qui inter prandendum, coenandum, ambulandumque tecum optimis de rebus sermones habere potest. Quamvis autem corpora ab invicem tam longe diversa sint, animo tamen saepissime praesens adfuisti meo, praesentim tuis in scriptis cum versor manibusque tracto. Sed cum nostris collegis non omnia satis clara appareant (ideoque iterum collegii initium fecimus) neque me tui immemorem esse putes, animum ad hasce litteras scribendas appuli.

Collegium quod attinet, eo instituitur modo: Unus (sed suae cuique vices) perlegit, pro suo conceptu explicat porroque omnia demonstrat secundum tuarum propositionum seriem ac ordinem; tum, si accidat, ut alter alteri satisfacere non possit, operae pretium esse duximus illud annotare atque ad te scribere, ut si possibile, nobis clarius reddatur et duce te contra superstitiose religiosos christianosque veritatem defendere, tum totius impetum mundi stare possimus. Quare cum prius perlegentibus explicantibusque definitiones non omnes nobis clarae videbantur, non idem de natura definitionis iudicium tulimus. Iterum, te absente, auctorem quemdam mathematicum sc. qui Borellus vocatur, consuluimus; ille enim definitionis naturae, axiomatis, et postulati mentionem facit atque aliorum de ea re sententias affert. Ipsius vero sententia sic sonat: Definitiones, inquit, adhibentur in demonstratione ut praemissae. Quare necesse est, ut sint evidenter cognitae; alias cognitio scientifica seu evidentissima ex iis acquiri non potest. Et alibi: Non temere, sed maxima cautione eligi debet ratio structurae aut essentialis passio prima et notissima alicuius subiecti. Nam si constructio et passio nominata sit impossibilis, tunc non efficietur definitio scientifica; ut si quis diceret: duae rectae lineae spatium comprehendentes vocentur figurales, essent definitiones non entium et impossibiles; et propterea potius ignorantia quam scientia ex eis deduceretur. Deinde si constructio aut passio nominata sit quidem possibilis et vera, sed nobis ignota aut dubia tunc bona definitio non erit. Nam conclusiones ab ignoto et dubio ortae incertae quoque et dubiae erunt; et ideo suspicionem aut opinionem, non autem scientiam certam afferent. A cuius opinione dissentire videtur Tacquet, qui autumat ex falso pronuntiato directe ad veram conclusionem procedi posse uti tibi notum. Clavius vero, cuius etiam sententiam introducit, sic sentit. *Definitiones*, inquit, *sunt artis vocabula neque opus est, ut ratio afferatur, cur res aliqua hoc aut illo definiatur modo; sed satis est, ut nunquam res definita asseratur alicui convenire, nisi prius definitionem traditam eidem convenire demonstretur.*

Ita ut Borellus velit, quod definitio alicuius subiecti debeat constare ex passione sive structura prima, essentiali, nobis notissima et vera. Clavius contra statuat, nihil referre, sive prima, sive notissima, sive vera passio sit, necne, dummodo definitionem, quam tradidimus, alicui convenire, non asseratur, nisi prius demonstretur.

Prae Clavii sententia Borelli sententiam eligerem ego. Utri vero tu, an eorum neutri assentiaris, nescio. Quum igitur tales de definitionis natura, quae inter principia demonstrationis numeratur, difficultates mihi sint obortae, nec animus ab istis se queat expedire, magnopere desidero et obnixe peto, ut, si per negotium perque otium liceat, tuam hac de re sententiam perscribere non graveris, et simul addere distinctionem inter axiomata et definitiones. Borellus nullam veram admittit, nisi quoad nomen; sed te aliam ponere credo.

Porro definitio tertia nobis non satis constat; in exemplum attuli, quod Dominus mihi dixit Hagae comitis sc. quod res duobus modis potest considerari, vel prout in se est, vel prout respectum habet ad aliud; uti intellectus, vel enim potest considerari sub cogitatione, vel ut constans ideis. Sed quaenam hic esset distinctio, non bene videmus. Nam existimamus, quod nos, si cogitationem recte concipiamus, oporteat comprehendere sub ideis, quia remotis ab ea omnibus ideis cogitationem destrueremus. Qua de re cum exemplum nobis satis clarum non est, manet adhuc res ipsa aliquo modo obscura et alteriore explicatione indigemus. Novissime, in scholio tertio prop. 8, habetur ab initio: ex his apparet etc. Hic Dominus videtur supponere, substantiae naturam etc. In quod etiam clariorem explicationem te rogamus.

Porro gratias ago maximas pro tuis scriptis; mihi a P. Balling communicatis, quae magno me gaudio affecerunt, sed potissimum scholium prop. 19. Si hic et tibi in aliquo, quod in mea potestate sit, servire possim, ibi tibi sum, tantum opus, ut me scientem facias. Ego collegium anatomiae inivi, medium fere absolvi; absoluto incipiam chimicum, sicque suasore te percurram totam Medicinam. Desino et exspecto responsionem, et a me sis salutatus, qui sum

Datum Amstelodami die 24. Febr. 1663.

tibi addictissimus

S. I. d' Vries.

S. Benedictus Spinoza
               tot
                        Rijnsburgh.

29. EPISTOLA XXVII.

Doctissimo iuveni Simoni de Vries.

B. D. S.

Responsio ad praecedentem.

Amice colende,

Quod ad quaestiones a te propositas attinet, video te in iis haerere, propterea quod non distinguis inter genera definitionum: nempe inter definitionem, quae inservit ad rem, cuius essentia tantum quaeritur et de qua sola dubitatur, explicandum, et inter definitionem, quae ut solum examinetur, proponitur. Illa enim, quia determinatum habet obiectum, vera debet esse; haec vero id non requirit. Ex. gr. si quis templi Salomonis descriptionem me roget, ipsi veram templi descriptionem tradere debeo, nisi cum ipso cupiam garrire. Sed si ego templum aliquod in mente concinnavi, quod aedificare cupio, ex cuius descriptione concludo me talem fundum totque millia lapidum aliorumque materialium emere debere: aliquisne sanae mentis mihi dicet, me male conclusisse, ex eo quod forte falsam adhibui definitionem? Vel an aliquis a me exiget, ut meam definitionem probem? Is sane nihil aliud mihi dicet, quam quod id, quod conceperam, non conceperim, vel a me exiget, ut id, quod conceperam, probem, me concepisse; quod sane est nugari. Quare definitio vel explicat rem, prout est extra intellectum, et tum vera debet esse et a propositione vel axiomate non differre, nisi quod illa tantum circa rerum rerumve affectionum essentias versatur, hoc vero latius, nempe ad aeternas veritates etiam se extendit; vel explicat rem, prout a nobis concipitur vel concipi potest, tumque in eo etiam differt ab axiomate et propositione, quod non exigit, nisi ut concipiatur absolute, non ut axioma sub ratione veri. Quare mala definitio illa est, quae non concipitur. Quod ut intelligatur, Borelli exemplum capiam. Nempe si quis diceret: duae rectae lineae spatium comprehendentes vocentur figurales; si is per lineam rectam intelligit id, quod omnes per lineam curvam, tum bona est definitio (per illam enim definitionem intelligeretur figura ut ( ), aut similes), modo quadrata, et alias postea non intelligat figuras. Verum si per lineam intelligat id, quod communiter intelligimus, res est plane inconceptibilis, ideoque nulla est definitio. Quae omnia a Borello, in cuius sententia amplectenda pronus es, plane confunduntur. Aliud exemplum addo, id nempe, quod in fine adfers. Si dicam: unamquamque substantiam unum tantum habere attributum, mera est propositio et eget demonstratione. Si vero dicam: per substantiam intelligo id, quod uno tantum attributo constat, bona erit definitio, modo postea entia pluribus attributis constantia alio nomine a substantia diverso insigniantur. Quod autem dicis, me non demonstrare, substantiam (sive ens) plura habere posse attributa, forte ad demonstrationes noluisti attendere. Duas enim adhibui. Prima quod nihil nobis evidentius, quam quod unumquodque ens sub aliquo attributo a nobis concipiatur, et quo plus realitatis aut esse aliquod ens habet, eo plura attributa ei sunt tribuenda: unde ens absolute infinitum definiendum etc. Secunda, et quam ego palmariam iudico, est, quod quo plura attributa alicui enti tribuo, eo magis cogor, ipsi existentiam tribuere, hoc est, eo magis sub ratione veri ipsum concipio, quod plane contrarium esset, si ego chimaeram aut quid simile finxissem. Quod autem dicis, te non concipere cogitationem, nisi sub ideis, quia remotis ideis cogitationem destruis, credo id tibi contingere propterea, quod dum tu, res scilicet cogitans, id facis, omnes tuas cogitationes et conceptus seponis. Quare non mirum est, quod ubi omnes tuas cogitationes seposuisti, nihil postea tibi cogitandum supersit. Quod autem ad rem attinet, puto me satis clare et evidenter demonstrasse, intellectum, quamvis infinitum, ad naturam naturatam, non vero ad naturantem pertinere. Porro quid hoc ad tertiam definitionem intelligendam faciat, nondum video, nec etiam cur ea moram iniiciat. Ipsa enim definitio, ut ipsam, ni fallor, tibi tradidi, sic sonat: *Per substantiam intelligo id, quod in se est et per se concipitur, hoc est, cuius conceptus non involvit conceptum alterius rei. Idem per attributum intelligo, nisi quod attributum dicatur respectu intellectus, substantiae certam talem naturam tribuentis.* Haec inquam, definitio satis clare, quid per substantiam sive attributum intelligere volo, explicat. Vis tamen, quod minime opus est, ut exemplo explicem, quomodo una eademque res duobus nominibus insigniri possit. Sed ne parcus videar duo adhibebo. Primo dico per *Israëlem* intelligi tertium patriarcham; idem per *Iacobum* intelligo, quod nomen Iacobi ipsi imponebatur propterea, quod calcem fratris apprehenderat. Secundo per *planum* intelligo id, quod omnes radios lucis sine ulla mutatione reflectit; idem per *album* intelligo, nisi quod album dicatur respectu homines planum intuentis etc.

30. EPISTOLA XXVIII.

Doctissimo iuveni Simoni de Vries

♄. D. S.

Amice colende,

Petis a me, an egeamus experientia ad sciendum, utrum definitio alicuius attributi sit vera? Ad hoc respondeo, nos nunquam egere experientia, nisi ad illa, quae ex rei definitione non possunt concludi, ut ex. gr. existentia modorum: haec enim a rei definitione non potest concludi: non vero ad illa, quorum existentia ab eorundem essentia non distinguitur, ac proinde ab eorum definitione concluditur. Imo nulla experientia id unquam nos edocere poterit. Nam experientia nullas rerum essentias docet; sed summum, quod efficere potest, est, mentem nostram determinare, ut circa certas tantum rerum essentias cogitet. Quare quum existentia attributorum ab eorum essentia non differat, eam nulla experientia poterimus assequi.

Quod porro petis, anne res etiam rerumve affectiones sint aeternae veritates, dico: omnino. Si regeris, cur eas aeternas veritates non voco, respondeo, ut eas distinguam, uti omnes solent, ab iis, quae nullam rem reive affectionem explicant, ut ex gr.: *a nihilo nihil fit*. Haec, inquam, similesque propositiones vocantur absolute aeternae veritates, sub quo nihil aliud significare volunt, quam quod talia nullam sedem habent extra mentem etc.

---

31. EPISTOLA XXIX.

Viro doctissimo atque expertissimo L. M. P. M. Q. D.

♄. D. S.

Amice singularis,

Duas abs te accepi epistolas, unam die 11. Ianuarii datam et ab amico N. N. mihi traditam; alteram vero 26. die

Martii et ab amico nescio quo Leida missam. Pergratae mihi ambae fuerunt; praecipue, ubi ex iis, omnia tua optime se habere, teque mei saepe memorem intellexi. Porro pro tua erga me humanitate et honore, quo semper me dignatus es afficere, maximas quas debeo ago gratias; simulque precor, ut me tibi non minus addictum credas, quod semper data occasione, quantum mea ferre poterit tenuitas, ostendere conabor. Atque hoc ut incipiam, ad id, quod in tuis epistolis ex me quaeris, respondere curabo. Petis autem, ut, quae de infinito excogitata habeam, tibi communicem; quod libentissime faciam.

Quaestio de infinito omnibus semper difficillima, imo inextricabilis visa fuit, propterea quod non distinxerunt inter id, quod sua natura sive vi suae definitionis sequitur esse infinitum, et id, quod nullos fines habet, non quidem vi suae essentiae, sed vi suae causae; ac etiam, quia non distinxerunt inter id, quod infinitum dicitur, quia nullos habet fines, et id, cuius partes, quamvis eius maximum et minimum habeamus, nullo tamen numero adaequare et explicare possumus; denique quia non distinxerunt inter id, quod solummodo intelligere, non vero imaginari, et inter id, quod etiam imaginari possumus. Ad haec, inquam, si attendissent, nunquam tam ingenti difficultatum turba obruti fuissent. Clare enim tum intellexissent, quale infinitum in nullas partes dividi seu nullas partes habere potest; quale vero contra, idque sine contradictione. Porro etiam intellexissent, quale infinitum maius alio infinito sine ulla implicantia, quale vero non item concipi potest; quod ex mox dicendis clare apparebit.

Verum prius haec quatuor paucis exponam, videlicet **substantiam, modum, aeternitatem et durationem**. Quae circa *substantiam* considerari velim, sunt. Primo, quod ad eius essentiam pertinet existentia, hoc est, quod ex sola eius essentia et definitione sequatur eam existere; quod, nisi me mea fallit memoria, antehac tibi viva voce absque ope aliarum propositionum demonstravi. Secundum, et quod ex hoc primo sequitur, est, quod substantia non multiplex, sed unica duntaxat eiusdem naturae existat. Tertium denique, quod omnis substantia non nisi infinita possit intelligi. Substantiae vero affectiones *modos* voco, quorum definitio, quatenus non est ipsa substantiae definitio, nullam existentiam involvere potest. Quapropter, quamvis existant, eos ut non existentes concipere possumus. Ex quo porro sequitur, nos, ubi ad solam modorum essentiam, non vero ad ordinem totius naturae attendimus, non posse concludere ex eo quod iam existant, ipsos postea exstituros aut non exstituros, vel antea exstitisse aut non exstitisse. Unde clare apparet, nos existentiam substantiae toto genere a modorum existentia diversam concipere. Ex quo oritur differentia inter *aeternitatem et durationem.* Per *durationem* enim modorum tantum existentiam explicare possumus; substantiae vero per *aeternitatem,* hoc est, infinitam existendi sive (invita Latinitate) essendi fruitionem.

Ex quibus omnibus clare constat, nos modorum existentiam et durationem, ubi, ut saepissime fit, ad solam eorum essentiam, non vero ad ordinem naturae attendimus, ad libitum, et quidem propterea nullatenus quem eorum habemus conceptum destruendo, determinare, maiorem minoremque concipere, atque in partes dividere posse; aeternitatem vero et substantiam, quandoquidem non nisi infinitae concipi possunt, nihil eorum pati posse, nisi simul eorum conceptum destruamus. Quare ii prorsus garriunt, ne dicam insaniunt, qui substantiam extensam ex partibus sive corporibus ab invicem realiter distinctis conflatam esse putant. Perinde enim est, ac si quis ex sola additione et coacervatione multorum circulorum quadratum aut triangulum, aut quid aliud tota essentia diversum conflare studeat. Quare omnis illa farrago argumentorum, quibus substantiam extensam finitam esse ostendere philosophi vulgo moliuntur, sua' sponte ruit. Omnia enim illa substantiam corpoream ex partibus conflatam supponunt. Ad eundem etiam modum alii, qui postquam sibi persuaserunt, lineam ex punctis componi, multa invenire potuerunt argumenta, quibus ostenderent lineam non esse in infinitum divisibilem.

Si tamen quaeras, cur naturae impulsu adeo propensi simus ad dividendam substantiam extensam: ad id respondeo, quod quantitas duobus modis a nobis concipiatur; abstracte scilicet sive superficialiter, prout ope sensuum eam in imaginatione habemus, vel ut substantia, quod non nisi a solo intellectu fit. Itaque si ad quantitatem, prout est in imaginatione, attendimus, quod saepissime et facilius fit, ea divisibilis, finita, ex partibus composita et multiplex reperietur. Sin ad eandem, prout est in intellectu, attendamus, et res, ut in se est, percipiatur, quod difficillime fit, tum, ut satis antehac tibi demonstravi, infinita, indivisibilis et unica reperietur.

Porro ex eo, quod durationem et quantitatem pro libitu determinare possumus, ubi scilicet hanc a substantia abstractam concipimus, et illam a modo, quo a rebus aeternis fluit, separamus, oritur *tempus et mensura;* tempus nempe ad durationem, mensura ad quantitatem tali modo determinandam, ut, quoad fieri potest, eas facile imaginemur. Deinde ex eo, quod affectiones substantiae ab ipsa substantia separamus et ad classes, ut eas, quoad fieri potest, facile imaginemur, redigimus, oritur *numerus,* quo ipsas determinamus. Ex quibus clare videre est, mensuram, tempus et numerum nihil esse praeter cogitandi seu potius imaginandi modos. Quare non mirum est, quod omnes, qui similibus notionibus, et quidem praeterea male intellectis, progressum naturae intelligere conati sunt, adeo mirifice se intricarint, ut tandem se extricare nequiverint, nisi omnia perrumpendo et absurda, etiam absurdissima admittendo. .

Nam quum multa sint, quae nequaquam imaginatione, sed solo intellectu assequi possumus, qualia sunt substantia, aeternitas et alia; si quis talia eiusmodi notionibus, quae duntaxat auxilia imaginationis sunt, explicare conatur, nihilo plus agit, quam si det operam, ut sua imaginatione insaniat. Neque etiam ipsi substantiae modi, si cum eiusmodi entibus rationis seu imaginationis auxiliis confundantur, unquam recte intelligi poterunt. Nam quum id facimus, eos a substantia et modo, quo ab aeternitate fluunt, separamus, sine quibus tamen recte intelligi nequeunt.

Quod ut adhuc clarius videas, cape hoc exemplum: nempe, ubi quis durationem abstracte conceperit eamque cum tempore confundendo in partes dividere inceperit, nunquam poterit intelligere, qua ratione hora ex. gr. transire possit. Nam ut hora transeat, necesse erit, eius dimidium prius transire, et postea dimidium reliqui, et deinde dimidium, quod huius reliqui superest; et si sic porro infinite dimidium a reliquo subtrahas, nunquam ad finem horae pervenire poteris. Quare multi, qui entia rationis a realibus distinguere assueti non sunt, durationem ex momentis componi ausi sunt asseverare, et sic in Scyllam inciderunt cupientes vitare Charybdim. Idem enim est durationem ex momentis componere, quam numerum ex sola nullitatum additione.

Porro quum ex modo dictis satis pateat, nec numerum, nec mensuram, nec tempus, quandoquidem non nisi auxilia imaginationis sunt, posse esse infinitos nam alias numerus non esset numerus, nec mensura mensura, nec tempus tempus: hinc clare videre est, cur multi, qui haec tria cum rebus ipsis confundebant, propterea quod veram rerum naturam ignorabant, infinitum actu negarunt. Sed quam misere ratiocinati sint, iudicent mathematici, quibus huius farinae argumenta nullam moram iniicere potuerunt in rebus ab ipsis clare distincteque perceptis. Nam praeterquam quod multa invenerunt, quae nullo numero explicari possunt (quod satis numerorum defectum ad omnia determinandum patefacit); multa etiam habent, quae nullo numero adaequari possunt, sed omnem, qui dari potest, numerum superant. Nec tamen concludunt, talia omnem numerum superare ex partium multitudine, sed ex eo, quod rei natura non sine manifesta contradictione numerum pati potest, ut ex. gr. omnes inaequalitates spatii duobus circulis AB et CD interpositi, omnesque variationes, quas materia in eo mota pati debeat, omnem numerum superant.

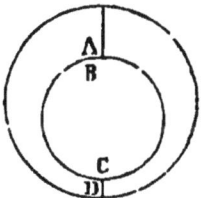

Idque non concluditur, ex nimia spatii interpositi magnitudine. Nam quantum vis parvam eius portionem capiamus, huius tamen parvae portionis inaequalitates omnem numerum superabunt. Neque etiam idcirco concluditur, ut in aliis contingit, quod eius maximum et minimum non habeamus (utrumque enim in hoc nostro exemplo habemus, maximum nempe AB, minimum vero CD): sed ex eo tantum concluditur, quod natura spatii inter duos circulos diversa centra habentes interpositi nihil tale pati possit. Ideoque si quis omnes illas inaequalitates certo aliquo numero determinare velit, simul efficere debebit, ut circulus non sit circulus.

Sic etiam, ut ad nostrum propositum revertar, si quis omnes materiae motus, qui hucusque fuerunt, determinare volet, eos scilicet eorumque durationem ad certum numerum et tempus redigendo, is certe nihil aliud conabitur, quam substantiam corpoream, quam non nisi existentem concipere possumus, suis affectionibus privare, et ut naturam, quam habet, non habeat, efficere. Quae clare demonstrare hic possem, ut et alia multa, quae in hac epistola attigi, nisi id superfluum iudicarem.

Ex omnibus iam dictis clare videre est, quaedam sua natura esse infinita, nec ullo modo finita concipi posse; quaedam vero vi causae, cui inhaerent, quae tamen, ubi abstracte concipiuntur, in partes possunt dividi et ut finita spectari; quaedam denique infinita, vel, si mavis, indefinita dici, propterea quod nullo numero adaequari queant, quae tamen maiora et minora possunt concipi, quia non sequitur, illa necessario debere esse aequalia, quae numero adaequari nequeunt, ut ex allato exemplo et aliis multis satis est manifestum.

Denique causas errorum et confusionum, quae circa quaestionem de infinito ortae sunt, breviter ob oculos posui, easque, ni fallor, ita explicui omnes, ut non putem ullam superesse circa infinitum quaestionem, quam hic non attigi, aut quae ex dictis facillime solvi non queat. Quare in his te detinere diutius, operae pretium esse non iudico.

Verum hic obiter adhuc notari velim, quod Peripatetici recentiores, ut quidem puto, male intellexerunt demonstrationem veterum, qua ostendere nitebantur Dei existentiam. Nam, ut ipsam apud Iudaeum quendam, Rab Ghasdai vocatum, reperio, sic sonat: Si datur progressus causarum in infinitum, erunt omnia, quae sunt, etiam causata. Atque nulli, quod causatum est, competit, vi suae naturae necessario existere. Ergo nihil est in natura, ad cuius essentiam pertinet necessario existere. Sed hoc est absurdum: ergo et illud. Quare vis argumenti non in eo sita est, quod impossibile sit, dari actu infinitum aut progressus causarum in infinitum; sed tantum in eo, quod supponatur, res, quae sua natura non necessario existunt, non determinari ad existendum a re sua natura necessario existent.

Transirem iam, quia tempus me festinare cogit, ad secundam tuam epistolam: sed ad ea, quae isthac continentur,

commodius, quum dignatus fueris me invisere, respondere potero. Quaeso itaque, si fieri potest, ut quam primum venias; nam tempus migrandi festinanter accedit. Tantum est. Vale meique memor vive, qui sum etc.
[Rhenoburgi 20. April. 1663.]

32. EPISTOLA XXX.

Viro doctissimo ac prudentissimo Petro Balling

B. D. S.

Versio.

DILECTE AMICE,

Postrema tua, 26. elapsi mensis, ni fallor, scripta ad meas manus pervenit. Non exigua me ea tristitia ac sollicitudine affecit, licet eadem valde decreverit, ubi tuam prudentiam et animi fortitudinem perpendo, quibus fortunae vel potius opinionis incommoda eo tempore, quo validissimis te oppugnant armis, contemnere nosti. Meam tamen in dies accrescit sollicitudo; et propterea per nostram ego te amicitiam oro atque obsecro, ne multis ad me scribere tibi grave sit. Quantum *omnia*, quorum mentionem facis, attinet, nempe quod infante tuo adhuc sano et valente tales gemitus audiveris, quales edebat, quum aegrotabat et paulo post fatis concedebat, existimarem ego, hanc verum non fuisse gemitum, sed non nisi tuam imaginationem; quia ais, quod, quum te levabas et, ut audires, te componebas, tam clare eos non audiveris, quam antea vel postea, quum in somnum relapsus fueris. Profecto hoc ostendit, eos gemitus non nisi meram fuisse imaginationem, quae soluta et libera certos gemitus efficacius et vividius imaginari potuit, quam eo tempore, quo te erigebas, ut ad certum locum auditum dirigeres. Quod hic dico, alio casu, qui mihi elapsa hieme Rhenoburgi accidit, confirmare simulque explicare possum. Quum quodam mane, lucescente iam coelo, ex somnio gravissimo evigilarem, imagines, quae mihi in somnio occurrerant, tam vivide ob oculos versabantur, ac si res fuissent verae, et praesertim cuiusdam nigri et scabiosi Brasiliani, quem nunquam antea videram. Haec imago partem maximam disparebat, quando, ut me alia re oblectarem, oculos in librum vel aliud quid defigebam. Quam primum vero oculos a tali obiecto rursus avertebam, sine attentione in aliquid oculos defigendo, mihi eadem eiusdem Aethiopis imago eadem vividitate et per vices apparebat, donec paulatim circa caput dispareret. Dico idem, quod mihi in sensu meo interno visus occurrit, in tuo occurrisse auditu. Sed quoniam causa longe diversa fuit, casus tuus, non vero meus omen fuit. Ex eo quod iam narrabo, res clare deprehendetur. Effectus imaginationis ex constitutione vel corporis vel mentis oriuntur. Hoc, ut omnem evitem prolixitatem, impraesentiarum sola experientia probo. Experimur febres aliasque corporeas alterationes deliriorum causas esse, et eos, qui tenacem habent sanguinem, nihil aliud, quam rixas, molestias, caedes hisque similia imaginari. Videmus etiam imaginationem tantummodo ab animae constitutione determinari; quandoquidem, ut experimur, intellectus vestigia in omnibus sequitur, et suas imagines ac verba ex ordine, sicuti suas demonstrationes intellectus, concatenat et invicem connectit; adeo ut fere nihil possimus intelligere, de quo imaginatio non aliquam e vestigio formet imaginem. Hoc quum ita sit, dico omnes imaginationis effectus, quae a corporeis causis procedunt, nunquam rerum futurarum posse esse *omina;* quia eorundem causae nullas res futuras involvunt. Sed vero imaginationis effectus vel imagines, quae originem suam ab mentis constitutione ducunt, possunt alicuius rei futurae esse *omina;* quia mens aliquid, quod futurum est, confuse potest praesentire. Quare id adeo firmiter et vivide potest sibi imaginari, ac si eiusmodi res esset praesens; nempe, pater (ut tui simile adducam exemplum) adeo filium suum amat, ut is et dilectus filius quasi unus idemque sint; Et quoniam (iuxta id quod alia occasione demonstravi) filii essentiae affectionum, et quae inde sequuntur, necessario in cogitatione dari debet idea, et pater ob unionem, quam cum filio suo habet, pars memorati filii est, etiam necessario patris anima de essentia ideali filii et eiusdem affectionibus et iis, quae inde sequuntur, participare debet, ut alibi prolixius demonstravi. Porro, quoniam patris anima idealiter de iis, quae essentiam filii consequuntur, participat, ille (ut dixi) potest interdum aliquid ex iis, quae eius essentiam consequuntur, tam vivide imaginari, ac si id coram se haberet, si nimirum sequentes concurrunt conditiones: I. si casus, qui filio in vitae decursu accidet, notabilis erit; II. si talis erit, quem facillime imaginari possumus; III. si tempus, quo hic continget casus, non admodum remotum est; IV. denique si corpus bene constitutum est, non tantum quod sanitatem spectat, sed etiam si liberum et omnibus curis et negotiis vacuum est, quae externe sensus turbant. Huic rei inservire quoque potest, quod ea cogitemus, quae ut plurimum his similes excitant ideas. Exempli gratia si interea, dum cum hoc illove loquimur, gemitus audimus, plerumque fiet, ut, ubi de eodem homine iterum cogitamus, ii gemitus, quos auribus percipiebamus, quum cum ipso loquebamur, in memoriam sint venturi. Haec, amice dilecte, mea de tua quaestione est sententia. Brevissimus, fateor, fui; sed dedita opera ut materiam prima quavis occasione ad me scribendi tibi suppeditarem etc.

Voorburgi 20. Iulii 1664.

33. EPISTOLA XXXI.

Clarissimo viro β. d. ß.

GUILIELMUS DE BLYENBERGH.

Versio.

MI DOMINE ET AMICE IGNOTE,

Iam saepiuscule tuum tractatum una cum eius appendice nuper in lucem editum attente evolvi. Magis me decebit, ut aliis, quam tibi narrem summam, quam in eo reperi, soliditatem et quam inde percepi voluptatem. Id tamen reticere nequeo, quod, quo frequentius cum attentione eum percurro, eo magis mihi placeat, et continuo aliquid observem, quod antea non animadverteram. Verumenimvero (ne hac in epistola adulator videar) nolo eius auctorem nimium admirari. Novi, deos omnia laboribus vendere. Ne autem te in admiratione nimis diu detineam, quis sit et qui fiat, ut tibi ignotus tanta ad te scribendi libertate utatur, dicam tibi, eum esse, qui desiderio purae et sincerae veritatis impulsus, in brevi hac et fragili vita pedes suos in scientia, quantum humanum nostrum patitur ingenium, figere studet; quique nullum alium ad indagandum veritatem scopum sibi praefixit, quam ipsam veritatem; quique scientia nec honores nec divitias, sed meram veritatem tranquillitatemque, tanquam veritatis effectum, sibi acquirere conatur; et qui ex omnibus veritatibus ac scientiis, nullus magis quam metaphysicis, si non omnibus, saltem aliqua earum parte se oblectat; et qui omnem suam vitae delectationem in eo collocat, ut horas otiosas et subcisivas in iis transigat. Verum nec quivis adeo beatus est, nec tantum adhibet studium, quantum mihi persuadeo te adhibuisse, et propterea quivis eo perfectionis non pervenit, quo te iam pervenisse, ex opere tuo perspicio. Verbo ut absolvam, is ipse est, quem familiarius cognoscere tibi licebit, si eum tibi tantopere devincire placeat, ut aperias et quasi perfores haerentes eius cogitationes.

Sed ad tractatum tuum redeo. Quemadmodum inibi multa inveni, quae summopere palato arridebant, ita etiam quaedam obtulerunt sese concoctu difficilia, quaeque mihi tibi ignoto ita obiicere haud aequum foret, eoque magis, quod, grata nec haec sint futura, me latet. Et haec est causa, cur haec praemittam et rogem, an liceat, si his vesperis hiemalibus tempus superfuerit, tibique placuerit, ad meas difficultates, quae mihi in libro tuo adhuc restant, respondere, nonnullas earum transmittere: hac tamen lege et obtestatione, ne ego rei magis necessariae tibique magis acceptae impedimento sim; quoniam nihil intensius iuxta promissa in libro tuo facta, quam latiorem opinionum tuarum explicationem ac editionem desidero. Ipse id, quod tandem calamo et chartae credo, coram salute impertita praestitissem; quia vero primo tuum hospitium mihi ignotum erat, dein morbus contagiosus et denique munus meum impediebant, hoc ipsum in aliud ac aliud tempus dilatum est.

Ne vero haec epistola plane sit vacua, et quia simul spe ducor, non tibi fore ingratum, unicum tantum tibi proponam: nempe, te passim tam in principiis, quam in cogitatis metaphysicis statuere, sive ut propriam sententiam, sive ut Cartesium, cuius philosophiam docebas, explicares, creare et conservare unum et idem esse (quod per se adeo clarum est iis, qui eo suas cogitationes direxerunt, ut etiam prima sit notio), et Deum non modo substantias, sed etiam motum in substantiis creasse, hoc est, Deum non solum substantias in statu suo continua creatione, verum etiam earundem motum ac conatum conservare. Deus verbi causa non tantum efficit, ut anima immediata Dei voluntate atque operatione (perinde est, quomodo id nomines) diutius existat inque suo perseveret statu, verum etiam causa est, ut tali modo sese ad animae motum habeat; hoc est; quemadmodum continua Dei creatio efficit, ut res diutius existant, ita quoque conatus vel rerum motus per eandem causam fit in rebus; quandoquidem extra Deum nulla motus datur causa. Sequitur igitur, Deum non tantum causam esse substantiae mentis, sed etiam cuiuscunque conatus vel motus mentis, quem voluntatem nuncupamus, veluti passim statuis. Ex qua assertione etiam necessario sequi videtur, vel nil mali in motu sive mentis voluntate esse, vel Deum ipsum illud malum immediate operari. Nam ea quoque, quae mala appellamus, per animam, et consequenter per eiusmodi immediatum influxum et Dei concursum fiunt. Exempli gratia anima Adami vult edere de fructu prohibito. Efficitur ergo iuxta superius tradita, non tantum ut illa Adami voluntas per Dei influxum velit, sed etiam, quemadmodum statim ostendetur, ut tali modo velit; adeo ut ille Adami prohibitus actus, quatenus Deus non modo voluntatem eius movebat, sed et quatenus eam tali modo movebat, vel in se non sit malus, vel ut Deus ipse illud operari videatur, quod nos malum vocamus. Nec aut tu aut D. Cartesius hunc nodum solvere videris, dicendo malum esse *non ens,* cum quo Deus non concurrit. Unde enim voluntas edendi aut voluntas diabolorum ad superbiam procedebat? Nam quoniam voluntas (ut recte animadvertis) non sit diversum quid ab ipsa mente, sed sit hic aut ille motus vel mentis conatus, tam ad hanc, quam ad illam motionem concursu Dei ei opus erit. Iam vero Dei concursus, ut ex scriptis tuis intelligo, nihil aliud est, quam rem per suam voluntatem hoc vel illo pacto determinare. Sequitur ergo, Deum aeque cum mala voluntate, quatenus mala est, ac cum bona, quatenus bona est, concurrere, hoc est, eam determinare. Nam voluntas Dei, quae causa absoluta est omnium, quae existunt tam in substantia, quam in conatu, videtur etiam prima causa esse malae voluntatis, quatenus mala est. Deinde nulla in nobis fit voluntatis determinatio, quin Deus eam ab aeterno sciverit; alioquin, si nesciverit, in Deo imperfectionem statuimus. Sed qui Deus illam aliter sciverit, quam ex suis decretis? Sunt igitur eius decreta nostrarum determinationum causa; et ita rursum sequi videtur, malam voluntatem vel non esse malum quid, vel Deum illius mali causam esse immediatam et id operari. Neque hic distinctio theologorum de differentia inter actum et malum actui adhaerens locum habere potest. Nam Deus quum actum, tum modum actus decrevit, hoc est, Deus non solummodo decrevit, ut Adamus ederet, verum etiam ut necessario contra mandatum ederet: adeo ut iterum sequi videatur, vel τὸ edere Adami adversus praeceptum non esse malum, vel Deum ipsum illud operari.

Haec sunt, vir clarissime, quae in praesentia in tractatu tuo percipere nequeo; extrema namque utrinque statuere durum est. Talem autem responsum a perspicaci tuo iudicio et industria, quod mihi faciat satis, exspecto, et spero, me sequentibus meis ostensurum, quantum tibi propterea debeam. Certo tibi, vir clarissime, persuadeas, me haec nulla alia de causa, quam studio veritatis quaerere. Liber sum, nulli adstrictus professioni, honestis mercaturis me alo, et tempus, quod mihi reliquum est, hisce rebus impendo. Submisse quoque rogo, ut meae difficultates tibi non sint ingratae. Si ad hasce respondere animus est, id quod ardentissime cupio, scribe ad etc.

Dordraci 12. Decemb. 1664.

GUIL. DE BLYENBERCH.

34. EPISTOLA XXXII.

Viro doctissimo ac prudentissimo Guilielmo de Blyenbergh

B. D. S.

Responsio ad praecedentem.
Versio.

AMICE IGNOTE,

Epistolam tuam 12. Decembris datam et in alia inclusam, scripta 24. ciusdem mensis, 26. Schiedami demum accepi; unde intensum tuum veritatis amorem, eamque solummodo omnium studiorum tuorum scopum esse intelligebam. Quod me, qui etiam in nihil aliud animum intendo, ut concluderem coëgit, non tantum tuam petitionem, nempe ut ad tuas quas iam mittis et imposterum mittes quaestiones pro viribus mei intellectus responderem, plene concedere: verum omnia quoque pro mea parte conferre, quae ulteriori notitiae sinceraeque amicitiae inservire queunt. Quantum enim ad me attinet, nullas ex omnibus rebus, quae in potestate mea non sunt, pluris facio, quam cum viris veritatem sincere amantibus foedus inire amicitiae; quia credo, nos nihil omnino in mundo, quod nostrae potestatis non est, tranquillius, quam istiusmodi homines posse amare; quoniam tam impossibile est amorem dissolvere, quem ii erga invicem habent, eo quod amore; quem unusquisque erga veritatis cognitionem habet, fundatus est, quam ipsam veritatem semel perceptam non amplecti. Est insuper summus ac gratissimus, qui in rebus, quae nostri arbitrii non sunt, dari potest; quandoquidem nulla res praeter veritatem diversos sensus et animos penitus unire valet. Taceo maximas utilitates, quae inde fluunt, ut rebus, quas procul dubio ipse nosti, diutius te non detineam, quod tamen huc usque feci, quo eo melius ostenderem, quam mihi et in posterum futurum sit, occasionem nancisci ad meum tibi officium praestandum.

Ut autem praesentem captem, propius accedam et ad quaestionem tuam respondebo, quae in eo vertitur cardine, nimirum quod clare videatur sequi tam ex Dei providentia, quae ab eius voluntate non differt, quam ex Dei concursu rerumque creatione continua, vel nulla dari peccata nullumve malum, vel Deum ea peccata atque illud malum efficere. Verum non explicas, quid per malum intelligas, et quantum ex exemplo de determinata voluntate Adami perspicere licet, videris per malum intelligere ipsam voluntatem quatenus tali modo determinata conciperetur, vel quatenus Dei mandato repugnaret, et propterea ais, magnam esse absurditatem (ut et ego, si se ita res haberet) alterutrum horum statuere, nempe, Deum ipsum res, quae contra suam voluntatem sunt, operari, vel eas bonas fore, licet voluntati Dei repugnarent. Quoad me, *non possum concedere peccata et malum quid positivum esse*, multo minus, aliquid esse aut fieri contra Dei voluntatem. E contra dico, non solum peccata non esse quid positivum, verum etiam affirmo, nos non nisi improprie vel humano more loquendo dicere posse, nos erga Deum peccare, ut quum dicimus, homines Deum offendere.

Nam primum quod spectat, novimus quicquid est, in se consideratum sine respectu ad aliud quid, perfectionem includere, quae sese eo usque in quacumque re extendit, quo se extendit ipsa rei essentia: nam essentia etiam nihil aliud est. Sumo, exempli gratia, consilium sive determinatam Adami voluntatem ad edendum de fructu prohibito. Hoc consilium sive illa determinata voluntas in se sola considerata tantum perfectionis includit, quantum realitatis exprimit; et hoc inde intelligi potest, nempe quod in rebus nullam imperfectionem possimus concipere, nisi ad alias res attendamus, quae plus habent realitatis; et propterea in Adami decreto, quando illud in se consideramus nec cum aliis perfectioribus perfectioremve statum ostendentibus comparamus, nullam poterimus invenire imperfectionem; imo cum infinitis aliis comparare respectu illius longe perfectioribus, uti lapidibus, truncis etc. licet. Et hoc quivis revera quoque concedit. Nam quilibet res, quas in hominibus detestatur cumque aversione contemplatur, in animalibus cum admiratione intuetur, uti apum bella atque columbarum zelotypiam etc., quae in hominibus spernuntur, et nihilo minus ob ea animalia perfectiora iudicamus. Haec quum ita sint, clare sequitur, peccata, quandoquidem ea nil nisi imperfectionem indicant, non posse in aliquo consistere, quod realitatem exprimit, sicuti Adami decreto eiusque executione.

Praeterea neque dicere valemus, Adami voluntatem cum lege Dei pugnare, ac ideo illam esse malam, quia Deo displiceret. Nam praeterquam quod magnam in Deo poneret imperfectionem, si quicquam contra eius voluntatem fieret, sique quid desideraret, cuius compos non fieret, eiusque natura tali modo determinata esset, ut, quemadmodum creaturae, cum his sympathiam, cum illis antipathiam haberet; etiam omnino cum voluntate divinae naturae pugnaret: quia enim illa ab eius intellectu non discrepat, impossibile aeque est, aliquid fieri contra eius voluntatem, ac contra eius intellectum, hoc est, id, quod contra eius voluntatem fieret, talis deberet esse naturae, ut etiam intellectui repugnaret, ut quadratum rotundum. Quandoquidem ergo voluntas decretumve Adami in se spectatum nec malum, nec quoque proprie loquendo contra Dei voluntatem erat; sequitur Deum eius causam posse, imo iuxta eam rationem, quam animadvertis, debere esse: non vero quatenus malum erat; nam malum, quod in eo erat, non erat aliud, quam privationis status, quem propter illud opus Adamus amittere debebat, et certum est, privationem non esse quid positivum, eamque respectu nostri, non vero Dei intellectus ita nominare. Hoc autem hinc oritur, quia cuncta eiusdem generis singularia, ea omnia verbi gratia, quae externam hominum figuram habent, una eademque definitione exprimimus, et idcirco iudicamus, ea omnia aeque apta esse ad summam perfectionem

EPISTOLA XXXII.

quam ex eiusmodi definitione deducere possumus; quando autem unum invenimus, cuius opera cum ista pugnant perfectione, tunc id ea privatum esse iudicamus et a sua natura aberrare; quod haud faceremus, si id ad eiusmodi definitionem non retulissemus, talemque ei naturam affinxissemus. Quoniam vero Deus res nec abstracte novit, nec id genus generales format definitiones, nec plus realitatis rebus competit, quam iis divinus intellectus et potentia immisit et revera tribuit, manifesto sequitur, privationem istam solummodo respectu nostri intellectus, non vero respectu Dei dici posse.

Hisce, mihi ut videtur, quaestio penitus soluta est. Ut vero viam magis planam reddam omnemque scrupulum evellam, necesse habeo, ad has duas sequentes quaestiones respondere, nempe primo, quare S. Scriptura dicat Deum flagitare, ut se improbi convertant, et etiam, quare Adamo prohibuerit ex arbore non edere, quum tamen contrarium conclusisset. Secundo, quod ex dictis meis sequi videatur, improbos superbia, avaritia, desperatione etc. aeque Deum colere, ac probos generositate, patientia, amore etc., propterea quod Dei voluntatem exsequuntur.

Ad primum ut respondeam, dico Scripturam, quia plebi praecipue convenit et inservit, continuo humano more loqui. Plebs etenim rebus sublimibus percipiendis inepta est. Et haec est ratio, cur mihi persuadeam ea omnia, quae Deus prophetis revelavit ad salutem esse necessaria, legum modo scribi. Et hoc pacto integras parabolas prophetae finxerunt; nempe primo Deum, quia salutis et perditionis media revelarat quorumque erat causa, instar regis ac legislatoris adumbrarunt; media, quae nil nisi causae sunt, leges appellarunt et ad modum legum conscripserunt; salutem perditionemque, quae nil nisi effectus sunt, qui necessario ex illis mediis fluunt, tanquam praemium et poenam proposuerunt atque iuxta hanc parabolam magis, quam iuxta veritatem omnia sua verba ordinarunt, Deumque ad instar hominis passim expresserunt, modo iratum, modo misericordem, iam futura desiderantem, iam zelo et suspicione captum, quin ab ipso diabolo deceptum; adeo ut philosophi et simul omnes, qui sunt supra legem, hoc est, qui virtutem, non ut legem, sed ex amore, quia praestantissima est, sequuntur, eiusmodi verbis non debeant offendi.

Edictum ergo Adamo factum in hoc solummodo consistebat, nempe quod Deus Adamo revelavit, τὸ edere ex illa arbore mortem operari, quemadmodum et nobis per naturalem intellectum revelat, venenum esse mortiferum. Si vero roges, in quem finem hoc ei revelaret, responsum do, ut eum tanto scientia perfectiorem redderet. Deum ergo interrogare, quam ob rem ipsi perfectiorem non dederit voluntatem, est aeque absurdum, ac interrogare, cur circulo omnes globi proprietates non fuerit largitus, uti ex supra dictis perspicue sequitur, et ego scholio prop. 15. partis I. princip. philos. Cartes. more geometrico demonstrat. demonstravi.

Secundam difficultatem quod attinet, verum quidem est, impios Dei voluntatem suo modo exprimere; ideo tamen cum probis nullatenus sunt comparandi. Quo enim res aliqua plus perfectionis habet, eo etiam magis de deitate participat Deique perfectionem exprimit magis. Quum ergo probi inaestimabiliter plus perfectionis, quam improbi habeant, virtus eorum cum improborum virtute comparari nequit, eo quod improbi amore divino, qui ex Dei profluit cognitione et quo solo nos pro humano nostro intellectu Dei servi dicimur, carent. Imo, quia Deum non cognoscunt, non sunt nisi instrumentum in manu artificis, quod inscium servit et serviendo consumitur; probi contra conscii serviunt et serviendo perfectiores evadunt.

[Voorburgi d. 5. Jan. 1665.]

35. EPISTOLA XXXIII.

Clarissimo viro B. D. S.
GUILIELMUS DE BLYENBERGH.
Responsio ad praecedentem.
Versio.

MI DOMINE CLARISSIME AMICE,
Ubi tua mihi primum tradebatur epistola, eaque a me cursim evolvebatur, non tantum statim respondere, sed et multa refutare animus erat. Verum quo eam magis volvebam eo minorem obiectionum materiam inveniebam, et quantum desiderium legendi me ceperat, tantum legendo percepi voluptatem. Antequam vero ad postulatum accedam, ut nimirum quasdam difficultates solveres, imprimis sciendum est, me duas generales habere regulas, iuxta quas semper studeo philosophari. Prior regula est clarus et distinctus mei intellectus conceptus; posterior est verbum Dei revelatum vel Dei voluntas. Iuxta priorem amator veritatis, iuxta

utramque vero, Christianus ut sim philosophus, conor; et si quando post longum accideret examen, ut naturalis mea cognitio vel videretur cum hoc verbo pugnare, vel minus bene cum eo convenire, tantum hoc verbum apud me habet auctoritatis, ut conceptus, quos claros esse mihi imaginor, mihi sint potius suspecti, quam ut eos supra et contra illam veritatem, quam in illo libro mihi praescriptam puto, collocarem. Et quid mirum? Nam constanter credere volo, illud verbum esse Dei verbum, hoc est, id provenisse a summo et perfectissimo Deo, qui plures perfectiones includit, quam ego capere possum; et forte de se ipso suisque operibus plures voluit perfectiones praedicare, quam ego finito meo intellectu hodie, hodie inquam, percipere queo. Fieri enim potest, ut memet operibus meis maioribus perfectionibus privarim; et ideo, si forte ea praeditus essem perfectione, qua actionibus propriis privatus sum, percipere possem omne id, quod in eo verbo nobis proponitur et docetur, cum sanissimis meae mentis conceptibus congruere. Verum quia mihi ipsi suspectus sum, annon continuo errore memet meliore privaverim conditione, et, ut statuis princip. part. I. prop. 15. nostra cognitione, licet clarissima, adhuc imperfectionem includat; potius etiam sine ratione ad illud verbum inclino, hoc nisus fundamento, quod a perfectissimo prodiit (hoc quippe iam praesuppono, quia eius probatio hic non haberet locum vel nimis longa foret), et propterea a me credi debet. Si iam solo ductu regulae meae primae, exclusa secunda, quasi eam non haberem aut ea non extaret, de tua epistola iudicarem, multa mihi essent concedenda, ut et concedo, subtilesque conceptus tui essent suspiciendi; secunda vero regula longius a te me dissentire cogit. Verum pro epistolae modo ductu et huius et illius regulae aliquanto latius eos examinabo.

Primo iuxta primo positam regulam rogaveram, quia secundum tuam positionem creare et conservare unum idemque erant, et quia Deus non tantum res, sed motus quoque et rerum modos in statu suo perseverare faciebat, hoc est, cum iis concurrebat, annon videretur sequi, *nullum esse malum,* aut *ipsum Deum malum operari;* hac nixus regula, quod nihil contra Dei voluntatem potest fieri, alioquin involveret imperfectionem, aut res, quas Deus operatur (quibus etiam res, quas malas dicimus, comprehensae videntur), etiam deberent malae esse. Verum quia et hoc contradictionem includit, et quocumque eam verterem modo, me a contradictione statuenda liberare non possem, propterea me ad te recipiebam, utpote optimum tuorum conceptuum interpretem. In responsione dicis, te persistere in prima sententia, nempe nihil contra Dei voluntatem vel fieri, vel posse fieri. Verum quum huic difficultati respondendum esset, annon igitur Deus nullum faciat malum, *negas peccatum quid positivum esse, addisque, non nisi valde improprie dici posse, nos in Deum peccare;* et appendicis parte I. cap. 6. dicis, *malum absolutum nullum dari, ut per se est manifestum. Nam quicquid existit, in se consideratum sine respectu ad aliud quid perfectionem includit, quae sese semper eo usque in quacumque re extendit, quo se extendit ipsa rei essentia, et propterea evidenter sequitur, peccata, quia ea nihil nisi imperfectionem denotant, non posse in aliquo, quod essentiam exprimit, consistere.* Si peccatum, malum, error, vel quocumque id appelles nomine, nihil aliud est, quam perfectiorem statum amittere, aut eo privari, utique sequi videtur, τὸ *existere* non quidem malum aut imperfectionem esse; sed aliquod malum in re existente posse oriri. Nam perfectum per aeque perfectam actionem perfectiore statu non privabitur; sed quidem per id, quod ad aliquod imperfectnm, quia concessis nobis viribus abutimur, inclinamus. Hoc videris *non malum, sed bonum minus appellare; quia res in se consideratae perfectionem includunt; deinde quia rebus, ut ais, non plus essentiae competit, quam divinus intellectus et potentia eis tribuit et revera confert; et propterea non plus etiam existentiae in actionibus suis ostendere, quam essentiae accepere, possunt.* Nam si nec plures, nec pauciores possum edere operationes, quam quantum essentiae accepi, nulla perfectioris status privatio fingi potest. Si enim nihil contra Dei voluntatem fit et si solummodo tantum fit, quantum essentiae collatum est, qua via malum, quod melioris conditionis privationem nuncupas, excogitari potest? Quomodo quis per statutum adeo et dependens opus perfectiorem statum amittere potis est? Adeo ut mihi persuadeam, virum clarissimum alterutrum debere statuere, vel aliquod esse malum, vel si minus, nullam esse posse melioris status privationem. Nam nullum esse malum et meliori conditione orbari, contradictorium mihi videtur.

At dices: per perfectioris status privationem ad minus quidem bonum, sed non ad absolutum malum recidimus. Sed (append. part. I. cap. 3.) me docuisti, non esse de verbis litigandum. Quare, an id absolutum nec ne dicendum sit, iam non disputo; sed solum, annon a meliori in peiorem statum delabi apud nos iure peior status aut status malus dicatur et dici debeat. At regeres: malus ille status multum adhuc boni continet. Ego vero interrogo: annon ille homo, qui per imprudentiam suam in causa fuit, quod perfectiore statu orbatus est et per consequens nunc minor est, quam antea fuit, malus vocari queat?

Ut autem antecedens ratiocinium, quia nonnullae circa id supersunt tibi difficultates, declines, affirmas *malum quidem esse, et in Adamo fuisse, verum id non esse positivum quid, et respectu nostri, non autem Dei intellectus tale dici, nostrique respectu privationem (sed tantum quatenus eo optima libertate, quae ad nostram naturam spectat et in nostra potestate est, nosmet ipsos privamus), Dei vero respectu negationem esse.* Hic autem examinemus, an illud, quod malum vocas, siquidem duntaxat nostri respectu malum foret, malum non esset; deinde an malum, ut tu vis, acceptum, Dei respectu tantum *negatio* dici debeat.

Ad primum supra aliquo modo videor respondisse; et quamvis concederem, minus alio ente perfectum esse in me nullum ponere posse malum, eo quod meliorem statum a creatore flagitare nequeo et tantum efficere, ut meus status gradibus differat; non tamen ideo potero concedere et fateri, si iam imperfectior sum, quam ante fui, eamque imperfectionem mea culpa mihi creavi, me eatenus tanto peiorem esse; si, inquam, me ipsum, antequam in imperfectionem unquam incideram, considero, et me cum aliis tunc maiore quam ego praeditus perfectione comparo, minor illa perfectio non malum, sed secundum gradus minus bonum erit. Si vero me ipsum, postquam perfectiore statu excidi, eoque propria orbatus imprudentia, cum prima mea forma, qua ex manu mei creatoris prodii et perfectior eram, comparo, me esse deteriorem, quam antea, iudicare debeo. Nam non creator, sed ego me ipsum eo redegi; vires enim mihi me ab errore praeservandi, uti et tu fateris, suppetebant.

Quod secundum spectat, nempe an malum, quod statuis consistere in melioris status privatione, quam non tantum Adamus, sed et nos omnes subita et inordinata nimis actione amisimus, an illud, inquam, respectu Dei mera sit *negatio*. Ut hoc vero sana mente examinemus, videndum nobis est, quomodo hominem constituas et a Deo ante omnem errorem dependentem facias, et quomodo post errorem eundem hominem constituas. Ante errorem eum describis, quod non plus ipsi essentiae competit, quam quantum ei divinus intellectus et potentia tribuit et revera confert, hoc est (nisi a mente tua aberrem) quod homo nec plus nec minus perfectionis potest habere, quam quantum essentiae Deus in ipso posuit. Hoc vero est hominem tali modo a Deo dependentem facere, quemadmodum elementa, lapides, herbas etc. Si autem haec tua sit sententia, quid sibi velint verba Princip. p. I. prop. 15. non percipio. *Quum autem voluntas*, inquis, *libera sit a se determinandum, sequitur nos potestatem habere facultatem assentiendi intra limites intellectus continendi, ac proinde efficiendi, ne in errorem incidamus.* Annon videtur contradictio, voluntatem tam liberam, ut se ab errore possit praeservare, et una a Deo dependentem facere, ut nec plus nec minus perfectionis queat proferre, quam quantum essentiae Deus ipsi dedit? Ad secundum, nempe quo modo hominem constituas post errorem, dicis, hominem subita nimis actione, nimirum voluntatem non continendo intra intellectus limites, se ipsum perfectiore conditione privare. Verum mihi videtur, tibi et hic et in Principiis utraque huius privationis extrema propius fuisse explicanda, quid ante privationem possideret, quidque post amissionem perfecti istius status (ut cum appellas) sibi servaret. Dicitur quidem, quid perdiderimus; sed non quid retinuerimus Princip. part. I. prop. 15.: *Tota igitur imperfectio erroris in sola optimae libertatis privatione consistet, quae error vocatur.* Examinemus utcumque hoc ea ratione, qua a te statuitur. Statuis non solum tam diversos cogitandi modos in nobis dari, quorum alios volendi aliosque intelligendi nuncupamus; sed etiam inter eos talem esse ordinem, ut res non debeamus velle, antequam eas clare intelligamus. Affirmas enim, quod, si voluntatem nostram intra limites intellectus continemus, nunquam errabimus, et quod denique in nostra potestate est voluntatem intra limites intellectus continere. Quum haec serio mente agito, alterutrum ut verum sit, necessum est: vel omne id, quod ponitur, est fictum, vel Deus eundem ordinem nobis impressit. Si impressit, annon absurdum esset, affirmare id sine fine factum esse, Deumque, ut ullum ordinem observemus et sequamur, non exigere; nam illud in Deo contradictionem poneret. Et si ordinem in nobis positum debemus observare, quomodo adeo a Deo dependentes possumus et esse et manere. Si enim nemo nec plus nec minus perfectionis habet, quam quantum essentiae accepit, et si haec vis ex effectibus debeat cognosci, ille, qui voluntatem suam ultra limites intellectus extendit, non tantum virium a Deo accepit; alioquin eas in effectum deduceret: et per consequens is, qui errat, perfectionem non errandi a Deo non accepit; alias nunquam erraret. Nam secundum te tantum essentiae datum est, quantum perfectionis efficitur. Deinde si Deus nobis tantum essentiae tribuit, ut eum observare queamus ordinem, ut tu nos eum posse servare affirmas, et si tantum perfectionis producimus, quantum essentiae nacti sumus, qui fit, ut eum transgrediamur, qui, ut eum possimus transgredi ordinem, utque voluntatem non semper intra limites intellectus contineamus? Tertio, si a Deo tantopere dependeo, ut supra te statuere ostendi, ut nec intra, nec extra limites intellectus voluntatem continere possim, nisi mihi Deus in antecessum tantum dederit essentiae et sua voluntate prius alterutrum determinaverit: quomodo ergo mihi, si hoc penitius consideremus, voluntatis libertas usu venire potest? Nonne in Deo contradictionem ponere videtur, nobis praescribere ordinem nostram voluntatem intra limites nostri intellectus continendi, et non praebere tantum essentiae vel perfectionum, ut eum observemus? Et si iuxta tuam sententiam tantum perfectionis nobis concessit, nunquam profecto errare possemus. Quantum enim essentiae possidemus, tantum perfectionis producere oportet, semperque concessas vires in nostris operationibus ostendere. Nostri autem errores sunt argumentum, nos eiusmodi potentiam a Deo ita dependentem (ut statuis) non possidere; adeo ut alterutrum verum esse debeat, vel nos non adeo a Deo dependere, vel nos in nobis potentiam non errandi non habere. At potentiam errandi habemus, prout statuis. Ergo a Deo non adeo dependemus.

Ex dictis iam clare patere videtur, impossibile esse, ut malum aut meliori statu privari respectu Dei esset negatio. Quid enim significat privari aut perfectiorem statum amittere? Nonne est a maiori ad minorem perfectionem, et per consequens a maiori ad minorem essentiam transire, et a Deo in certa mensura perfectionis et essentiae collocari? Nonne est velle, nos alium praeter sui perfectam notitiam non posse acquirere statum, nisi aliter decrevisset, ac voluisset? Fierine potest, ut illa creatura ab omniscio et summe perfecto ente producta, quod voluit, ut talem essentiae statum retineret, imo, cum qua Deus, ut eam in eo statu retineret, continuo concurrit; ut, inquam, in essentia declinaret, hoc est, in perfectione praeter Dei notitiam minor fieret? Haec res absurditatem involvere videtur. Annon absurdum est dicere, Adamum perfectiorem amisisse conditionem, et consequenter ineptum fuisse ad eum ordinem, quem Deus in anima eius posuerat, Deumque nullam habere notitiam, qualis quantaeque perfectionis Adamus iacturam fecerat? Potestne comprehendi, Deum ens aliquod constituere ita dependens, ut non nisi eiusmodi opus produceret, et tum propter illud opus produceret, et tum propter illud opus perfectiorem perderet statum (praeterquam quod eius absoluta esset causa), et tamen nullam eius haberet notitiam? Concedo inter actum et malum actui adhaerens dari discrimen; sed vero *malum respectu Dei esse negationem* superat meum captum. Deum actum scire, eundem determinare, et cum eo concurrere, et tamen malum, quod in illo actu est, eiusque exitum non cognoscere, mihi in Deo impossibile videtur. Adverte mecum, Deum in actu meo progignendi cum uxore mea concurrere; est enim positivum quid, et per consequens claram eius habet Deus scientiam. Verum quatenus eo actu abutor et cum alterius uxore contra datam fidem et iusiurandum meum rem habeo, illum actum malum comitatur. Quid iam hic respectu Dei esset negativum? Non quod actum progignendi faciam; quatenus etenim is positivus est, cum eodem Deus concurrit. Debet ergo istud malum, quod illum actum comitatur tantummodo esse, quod ego contra proprium foedus vel Dei mandatum cum aliena congredior, cum qua non licet. Iam vero, potestne capi, Deum nostras scire actiones, cum iis concurrere, et tamen ignorare, quacum illam actionem producimus, eo magis quod Deus etiam cum illius feminae actione, cum qua rem habebam, concurrit? Id de Deo sentire durum videtur. Attende occidendi actum! Quatenus est actus positivus, cum eo Deus concurrit. Sed vero istius actionis effectum, nempe alicuius entis destructionem et Dei creaturae dissolutionem anne ignoraret, quasi proprium opus Deo foret incognitum? Metuo ne mentem tuam bene percipiam. Conceptus quippe tui, quam ut tam foedum committas errorem, perspicaciores sunt. Fortasse instabis, eos actus, prout eos pono, mere esse bonos et nullum eos comitari. Sed tum, quid malum nuncupes, capere nequeo, quod perfectioris conditionis privationem sequitur; et tum mundus in aeterna et perpetua poneretur confusione, nosque bestiis similes redderemur. Vide quaeso, quam utilitatem ea sententia mundo conferret.

Vulgarem hominis descriptionem reiicis et unicuique homini tantum tribuis perfectionis, quantum Deus ipsi, ut operetur, largitus est. Sed ea ratione mihi videris statuere impios Deum aeque ac pios suis operibus colere. Quare? Quia utrique perfectiora nequeunt producere opera, quam quantum utrisque essentiae datum est et suis demonstrant effectibus. Nec mihi quaestioni satisfacere in secunda responsione videris dicendo: *Quo res aliqua plus perfectionis habet, eo etiam magis de deitate participat, Deique perfectionem exprimit magis. Quum ergo probi inaestimabiliter plus perfectionis, quam improbi habeant, virtus eorum cum improborum virtute comparari nequit. Improbi quia Deum non cognoscunt, non sunt nisi instrumentum in manu artificis, quod inscium servit et serviendo consumitur. Probi contra conscii serviunt et serviendo perfectiores evadunt.* In utrisque tamen hoc verum est, eos amplius non posse operari; quanto etenim plus perfectionis hic prae illo efficit, tanto plus essentiae unus prae alio accepit. Annon igitur exigua sua perfectione impii aeque ac pii Deum colunt? Nam secundum tuam sententiam nihil amplius ab impiis Deus flagitat; alioquin plus essentiae in eos contulisset. Sed vero plus essentiae non dedit, uti ex effectibus liquet. Ergo amplius ab eis non petit. Et si quando unusquisque in specie nec plus, nec minus, quam Deus vult, facit, cur is, qui parum operatur, sed tamen tantum, quantum Deus ab ipso exigit, Deo aeque ac probus non esset acceptus? Insuper, quemadmodum per malum, quod actum comitatur, nostra imprudentia ex tua sententia perfectiorem perdimus statum, ita et hic videris statuere, quod, continendo voluntatem intra limites intellectus, non tantum adeo perfecti manemus, ac sumus, sed quod praeterea serviendo perfectiores evadimus; quod contradictionem involvere mihi persuadeo, si modo tantopere a Deo dependemus, ut nec plus, nec minus perfectionis queamus efficere, quam quantum essentiae accepimus, hoc est, quam Deus voluit, ut tunc per imprudentiam peiores aut per prudentiam meliores fiamus. Adeo ut nihil aliud statuere videris, quam, si homo talis sit, ac eum describis, impios suis operibus aeque ac pios suis Deum colere, et hac ratione ita, ut elementa, herbae, lapides etc., a Deo dependentes reddimur. Cui rei igitur inserviet noster intellectus? Cui voluntatem intra limites intellectus continendi potestas? Qua de causa ordo ille nobis infixus est? Et vide quaeso ab alia parte, qua re nos privemus, nempe anxia et seria meditatione ad nos ipsos secundum regulam perfectionis Dei et ordinem nobis impressum perfectos reddendum! Nosmet precatione et ad Deum suspiriis, quibus tam saepe extraordinariam confortationem accepisse percepimus, orbamus. Nosmet tota religione ac omni illa spe et acquiescentia, quam ex precibus et religione speramus, orbamus. Enimvero, si nullam mali habet Deus cognitionem, multo minus credibile est, eum malum puniturum. Quaenam ergo supersunt rationes, quo minus facinora quaevis (si modo judicem effugio) avide perpetrem? Cur non detestandis mediis divitias mihi acquiro? Cur absque discrimine et quo caro nos trahit, id, quod lubet, non perpetro? Dices: quia virtus propter se est amanda. Qui vero virtutem amare possum? Mihi tantum essentiae ac perfectionis non est tributum; et si tantum acquiescentiae et ex hoc et ex illo habere licet, cur mihi vim, ut voluntatem intra limites intellectus contineam, infero? Cur id non facio, quo me affectus trahunt? Cur non hominem, qui mihi alicubi obest, clam occido? etc. Ecce quam cunctis impiis et impietati demus occasionem! Nos truncis omnesque nostras actiones motibus horologiorum similes reddimus.

Ex dictis valde durum mihi videtur, quod improprie tantum in Deum peccare possimus dici. Cui enim rei data nobis voluntatem intra limites intellectus continendi potentia inservit, si, ubi eam transgredimur, contra eum non peccamus ordinem? Regeres forte, id non esse peccatum in Deum, sed in nos ipsos. Nam si proprie erga Deum peccare diceremur, etiam dicendum esset, aliquid contra Dei voluntatem fieri; quod iuxta te est impossibile. Ergo etiam peccatum. Interim alterutrum verum sit necesse est, Deum vel velle vel nolle. Si vult; quomodo nostri respectu malum esse potest? Si non vult, id, ex tua opinione, non fieret. Quamvis autem hoc aliquam, ut tua fert sententia, involveret absurditatem, praedictas tamen absurditates admittere periculosissimum videtur. Quis novit, si anxie inquirerem, annon remedium posset invenire his aliquo modo conciliandis?

Atque sic tuae epistolae examen iuxta regulam meam primam generalem finiam. Antequam vero ad examen iuxta secundam regulam accedam, duo adhuc proponam, quae epistolam tuam spectant, quaeque scripsisti Princ. part. I. prop. 15. Prius est, quod affirmas, *nos potestatem volendi et iudicandi intra limites intellectus retinere posse:* quod absolute concedere nequeo. Nam hoc si foret verum, certe ex innumerabilibus vel unus reperiretur homo, qui se ea praeditum potestate ostenderet; etiam quivis apud se experiri potest, se quantas etiam impendat vires, cum scopum attingere non posse. Et si quis de hoc negotio dubitat, se ipsum examinet, quoties invito intellectu passiones rationem suam vincant, etiam tum quum summis obnititur viribus. At dices: quod hoc minus praestamus, non est, quia nobis impossibile est, sed quia sufficientem non adhibemus diligentiam. Regero, quod, si hoc possibile esset, saltem ex tot millibus vel unus inveniretur; sed ne unus omnium hominum exstitit vel existit, qui auderet gloriari, se in errores haud incidisse. Quaenam vero huius rei certiora, quam ipsa exempla, possunt adduci argumenta? Si pauci essent, unus esset; iam vero quum nullus sit, nulla eius quoque datur probatio. Instabis et dices: si fieri potest, ut iudicium suspendendo et voluntatem intra terminos intellectus continendo semel, ne errem, efficere queo, quare, ubi eandem adhibeo diligentiam, semper id efficere non possem? Respondeo, me videre non posse, nos hodie tantum virium habere, ut in eo semper perseveremus; semel una hora, quando omnes intendo nervos, iter duorum milliarum conficere potis sum, verum semper id praestare non possum; ita me summo studio ab errore semel praeservare possum, sed vires ad id semper praestandum deficiunt. Clarum mihi videtur, primum hominem e manu perfecti illius artificis prodeuntem iis praeditum fuisse viribus; sed (ut in hoc tecum sentio) eum, illis viribus non satis utendo vel abutendo, statum uum amisisse perfectum ad praestandum, quod antea sui erat arbitrii. Haecque multis rationibus, ni nimius essem, firmarem. Et hoc in negotio omnem Sacrae Scripturae essentiam, quae propterea apud nos in honore esse debet, sitam esse opinor, quoniam nos id, quod tam clare intellectus noster naturalis confirmat, docet: nempe, lapsum ex nostra prima perfectione nostra imprudentia factum esse. Quid igitur istius lapsus emendatione magis necessarium? Atque hominem lapsum ad Deum reducere Sacrae Scripturae unicus quoque est scopus.

Posterius est Princip. part. I. prop. 15., quod affirmas, *res clare et distincte intelligere repugnare naturae ho-*

minis; unde tandem concludis, *longe melius esse, rebus quamvis confusis assentiri et libertatem exercere, quam semper indifferentem, hoc est, in infimo gradu libertatis manere.* Quam ut concedam conclusionem, impedit in me obscuritas. Nam suspensum iudicium nos in eo statu, in quo a creatore sumus creati, conservat; verum rebus confuse est rebus non intellectis assentiri, et ita aeque facile vero ac falso assentiri. Et si (ut D. des Cartes alicubi docet) eum ordinem in assentiendo non usurpamus, quem Deus inter nostrum intellectum nostramque voluntatem constituit, nempe ut non nisi clare perceptis assentiamur, quamvis tunc casu in veritatem incidamus, tamen quia verum non eo quo Deus voluit ordine amplectimur, peccamus; et per consequens, ut assensus cohibitio nos in statu, in quo a Deo constituti sumus, conservat, ita confusus assensus nostrum statum peiorem reddit; erroris quippe ponit fundamentum, quo perfectum deinceps amittimus statum. Sed te dicentem audio, nonne praestat, ut nos perfectiores reddamus, rebus licet confusis assentiendo, quam ut non assentiendo semper in infimo perfectionis et libertatis gradu maneamus? At praeterquam quod hoc negaverimus et aliquo modo ostenderimus, nos nosmet non meliores, sed deteriores reddidisse; nobis etiam impossibile et quasi contradictio videtur, Deum cognitionem rerum ab ipso determinatarum longius extendere, ac eam, quam nobis dedit; imo Deum tunc absolutam nostrorum errorum causam involvere. Nec huic contrarium est, quod nos Deum, ut plura in nos conferret, quam contulit, non possumus accusare; quia ad id non tenebatur. Verum quidem est, Deum non teneri, ut plura, quam dedit, daret; sed summa Dei etiam infert perfectio, ut creatura ab ipso procedens nullam contradictionem involveret, prout tum videretur sequi. Nullibi namque in creata natura, praeterquam in nostro intellectu, deprehendimus scientiam. In quem alium finem ille nobis concessus esset, nisi ut Dei opera contemplaremur et cognosceremus? Et quidnam evidentius sequi videtur, quam quod harmonia inter res cognoscendas nostrumque intellectum dari debet?

Si tuam epistolam circa ea, quae modo diximus, ad meam secundam regulam generalem examinarem, magis, quam in prima, discreparemus. Mihi namque videtur (aberranti commonstra viam!), te sacrae scripturae eam infallibilem veritatem et divinitatem non adscribere, quam ego in ea esse mihi persuadeo. Verum quidem est, quod te credere ais.

Deum res Sacrae Scripturae prophetis revelasse; sed modo adeo imperfecto, ut, si factum est, prout tu statuis, in Deo contradictionem involveret. Si enim Deus suum verbum ac voluntatem hominibus manifestavit, certum in finem, idque clare iis manifestavit. Si iam prophetae ex illo verbo, quod acceperant, parabolam finxissent, id Deus vel voluisset vel noluisset. Si voluisset, ut exin parabolam fingerent, hoc est, ut ab eius mente aberrarent; Deus istius erroris esset causa aliquidque, quod contrariaretur sibi, vellet. Si noluisset, impossibile erat, ut prophetae inde parabolam effingerent. Praeterea credibile est, si supponitur, Deum verbum suum prophetis dedisse, quod ita eis dedit, ut illud accipiendo non erraverint. Nam Deus in verbo suo revelando certum finem habere debebat. At sibi finem, ut homines in errorem duceret, proponere nequit. Id enim in Deo esset contradictio. Etiam homo contra Dei voluntatem errare non poterat; nam id secundum te fieri nequit. Praeter haec omnia de illo summe perfecto Deo credi non potest, eum permittere, ut suo verbo prophetis dato ad illud populo explicandum, alius a prophetis tribueretur sensus, quam Deus voluit. Si enim statuimus, Deum prophetis suum concessisse verbum, simul asserimus, Deum modo extraordinario prophetis apparuisse vel cum iis loquutum fuisse. Si iam prophetae de hoc tradito verbo parabolam fingunt, hoc est, alium ei sensum tribuunt, quam, ut tribuerent, voluit, Deus hanc rem eos edocuisset. Est etiam tam respectu prophetarum impossibile, quam respectu Dei contradictio, prophetas alium sensum potuisse habere, quam eos habere voluit Deus.

Deum suum ita revelasse verbum, uti tu vis, parum probas; nempe eum salutem et perditionem tantum revelasse, certa eum in finem decrevisse media, atque salutem ac perditionem non nisi decretorum mediorum effectus esse. Nam profecto, si prophetae Dei verbum isthoc sensu acceperant, quas rationes ad alium illi adscribendum sensum habuissent? Sed et nullam adducis probationem, qua nos, ut hanc tuam supra prophetarum sententiam poneremus, convinceres. Si vero existimas, hanc esse probationem, quod alioquin illud verbum multas imperfectiones et contrarietates includeret, dico, hoc duntaxat dici, non vero probari. Et quis novit, si uterque sensus produceretur, uter minores includeret imperfectiones? Denique enti summe perfecto bene perspectum erat, quid populus caperet, quaeque optima esset methodus, iuxta quam populus institui deberet.

Quantum ad secundum primae tuae quaestionis membrum attinet, quaeris ex te ipso: quare Deus Adamo, ne ex arbore ederet, quum tamen contrarium decrevisset, edixit? Respondes vero, edictum Adamo factum in hoc solo consistere, quod nimirum Deus Adamo revelavit τὸ edere ex arbore mortis esse causam, quemadmodum nobis per naturalem rationem venenum mortiferum esse revelat. Si statuitur, Deum aliquid Adamo interdixisse, quaenam rationes sunt, quo magis crederem modum prohibitionis, quem tu adfers, quam quem adducunt prophetae, quibus Deus ipse modum prohibitionis revelavit? Dices: mea prohibendi ratio magis naturalis est, et ideo magis veritati Deoque conveniens. Sed hoc omne nego. Nec capio, quod Deus per naturalem intellectum nobis venenum lethale esse revelavit; nec rationes video, quibus unquam scirem, aliquid esse venenatum, nisi malos veneni effectus in aliis vidissem et audivissem. Quod homines, quia venenum non noscunt, inscii edant et moriantur, quotidiana nos docet experientia. Dices: si homines scirent, id venenum esse, etiam malum id esse, eos lateret. Sed respondeo, neminem veneni haberi notitiam aut posse habere, nisi qui vidit aut audivit, aliquem eius usu damnum sibi dedisse; et si ponimus, nos ad hunc usque diem nunquam audivisse vel vidisse, aliquem eius usu sibi nocuisse, non tantum nunc quoque ignoraremus, sed et sine metu in proprium damnum id usurparemus, quemadmodum tales veritates indies docemur.

Quid magis in hac vita candidum atque erectum animum, quam illius perfectae deitatis contemplatio delectat? Nam quemadmodum circa perfectissimum versatur, ita etiam perfectissimum, quod in finitum nostrum intellectum cadere potest, involvere debet. Nec mihi in vita quicquam 'est, quod cum ea mutarem delectatione. In hac coelesti instigatus appetitu multum temporis insumere possum; sed et simul tristitia affici, quando intueor tam multa finito meo intellectui deesse. Verum tristitiam sedo spe ea, quam possideo, quae mihi vita carior est, quod posthac existam et permanebo, et eam deitatem majori perfectione, quam nunc, intuebor.

Ubi brevem praetervolantemque considero vitam, in qua singulis momentis mortem exspecto; si deberem credere me finem habiturum, sanctaque illa et praestantissima cariturum contemplatione, certe omnium creaturarum, quibus cognitio finis sui deest, miserrimus essem. Quippe metus mortis ante obitum miserum me redderet, et post eum plane nihil, et per consequens miser essem, quia divina illa contemplatione privatus essem. Huc vero me tuae videntur ducere opiniones, quod, ubi hic esse desino, etiam in aeternum desinam, quum econtra illud verbum et Dei voluntas consolentur interno suo in anima mea testimonio, quod post hanc vitam in statu perfectiore me aliquando, contemplando summe perfectam deitatem, oblectabo. Profecto licet spes ista aliquando falsa esse deprehenderetur, me tamen, dum spero, beatum reddit. Unicum hoc est, quod precibus, suspiriis et seriis votis a Deo peto et petam (utinam ad id plus conferre liceret!) quam diu spiritus hos reget artus, ut ipsi placeat, me sua bonitate tam beatum reddere, quando hoc corpus dissolvitur, ens intellectuale ad perfectissimam illam deitatem contemplandum maneam; et si hoc tantum nanciscor, mihi, quomodo hic credatur, quid invicem persuadeatur, an aliquid naturali intellectu fundetur et percipi ab eo possit, nec ne, perinde est. Hoc, hoc solummodo est votum meum, meum desiderium continuaeque preces, ut Deus hanc certitudinem in anima mea confirmet, et, si eam possideo (ah me miserrimum, si eo destituar!) prae desiderio anima mea exclamet: Quemadmodum cervus anhelat aquarum rivos, ita te, o Deus vivens, anima mea desiderat: ah! quando veniet dies, quod tecum ero et te adspiciam. Si hoc tantum obtineo, omne animae meae studium et desiderium possideo. Quia vero nostrum opus Deo displicet, spem istam ex tua sententia non video; nec intelligo, Deum (siquidem de eo humano more loqui liceat), si nullum ex opere nostro et laudatione capit voluptatem, nos produxisse et conservasse. Si vero a tua sententia aberro, tuam explicationem expeto. Verum me, et forte te solito diutius moratus sum; quia vero mihi chartam deesse video, finiam. Horum solutionem videre aveo. Forte hic illic aliquam ex epistola tua eduxi conclusionem, quae fortassis tua non erit opinio; sed super ea re explicationem tuam audire cupio.

Nuper occupatus fui in quibusdam Dei attribntis perpendendis, in quo me tua non parum iuvit appendix. Mentem tuam solummodo fusius explicui, quae mihi non nisi demonstrationes exhibere videtur; et ideo demiror in praefatione affirmari, te illa non sentire, sed obligatum fuisse, ut ita tuum, uti promiseras, Cartesii philosophiam discipulum doceres; et te longe aliam, tam de Deo, quam de anima, speciatim de animae voluntate fovere opinionem. Video quoque in illa praefatione dici, te haec Cogitata metaphysica brevi prolixiora editurum: quae duo avide desidero; nam de iis aliquid singulare spero. Mea autem non fert consuetudo aliquem laudibus extollere.

Scripsi haec sincero animo et amicitia non fucata, prout in epistola tua petiisti, utque veritas detegeretur. Excusa nimiam, praeter intentionem, prolixitatem. Si ad has responderis, me tibi summopere devincies. Non recuso, si ea lingua, in qua educatus sum, scribere animus est, vel alia, modo Latina aut Gallica sit; hoc vero responsum, ut eadem exares lingua, peto, quia mentem tuam in ea bene, quod forte in lingua Latina non fieret, percipiebam. Ita me tibi devincies, egoque ero ac permanebo,

Dordraci 16. Ianuarii 1665.

mi domine, tibi addictissimus atque officiosissimus

G. DE BLYENBERGH.

P. S. In responsione tua prolixius, quid per negationem in Deo intelligas, erudiri exopto..

36. EPISTOLA XXXIV.

Viro doctissimo ac ornatissimo Guilielmo de Blyenbergh

B. D. S.

Responsio ad praecedentem.

Versio.

MI DOMINE ET AMICE,

Quum primam tuam epistolam legebam, existimabam nostras opiniones fere concordare. Sed vero ex secunda, quae 21. huius mensis mihi tradita est, longe aliter se rem habere intelligo, videoque nos non tantum dissentire de iis, quae longe ex primis principiis sunt petenda, sed etiam de eisdem ipsis principiis; adeo ut vix credam fore, ut nos epistolis invicem erudire possimus. Video namque nullam demonstrationem, licet pro demonstrationis legibus solidissimam, apud te valere, nisi conveniat cum ea explicatione, quam vel ipse, vel alii theologi tibi haud ignoti Sacrae

Scripturae tribuunt. Verum si deprehendas, Deum per Sacram Scipturam clarius et efffcacius loqui, quam per lumen naturalis intellectus, quod nobis etiam concessit, ac assiduo sapientia sua divina firmiter et incorrupte conservat, validas habes rationes, ut intellectum flectas ad opiniones, quas Sacrae Scripturae tribuis; quin ipse haud aliter facere possem. Quod vero me spectat, quia plane et sine ambagibus profiteor, me sacram sripturam non intelligere, licet aliquot annos in ea insumpserim, et quia me haud fugit, quando solidam nactus sum demonstrationem, me non posse in tales cogitationes incidere, nt unquam de ea dubitare queam, omnino in eo, quod mihi intellectus monstrat, acquiesco sine ulla suspicione, me ea in re deceptum esse, nec Sacram Scripturam, quamvis eam non investigem, ei contradicere posse; quia veritas veritati non repugnat, ut iam ante in appendice mea (caput indicare nequeo, nec enim liber hic ruri penes me est) clare indicavi; et si fructum, quem iam ex intellectu naturali cepi, vel semel falsum esse deprehenderem, me fortunatum redderet, quoniam fruor, et vitam non moerore et gemitu, sed tranquillitate, laetitia et hilaritate transigere studeo, et subinde gradum unum adscendo. Agnosco interim (id, quod summam mihi praebet satisfactionem et mentis tranquillitatem) cuncta potentia entis summe perfecti ac eius immutabili ita fieri decreto.

Ad tuam vero ut redeam epistolam, dico me tibi summas ex animo agere gratias, quod mihi tuam in tempore philosophandi rationem aperuisti; sed quod tu talia, qualia vis ex mea epistola educere, mihi affingas, pro eo nullas tibi gratias ago. Quam, quaeso, materiam mea praebuit epistola has mihi affingendi opiniones, homines nempe bestiis esse similes, homines bestiarum more mori et interire, nostra Deo displicere opera etc.; (licet in postremo hoc summopere dissentiamus, quia aliter te non percipio, quam quod intelligis, Deum nostris operibus delectari, tanquam qui finem suum assecutus est, eo quod res ex voto successit.) Quantum ad me, ego profecto clare dixi, probos Deum colere et assidue colendo perfectiores evadere, Deum amare. Hoccine est eos bestiis similes reddere, aut eos instar bestiarum perire, vel denique eorum opera Deo non placere? Si meas literas maiore cum attentione legisses, clare perspexisses, nostrum dissensum in hoc solo positum esse: scilicet an Deus, ut Deus, hoc est, absolute, nulla ei humana attributa adscribendo, perfectiones, quas probi accipiunt, eis communicet, ut ego intelligo; anve ut iudex, quod ultimum tu statuis; et ea de causa defendis impios, quia iuxta Dei decretum, quicquid possunt, faciunt, Deo aeque, ac pios servire. Sed vero secundum mea dicta id nullatenus sequitur: quia Deum tanquam iudicem non introduco, et ideo, ego opera ex operis qualitate, non vero ex potentia operatoris aestimo, et merces, quae opus consequitur, tam necessario id consequitur, quam ex natura trianguli sequitur, tres eius angulos duobis rectis aequales esse debere. Et hoc unusquisque intelliget, qui tantum ad id, quod summa nostra beatitudo in amore erga Deum consistit, attendit, quodque ille amor necessario ex Dei cognitione, quae nobis tantopere commendatur, fluit. Hoc autem generaliter facillime demonstrari potest, si modo ad naturam decreti Dei attendatur, quemadmodum in mea appendice explicui. Verum fateor, eos omnes, qui divinam naturam cum humana confundunt, valde ad id intelligendum ineptos esse.

Hisce literis finem hic imponere animus erat, ne tibi amplius essem molestus, iis rebus, quae tantummodo (uti clarum est ex valde devoto additamento fine tuae epistolae affixo) pro ioco et risu inserviunt, nulli autem usui sunt. Ne vero petitionem tuam omni modo reiiciam, ulterius ad explicationem vocum negationis et privationis, et breviter ad id, quod necessarium est ad sensum praecedentis meae epistolae dilucidius enucleandum, progrediar.

Dico igitur primo *privationem* non esse privandi actum, sed tantum simplicem et meram carentiam, quae in se nihil est; est quippe ens rationis tantum vel modus cogitandi, quem formamus, quum res invicem comparamus. Dicimus exempli gratia, caecum visu privatum esse, quia eum facile ut videntem imaginamur, sive imaginatio haec hinc oriatur, quod cum aliis, qui vident, sive quod praesentem suum statum cum praeterito, quum videbat, comparamus; et quum hunc virum ea ratione consideramus, nempe comparando suam naturam cum natura aliorum, vel cum praeterita sua, tunc affirmamus, visum ad suam naturam pertinere, et propterea dicimus, cum eo privatum esse. Verum quum Dei decretum eiusque natura consideratur, non magis de illo homine, quam de lapide possumus affirmare, eum visu orbatum esse, quia illo tempore non magis sine contradictione illi homini visus, quam lapidi competit; *quoniam ad hominem illum nil amplius pertinet et suum est, quam id, quod divinus intellectus et voluntas ei tribuit.* Et propterea Deus non magis est causa τοῦ illius non videre, quam τοῦ non videre lapidis: id quod mera est negatio. *Ita etiam quum ad naturam hominis, qui appetitu libidinis ducitur, attendimus, praesentemque appetitum cum eo, qui in probis est, vel cum eo, quem ipse alias habuit, comparamus; affirmamus, eum hominem meliore appetitu privatum esse, quia tunc isti virtutis appetitum competere iudicamus. Quod facere non possumus, si ad naturam divini decreti et intellectus attendimus. Nam eo respectu melior ille appetitus non magis ad naturam istius hominis eo tempore, quam ad naturam diaboli vel lapidis pertinet.* Et idcirco eo respectu melior appetitus non est privatio, sed negatio. Adeo ut *privatio* nihil aliud sit, quam aliquid de re negare, quod iudicamus ad suam naturam pertinere, et *negatio* nil aliud, quam aliquid de re negare, quia ad suam naturam non pertinet. Et hinc liquet, quare Adami appetitus rerum terrenarum nostri, non vero intellectus Dei respectu tantum malus esset. *Licet enim Deus praeteritum et praesentem Adami statum sciret, non idcirco Adamum praeterito statu privatum esse intelligebat, hoc est, praeteritum ad suam naturam pertinere.* Nam tunc Deus aliquid contra suam voluntatem, hoc est, contra proprium suum intellectum intelligeret. Hoc si bene percepisses, simulque me illam libertatem, quam Cartesius menti adscribit, non concedere, quemadmodum L. M. in praefatione meo nomine testatus est, vel minimam in meis verbis non invenires contradictionem. Sed video, me melius multo facturum fuisse, si in prima mea epistola Cartesii verbis respondissem, dicendo, nos non posse scire, quomodo nostra libertas et quicquid ab ea dependet cum Dei providentia et libertate congruat (sicuti in appendice diversis locis feci), adeo ut ex Dei creatione nullam in libertate nostra queamus invenire contradictionem, quia capere haud possumus, quomodo Deus res creavit et (quod idem est) quomodo eas conservat. Verum putabam, te praefationem legisse, meque, si ex animi sententia non responderem, in amicitiae officium, quam animitus offerebam, peccaturum fuisse. Sed haec susque deque fero.

Quia tamen video, te Cartesii mentem hactenus non bene percepisse, peto, ut haec duo attendas. Primo: neque me neque Cartesium unquam dixisse, quod ad nostram naturam pertinet, ut nostram voluntatem intra limites intellectus contineamus; sed tantum, quod Deus nobis intellectum determinatum et voluntatem indeterminatam dedit, ita tamen, ut ignoremus, in quem finem nos creavit. Porro: quod istiusmodi indeterminata vel perfecta voluntas nos non solum perfectiores reddit; sed quoque, ut tibi in sequentibus dicam, quod ea nobis sit valde necessaria.

Secundo: quod nostra libertas nec in quadam contingentia, nec in quadam indifferentia sita est, sed in modo affirmandi et negandi; adeo ut, quo rem aliquam minus indifferenter affirmamus aut negamus, eo liberiores simus. Verbi causa si Dei natura nobis est cognita, tam necessario ex natura nostra τὸ affirmare sequitur, Deum existere, quam ex natura trianguli eius tres angulos duobus rectis aequari fluit; et tamen nunquam magis liberi sumus, quam quum rem tali modo affirmamus. Quia vero haec necessitas nihil aliud est, quam Dei decretum, veluti in mea appendice clare ostendi; hinc quodammodo intelligere licet, quo pacto rem libere agamus, eiusque causa simus, non obstante, quod eam necessario et ex Dei decreto agamus. Hoc, inquam, aliquo modo possumus intelligere, quum quid affirmamus, quod clare et distincte percipimus; ubi vero quicquam, quod clare ac distincte non capimus, asserimus, hoc est, quum patimur, ut voluntas extra nostri intellectus limites exspatietur, tum illam necessitatem Deique decreta non ita percipere possumus, sed nostram quidem libertatem, quam nostra voluntas semper includit; (quo respectu opera nostra solummodo bona vel mala appellantur.) Et si tunc conamur libertatem nostram cum Dei decreto et continua creatione conciliare, confundimus id, quod clare et distincte intelligimus, cum eo, quod non percipimus, et propterea frustra id conamur. Sufficit ergo nobis, quod scimus nos liberos esse et nos tales esse posse non obstante Dei decreto, nosque mali causam esse, eo quod nullus actus, nisi respectu nostrae libertatis, tantum malus nominari potest. Haec sunt, quae Cartesium spectant, ut demonstrarem, eius dicta ab ea parte nullam pati contradictionem.

Iam ad ea, quae me attinent, me convertam, ac primo breviter referam utilitatem, quae ex mea opinione nascitur, quae praecipue in eo est sita, quod scilicet noster intellectus Deo mentem et corpus extra omnem superstitionem offert, nec preces nobis valde utiles esse nego. Nam meus intellectus est nimis parvus ad omnia media determinandum, quae Deus habet, quibus homines ad sui amorem, hoc est, ad salutem perducat; adeo ut tantum absit, hanc opinionem

EPISTOLA XXXIV.

noxiam futuram esse, ut econtra iis, qui nullis praeiudiciis nec puerili superstitione praeoccupati sunt, unicum sit medium ad summum beatitudinis gradum perveniendi.

Quod vero ais, me homines, eos a Deo tam dependentes faciendo, ideo elementis, herbis et lapidibus similes reddere, id sufficienter ostendit, te meam opinionem perversissime intelligere et res, quae intellectum spectant, cum imaginatione confundere. Si enim puro intellectu percepisses, quid sit a Deo dependere, certe non cogitares, res, quatenus a Deo dependent, mortuas, corporeas et imperfectas esse (quis unquam de ente summe perfecto tam viliter ausus fuit loqui); e contra caperes, ea de causa et quatenus a Deo dependent, perfectas esse: adeo ut hanc dependentiam atque necessariam operationem quam optime per Dei decretum intelligamus, quando non ad truncos et herbas, sed ad maxime intelligibiles et res creatas perfectissimas attendimus, ut ex illo, quod secundo de Cartesii mente iam ante memoravimus, clare apparet; quod attendere debuisses.

Nec reticere possum, me id summopere mirari, quod dicis: si Deus delictum non puniret (hoc est, tanquam iudex tali poena, quam ipsum delictum non inferret; id enim solum nostra est quaestio), quaenam ratio impedit, quo minus quaevis scelera avide perpetrem? Certe qui illud tantum (quod de te non spero) formidine poenae omittit, is nulla ratione ex amore operatur et quam minime virtutem amplectitur. Quantum ad me, ea omitto vel omittere studeo, quia expresse cum mea singulari natura pugnant, meque a Dei amore et cognitione aberrare facerent.

Porro si ad naturam humanam paulum attendisses et naturam Dei decreti, prout in appendice explicui, percepisses, tandemque scivisses, quomodo res esset deducenda, antequam ad conclusionem perveniatur, non adeo temere dixisses, hanc opinionem nos truncis etc. similes reddere; nec tam multas absurditates, quam imaginaris, mihi affinxisses.

De duabus illis rebus, quas ais, priusquam ad secundam tuam regulam pergis, te percipere haud valere, respondeo: primo, Cartesium sufficere ad conclusionem tuam faciendam, quod nempe, si modo attendis ad naturam tuam, experiris, te posse iudicium tuum suspendere; si vero dicas, te in te ipso non experiri, nos tantum virium hodie in rationem obtinere, ut hoc semper continuare possemus, id idem Cartesio esset ac, nos hodie non posse videre, nos, quam diu existimus, futuros semper res cogitantes, vel naturam rei cogitantis retenturos, quod profecto contradictionem involvit.

Ad secundum cum Cartesio dico: si voluntatem nostram extra limites intellectus nostri valde limitati extendere non possemus, nos miserrimos futuros, neque in nostra potestate fore vel frustum panis comedere, vel passum progredi, vel subsistere; omnia enim incerta atque periculis sunt plena.

Transeo nunc ad secundam tuam regulam, asseroque, me quidem credere, quod ego eam veritatem, quam tu in Scriptura esse credis, illi non tribuam, et tamen credo, quod ego illi tantum, si non plus adscribam authoritatis; quodque longe cautius, quam alii, caveam, ne illi pueriles quasdam et absurdas sententias affingam, quod nemo praestare potest, nisi is, qui philosophiam bene intelligit, vel divinas habet revelationes; adeo ut me valde parum moveant explicationes, quas vulgares theologi de Sciptura adferunt, praesertim si istius sint farinae, ut Scripturam semper iuxta literam sensumque externum sumant; et nunquam praeter Socinianos crassum adeo vidi theologum, qui non percipit Sacram Scripturam creberrime more humano de Deo loqui, ac suum sensum parabolis exprimere; et quod ad contradictionem, quam frusta (mea quidem opinione) conaris ostendere, credo te per parabolam omnino aliud quid, quam vulgo fit, intelligere. Nam quis unquam audivit, eum, qui suos conceptus parabolis exprimit, a suo sensu aberrare? Quum Micha regi Aghabo diceret, se Deum in solio suo sedentem vidisse, ac exercitus caelestes a dextra et sinistra stantes, Deumque ex illis quaerere, quisnam Aghabum deciperet, illud ipsum certe erat parabola, qua propheta praecipuum, quod ea occasione (quae non erat, ut sublimia theologiae dogmata doceret) Dei nomine debebat manifestare, sufficienter exprimebat, adeo ut nullo modo a sensu suo aberraret. Si etiam caeteri prophetae Dei verbum iussu Dei ea ratione populo manifestarunt, tanquam optimo medio, non vero tanquam illo, quod Deus petebat, populum ad scopum Scripturae primarium ducendi, qui iuxta ipsius Christi dictum in hoc consistit, nimirum in amore Dei supra omnia et proximi tanquam sui ipsius. Sublimes speculationes, credo, Scripturam minime tangunt. Me quod spectat, nulla Dei aeterna attributa ex Sacra Scriptura didici, nec discere potui.

Quantum vero quintum attinet argumentum (scilicet prophetas Dei verbum tali ratione manifestum fecisse, quoniam veritas veritati non est contraria), nihil reliqui est, quam ut (quemadmodum quivis, qui demonstrandi methodum percipit, iudicabit) demonstrem, Scripturam, prout est, esse Dei verum verbum revelatum. Cuius mathematicam demonstrationem nisi divina revelatione habere nequeo. Et ideo dixi: *credo, sed non more mathematico scio, omnia, quae Deus prophetis etc.*, quia firmiter credo, non vero mathematice scio, prophetas Dei intimos consiliarios et legatos fuisse fidos; adeo ut in iis, quae ego affirmavi, nulla omnino sit contradictio, quum e contrario ab altera parte haud paucae inveniantur.

Reliquum tuae epistolae, nempe ubi dicis: *denique ens summe perfectum noverat etc.*, et deinde quod contra exemplum de veneno adfers, ac ultimo, quod appendicem et id, quod sequitur, spectat, dico hanc praesentem quaestionem non respicere.

Praefationem L. M. quod attinet, in ipsa certe simul ostenditur, quid Cartesio adhuc probandum esset, ut solidam de libero arbitrio demonstrationem formaret, additurque, me contrariam fovere sententiam, et quomodo eam foveam: quam forte suo tempore indicabo. Nunc vero animus non est.

De opere vero super Cartesium nec cogitavi, nec ulteriorem eius gessi curam, postquam sermone Belgico prodiit; et quidem non sine ratione, quam hic recensere longum foret. Adeo ut nihil dicendum restet, quam me etc.

37. EPISTOLA XXXV.

Clarissimo viro B. D. S.
GUILIELMUS DE BLYENBERGH.
Responsio ad praecedentem.
Versio.

Mi domine et care amice,

Epistolam tuam 28. Ianuarii sriptam suo tempore accepi. Aliae occupationes praeter studia impediverunt, quo minus ad tuam citius responderim; et quoniam hic illic acribus tua referta est reprehensionibus, quid de ea iudicarem, vix sciebam. Nam in prima 5. Ianuarii exarata tam liberaliter amicitiam tuam ex animo mihi obtuleras, hac addita obtestatione, meam non solum illo tempore scriptam, sed et subsequentes valde gratas fore; quin amice flagitabas, ut libere, si quas insuper movere possem difficultates, obiicerem, uti in mea 16. Ianuarii data prolixius paulo praestiti. Ad eam amicam et erudientem iuxta postulatum et promissum tuum exspectabam responsionem. Sed econtra talem, quae nimiam non redolet amicitiam, accepi; *nempe quod nullae demonstrationes, licet validissimae, apud me valent, quod mentem Cartesii non percipio, quod res spirituales nimium cum terrenis confundo etc., ita ut invicem epistolis diutius erudire nos non possemus.* Ad quae amice respondeo, me firmiter credere, te supra dicta melius me intelligere et assuetum magis esse, res corporeas a spiritualibus discernere. In metaphysica enim, quam ego inchoo, summum adscendisti gradum, et ideo, ut erudirer, favorem tuum captabam; nunquam vero existimabam, me obiectionibus libere factis offensionis causam praebiturum. Summas tibi ex animo ago gratias, quod tantum laborem in duabus epistolis exarandis, praecipue in secunda, suscepisti. Ex posteriore, quam ex priore, tuam mentem clarius percepi, et nihilo minus ei assensum praebere nequeo, nisi difficultates, quas adhuc in ea invenio, tollantur. Nec hoc offensionis causam dare potest. Nam illud vitium in intellectu nostro arguit, si veritati sine fundamento necessario assentimur. Licet tui veri essent conceptus, iis assensum praebere non licet, quam diu in me quaedam obscuritatis vel dubitationis rationes supersunt, quamvis dubitationes non ex re proposita, sed ex mei intellectus imperfectione orirentur. Et quia hoc abunde tibi notum est, aegre ferre non debes, si rursus quasdam formem obiectiones. Cogor ita facere, quam diu rem clare percipere nequeo; nam hoc in alium non fit finem, quam ad veritatem inveniendam, non vero ad tuam mentem praeter intentionem tuam detorquendam; et propterea ad haec pauca amicam peto responsionem. Dicis, *nihil ad essentiam rei amplius pertinere, quam id, quod divina voluntas potentiaque ei concedit et revera tribuit; et quum ad naturam hominis, qui appetitu libidinis ducitur, attendimus, praesentemque appetitum cum eo, qui in probis est, vel cum eo, quem ipse alias habuit, comparamus, affirmamus eum hominem meliore appetitu privatum esse, quia tunc isti virtutis appetitum competere iudicamus. Quod facere non possumus, si ad naturam divini decreti et intellectus attendimus; nam eo respectu melior ille appetitus non magis ad naturam istius hominis eo tempore, quam ad naturam diaboli aut lapidis pertinet etc. Licet enim Deus praeteritum et praesentem Adami statum sciret, non idcirco Adamum praeterito statu privatum esse intelligebat, hoc est, praeteritum ad suam praesentem naturam pertinere etc.* Ex quibus verbis clare sequi videtur, iuxta tuam sententiam nihil aliud ad essentiam pertinere, quam quod eo momento, quo percipitur, res habet, hoc est, si me voluptatis desiderium tenet, illud desiderium ad meam illo tempore pertinet essentiam, et si me non tenet, illud *nondisiderium* ad meam eo, quo non desidero, tempore essentiam pertinet. Unde infallibiliter consequitur, me tum respectu Dei aeque perfectionem in meis operibus includere (solummodo gradu differentibus), quando voluptatum cupiditate, quam quando ea non teneor; quando omnis generis scelera perpetro, quam quando virtutem ei iustitiam exerceo. Ad meam enim essentiam eo tempore tantum duntaxat, quantum operor, pertinet. Nec enim plus, nec minus, secundum tuam positionem, operari possum, quam quantum revera accepi perfectionis, quia voluptatum scelerumque cupiditas ad meam eo tempore, quo facio, pertinet essentiam, et eo tempore illam, non vero maiorem, a divina potentia accipio. Exigit ergo divina potentia eiusmodi duntaxat opera. Et ita ex tua positione clare videtur sequi, Deum scelera una eademque ratione velle, qua ea vult, quae tu nomine virtutis insignis. Ponamus iam, quod Deus ut Deus, non vero ut iudex, piis et impiis talem et tantum essentiae largitur, quantum vult, ut illi efficiant; quaenam rationes dantur, ut unius opus non eodem modo, quam alterius velit? Nam quoniam unicuique ad opus suum qualitatem concedit, sequitur utique, quod, quibus minus largitus est, eadem ratione tantum ab ipsis petit, quantum ab illis, quibus plus dedit; et per consequens Deus sui ipsius respectu maiorem minoremve nostrorum operum perfectionem, voluptatum et virtutum cupiditatem eodem modo exigit: adeo ut, qui scelera patrat, necessario eadem patrare debeat, quia nihil aliud ad suam eo tempore essentiam spectat; ut is, qui virtutem exercet, ideo virtutem exercet, quia Dei potentia voluit, ut ad suam eo tempore essentiam id pertineret. Rursum mihi videtur Deus aeque et eodem modo scelera, quam virtutem velle; quatenus autem utraque vult, tam huius, quam illius est causa, ipsique eatenus grata esse debent. Quod de Deo concipere durum est.

Dicis, ut video, probos Deum colere. Verum ex tuis scriptis nihil aliud percipio, quam quod Deo servire tantum sit talia efficere opera, quae Deus, ut operaremur, voluit. Idem adscribis impiis et libidinosis. Quaenam ergo est differentia respectu Dei inter proborum et improborum cultum? Ais etiam, probos Deo servire et serviendo continuo perfectiores evadere. Sed non percipio, quid per τὸ *perfectiores evadere* intelligas, nec quid significet τὸ *continuo perfectiores evadere.* Nam et impii et pii suam essentiam et conservationem aut continuam creationem a Deo ut Deo, non vero ut iudice nanciscuntur, voluntatemque eius iuxta Dei decretum utrique eodem modo exsequuntur. Quaenam ergo differentia respectu Dei inter utrosque potest esse? Nam τὸ *perfectiores continuo evadere* non ex opere, sed ex Dei voluntate fluit; adeo ut, si impii per opera sua imperfectiores fiunt, illud non fluat ex operibus, sed ex sola Dei voluntate; et utrique voluntatem Dei tantum exsequuntur. Nequit ergo in his duobus ratione Dei dari discrimen. Quaenam sunt ergo rationes, ut hi per opus suum continuo perfectiores, illi vero deteriores evadant?

Sed vero discrimen operis horum supra alterorum opus in hoc ponere videris, quod hoc opus plus perfectionis, quam illud includit. In his tuum vel meum certo confido latere errorem. Nam nullam in tuis scriptis reperire licet regulam, secundum quam res magis minusve perfecta dicitur, quam quando plus minusve habet essentiae. Si iam haec sit perfectionis regula, sunt igitur scelera Dei respectu ei aeque ac opera proborum grata. Nam Deus ea ut Deus, hoc est, sui respectu eodem modo vult, quia utraque ex Dei fluunt decreto. Si haec sit sola perfectionis regula, errores non nisi improprie tales dici possunt. Sed revera nulli errores, nulla dantur scelera: et quicquid est, illam tantummodo et talem, quam Deus dedit, essentiam complectitur, quae semper, utcumque ea se habeat, perfectionem involvit. Me hoc clare non posse percipere, fateor, et tu quaerenti, an occidere Deo aeque placeat, ac eleemosynas largiri; an furtum committere, Dei respectu, aeque bonum sit, ac iustum esse, condona. Si neges, quaenam sunt rationes? Si affirmes, quae apud me existunt rationes, quibus moverer, ut hoc opus, quod tu virtutem appellas, magis quam aliud operarer? Quaenam lex magis hoc, quam illud prohibet? Si ipsam nomines virtutis legem, fatendum mihi certe est, me nullam apud te reperire, iuxta quam virtus moderanda et ex qua cognoscenda sit. Quicquid enim est, a Dei voluntate inseparabiliter dependet, et per consequens et hoc et illud ex aequo virtuosum est. Et quid tibi virtus vel lex virtutis sit, non capio. Ideo etiam quod asseris, nos ex amore virtutis debere operari, non intelligo. Dicis quidem, te scelera et vitia omittere, quia ea cum singulari tua natura pugnant, et te ab divina cognitione et amore seducunt; verum nullam horum in omnibus tuis scriptis invenio vel regulam vel probationem. Quin excusa me, si contrarium ex illis sequi dicam. Omittis ea, quae vitia appello, quia cum singulari tua natura pugnant, non autem quia vitia complectuntur: omittis ea, quemadmodum cibis, a quo natura nostra abhorret, relinquitur. Certe qui mala omittet, eo quod sua natura ab eis abhorret, parum de virtute gloriari poterit.

Hic iam rursum quaestio moveri potest: an, si daretur animus, cum cuius singulari natura non pugnaret, sed conveniret, voluptates sceleraque patrare, an, inquam, ratio virtutis sit, quae ipsum ad virtutem praestandam malumque omittendum moveret? Sed qui fieri potest, ut quis cupiditatem voluptatis amitteret, cuum eius cupiditas eo tempore de sua sit essentia, ipsamque iam modo acceperit, neque dimittere possit?

Hanc etiam consequentiam in tuis scriptis non video, quod nimirum eae actiones, quas scelerum nomine insignio, te a Dei cognitione et eius amore seducerent. Nam voluntatem Dei tantum exequutus es, neque amplius praestare poteras, quia ad tuam isto tempore essentiam constituendam a divina voluntate ac potentia nihil amplius datum erat. Quomodo sic determinatum ac dependens opus a divino amore aberrare facit? Aberrare est confusum et independens esse, et hoc secundum te est impossibile. Nam sive hoc sive illud, sive plus sive minus perfectionis edimus, illud ad esse nostram pro illo tempore immediate a Deo accipimus: quomodo ergo possumus aberrare? Vel ego, per errorem quid intelligatur, non capio. Attamen in hoc, inquam, solo causa vel mei vel tui erroris latere debet.

Hic multa alia dicerem et quaererem. Primo: an substantiae intellectuales alio modo, quam vitae expertes a Deo dependeant? Licet enim entia intellectualia plus essentiae, quam vita carentia involvant, annon utraque Deo Deique decreto ad suum motum in genere et ad talem motum in specie conservandum opus habent, et per consequens, quatenus dependeant, annon una eademque ratione dependeant? Secundo: quia, quam ei D. des Cartes adsignavit, libertatem animae non concedis, quaenam sit differentia inter dependentiam intellectualium et anima carentium substantiarum? et si nullam volendi habent libertatem, quomodo tu eas a Deo dependere concipias? et quo pacto anima a Deo dependeat? Tertio: siquidem nostra anima non ea sit praedita libertate, anne nostra actio proprie Dei actio et nostra voluntas proprie Dei sit voluntas? Plura alia quaerere possem, sed tam multa a te petere non ausim: solummodo ad praecedentia responsum tuum brevi exspecto, an forte hoc medio adhibito sententiam tuam melius intelligam, ut postea de hac re coram tecum pluribus agerem. Ubi enim tuum nactus fuero responsum, Leydam profectus, si gratum sit, in transitu te salutabo. His nixus dico ex animo, tibi salute dicta, me manere

Dordraci 19. Febr. 1665.

tibi addictissimum atque officiosissimum

G. de Blyenbergh.

P. S. Nimia festinatione hanc inserere quaestionem oblitus sum: an quod alias nobis eveniret, prudentia nostra non impedire queamus.

38. EPISTOLA XXXVI.

Viro doctissimo ac ornatissimo Guilielmo de Blyenbergh

B. D. S.

Responsio ad praecedentem.

Versio.

Mi domine et amice,

Duas abs te hac septimana accepi epistolas; posterior 9. Martii exarata tantum ei inserviebat, ut me de priore 19. Februarii scripta et mihi Schiedamo missa certiorem redderet. In hac priore te de eo queri video, quod dixerim, *nullam apud te demonstrationem locum habere posse etc.*, quasi illud mearum rationum respectu, quia statim tibi non fecerunt satis, locutus fuerim; quod a mente mea longe abest. Respiciebam propria tua verba, quae sic habent: *Et si quando post diutinam investigationem accideret, ut naturalis mea scientia videretur cum hoc verbo vel pugnare, vel non satis bene etc., illud verbum tantae apud me est authoritatis, ut conceptus, quos existimo clare percipere, mihi potius suspecti sint etc.;* adeo ut tua tantum verba breviter repetierim, nec propterea credo, me ulla in re irae causam praebuisse, eo magis, quod ea tanquam rationem adducebam, quibus magnum nostrum dissensum ostenderem.

Porro, quia in calce secundae epistolae scripseras, te tantummodo sperare et optare, ut in fide ac spe perseveres, atque reliqua, quae nobis invicem de intellectu naturali persuademus, tibi esse indifferentia; animo volvebam, uti et iam revolvo, meas nulli usui futuras, mihique ea de causa consultum magis esse, ut studia (quae alioqui tam diu intermittere cogor) non negligerem propter res, quae nullum fructum possunt largiri. Nec hoc primae epistolae meae contrariatur: quia ibi te ut merum philosophum, qui (sicuti haud pauci, qui se Christianos autumant, concedunt) nullum alium veritatis Lydium habet lapidem praeter naturalem intellectum, non vero theologiam, considerabam. Sed de hac re me aliter edocuisti, simulque ostendisti, quod fundamentum, cui nostram amicitiam superaedificare animus erat, non, ut arbitrabar, esset iactum.

Denique reliqua quod attinet, ea plerumque tali modo inter disputandum contingunt, ut propterea humanitatis limites non transgrediamur, et hac de causa in secunda tua epistola, nec non in hac his similia tanquam non animadversa praetermittam. Haec de tua offensione, ut, me ei nullam dedisse causam, ostenderem, multo minus me ferre haud posse, ut mihi quisquam obloquatur. Nunc, quo ad tuas obiectiones rursus respondeam, me converto.

Statuo ergo primo, Deum absolute et revera causam esse omnium, quae essentiam habent, quaecumque etiam illa sint. Si iam poteris demonstrare, malum, errorem, scelera etc. quicquam esse, quod essentiam exprimit, tibi penitus concedam, Deum scelerum, mali, erroris etc. causam esse. Videor mihi sufficienter ostendisse id, quod formam mali, erroris, sceleris ponit, non in aliquo, quod essentiam exprimit, consistere, ideoque dici non posse, Deum cius esse causam. Neronis verbi gratia matricidium, quatenus aliquid positivum comprehendebat, scelus non erat; nam facinus exter-

num fecit: simulque intentionem ad trucidandam matrem
Orestes habuit, et tamen, saltem ita uti Nero, non accusatur. Quodnam ergo Neronis scelus? Non aliud, quam quod
hoc facinore ostenderet se ingratum, immisericordem ac
inobedientem esse. Certum autem est, nihil horum aliquid
essentiae exprimere, et idcirco Deum eorum etiam non fuisse
causam, licet causa actus et intentionis Neronis fuerit.

Porro velim hic notari, nos, dum philosophice loquimur,
non debere phrasibus theologiae uti. Nam quia theologia
Deum pássim, nec temere, ut hominem perfectum repraesentat, propterea oportunum est, ut in theologia dicatur,
Deum quicquam cupere, Deum taedio operibus improborum
affici et proborum delectari. In philosophia vero, ubi clare
percipimus, quod Deo illa attributa, quae hominem perfectum reddunt, tam aegre possunt tribui et adsignari, quam
si ea, quae elephantum asinumve perficiunt, homini tribueremus; ibi haec et his similia verba nullum obtinent locum,
nec ibi sine nostrorum conceptuum summa confusione ea
usurpare licet. Quare philosophice loquendo dici nequit,
Deum a quoquam quicquam petere, neque ei taediosum aut
gratum quid esse; haec quippe omnia humana sunt attributa, quae in Deo locum non habent.

Notari tandem voluissem, quod, quamvis opera proborum
(hoc est, eorum, qui claram Dei habent ideam, ad quam
cuncta eorum opera, ut et cogitationes determinantur) et
improborum (hoc est, eorum, qui Dei ideam haud possident,
sed tantum rerum terrenarum ideas, ad quas eorum opera
cogitationesque determinantur), et denique omnium eorum,
quae sunt, ex Dei aeternis legibus et decretis necessario
profluant continuoque a Deo dependeant, attamen non solum
gradibus, sed et essentia ab invicem differunt. Licet etenim
mus aeque ac angelus, et aeque tristitia ac laetitia a Deo
dependeant, nequit tamen mus species angeli et tristitia
species laetitiae esse. Hisce opinor me tuis obiectionibus
(si eas probe intellexi, quippe interdum dubius haereo, num
conclusiones, quas inde deducis, non differant ab ipsa propositione, quam demonstrare suscipis) respondisse.

Verum illud clarius patebit, si ad quaestiones propositas
ex his fundamentis respondeam. Prima est: an occidere
Deo adeo acceptum sit, ac eleemosynas elargiri? Altera est:
an furari Dei respectu aeque bonum sit, ac iustum esse?
Tertia denique est: an, si daretur animus, cum cuius singulari natura non pugnaret, sed conveniret, libidinibus ob-

EPISTOLA XXXVI.

temperare et scelera perpetrare, an in eo, inquam, ratio virtutis daretur, quae ipsi, ut bonum faceret et malum omitteret, persuaderet?

Ad primam hoc do responsum, me (philosophice loquendo) quid his verbis: *Deo acceptum esse* velis, nescire. Si roges: an Deus hunc non odio habeat, illum vero diligat? an Deum alius contumelia affecerit, alius favore prosecutus fuerit? respondeo: quod non. Si vero quaestio est: numne homines, qui occidunt et eleemosynas distribuunt, aeque probi et perfecti sint? rursus negando respondeo.

Ad secundam regero: si *bonum respectu Dei* inferat, iustum aliquid boni Deo praestare et furem aliquid mali, respondeo, neque iustum neque furem in Deo delectationem aut taedium posse causari. Si vero quaeratur: an utrumque illud opus, quatenus aliquid reale et a Deo causatum est, aeque sit perfectum? dico, si ad opera tantum animum advertamus et ad talem modum, posse fieri, ut utrumque aeque sit perfectum. Si igitur interroges: numne fur et iustus aeque sint perfecti beatique? respondeo: non. Per iustum namque eum intelligo, qui constanter cupit, ut unusquisque, quod suum est, possideat; quam cupiditatem ego in mea ethica (necdum edita) in piis ex clara, quam de se ipsis et Deo habent, cognitione necessario originem ducere, demonstro. Et quoniam eius generis cupiditatem fur non habet, necessario Dei et sui ipsius cognitione, hoc est, primario, quod nos homines beatos reddit, destituitur. Si tamen ulterius quaeras quid te queat movere, ut magis hoc opus, quod virtutem nuncupo, quam aliud facias? dico, me non posse scire, qua via ex infinitis Deus utatur, ut te ad hoc opus determinet. Posset esse, ut Deus tibi clare sui ideam impresserit, ut mundum oblivioni propter sui amorem traderes, reliquosque homines, sicut te ipsum, amares; et perspicuum est huiusmodi animi constitutionem cum caeteris omnibus, quae malae vocantur, pugnare et ea de causa in uno subiecto non posse esse. Porro fundamenta ethices explicandi et etiam cuncta mea dicta demonstrandi non est hic locus, quia tantum in eo sum, ut ad quaestiones tuas responsum dem et eas a me avertam arceamque.

Quantum denique tertiam quaestionem attinet, ea contradictionem supponit, mihique aeque videbatur, ac si quis rogaret: Si melius cum alicuius natura conveniret, ut se ipsum suspenderet, an rationes darentur, ut se non suspenderet? Verum, eiusmodi dari naturam, sit possibile. Tunc affirmo (etiamsi liberum arbitrium concederem, sive non concederem), si quis videt, se commodius in cruce posse vivere, quam mensae suae accumbentem, eum stultissime agere, si se ipsum non suspenderet; et is, qui clare videret, se scelera patrando revera perfectiore et meliore vita vel essentia, quam virtutem sectando posse frui, is etiam stultus foret, si illa non faceret. Nam scelera respectu istiusmodi naturae humanae perversae virtus essent.

Ad aliam quaestionem, quam calci epistolae addidisti, quia una hora vel centum eius generis quaerere possemus, nec tamen nunquam ad conclusionem unius perveniremus, et ipse responsionem non adeo urges, non respondebo. Hoc tempore tantum dicam etc.

39. EPISTOLA XXXVII.

Viro clarissimo B. D. S.

GUILIELMUS DE BLYENBERGH.

Responsio ad praecedentem.

Versio

Mi DOMINE ET AMICE,

Ubi tua honorabar praesentia, ut in ea perseverarem, non tempus, multo minus memoria permittebat, ut quae colloquentes tractavimus, ei mandarem; licet ego quam primum a te discesseram, omnes memoriae vires, quo audita retinerem, colligerem. In proximum ergo profectus locum tuas opiniones chartae mandare conabar. Sed experiebar tunc, me revera ne quartam quidem tractatorum partem retinuisse; adeo ut tibi sim excusandus, si adhuc semel, tantum quaerendo de iis, in quibus mentem tuam vel non bene perceperim, vel non bene retinuerim, tibi molestus sim. Optem, ut hunc laborem aliquo beneficio tibi compensandi facultas daretur.

Primum erat: quomodo, ubi principia et cogitata tua metaphysica lego, quae tua quaeque Cartesii sit sententia, internoscere possim?

Secundum: an proprie detur error, et in quo consistat?

EPISTOLA XXXVII.

Tertium: qua ratione statuas, voluntatem non esse liberam?

Quartum, quid his verbis, quae L. M. in praefatione tuo nomine scripsit, intelligas, nempe: *Quum contra author noster admittat quidem, in rerum natura esse substantiam cogitantem, attamen neget, illam constituere essentiam mentis humanae, sed statuat, eodem modo, quo extensio nullis limitibus determinata est, cogitationem etiam nullis limitibus determinari: adeoque quemadmodum corpus humanum non est absolute, sed tantum certo modo secundum leges naturae extensae per motum et quietem determinata extensio; sic etiam mentem sive. animam humanam non esse absolute, sed tantum secundum leges naturae cogitantis per ideas certo modo determinatam cogitationem; quae necessario dari concluditur, ubi corpus humanum existere incipit.* Unde sequi videtur, sicut corpus humanum ex millenis compositum est corporibus, ita etiam humanam mentem ex millenis constare cogitationibus; et quemadmodum humanum corpus in millena resolvitur unde componebatur corpora, sic etiam mentem nostram, ubi corpus deserit, in tam multiplices ex quibus constabat cogitationes resolvi. Et sicuti resolutae humani nostri corporis partes non amplius unitae manent, sed alia corpora inter ea se insinuant, ita sequi quoque videtur, mente nostra dissoluta illas innumeras cogitationes, quibus constabat, non amplius combinatas, sed divisas esse; et quemadmodum corpora soluta corpora quidem manent, sed non humana, ita a morte quoque nostram substantiam cogitantem quidem resolvi, ut cogitationes vel substantiae cogitantes maneant, non vero ita, ut essentia erat earum, quum mens humana dicebantur. Unde mihi videtur, ac si statueres, substantiam hominis cogitantem multari et instar corporum resolvi, quin imo quasdam ita, ut de impiis (ni me fallat memoria) affirmabas, omnino perire, nullamque sibi retinere cogitationem reliquam. Et sicut D. des Cartes, ut L. M. habet, mentem esse substantiam absolute cogitantem tantum praesupponit, ita et tu et L. M. praesupponitis maximam partem, ut mihi videmini. Quare tuam hoc in negotio mentem clare non percipio.

Quintum est, quod tam in colloquio, quam in postrema tua epistola 13. Martii scripta statuis, ex clara Dei et nostri cognitione oriri constantiam, qua, ut quilibet suum sibi habeat, cupimus. Verum hic explicandum restat, qua ratione Dei et nostri cognitio in nobis constantem voluntatem producat, ut unusquisque, quod suum est, possideat, hoc est, qua via id ex Dei cognitione fluat, vel nos obstringat, ut virtutem amemus et ea negligamus opera, quae vitia dicimus; et unde procedat (quandoquidem occidere et furari iuxta te aeque quid positivum, ac eleemosynas dare comprehendant), cur caedem committere non tantum perfectionis, beatitudinis et acquiescentiae, quantum eleemosynas distribuere involvat. Dices forte, ut in postrema, quae 13. Martii consignata est, hanc quaestionem ad ethicam spectare, eamque inibi a te moveri. Verum quum sine huius quaestionis, ut et praecedentium elucidatione, ego tuam nequeam percipere mentem, quin semper absurditates supersint, quas conciliare non possum, amice rogo, ut latius mihi ad eas respondeas ac praecipuas quasdam definitiones, postulata et axiomata, quibus tua ethica et haec imprimis quaestio innititur, proponas et explanes. Forte, quia labor deterret, te excusabis; verum ut meae satisfacias petitioni saltem hac vice flagito, eo quod absque ultimae quaestionis solutione mentem tuam nunquam recte sim percepturus. Optem, ut laborem tuum aliquo beneficio compensare liceret. Tempus duarum triumve septimanarum praescribere non audeo; tantum ut ante iter tuum Amstelaedamense ad has responsum des, requiro. Hoc ubi praestiteris, me tibi summopere devincies, egoque ostendam me esse et permanere,

Dordraci 27. Martii 1665.
mi domine,
tuum ad quaevis officia paratissimum

G. DE BLYENBERGH.

40. EPISTOLA XXXVIII.

Humanissimo ornatissimoque viro Guil. de Blyenbergh

β. D. S.

Responsio ad praecedentem.

Versio.

MI DOMINE ET AMICE,

Ubi tua 27. Martii ad me data mihi tradebatur, ut Amstelaedamum proficiscerer, in procinctu stabam. Quare, ubi dimidium eius perlegeram, domi relinquebam, donec rediissem, ut tum responderem; quoniam putabam, eam nihil nisi quaestiones ad primam spectantes controversiam comprehendere. Ego vero postea eam perlegens longe aliud eius argumentum esse deprehendebam, in eaque non modo probationem eorum, quae in praefatione mearum demonstrationum geometricarum in Cartesii principia curavi scribi, eo tantum fine, ut meam sententiam cuilibet indicarem, non vero probarem ut hominibus persuaderem; sed etiam magnam ethices partem, quae, ut cuivis notum, metaphysica et physica fundari debet, desiderari. Qua de causa ut tuis facerem satis quaestionibus, a me impetrare non potui; sed occasionem exspectare volui, quo amicissime coram, ut postulato desistas, a te peterem, meae negationis rationem darem et denique ostenderem, eas ad primae nostrae controversiae solutionem non facere, sed econtra maximam partem a solutione istius litis pendere. Tantum ergo abest, ut mea opinio, rerum necessitatem spectans, sine iis non possit percipi; quia hac revera percipi nequeunt, antequam ea in antecessum intelligatur. Antequam vero offerebatur occasio, hac hebdomada alterum adhuc mihi tradebatur epistolium, quod aliquam displicentiam ex nimia mora prae se ferre videtur. Et ideo haec pauca ad te scribere necessitas me coëgit, ut de proposito et decreto meo certiorem, ut iam reddidi, te redderem. Spero te, negotio perpenso ultro a tua petitione destiturum, et tamen animum in me propensum servaturum. Ego a mea parte pro viribus meis in omnibus demonstrabo, me esse etc.

---

41. EPISTOLA XXXIX.

Viro amplissimo ac prudentissimo ******

B. D. S.

Versio.

AMPLISSIME VIR,

Demonstrationem unitatis Dei, hinc nimirum, quod eius natura necessariam involvit existentiam, quam postulabas, et ego in me recipiebam, ante hoc tempus ob quasdam occupationes mittere non potui. Ut ergo eo deveniam, praesupponam

I. Veram uniuscuiusque rei definitionem nihil aliud, quam rei definitae simplicem naturam includere. Et hinc sequitur

II. Nullam definitionem aliquam multitudinem vel certum aliquem individuorum numerum involvere vel 'exprimere; quandoquidem nil aliud, quam rei naturam, prout ea in se est, involvit et exprimit. Ex. gr. definitio trianguli nihil aliud includit, quam simplicem naturam trianguli; at non certum aliquem triangulorum numerum: quemadmodum mentit definitio, quod ea sit res cogitans, vel Dei definitio, quod is sit ens perfectnm, nihil aliud, quam mentis et Dei naturam includit; at non certum mentium vel deorum numerum.

III. Uniuscuiusque rei existentis causam positivam, per quam existit, necessario dari debere.

IV. Hanc causam vel in natura et in ipsius rei definitione (quia scilicet ad ipsius naturam existentia pertinet, vel eam necessario includit) vel extra rem ponendam esse.

Ex his praesuppositis sequitur, quod si in natura certus aliquis individuorum numerus existat, una pluresve causae dari debeant, quae illum iuste nec maiorem, nec minorem individuorum numerum producere potuerunt. Si, exempli gratia, in rerum natura viginti homines existant (quos omnis confusionis vitandae causa simul ac primos in natura esse supponam), non satis est, causam humanae naturae in genere investigare, ut rationem, cur viginti existant, reddamus; sed etiam ratio investiganda est, cur nec plures, nec pauciores, quam viginti homines existant. Nam (iuxta tertiam hypothesin) de quovis homine ratio et causa, cur existat, reddenda est. At haec causa (iuxta secundam et tertiam hypothesin) nequit in ipsius hominis natura contineri; vera enim hominis definitio numerum viginti hominum non involvit. Ideoque (iuxta quartam hypothesin) causa existentiae horum viginti hominum, et consequenter uniuscuiusque sigillatim, extra eos dari debet. Proinde absolute concludendum est, ea omnia, quae concipiuntur numero multiplicia existere, necessario ab externis causis, non vero propriae suae naturae vi produci. Quoniam vero (secundum hypothesin) necessaria existentia ad Dei naturam pertinet, eius vera definitio necessariam quoque existentiam ut includat, necessum est; et propterea ex vera eius definitione necessaria eius existentia concludenda est. At ex vera eius definitione (ut iam ante ex secunda et tertia hypothesi demonstravi) necessaria multorum deorum existentia non potest concludi. Sequitur ergo unici Dei solummodo existentia. Q. E. D.

Haec, amplissime vir, mihi hoc tempore optima visa fuit methodus ad propositum demonstrandum. Hoc ipsum antehac aliter demonstravi, distinctionem essentiae et existentiae adhibendo: quia vero ad id, quod mihi indicasti, attendo, hanc tibi libentius mittere volui. Spero tibi faciet satis, tuumque super ea iudicium praestolabor, et interea temporis manebo etc.

Voorburgi 7. Ianuar. 1666.

42. EPISTOLA XL.

Viro amplissimo ac prudentissimo *******

ᛒ. D. ᛌ.

Versio.

AMPLISSIME VIR,

Quod in tua epistola 10. Febr. ad me data aliquo modo mihi erat obscurum, in ultima 30. Martii scripta optime enucleasti. Quoniam igitur, quae proprie tua sit sententia, novi, statum quaestionis talem, qualem eum concipis, ponam: an scilicet non nisi unum sit ens, quod sua sufficientia vel vi subsistit? Quod non tantum affirmo, sed etiam demonstrare in me suspicio, hinc nimirum, qnod eius natura necessariam involvit existentiam; licet hoc ipsum facillime ex Dei intellectu (quemadmodum ego in propos. 11. demonstrationum mearum geometricarum in Cartesii Principia praestiti) aut ex aliis Dei attributis demonstrare licet. Rem ergo ut aggrediamur, in antecessum breviter ostendam, quas proprietates ens necessariam includens existentiam habere debeat: nimirum

I. Id esse aeternum. Si enim determinata duratio ei attribueretur, ens istud extra determinatam durationem ut non existens, vel ut necessariam non involvens existentiam conciperetur, quod definitioni suae repugnat.

II. Id simplex, non vero ex partibus compositum esse. Partes namque componentes natura et cognitione priores sint oportet, quam id, quod compositum est; quod in eo, quod sua natura aeternum est, locum non habet.

III. Id non determinatum, sed solum infinitum posse concipi. Quippe si istius entis natura determinata esset et etiam determinata conciperetur, illa natura extra eos terminos ut non existens conciperetur, quod cum definitione sua quoque pugnat.

IV. Id indivisibile esse. Si enim esset divisibile, in partes vel eiusdem vel diversae naturae dividi posset. Si hoc, destrui et ita non existere posset, quod definitioni adversum est; et si illud, pars quaelibet necessariam per se existentiam includeret, et hoc pacto unum sine alio existere, et per consequens concipi, et propterea illa natura ut finita comprehendi posset, quod per antecedens definitioni adversatur. Hinc videre est, quod, si eiusmodi enti aliquam velimus adscribere imperfectionem, statim in contradictionem incidamus. Nam sive imperfectio, quam tali vellemus affingere naturae, in quodam defectu aut terminis quibusdam, quos istiusmodi natura possideret, vel in aliqua mutatione, quas virium defectu a causis externis pati posset, sita esset; eo semper redigemur, eam naturam, quae necessariam involvit existentiam, non existere, vel haud necessario existere. Et idcirco concludo:

V. Id omne, quod necessariam includit existentiam, nullam in se habere posse imperfectionem, sed meram debere exprimere perfectionem.

VI. Porro, quoniam non nisi ex perfectione provenire potest, ut aliquod ens sua sufficientia et vi existat, sequitur, si supponamus, ens, quod non omnes exprimit perfectiones, sua natura existere, etiam nos debere supponere illud quoque ens existere, quod omnes comprehendit in se perfectiones. Si enim minori potentia praeditum sua sufficientia, quanto magis aliud maiori potentia praeditum existit.

Ut denique ad rem accedamus, affirmo, non nisi unicum posse ens esse, cuius existentia ad suam naturam pertinet; illud nimirum ens tantum, quod omnes in se habet perfectiones, quodque Deum nominabo. Quippe si aliquod ponatur ens, ad cuius naturam existentia pertinet, illud ens nullam in se continere imperfectionem, sed omnem exprimere debet perfectionem (per notam 5.); et propterea natura illius entis ad Deum (quem per notam 6. etiam existere statuere debemus) pertinere debet, quia omnes perfectiones, nullas vero imperfectiones in se habet. Nec extra Deum existere potest; nam si vel extra Deum existeret, una eademque natura, quae necessariam involvit existentiam, duplex existeret; quod iuxta antecedentem demonstrationem est absurdum. Ergo nihil extra Deum, sed solus Deus est, qui necessariam involvit existentiam. Quod erat demonstrandum.

Haec sunt, amplissime vir, quae hoc tempore ad hanc rem demonstrandam in medium proferre scio. Optem, ut tibi demonstrare liceat, me esse etc.

Voorburgi die 10. Aprilis 1666.

---

43. EPISTOLA XLI.

Viro amplissimo ac prudentissimo *******

B. D. S.

Versio.

Amplissime vir,

Ad tuam (in causa fuit impedimentum aliquod) nono decimo Maii datam citius respondere non licuit. Quia vero te tuum super demonstratione mea tibi missa suspendere iudicium, quantum ad maximam partem, deprehendi (propter obscuritatem, credo, quam in ea reperis), sensum eius clarius hic explicare conabor.

Primo ergo quatuor proprietates, quas ens sua sufficientia aut vi existens habere debet, enumeravi. Has quatuor reliquasque his similes in nota quinta ad unam redegi. Deinde ut omnia ad demonstrationem necessaria ex solo supposito deducerem, in sexta ex data hypothesi Dei existentiam demonstrare conatus sum; et inde denique, nihil amplius (ut notum) nisi simplicem verborum sensum praesupponendo, quod petebatur, conclusi.

Hoc breviter meum propositum, hic scopus fuit. Iam uniuscuiusque membri sensum sigillatim explanabo, ac primum a praemissis ordiar proprietatibus.

In prima nullam invenis difficultatem, nec aliud quid, sicut et secunda, est, quam axioma. Per simplex enim nihil, nisi quod non est compositum, intelligo, sive ex partibus natura differentibus aut ex aliis natura convenientibus componatur. Demonstratio certe universalis est.

Sensum tertiae (quantum ad hoc, quod si ens sit cogitatio, id in cogitatione, si vero sit extensio, in extensione non determinatum, sed solummodo indeterminatum concipi potest) optime percepisti, quamvis te conclusionem percipere neges; quae tamen hoc nititur, quod sit contradictio, aliquid, cuius definitio existentiam includit, aut (quod idem est) existentiam affirmat, sub negatione existentiae concipere. Et quoniam determinatum nihil positivi, sed tantum privationem existentiae eiusdem naturae, quae determinata concipitur, denotat; sequitur id, cuius definitio existentiam affirmat, non determinatum posse concipi. Ex. gr. si terminus *extensionis* necessariam includit existentiam, aeque extensionem sine existentia, ac existentiam sine extensione impossibile erit concipere. Hoc si ita statuatur, determinatam extensionem concipere impossibile quoque erit. Si enim ea determinata conciperetur, propria sua natura esset determinanda, nempe extensione: et haec extensio, qua determinaretur, deberet sub existentiae negatione concipi; id quod iuxta hypothesin manifesta est contradictio.

In quarta nihil aliud volui ostendere, quam tale ens nec in partes eiusdem, nec in partes diversae naturae posse dividi, sive eae, quae diversae sunt naturae, necessariam existentiam, sive minus involvunt. Si enim, inquiebam, posterius hoc locum obtineret, posset destrui, quoniam rem destruere est illam in eiusmodi partes resolvere, ut nulla earum omnium naturam totius exprimat: si vero prius locum haberet, cum tribus iam declaratis pugnaret proprietatibus.

In quinta solummodo praesupposui, perfectionem in $τῷ$ *esse* et imperfectionem in privatione $τοῦ$ esse consistere. Dico *privationem;* quamvis enim ex. gr. extensio de se cogitationem neget, nulla tamen hoc ipsum in ea est imperfectio. Hoc vero, si nimirum extensione destitueretur, in ea imperfectionem argueret, ut revera fieret, si esset determinata; similiter si duratione, situ etc. careret.

Sextam absolute concedis; et tamen dicis, tuam difficultatem (quare scilicet non plura entia per se existentia, natura autem differentia possent esse; quemadmodum cogitatio et extensio diversa sunt, ac forte propria sufficientia subsistere possunt) totam superesse. Hinc non aliud iudicare valeo, quam te eam longe alio ac ego sensu capere. Confido me perspicere, quo eam sensu intelligas; ego tamen, ne tempus perdam, meum tantum declarabo sensum. Dico ergo, quantum ad sextam attinet, si ponamus aliquid, quod in suo genere solummodo indeterminatum et perfectum est, sua sufficientia existere, quod etiam existentia entis absolute indeterminati ac perfecti concedenda erit; quod ens ego Deum nuncupabo. Si ex. gr. statuere volumus, extensionem aut cogitationem (quae quaelibet in suo genere, hoc est, in certo genere entis, perfectae esse queunt) sua sufficientia existere; etiam existentia Dei, qui absolute perfectus est, hoc est, entis absolute indeterminati erit concedenda. Hic loci, quod modo dixi, notari vellem, quantum vocabulum *imperfectionis* spectat, nimirum illud significare rei alicui quicquam deesse, quod tamen ad suam naturam pertinet. Ex. gr. extensio solummodo respectu durationis, situs, quantitatis imperfecta dici potest; nimirum quia non durat longius, quia suum non retinet situm, vel quia maior non evadit. Nunquam vero, quia non cogitat, imperfecta dicetur, quandoquidem eius natura nihil tale exigit, quae in extensione sola consistit, hoc est, in certo entis genere: quo respectu tantum determinata aut indeterminata, imperfecta aut perfecta dicenda est. Et quandoquidem Dei natura in certo entis genere non consistit, sed in ente, quod absolute indeterminatum est, eius etiam natura exigit id omne, quod τὸ *esse* perfecte exprimit; eo quod eius natura alias determinata et deficiens esset. Haec quum ita se habeant, sequitur, non nisi unum ens, Deum scilicet, posse esse, quod propria vi existit. Si etenim, verbi causa, ponamus, quod extensio existentiam involvit, aeterna et indeterminata ut sit, absoluteque nullam imperfectionem, sed perfectionem exprimat, opus est. Ideo extensio ad Deum pertinebit, aut aliquid erit, quod aliquo modo Dei naturam exprimit; quia Deus est ens, quod non certo duntaxat respectu, sed absolute in essentia indeterminatum et omnipotens est. Hocque, quod (pro lubitu) de extensione dicitur, de omni eo, quod ut tale statuere volemus, affirmandum quoque erit. Concludo ergo, ut in praecedenti mea epistola, nihil extra Deum, sed Deum solum sua sufficientia subsistere. Credo haec sufficere ad sensum praecedentis declarandum; tu vero melius de eo iudicium ferre poteris.

Hisce finirem: verum quia, ut mihi novae ad polienda vitra scutellae fabricentur, animus est, tuum hac in re consilium audire exoptem. Non video, quid vitris convexo-concavis tornandis proficiamus. Convexa plana econtra utiliora ut sint necesse est, si bene calculum subduxi. Nam si (facilitatis gratia) ponamus rationem refractionis esse ut

3 ad 2, et literas in hac apposita figura, ut eas in parva tua dioptrica locas, appingamus, invenietur ordinata aequatione, NI, quae dicitur $z = \sqrt{\frac{4}{9}zz - xx} - \sqrt{1-xx}$. Unde sequitur: si $x = 0$, erit $z = \frac{2}{3}$, quae tunc etiam est longissima; et si $x = \frac{3}{5}$, erit $z = \frac{11}{15}$, vel paulo amplius: si nimirum supponimus radium BI secundam non pati refractionem, quando ex vitro versus I tendit.

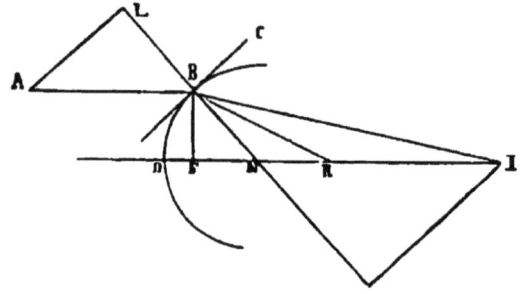

Statuamus vero iam, eum ex vitro prodeuntem in plana superficie BF refringi, et non versus I, sed versus R tendere. Quando ergo lineae BI et BR in eadem sunt ratione, in qua est refractio, hoc est (ut hic supponitur) ut 3 ad 2; et si quando tunc tenorem sequimur aequationis, venit pro $NR = \sqrt{zz - xx} - \sqrt{1-xx}$. Et si iterum, ut ante, ponimus $x = 0$, erit $NR = 1$, hoc est, aequalis semidiametro. Si vero $x = \frac{3}{5}$, erit $NR = \frac{20}{25} + \frac{1}{10}$. Id quod ostendit hunc focum alio minorem esse, licet tubus opticus per integram semidiametrum sit minor; adeo ut, si telescopium aeque longum fabricaremus, ac est DI, faciendo semidiametrum $= 1\frac{1}{4}$, et BF, eadem manente apertura, focus multo minor sit futurus. Ratio insuper, cur convexo-concava vitra minus placeant, est, quod praeterquam quod duplicem laborem et sumptum exigunt, radii, quandoquidem non omnes ad unum idemque tendunt punctum, nunquam in superficiem concavam perpendiculariter incidant. Verum quum non dubitem, quin haec iam olim perpenderis ac magis accurate ad calculos revocaveris, et denique rem ipsam determinaveris, ideo tuum iudicium consiliumque hac de re exquiro etc.

44. EPISTOLA XLII.

Doctissimo expertissimoque viro I. B.

B. D. S.

DOCTISSIME VIR, AMICE SINGULARIS,

Ad ultimas tuas literas, dudum a me acceptas, antehac respondere non potui; ita variis occupationibus et sollicitudinibus impeditus fui, ut vix tandem me expedire potuerim. Nolo tamen, quandoquidem animum aliquantisper recipere licet, meo afficio deesse; sed tibi quam primum maximas agere gratias volo pro amore atque officio erga me tuo, quod saepius opere, iam vero literis etiam satis superque testatus es etc. Transeo ad tuam quaestionem, quae sic se habet, nempe: *an aliqua detur aut dari possit methodus talis, qua inoffenso pede in praestantissimarum rerum cogitatione sine taedio pergere possimus? an vero, quemadmodum corpora nostra, sic etiam mentes casibus obnoxiae sint, et fortuna magis, quam arte cogitationes nostrae regantur?* Quibus me satisfacturum puto, si ostendam, quod necessario debeat dari methodus, qua nostras claras et distinctas perceptiones dirigere et concatenare possumus, et quod intellectus non sit, veluti corpus, casibus obnoxius. Quod quidem ex hoc solo constat, quod una clara et distincta perceptio, aut plures simul possunt absolute esse causa alterius clarae et distinctae perceptionis. Imo omnes clarae et distinctae perceptiones, quas formamus, non possunt oriri nisi ab aliis claris et distinctis perceptionibus, quae in nobis sunt, nec ullam aliam causam extra nos agnoscunt. Unde sequitur, quas claras et distinctas perceptiones formamus, a sola nostra natura eiusque certis et fixis legibus pendere, hoc est, ab absoluta nostra potentia, non vero a fortuna, hoc est, a causis quamvis certis etiam et fixis legibus agentibus, nobis tamen ignotis et a nostra natura et potentia alienis. Quod ad reliquas perceptiones attinet, eas a fortuna quam maxime pendere fateor. Ex his igitur clare apparet, qualis esse debeat vera methodus et in quo potissimum consistat, nempe in sola puri intellectus cognitione, eiusque naturae et legum; quae ut acquiratur, necesse est ante omnia distinguere inter intellectum et imaginationem, sive inter veras ideas et reliquas, nempe fictas, falsas, dubias et absolute omnes, quae a sola memoria dependent. Ad haec intelligendum, saltem quoad methodus exigit, non est opus, naturam mentis per primam eius causam cognoscere, sed sufficit, mentis sive perceptionum historiolam concinnare modo illo, quo Verulamius docet. Et his paucis puto me veram methodum explicuisse et demonstrasse, simulque viam ostendisse, qua ad eam perveniamus. Superest tamen te monere, ad haec omnia assiduam meditationem et animum propositumque constantissimum requiri, quae ut habeantur, apprime necesse est, certum vivendi modum et rationem statuere et certum aliquem finem praescribere. Sed de his impraesentiarum satis etc.

Voorburgi 10. Iun. 1666.

45. EPISTOLA XLIII.

Ornatissimo viro I. v. M.

B. D. S

Versio.

Ornatissime vir,

Dum hic solitarius in agro vitam ago, quaestionem, quam mihi aliquando proposuisti, mecum volvi, eamque simplicem valde deprehendi. Universalis demonstratio hoc nititur fundamento: quod is iustus sit lusor, qui suam lucrandi aut perdendi sortem seu exspectationem cum adversarii sorte aequalem ponit. Haec aequalitas consistit in sorte et in pecunia, quam adversarii deponunt ac periclitantur; hoc est, si sors utrimque est aequalis, quilibet etiam aequales nummos deponere et periclitari debet; si vero sors sit inaequalis, unus eo plus pecuniae deponere debet, quo sua sors maior est, tuncque exspectatio utrimque aequalis et consequenter lusus aequus erit. Si enim ex. gr. A cum B ludens duas lucrandi exspectationes et perdendi unicam tantum, et econtra B solum unicam lucrandi exspectationem et duas habet amittendi, clare apparet, quod A tantum pro unaquaque sorte debet periclitari, quantum B pro sua periclitatur, hoc est, A debet duplum ipsius B periclitari.

Hoc ut adhuc clarius ostendamus, supponemus, tres A. B. C. aequali exspectatione inter se ludere et unumquemque aequalem pecuniae summam deponere. Manifestum est, quod, quia quivis aequales nummos deponit, unusquisque etiam non nisi tertiam partem periclitetur, ut duas tertias lucretur, quodque, quia quilibet contra duos ludit, quivis unam tantum lucrandi exspectationem, ac duas amittendi habet. Si statuamus, tertium horum ante lusum inchoatum, nempe C, lusione velle desistere, manifestum est, eum id duntaxat, quod deposuit, hoc est, tertiam partem debere recipere; et B si exspectationem ipsius C velit emere et illius in locum succedere; tantum debere, quantum C recepit. Huic negotio nequit sese A opponere: etenim ipsi perinde est, an cum una contra duas sortes duorum diversorum, lusorum an cum uno lusore aleam subeat. Hinc quum haec ita se habeant, sequitur, quod, si quis manum suam exerat, ut, si alter de duobus numeris unum coniiciat, eumque coniectura assequatur, certam nummorum summam lucretur, vel si econtrario aberret, aequalem summam perdat, quod, inquam, exspectatio utrimque aequalis est, nimirum tam ei, qui manum extendit, ut alter divinet, quam cui divinandi datur potestas. Porro si manum extendat, ut alter prima vice unum ex tribus numeris divinet et cum divinando certam pecuniae summam vincat, vel sin minus, dimidium istius pecuniae perdat, sors et exspectatio utrimque est aequalis. Similiter exspectatio quoque aequalis est, si is, qui manum exerit, alii bis coniiciendi copiam dat, ut si coniectura assequatur, certam summam sibi habeat, vel, si hallucinetur, duplo mulctetur. Sors et exspectatio aequalis quoque est, si ipsi concedit, ut de quatuor numeris ter coniecturam faciat ad quandam summam lucrandum, vel econtra perdendum ter, si errorem committat; vel quater ex quinque numeris, quo unum lucretur, aut quatuor perdat, et sic deinceps. Unde sequitur ei, qui dextram extendit, perinde esse, ut aliquis pro se toties, quoties vult, ex multis unum divinet numerum, si modo pro illis vicibus, quas coniicere suscipit, tantum ponit et periclitatur, quantum numeris vicium per numerorum summam divisus facit. Si verbi causa 5 sint numeri et cuidam semel tantum est divinandum, is $\frac{1}{5}$ contra $\frac{4}{5}$ alterius solum; si bis coniecturam faciet, tum $\frac{2}{5}$ contra $\frac{3}{5}$ alterius; si ter, $\frac{3}{5}$ contra $\frac{2}{5}$ alterius, et sic porro $\frac{4}{5}$ contra $\frac{1}{5}$, et $\frac{5}{5}$ contra $\frac{0}{5}$ periclitari debet. Et per consequens perinde ei est, qui veniam coniiciendi alicui

largitur, si exempli loco ¼ depositi duntaxat periclitetur, ut ⅔ lucretur, an unus solus quinquies, vel an quinque homines singuli semel divinent, ut tua vult quaestio.
1. Octobr. 1666.

46. EPISTOLA XLIV.

Viro humanissimo atque prudentissimo I. I.

B. D. S.

Versio.

Humanissime vir,

Varia obstacula in causa fuerunt, quo minus ad tuas non citius responderim. Quod de dioptrica Cartesii notasti, vidi et legi. Non aliam is causam, qua imagines in oculi fundo maiores minoresve formantur, quam radiorum decussationem considerat, qui ex diversis obiecti punctis veniunt, prout nimirum sese, vel propius vel remotius ab oculo, decussare incipiunt, ita ut ad anguli magnitudinem, quam hi radii efficiunt, quando se invicem in oculi superficie decussant, non attendat. Et licet ultima haec causa sit praecipua, quae in telescopiis notanda est, videtur tamen, hanc eum silentio praeterire voluisse; quandoquidem, ut coniicio, nullum illi perspectum erat medium eos radios, ex diversis punctis parallele prodeuntes, in totidem aliis punctis congregandi, et eam ob causam istum angulum non potuit mathematice determinare. Forte reticuit, ne usquam circulum aliis figuris ab se introductis praeferret. Non enim dubium est, quin hac in re cunctas alias figuras, quas invenire licet, circulus superet. Nam quia circulus idem ubique est, easdem ubique proprietates habet. Si exempli causa circulus $ABCD$ hanc possideat proprietatem, ut radii omnes axi AB paralleli, a parte A venientes, ad eum modum in eius superficie refringantur, ut postea omnes simul in puncto B coëant; omnes quoque radii axi CD paralleli, a parte C venientes, ita in superficie refringentur, ut simul in puncto D conveniant: id quod de nulla alia figura affirmare licet hyperbolae ac ellipses infinitas habent diametros.

Ita ergo, ut scribis, se res habet; si nihil nisi oculi vel

telescopii longitudo attenditur, longissimos tubos opticos cogeremur fabricare, antequam res, quae in luna, tam distinctas, quam quae in terra sunt, possemus intueri. Sed,

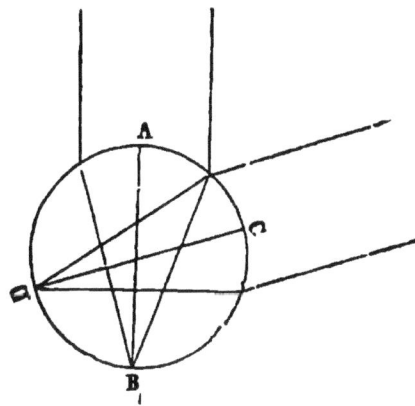

ut dixi, praecipuum in anguli magnitudine consistit, quem radii ex variis punctis exeuntes in oculi superficie, quum ibi invicem decussant, efficiunt; hicque angulus maior quoque aut minor evadit, prout vitrorum in tubo collocatorum foci magis minusve differunt. Si animus huius rei demonstrationem videre gestit, eam transmittere, quando placuerit, paratus sum.

Voorburgi 3. Martii 1667.

47. EPISTOLA XLV.

Viro doctissimo atque prudentissimo I. I.

β. D. S.

Versio.

HUMANISSIME VIR,

Postrema tua huius mensis 14. die scripta recte mihi tradita fuit; ob varia vero impedimenta citius respondere non licuit. Conveni dominum Vossium de Helvetii negotio, qui (ne omnia in hac epistola, quae collocuti sumus, narrem) effuse ridebat, quin mirabatur, quod ego de his nugis ex illo quaererem. Ego tamen hoc flocci faciens, ipsum aurificem, cuius cognomen est Brechtelt, qui aurum probaverat, adibam. Hic vero alium longe sermonem habuit, quam dom. Vossius, affirmans auri inter liquescendum et separandum pondus auctum esse, et tanto gravius esse redditum, quantum argenti pondus, quod separationis gratia crucibulo iniecerat, valebat; adeo ut firmiter crederet, hoc aurum, quod suum argentum in aurum transmutarat, aliquid singulare in se continere. Nec ille solus; sed diversi quoque alii domini, tum temporis praesentes, hoc ita sese habere experti sunt. Post haec ipsum adii Helvetium, qui mihi et aurum et crucibulum, interius etiam tum auro obductum, ostendebat narrabatque, se vix quartam grani hordeacei vel sinapis partem plumbo liquefacto iniecisse. Addebat, se totius negotii historiam brevi editurum, et porro referebat, quendam virum (quem eundem illum, qui se convenerat, rebatur) eandem operationem Amstelodaemi fecisse, de quo procul dubio audivisti. Haec de hac re potui resciscere.

Scriptor libelli, cuius mentionem facis (in quo gloriatur, se demonstraturum esse, Cartesii rationes in tertia ac quarta meditatione prolatas, quibus Dei existentiam demonstrat, falsas esse) certo cum sua pugnabit umbra, magisque sibi, quam aliis nocebit. Cartesii, fateor, axioma aliquo modo est obscurum, uti et tu notasti, atque clarius veriusque ita dixisset: *Quod cogitandi potentia ad cogitandum non maior est, quam naturae potentia ad existendum et operandum.* Clarum hoc verumque est axioma, unde Dei existentia clarissime et efficacissime ex sua idea sequitur. Argumentum memorati auctoris, quod recenses, clare satis ostendit, se rem necdum intelligere. Est quidem verum, nos in infinitum, si hoc pacto quaestio in omnibus suis partibus solvitur, posse procedere; alioquin magna est stultitia. Si, exempli loco, aliquis interroget, per quam causam eiusmodi determinatum corpus moveatur; respondere licet, id ab alio corpore hocque rursus ab alio, et ita in infinitum progrediendo ad talem motum esse determinatum; hoc, inquam, respondere liberum est, quia duntaxat de motu quaestio est, et nos aliud corpus continuo ponentes sufficientem aeternamque istius motus causam assignamus. Sed si ego librum sublimibus meditationibus repletum nitideque scriptum in manibus plebeii cuiusdam conspiciam et ipsum rogem, unde eum habeat librum, sique mihi, se eum ex alio libro alterius plebeii, qui quoque nitide scribere noverat, descripsisse, et sic in infinitum procedat, is mihi non facit satis. Nam non tantum de figuris ac ordine litterarum interrogo, de quibus tantum respondet, verum etiam de meditationibus et sensu, quem earundem compositio indicat; nihil ad haec in infinitum sic progrediens respondet. Quomodo hoc ideis applicari queat, facile eo, quod ego in Cartesii principiorum philosophiae geometrice a me demonstratorum axiomate 9. declaravi, percipi potest.

Pergo iam, ut ad secundam tuam epistolam nono Martii exaratam respondeam; in qua ulteriorem eius, quod in praecedenti mea de circulari figura scripseram, explicationem exigis. Poteris id facile capere, si modo animadvertere placet, omnes radios, qui supponuntur parallele in anterius telescopii vitrum incidere, revera non esse parallelos (quia solummodo ex uno eodemque puncto veniunt): verum ut tales considerari eo quod obiectum adeo longe a nobis distat, ut telescopii apertura instar puncti respectu distantiae tantum sit habenda. Certum porro est, nos, ut integrum intueamur obiectum, non modo radiis ex unico solo puncto, verum aliis quoque omnibus radiorum conis ex aliis omnibus punctis prodeuntibus opus habere; et propterea etiam esse necessarium, ut in tot aliis focis, ubi per vitrum transeunt, conveniant. Et quamvis ipse oculus non ita accurate constitutus est, ut omnes radii ex diversis obiecti punctis venientes accuratissime in tot aliis in oculi fundo coëant, est tamen certum, eas figuras, quae hoc praestare possunt, aliis omnibus esse praeferendas. Quandoquidem vero definitum circuli segmentum efficere valet, ut omnes radios, qui ex uno procedunt puncto, in aliud suae diametri punctum (mechanice loquendo) cogat; alios quoque omnes, qui ex aliis obiecti punctis veniunt, in tot alia puncta coget. Duci etenim ex quovis obiecti puncto linea potest, quae per circuli centrum transit, licet cum in finem telescopii apertura minor multo sit facienda, quam alias fieret, si tantum unico foco esset opus, quemadmodum facile videre poteris.

Quod hic de circulo dico, non de ellipsi, non de hyperbola, multo minus de aliis magis compositis affirmari figuris potest, quia non nisi unicam ex unico solo obiecti puncto, quae per utrumque transit focum, lineam ducere possibile est. Haec volui in prima mea epistola hac de re indicare.

Demonstrationem, quod angulus, quem radii ex diversis punctis emanantes in oculi superficie faciunt, maior aut

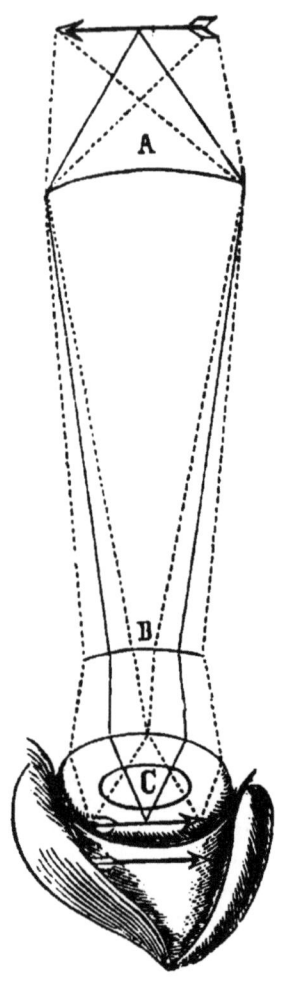

minor, prout foci magis minusve differunt, evadit, ex apposita figura perspicere poteris: adeo ut post officiosissimam salutem nil restet, nisi ut dicam me esse· etc.

Voorburgi 25. Martii 1667.

48. EPISTOLA XLVI.

Viro humanissimo atque prudentissimo I. I.
B. D. S.
Versio.

Humanissime vir,

Hic paucis, quid de eo, quod primo coram, deinde literis a me petiisti, experientia deprehenderim, narrabo; cui, nunc de re sentiam, adiiciam.

Curavi, ut mihi fabricaretur tubus ligneus, cuius longitudo 10 pedum, cavitas vero $1\tfrac{2}{3}$ digitorum erat, ad quem tres perpendiculares tubos applicui, uti apposita figura demonstrat.

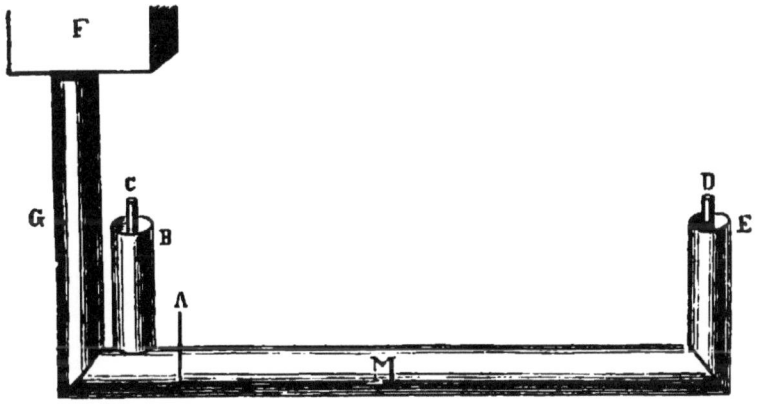

Ut primo experirer, num aquae pressio circa tubulum B aeque magna, ac circa E esset, tubum M circa A asserculo in eum finem parato obturavi. Porro ipsius B orificium tantopere arctabam, ut tubulum vitreum instar C caperet. Postquam ergo tubum ope vasis F aqua implevissem, notabam in quantam ea altitudinem per tubulum C prosiliret. Deinde tubum B occludebam, et sublato asserculo A aqua ut in tubum E flueret, sinebam, quem eodem modo, ac B, aptaveram; et postquam integrum tubum iterum aqua replevissem, deprehendebam eam in eandem altitudinem per D, ac per C factum fuerat, prosilire: quod mihi, tubi longitudinem nihil vel valde parum impedimento fuisse, persuadebat. Ut vero hoc accuratius, experirer, tentabam an etiam tubus E tam brevi temporis spatio aeque, ac B, pedem cubicum ad id paratum posset adimplere. Ut vero tempus mensurarem, quia horologium oscillatorium ad manum non erat, vitreo recurvo tubo, ut H, usus sum, cuius pars brevior · aquae immergebatur, longior vero in libero pendebat aëre.

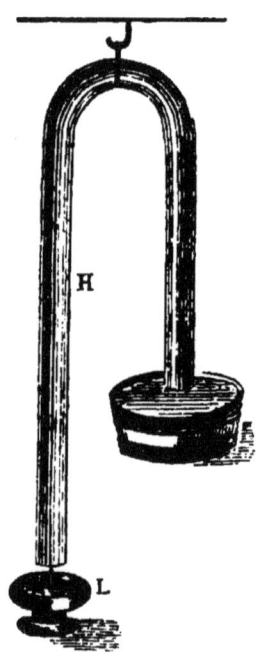

Hisce paratis sinebam aquam primo per tubum B aequali cum eodem tubo radio fluere, usque dum pes cubicus impleretur. Tum accurata bilance, quantum aqua interea temporis in catillum L influxerat, explorabam, ac pondus eius quatuor unciarum deprehendebam. Tubo deinde B occluso, aquam aequali cum eo radio per tubum E in cubicum pedem fluere sinebam. Hoc impleto ponderabam, ut ante, aquam, quae interea in catillum influxerat, huiusque illius pondus ne per semiunciam quidem superare expertus sum. Quoniam vero radii tam ex B, quam ex E non continuo eadem vi fluxerant, operationem iterabam, ac tantum aquae, quantum experientia prima vice opus fuisse experti eramus, praesto ut esset apportabam. Eramus tres adeo, ac quidem possibile erat, occupati, atque memoratam operationem accuratius, quam antea, efficiebamus; verum non adeo accurate, ac quidem exoptaveram. Mihi tamen satis suppeditabatur argumenti ad hanc rem aliquo modo determinandum; quandoquidem eandem fere differentiam hac secunda vice, ac prima comperiebam. Re ergo hisque experimentis perpensis cogor concludere, differentiam, quam tubi longitudo potest efficere, initio tantum locum habere, hoc est, quum aqua fluxum suum inchoat; sed ubi per tempus exiguum fluxum continuavit, aequali vi per tubum longissimum ac per brevem fluxurum. Huius rei ratio est, quod altioris aquae pressio eandem semper retinet vim, quodque omnem, quem communicat, motum continuo ope gravitatis recipit; et ideo hunc motum continuo aquae in tubo contentae communicabit, usque dum propulsa tantam recipit celeritatem, quantam vim gravitatis aqua altior ei tribuere potest. Certum enim est, si aqua tubo G contenta primo momento aquae in tubo M unum conferat celeritatis gradum, secundo momento, siquidem priorem retineat vim, ut supponitur, quatuor celeritatis gradus eidem aquae communicabit; et sic deinceps, usque dum aqua in tubo longiore M tantum exacte virium accepit, quantum vis gravitatis altioris aquae in tubo G conclusae ei communicare valet: adeo ut aqua per tubum quadraginta mille pedes longum decurrens post exactum temporis exiguum spatium altioris aquae solummodo pressione tantam acquisitura sit celeritatem, quantam eadem acquireret, si tubus M unum duntaxat aequaret pedem. Tempus, quod aqua in longiore tubo requiret ad tantam accipiendam celeritatem, determinare potuissem, si perfectiora nancisci potuissem instrumenta. Id tamen minus necessarium existimo, eo quod praecipuum sufficienter determinatum est etc.

Voorburgi 5. Septembr. 1669.

49. EPISTOLA XLVII.

Viro humanissimo ac prudentissimo I. I.

♄. D. ♄.

Versio.

Humanissime vir,

Quum me nuper professor N. N. inviseret, narrabat inter alia, se audisse tractatum meum theologico-politicum in linguam Belgicam translatum esse, ac quendam, cuius nomen ignorabat, in eo esse, ut imprimeretur. Quam ob rem serio abs te peto, ut in hoc negotium sedulo inquiras et, si fieri potest, impressionem impedias. Non solum haec mea, sed et multorum meorum amicorum notorumque est petitio, qui huius libri interdictum non libenter viderent, quemadmodum procul dubio fiet, si Belgico sermone prodit. Non dubito, quin hoc mihi et causae sis officium facturus.

Quidam amicorum ante aliquod tempus libellum, cui titulus *Homo politicus,* mihi misit, de quo multa auribus hauseram. Eundem evolvi, librumque, quem homines excogitare et fingere queunt, perniciosissimum deprehendi. Authoris summum bonum sunt honores et opes, ad quae suam doctrinam accomodat, ac eo perveniendi rationem monstrat; nempe, interne omnem reiiciendo religionem, et externe talem profitendo, quae suae promotioni maxime inservit: porro nemini fidem servare, nisi quatenus ea utilitatem suam habeat. Reliquam quod spectat: simulare, promittere et promissis non stare, mentiri, periurare, multaque alia summis effert laudibus. Haec ubi perlegissem, mecum, ut contra hunc authorem libellum indirecte conscriberem, cogitabam, in quo summum bonum tractarem, deinde inquietam ac miseram eorum, qui honorum et divitiarum cupidi sunt, conditionem ostenderem, et denique evidentissimis rationibus multisque exemplis respublicas insatiabili honorum et divitiarum cupiditate debere interire et interiisse evincerem.

Verum quanto meliores et praestantiores Thaletis Milesii essent meditationes, quam huius memorati scriptoris, vel ex hoc patet ratiocinio. Omnia, inquiebat, amicorum sunt communia; sapientes sunt deorum amici et deorum sunt omnia; ergo sapientum sunt omnia. Ita uno verbo vir ille sapientissimus se fecit ditissimum, magis contemnendo generose divitias, quam eas sordide quaerendo. Alias tamen ostendit, sapientes non ex necessitate, sed voluntate divitiis carere. Quum enim amici ei paupertatem suam exprobrarent, respondit: Vultisne, ut ostendam, me posse acquirere id, quod ego labore meo indignum iudico, vos autem tanta diligentia quaeritis? Illis annuentibus conduxit omnia pracla totius Graeciae (viderat enim ut erat astrologus insignis, fore magnam olivarum abundantiam, quarum annis praecedentibus magna fuerat penuria) et elocavit, quanti voluit, ea, quae vilissimo pretio conduxerat, atque magnas divitias unico anno sibi comparavit, quas deinde tam liberaliter distribuit, quam industria acquisiverat etc.

Hagae Comitis 17. Februar. 1671.

50. EPISTOLA XLVIII.

Doctissimo atque ornatissimo viro I. O.

J. D. Y. M. Dr.

DOCTISSIME VIR,

Nactus tandem aliquod vacuum tempus, illico applicui animum ad satisfaciendum votis atque postulatis tuis. Poscis autem, ut declarem tibi sententiam meam, adornans iudicium meum de libro, qui inscribitur discursus theologico-politicus, quod nunc pro copia temporis et mea facultate facere constitui. Non autem ibo per singula, sed per compendium authoris sensum animumque eius de religione exponam.

Cuius gentis ille sit, aut quod vitae institutum sequatur, me fugit; etiam nihil interest id scire. Illum non esse stupidi ingenii, nec supine et perfunctorie religionis controversias, quae in Europa inter Christianos agitantur, tractasse atque introspexisse, libri ipsius argumentum satis prodit. Sibi persuasit huius libri scriptor, se felicius versaturum in examinandis sententiis, per quas homines prorumpunt in factiones et eunt in partes, si praeiudicia deponat et exuat. Hinc plus satis laboravit ad vindicandum animum ab omni superstitione, a qua ut se immunem praeberet, nimium se flexit in contrarium, et ut superstitiosi culpam vitaret, omnem mihi videtur exuisse religionem. Saltem non assurgit supra religionem deistarum, quorum satis ubique magnus numerus (ut sunt pessimi huius saeculi mores) est, et praesertim in Gallia: contra quos edidit tractatum Mersennus, quem olim me legere memini. Sed existimo vix ullum ex deistarum numero tam malo animo tamque callide et versute pro pessima illa causa verba fecisse, quam huius dissertationis authorem. Praeterea, nisi me coniectura fallat, iste homo se deistarum finibus non includit et minores cultus partes hominibus superesse sinit.

Deum agnoscit, eumque universi opificem atque conditorem esse profitetur. Sed formam, speciem, ordinem mundi plane necessarium statuit, aeque ac Dei naturam, et aeternas veritates, quas extra Dei arbitrium constitutas esse vult. Ideo etiam diserte pronuntiat, omnia indomita necessitate fatoque inevitabili evenire; et statuit, res recte putantibus praeceptis atque mandatis nullum relinqui locum, sed hominum ignorantiam invexisse simul huiusmodi nomina, quemadmodum vulgi imperitia locum fecit modis loquendi, quibus Deo affectus tribuuntur. Deus itaque pariter ad captum hominis sese accomodat, quando illas aeternas veritates et reliqua, quae necessario evenire debent, per formam mandati hominibus exponit. Docetque, tam necesse esse, ea, quae legibus imperantur et hominum voluntati substrata esse putantur, evenire, quam necessaria est trianguli natura, atque ideo illa, quae praeceptis continentur, non magis ab hominis voluntate pendere, aut ex eorum fuga aut prosecutione aliquid boni aut mali hominibus procurari, quam precibus Dei voluntatem flecti, aut aeterna atque absoluta eius decreta mutari. Praeceptorum itaque atque decretorum eandem rationem esse, atque in hoc convenire, quod hominis imperitia atque ignorantia Deum moverit, ut eorum usus aliquis esset apud eos, qui perfectiores de Deo cogitationes formare non possunt, quique huiusmodi miseris praesidiis indigent ad excitandum in se virtutis studium et vitiorum odium. Et ideo videre licet, authorem nullam mentionem in suo scripto facere usus precum, quemadmodum nec vitae, nec mortis, neque cuiusquam remunerationis aut poenae, quibus a iudice universi afficiendi sunt homines.

Idque facit congruenter suis principiis. Nam quis locus esse potest iudicio extremo? Aut quae exspectatio praemii aut poenae, quando fato omnia adscribuntur et inevitabili necessitate omnia a Deo emanare statuitur, vel potius, quando totum hoc universum Deum esse statuit? Nam vereor, ne noster author non admodum alienus sit ab illa sententia: saltem non longe discrepant, statuere, omnia necessario a Dei natura emanare, et universum ipsum Deum esse.

Ponit tamen summam voluptatem hominis in cultu virtutis, quae ipsa sibi praemium et theatrum amplissimorum esse dicit. Et ideo vult hominem recte rerum intelligentem debere virtuti operam dare, non propter praecepta et legem Dei aut spem praemii aut poenae metum, sed pulchritudine virtutis et mentis gaudio, quod homo in usu virtutis percipit, illectum.

Statuit itaque, Deum per prophetas et revelationem homines praemiorum spe et poenarum metu, quae duo semper legibus connexa sunt, per speciem tantum ad virtutem hortari, quia vulgarium hominum ingenium ita factum est tamque male informatum, ut non nisi argumentis a natura legum et a metu poenae et spe praemii mutuatis ad virtutis exercitationem impelli possint: at homines rem ex vero aestimantes intelligere, huiusmodi argumentis nullam veritatem aut vim subesse.

Neque quicquam referre putat, quamvis recte hoc axiomate conficiatur, vates et doctores sacros, atque adeo Deum ipsum per quorum os Deus hominibus est loquutus, usos esse argumentis per se, si eorum natura aestimatur, falsis. Palam enim et promiscue, quando usus venit, profitetur et inculcat, Sacram Scripturam non esse comparatam, ut veritatem et naturas rerum, quarum in ea fit mentio et quas in suum usum confert ad informandos homines ad virtutem, doceat; negatque vates ita rerum peritos fuisse, ut omnino a vulgi erroribus fuerint immunes in conficiendis argumentis et in rationibus excogitandis, quibus homines ad virtutem excitabant, quamvis natura virtutum et vitiorum moralium iis fuerit exploratissima.

Et ideo author praeterea docet, prophetas etiam tunc, quum eos, ad quos mittebantur, officii sui admonebant, aberratione iudicii non fuisse liberos, nec tamen ideo eorum sanctitatem et αὐτοπιστίαν imminutam; quamvis sermone et argumentis non veris, sed ad praeconceptas opiniones eorum, ad quos verba faciebant, accommodatis utebantur, iisque homines ad virtutes, de quibus nullus unquam ambigit et de quibus nulla est controversia inter homines, excitabant: quandoquidem finis missionis prophetae erat cultus virtutis in hominibus promovendus, non ullius veritatis doctrina.

Et ideo existimat illum errorem et ignorantiam prophetae auditoribus, quos ad virtutem inflammabat, non fuisse noxiam, quia parum interesse putat, quibus argumenti excitemur ad virtutem, modo ea moralem virtutem, ad quam incendendam comparata sunt et a vate in medium prolata, non evertant; quia aliarum rerum veritatem mente perceptam nullum momentum habere putat ad pietatem, quando morum sanctitas re ipsa non continetur ea veritate, putatque veritatis atque etiam mysteriorum cognitionem eo plus aut minus necessariam esse, quanto plus aut minus ad pietatem conferunt.

Puto authorem respicere ad axioma illud theologorum, qui distingunt inter sermonem vatis dogmatizantis et simpliciter aliquid enarrantis, quae distinctio, ni fallor, apud omnes theologos recepta est, et cui doctrinae suum per errorem summum congruere putat.

Et ideo existimat, omnes eos pedibus in suam sententiam ituros, qui negant rationem et philosophiam esse Scripturae interpretem. Quum enim constet omnibus, in Scriptura de Deo infinita praedicari, quae Deo non conveniunt, sed accomodata sunt ad hominum captum, ut homines iis moveantur et virtutis studium in iis excitetur, statuendum esse putat, doctorem sacrum iis argumentis non veris voluisse homines erudire ad virtutem, aut cuivis Sacram Scripturam legenti eam libertatem concessam, ut ex principiis suae rationis iudicet de sensu et scopo doctoris sacri, quam sententiam author prorsus damnat et explodit una cum iis, qui cum theologo paradoxo docent, rationem Scripturae interpretem esse. Arbitratur enim, Scripturam iuxta sensum literalem intelligendam, neque hominibus concedendam libertatem interpretandi ex suo arbitrio et rationis sensu, quid prophetarum verbis intelligi debeat, ita ut ad suas rationes et cognitionem, quam de rebus sibi compararunt, examinent, quando prophetae proprie et quando figurate sunt loquuti. Sed de his in sequentibus dicendi locus erit.

Et ut redeam ad ea, a quibus nonnihil diverteram, author inhaerens suis principiis de fatali omnium rerum necessitate negat, ulla miracula fieri, quae legibus naturae adversentur; quia statuit, sicut supra monuimus, naturas rerum earumque ordinem non minus necessarium quid esse, quam sunt natura Dei aeternaeque veritates. Ideoque docet aeque non posse fieri, ut aliquid a naturae legibus deflectat, quam ut fieri non possit, ut in triangulo tres anguli non sint aequales duobus rectis.

Deum non posse efficere, ut pondus minus grave attollat magis grave, aut quod corpus motum duobus gradibus motus possit assequi corpus, quod quatuor gradibus motus movetur. Statuit itaque miracula communibus naturae legibus subiici, quas docet esse immutabiles aeque, ac ipsas naturas rerum, nempe quia naturae legibus ipsae naturae contineantur: neque admittit aliam Dei potentiam, quam ordinariam, quae iuxta naturae leges exeritur, et putat aliam fingi non posse, quia naturas rerum destrueret secumque ipsa pugnaret.

Est itaque ex authoris mente *miraculum, quod inopinato, et cuius causam vulgus ignorat, evenit;* quemadmodum idem vulgus precum viribus et singulari Dei directioni attribuit, quando post rite conceptas preces imminens aliquod malum propulsatum aut expetitum bonum sibi videtur obtinuisse, quum tamen ex authoris sententia Deus iam ab aeterno absolute decreverit, ut ea evenirent, quae vulgus interventu et efficacia existimat evenisse: quum preces non sint causa decreti, sed decretum sit causa precum.

Totum illud de fato et rerum indomita necessitate, tam quoad naturas, quam quoad eventum rerum, quae quotidie contingunt, fundat in natura Dei, vel ut clarius loquar, in natura Dei voluntatis atque intellectus, quae quidem nomine diversa, sed in Deo re ipsa conveniunt. Statuit ideoque, Deum tam necessario hoc universum, et quicquid successive in eo evenit, voluisse, quam necessario hoc idem universum cognoscit. Si Deus autem necessario cognoscit hoc universum eiusque leges, ut et veritates aeternas iis legibus contentas, concludit Deum aliud universum non magis condere potuisse, quam naturas rerum evertere, et facere, ut bis ter sint septem. Quemadmodum itaque nos ab hoc universo eiusque legibus, secundum quas ortus et interitus rerum fiunt, non possimus aliquid diversum concipere, sed quicquid huiusmodi a nobis fingi possit, id ipsum se subvertere; sic docet naturam divini intellectus totiusque universi earumque legum, secundum quas natura procedit, ita comparatam esse, ut Deus non magis suo intellectu ullas res intelligere potuerit ab his, quae nunc sunt, diversas, quam fieri possit, ut res nunc a se ipsis sint diversae. Conficit itaque, quod, quemadmodum Deus nunc ea efficere non potest, quae ipsa se subvertunt, ita Deum naturas ab his, quae nunc sunt, diversas nec fingere nec cognoscere posse, quia tam carum naturarum comprehensio et intellectio impossibilis est (quia repugnantia ponit ex sensu authoris), quam nunc est impossibilis productio rerum ab iis, quae nunc sunt, diversarum; quia omnes illae naturae, si concipiantur ab his, quae nunc sunt, diversae, necessario etiam cum iis, quae nunc sunt, essent pugnantes: quia quum naturae rerum hoc universo comprehensarum (ex authoris sententia) sunt necessariae, non possunt illam necessitatem habere ex se, sed ex natura Dei, a qua necessario emanant. Non vult enim cum Cartesio, cuius tamen doctrinam videri vult adoptasse, omnium rerum naturas, quemadmodum a Dei natura et essentia sunt diversae, ita earum ideas libere in mente divina esse.

Hisce, de quibus iam est habitus sermo, author sibi munivit viam ad ea, quae in fine libri tradit et quo omnia, quae in praecedentibus capitibus docentur, collimant. Vult nempe mentem magistratus omniumque hominum informare hoc axiomate: „Magistratui competere ius constituendi cultus divini, qui publice in republica obtinere debeat; deinde magistratui fas esse, civibus suis permittere, ut de religione sentiant et loquantur, quemadmodum mens animusque iis dictat, eamque libertatem, etiam quantum ad actus cultus externi, eo usque subditis concedendam."

Quoad studium virtutum moralium, sive ut pietas sarta tecta manere possit, quum enim de iis virtutibus nulla controversia esse possit, et reliquarum rerum cognitio et usus nullam virtutem moralem contineant, inde conficit, Deo ingratum esse non posse, qualiacumque sacra alioquin homines amplectantur. Loquitur autem author de iis sacris, quae virtutem moralem non constituunt, nec in eam impingunt, quaeque virtuti nec adversa sunt, neque ab ea aliena; sed quae homines suscipiunt atque profitentur tanquam adminicula virtutum verarum, ut ita Deo per studium earum virtutum accepti et grati esse possint, quia Deus non offenditur earum studio et exercitatione, quae indifferentes quum sunt, neque quidquam faciunt ad virtutes aut vitia; eas tamen homines ad usum pietatis referunt, iisque tanquam praesidiis ad virtutis cultum utuntur.

Author autem, ut hominum animos apparet ad haec paradoxa amplectenda, statuit primo, totum cultum a Deo institutum et Iudaeis, hoc est, civibus reipublicae Israëliticae, traditum, tantum ad id comparatum esse, ut feliciter in sua republica aetatem agerent. Caeterum Iudaeos autem prae ceteris gentibus Deo charos et gratos non fuisse, idque Deum per prophetas Iudaeis passim fuisse testatum, quando iis exprobrabat ipsorum imperitiam et errorem, quod in cultu illo instituto et a Deo ipsis imperato sanctimoniam et pietatem collocarent, quum ea tantum ponenda erat in studio virtutum moralium, nempe in amore Dei et charitate proximi.

Et quum Deus omnium gentium animum informarit principiis et quasi seminibus virtutum, ita ut sua sponte sine ulla ferme institutione de discrimine boni et mali iudicent, inde conficit, Deum reliquas gentes non habuisse expertes earum rerum, quibus vera beatitudo parari potest; sed se omnibus hominibus aeque beneficum praebuisse.

Imo ut in omnibus, quae ad assequendam veram felicitatem aliqua ratione praesidio et usui esse possunt, gentes Iudaeis pares faciat, statuit gentes veris vatibus non caruisse, idque exemplis probare instituit. Imo insinuat, Deum per angelos bonos, quos ex consuetudine in vetere testamento usitata deos vocat, imperio rexisse reliquas gentes; et ideo sacra reliquarum gentium Deo non displicuisse, quam diu per hominum superstitionem ita non corrumperentur, ut a vera sanctitate homines redderent alienos, neque eos impellerent ad ea perpetranda in religione, quae virtuti non congruunt. Deum autem vetuisse Iudaeis propter rationes singulares et isti populo proprias gentium deos colere, qui ex Dei instituto et procuratione aeque recte colebantur a gentibus, ac angeli, Iudaeorum reipublicae custodes constituti, a Iudaeis suo modo deorum numero habebantur et divinis ab iis afficiebantur honoribus.

Et quum author arbitretur in confesso esse, cultum externum per se Deo gratum non esse, parum referre existimat, quibus caeremoniis cultus ille externus expediatur, modo huismodi sit, qui ita Deo congruat, ut in mente hominum Dei reverentiam excitet, eosque ad virtutis studium moveat.

Deinde, quandoquidem totius religionis summam contineri putat cultu virtutis, omnisque mysteriorum cognitio supervacua, quae per se apta nata non est ad promovendam virtutem, illaque potior magisque necessaria habeatur, quae plus momenti ad homines ad virtutem erudiendos et inflammandos confert, conficit omnes illas sententias de Deo eiusque cultu, deque iis omnibus, quae ad religionem pertinent, probandas, aut saltem non reiiciendas, quae ex mente hominum illorum, qui illas fovent, verae sunt et comparatae, ut probitas vigeat floreatque. Et ad illud dogma stabiliendum, ipsos prophetas citat suae sententiae authores et testes, qui edocti Deum nihili pendere, quales homines de religione sensus habeant, sed illum cultum illasque omnes sententias Deo gratas esse, quae ex studio virtutum et reverentia numinis profectae sunt, sibi eo usque indulserunt, ut etiam talia argumenta, quibus homines ad virtutem incitarentur, protulerint, quae quidem in se vera non erant, sed ex opinione eorum, ad quos verba faciebant, talia aestimabantur, et apta nata erant ad calcar iis addendum, quo alacrius se ad virtutis studium accingerent. Ponit itaque Deum prophetis argumentorum selectu permisisse, ut ea adhiberent, quae temporibus et personarum rationibus essent accommodata, quaeque illi pro suo captu bona et efficacia putabant.

Et inde natum putat, quod divinorum doctorum alii aliis argumentis et saepe pugnantibus inter se usi sint: Paulum docuisse hominem non iustificari operibus, Iacobum hisce oppositum incalcasse. Videbat nempe Iacobus, ita existimat author, Christianos doctrinam de iustificatione per fidem aliorsum rapere, et ideo per fidem et opera iustificari hominem, multis probat. Intelligebat enim ex re Christianorum sui temporis non esse, illam doctrinam de fide, qua homines placide quiescebant in Dei misericordia et bonorum operum nullam habebant curam, ita inculcare, eoque modo proponere, ut fecerat Paulus, cui cum Iudaeis res erat, qui per errorem iustificationem suam ponebant in operibus legis a Mose ipsis specialiter traditae, et qua se supra gentes elatos et aditum ad beatitudinem sibi solum paratum putantes, salutis rationem per fidem, qua exaequabantur gentibus et nudi ac vacui ab omnibus privilegiis constituebantur, reiiciebant. Quum itaque utraque propositio tam Pauli, quam Iacobi, pro diversis temporum ac personarum momentis et appendicibus egregie conferebat, ut homines attenderent animum ad pietatem, putat, author prudentiae apostolicae fuisse, modo hanc modo illam adhibere.

Et haec est inter alias multas causa, quam ob rem author putat, admodum a veritate alienum esse, sacrum textum per rationem velle explicare, eamque interpretem Scripturae constituere, aut unum doctorum sacrum per alium interpretari, quum sint paris authoritatis et verba eorum, quibus usi sunt, explicanda esse ex forma loquendi et sermonis proprietate istis doctoribus familiari; non autem esse attendendum in investigatione veri sensus Scripturae ad rei naturam, sed ad sensum litteralem tantum.

Quum itaque ipse Christus et reliqui doctores divinitus missi suo exemplo et instituto praeierunt et ostenderunt, solummodo virtutum studio homines grassari ad felicitatem, reliqua nihil pensi habenda, inde author efficere vult, magistratui id tantum curae esse debere, ut iustitia et probitas in republica vigeat, in minima autem parte sui muneris ponere, expendere, quis cultus et quae doctrinae veritati potissimum congruant; sed curare debere, ne huiusmodi suscipiantur, quae virtuti obicem ponant, etiam ex eorum sententia, qui ea profitentur.

Magistratum itaque facile sine offensione numinis posse in sua republica tolerare diversa sacra. Ut autem id persuadeat, etiam hac via insistit. Ponit, rationem virtutum moralium, quatenus illi in societatibus usum habent et in actibus externis occupatae sunt, huiusmodi esse, ut nemo eas ex privato iudicio et arbitrio exercere, sed earum virtutum cultum, exercitium et modificationem dependere ab authoritate et imperio magistratus, tum quia actus externi virtutum mutuantur suam naturam a circumstantiis, quum etiam, quia hominis officium ad huiusmodi actiones externas patrandas aestimatur ex commodo aut incommodo, quod ex illis actibus proficiscitur; ita ut actus illi externi, si tempestive non exerantur, virtutum naturam exuant et illis oppositi virtutum numero censeri debeant. Author aliam rationem virtutum esse arbitratur, ut, quatenus intus in mente subsistunt, illae semper naturam suam servant, neque a circumstantiarum mutabili statu pendent.

Nunquam alicui licet, propensum esse ad crudelitatem et saevitiam, non amantem proximi et veritatis. Sed possunt incidere tempora, quibus quidem animi propositum et enarratarum virtutum studium non quidem deponere liceat, sed se ab iis quoad actus externos aut temperare, aut etiam ea agere, quae quoad speciem externam cum his virtutibus pugnare putantur: et ita fiat, ut non sit amplius officium viri probi veritatem in aperto ponere et ore aut scripto cives illius veritatis participes facere, eamque cum iis communicare, si plus incommodi, quam commodi ex illa manifestatione in cives redundaturum putamus. Et quamvis singuli amore omnes homines complecti debeant, neque unquam liceat illi affectui nuntium mittere, evenit tamen saepius, ut quidam duriter a nobis sine vitio possint haberi, quando constat, ex clementia, qua ergo eos uti paramus, magnam malum nobis oriturum. Ita quidem omnes existimant, non omnes veritates, sive illae ad religionem, sive ad vitam civilem pertinent, omni tempore opportune proponi. Et qui docet rosas porcis non esse obiiciendas, si metus est eos saevituros in eos, qui ipsis eas porrigunt, is pariter non existimat viri boni officium esse, de quibusdam capitibus religionis plebem edocere, de quibus in medium prolatis et sparsis in plebem metus est, ne ita turbent rempublicam aut ecclesiam, ut inde civibus et sanctis plus noxae, quam boni creetur.

Quum autem praeter alia etiam hoc societates civiles, a quibus imperium et authoritas ferendarum legum seiungi non potest, introduxerint, quod singulorum arbitrio, quid hominibus in civile corpus coalescentibus usui esset, permitti non debuit, sed imperantibus concedi; inde author arguit, penes magistratum ius esse statuendi, qualia et quae dogmata in republica publice doceri debeant, et subditorum officium esse, ad professionem externam quod attinet, sese temperare a docendis dogmatibus et ab iis profitendis, de quibus publice silendum esse, magistratus legibus sanxit; quia Deus hoc non magis privatorum iudicio permisit, quam iisdem concessit contra sensus et decreta magistratus aut sententiam iudicum ea agere, quibus eluditur vis legum, et frustrantur suo fine magistratus. Existimat enim author, de huiusmodi rebus cultum externum eiusque professionem spectantibus homines pacisci posse, et actus cultus divini externos tam tuto committi magistratus iudicio, quam eidem conceditur ius et potestas aestimandi iniuriam civitate illatam, eandemque per vim vindicandi. Nam quemadmodum privatus non tenetur suum iudicium de illata iniuria civitati accommodare ad iudicium magistratus; sed suo sensu frui tamen possit, quamvis (si res ita ferat) teneatur ad magistratus sententiam executioni mandandam etiam operam suam conferre: ita author arbitratur, privatorum in republica partes quidem esse, iudicare de veritate et falsitate, ut et de necessitate alicuius dogmatis, neque privatum legibus civitatis adstringi posse, ut idem de religione sentiat, quamvis ex iudicio magistratus pendeat, quae dogmata publice proponi debeant, et privatorum officium sit, sensus suos de religione a magistratus sententia dissentientes silentio premere, neque quicquam huiusmodi agere, quo leges de cultu a magistratu constitutae vim suam obtinere non possint.

At quia evenire potest, ut magistratus dissentiens a multis ex plebe in religionis capitibus quaedam publice doceri velit, quae a iudicio plebis aliena sunt, et magistratus tamen existimat honoris divini interesse, palam in sua republica talium dogmatum professionem fieri; vidit author, superesse illam difficultatem, qua civibus propter iudicium magistratus diversum a plebis iudicio creari posset damnum maximum. Ideo ad praecedentem rationem, etiam hanc alteram addit author, quae simul et magistratus atque subditorum animum tranquillet et libertatem in religione sartam tectam conservet. Nempe magistratum non debere vereri Dei iram, quamvis prava suo iudicio sacra in sua republica fieri sinat, modo illa non pugnent cum virtutibus moralibus easque non evertant. Cuius sententiae ratio te fugere non potest, quum in superioribus satis fuse eam tradidi. Nempe statuit author, Deum susque deque habere, nec cura tangi, quales opiniones homines in religione foveant et animo probent atque tueantur, et qualia publice sacra curent, quum haec omnia censeri debeant ex numero rerum cum virtute et vitio nullam affinitatem habentium; quamvis cuiusvis officium sit, ita rationes suas instituere, ut ea dogmata eumque cultum habeat, quibus putat se maximos in virtutis studio progressus facere posse.

Habes hic, vir ornatissime, per compendium tibi traditam summam doctrinae theologi-politici, quae meo iudicio omnem cultum et religionem tollit atque funditus subvertit, clam atheismum introducit, aut talem Deum fingit, cuius numinis reverentia non est quod homines tangantur, quia ipse fato subiicitur, neque ullus gubernationi aut providentiae divinae locus relinquitur, omnisque poenarum atque praemiorum distributio tollitur. Hoc saltem ex authoris scripto videre in promptu est, eius ratione et argumentis infringi totius Sacrae Scripturae authoritatem, et dicis causa apud authorem eius tantum mentionem fieri; quemadmodum ex eius positionibus consequitur, Alcoranum etiam Dei verbo exaequandum. Neque authori superest vel unum argumentum, quo probet Mahometum non fuisse prophetam verum, quia Turcae etiam ex prophetae sui praescripto virtutes morales, de quibus inter gentes lis non est, colunt; et secundum authoris doctrinam Deo infrequens non est etiam gentibus, quibus oracula Iudaeis et Christianis tradita non est impertitus, aliis revelationibus in gyrum rationis et obedientiae ducere.

Arbitror itaque me non magnopere a vero aberrasse, neque authori a me iniuriam fieri, si denuntiem eum tectis et fucatis argumentis merum atheismum docere.

51. EPISTOLA XLIX.

Doctissimo atque ornatissimo viro I. O.

B. D S.

Doctissime vir,

Miraris sine dubio, quod te tamdiu exspectare feci; sed ego vix animum inducere possum, ut ad libellum illius viri, quem mihi communicare voluisti, respondeam, nec ulla alia de causa iam hoc facio, quam quia promisi. Verum ut meo etiam animo, quoad eius fieri potest, morem geram, quam paucis potero, me dissolvam et breviter ostendam, quam ille sinistre meam mentem interpretatus sit, quod an ex malitia vel ex ignorantia fecerit, haud facile dixerim. Sed ad rem.

Primo ait, *parum interesse, scire cuius gentis ego sim, aut quod vitae institutum sequar.* Quod sane si novisset, non tam facile sibi persuasisset, me atheismum docere. Solent enim athei honores et divitias supra modum quaerere, quas ego semper contempsi, ut omnes, qui me norunt, sciunt. Deinde ut ad id, quod vult, viam sterneret, ait, *me non stupidi ingenii esse,* ut facilius scilicet persuadere possit, me callide et versute maloque animo pro pessima deistarum causa verba fecisse. Quod satis ostendit, illum meas rationes non intellexisse. Nam quis tam callido ingenio tamque astuto esse potest, ut simulato animo tot tamque validas rationes pro re, quam falsam aestimat, dare possit? Quem, inquam, posthac putabit ex vero animo scripsisse, si tam ficta, quam vera solide demonstrari posse credit? Sed nec hoc iam miror. Sic enim olim Cartesius a Voëtio, et sic passim optimi quique traducuntur.

Pergit deinde: *Ut superstitiosi culpam vitaret, omnem mihi videtur exuisse religionem.* Quid ille per religionem quidque per superstitionem intelligat, nescio. An, quaeso, ille omnem religionem exuit, qui Deum summum bonum agnoscendum statuit, eundemque libero animo ut talem amandum? et quod in hoc solo nostra summa felicitas, summaque libertas consistit? porro quod praemium virtutis sit ipsa virtus, stultitiae autem et impotentiae supplicium sit ipsa stultitia? et denique quod unusquisque proximum suum amare debet et mandatis summae potestatis obedire? Atque haec non tantum expresse dixi, sed firmissimis insuper rationibus demonstravi. Verum videre puto, quo in luto hic homo haereat. Nihil scilicet in ipsa virtute et intellectu reperit, quod ipsum delectet, et mallet ex impulsu suorum affectuum vivere, nisi hoc unum obstaret, quod poenam timet. A malis igitur actionibus, ut servus, invitus et fluctuante animo abstinet et divina mandata exequitur, et pro hoc servitio muneribus ipso divino amore longe suavioribus a Deo honorari exspectat, scilicet eo magis, quo magis bonum, quod agit, adversatur et invitus facit. Atque hinc fit, ut omnes, qui hoc metu non retinentur, effrenatos vivere omnemque religionem exuere credat. Sed haec mitto, et ad eius deductionem, qua ostendere vult, *me tectis et fucatis argumentis atheismum docere,* transeo.

Fundamentum ipsius ratiocinii est hoc, quod putat, me Dei libertatem tollere, eumque fato subiicere. Quod sane falsum est. Nam ego eodem modo statui, omnia inevitabili necessitate ex Dei natura sequi, ac omnes statuunt, ex Dei natura sequi, quod se ipsum intelligit: quod sane nemo negat ex divina natura necessario sequi, et tamen nemo concipit, quod Deus fato aliquo coactus, sed quod omnino libere, tametsi necessario, se ipsum intelligat. Atque hic nihil reperio, quod ab unoquoque non possit percipi, et si haec nihilominus ex malo animo dicta esse credit, quid ergo de suo Cartesio sentit, qui statuit nihil a nobis fieri, quod a Deo antea non fuerit praeordinatum, imo nos singulis momentis a Deo quasi de novo creari, et nihilominus nos ex nostri arbitrii libertate agere? Quod profecto ipso Cartesio fatente comprehendere nemo potest.

Porro haec inevitabilis rerum necessitas neque leges divinas neque humanas tollit. Nam documenta moralia, sive formam legis ab ipso Deo accipiant, sive non, divina tamen sunt et salutaria, et si bonum, quod ex virtute et amore divino sequitur, a Deo tanquam iudice accipiamus, vel quod ex necessitate divinae naturae emanet, non propterea magis aut minus optabile erit, ut nec contra mala, quae ex malis operibus sequuntur, ideo, quia necessario ex iisdem sequuntur, minus sunt timenda; et denique sive ea, quae agimus necessario vel libere agamus, spe tamen aut metu ducimur. Quare falso asserit, *me statuere praeceptis atque mandatis nullum relinqui locum*, vel, ut postea pergit, *quod nulla exspectatio praemii aut poenae est, quando fato omnia adscribuntur, et inevitabili necessitate omnia a Deo emanare statuitur.*

Nec hic iam quaero, cur idem sit, vel non multum discrepent, statuere omnia necessario a Dei natura emanare et universum Deum esse; sed velim ut notes ea, quae non minus odiose subiungit. Nempe *me velle, hominem debere virtuti operam dare non propter praecepta et legem Dei aut spem praemii aut poenae metum, sed* etc. Quod sane in meo tractatu nullibi reperies; sed contra cap. IV. expresse dixi, legis divinae (quae menti nostrae divinitus inscripta est, ut cap. II. dixi) summam eiusque summum praeceptum esse, Deum ut summum bonum amare; nempe non ex metu alicuius supplicii (nam amor ex metu oriri nequit), nec prae amore alterius rei, qua delectari cupimus; nam tum non tam ipsum Deum, quam id, quod cupimus, amaremus. Atque hanc ipsam legem Deum prophetis revelasse in eodem capite ostendi, et sive istam legem Dei iuris formam ab ipso Deo accepisse statuam, sive quod ipsam concipiam ut reliqua Dei decreta, quae aeternam necessitatem et veritatem involvunt, manebit nihilominus Dei decretum et salutare documentum, et sive Deum amem libere, sive ex necessitate Dei decreti, Deum tamen amabo et salvus ero. Quare affirmare hic iam possem, istum hominem ex illorum genere esse, de quibus in fine meae praefationis dixi, me malle, ut meum librum prorsus negligerent, quam eundem perverse, ut omnia solent, interpretando molesti sint, et dum sibi nihil prosunt, aliis obsint.

Et quamvis haec sufficere putem ad id quod volebam ostendendum, pauca adhuc tamen notare operae pretium duxi; nempe ipsum falso putare, me ad axioma illud theologorum respicere, qui distinguunt inter sermonem vatis dogmatizantis et simpliciter aliquid narrantis. Nam si per hoc axioma illud intelligit, quod cap. XV. cuiusdam R. Iehudae Alpakhar esse dixi; qua ratione putare potui, meum eidem congruere, quum ipsum in eodem capite tanquam falsum reiecerim? Si autem aliud putat, fateor me illud adhuc ignorare, adeoque ad id minime respicere potui.

Porro non etiam video, cur dicit, me existimare omnes eos pedibus in meam sententiam ituros, qui negant rationem et philosophiam esse Scripturae interpretem, quum ego tam horum, quam Maimonidae sententiam refutaverim.

Longum nimis foret omnia eius recensere, quibus ostendit, se non omnino sedato animo iudicium de me fecisse, Quare ad eius conclusionem transeo, ubi ait, *mihi nullum superesse argumentum, quo probem Mahometem non fuisse prophetam verum*. Quod quidem ipse ex meis sententiis conatur ostendere, quum tamen ex iisdem clare sequatur eundem impostorem fuisse; quandoquidem libertatem illam, quam religio catholica lumine naturali et prophetico revelata concedit, quamque omnino concedi debere ostendi, ipse prorsus adimit. Et quamvis hoc non esset, an, quaeso, teneor ego ostendere prophetam aliquem falsum esse? Prophetae sane contra tenebantur ostendere, se veros esse. Quod si regerat Mahometem legem etiam divinam docuisse, suaeque legationis certa signa dedisse, ut reliqui prophetae fecerunt, nihil causae profecto erit, cur neget, eundem verum fuisse prophetam.

Quod autem ad ipsos Turcas et reliquas gentes attinet. Si Deum cultu iustitiae et caritate erga proximum adorent, eosdem spiritum Christi habere credo et salvos esse, quicquid de Mahomete et oraculis ex ignorantia persuasum habeant.

En vides, amice, virum istum longe a vero aberrasse et nihilominus concedo, ipsum nullam mihi, sed maxime sibi iniuriam facere, quando pronuntiare non erubescit, *me tectis et fucatis argumentis atheismum docere*.

Caeterum non puto, te hic aliquid reperturum, quod in hunc virum inclementius dictum iudicare possis. Attamen si quid simile offendas, id quaeso vel ut deleas, vel, prout tibi videbitur, corrigas. Animus non est eum, quisquis tandem sit, irritare et labore meo mihi inimicos parare; et quia hoc saepe similibus disputationibus fit, ideo vix a me impetrare potui, ut responderem, nec impetrare potuissem, nisi promisissem. Vale, et tuae prudentiae hanc epistolam committo, meque, qui sum etc.

52. EPISTOLA L.

Viro humanissimo atque prudentissimo ✱ ✱ ✱ ✱ ✱ ✱

B. D. S.

Versio.

Humanissime vir,

Quantum ad politicam spectat, discrimen inter me et Hobbesium, de quo interrogas, in hoc consistit, quod naturale ius semper sartum tectum conservo, quodque supremo magistratui in qualibet urbe non plus in subditos iuris, quam iuxta mensuram potestatis, qua subditum superat, competere statuo, quod in statu naturali semper locum habet.

Porro, quod demonstrationem attinet, quam ego in appendice geometricarum in Cartesii principia demonstrationum stabilio, nempe Deum non nisi valde improprie unum vel unicum dici posse; respondeo, rem solummodo existentiae, non vero essentiae respectu unam vel unicam dici. Res enim sub numeris, nisi postquam ad commune genus redactae fuerunt, non concipimus. Qui verbi gratia sestertium et imperialem manu tenet, de numero binario non cogitabit, nisi hunc sestertium et imperalem uno eodemque, nempe nummorum vel monetarum nomine vocare queat. Nam tunc se duos nummos vel monetas habere, potest affirmare; quoniam non modo sestertium, sed etiam imperialem nummi vel monetae nomine insignit. Hinc ergo clare patet, nullam rem unam aut unicam nominari, nisi postquam alia res concepta fuit, quae (ut dictum est) cum ea convenit. Quoniam vero Dei existentia ipsius sit essentia, deque eius essentia universalem non possimus formare ideam, certum est, eum, qui Deum unum vel unicum nuncupat, nullam de Deo veram habere ideam, vel improprie de eo loqui.

Quantum ad hoc, quod figura negatio, non vero aliquid positivum est; manifestum est, integram materiam indefinite consideratam nullam posse habere figuram, figuramque in finitis ac determinatis corporibus locum tantum obtinere. Qui enim se figuram percipere ait, nil aliud eo indicat, quam se rem determinatam, et quo pacto ea sit determinata, concipere. Haec ergo determinatio ad rem iuxta suum esse non pertinet; sed econtra est eius nonesse. Quia ergo figura non aliud quam determinatio, et determinatio negatio est, non poterit, ut dictum, aliud quid quam negatio esse. Librum, quem Ultraiectinus professor in meum scripsit, quique post obitum eius luci expositus est, e fenestra bibliopolae pendentem vidi, et ex paucis, quae tum temporis in eo legeram, eum lectu, multo minus responsione indignum iudicabam. Relinquebam ergo librum eiusque authorem. Mente subridens volvebam, ignarissimos quosque passim audacissimos et ad scribendum paratissimos esse. Mihi **** merces suas eodem modo, ac propolae, venum exponere videntur, qui semper, quod vilius est, primo loco ostendunt. Aiunt, diabolum esse vaferrimum; mihi vero eorum genius longe hunc vafritie superare videtur. Vale.

Hagae Comitis 2. Iunii 1674.

53. EPISTOLA LI.

Illustri et clarissimo viro B. D. S.

GOTTFRIDUS LEIBNITIUS.

ILLVSTRIS ET CLARISSIME VIR,

Inter caeteras laudes tuas, quas fama publicavit, etiam insignem rei opticae peritiam esse intelligo. Quae res efficit, ut qualemcumque conatum meum ad te destinare voluerim, quo meliorem in hoc studiorum genere censorem non temere reperero. Schedulam hanc, quam mitto, ac *notitiam opticae promotae* inscripsi, ideo publicavi, ut commodius possem communicare cum amicis aut curiosis. Audio et amplissimum Huddenium in eodem genere florere, nec dubito tibi cognitissimum esse. Unde si huius quoque iudicium et favorem mihi impetraveris, beneficium mirifice auxeris. Schedula ipsa, quid rei sit, satis explicat.

Credo ad manus tuas pervenisse *prodromum Francisci Lanae* soc. Iesu Italice scriptum, ubi dioptrica quoque nonnulla insignia proponit. Sed et *Ioh. Oltius*, Helvetius, iuvenis in his rebus pereruditus, publicavit *cogitationes physico-mechanicas de visione;* in quibus partim machinam quandam poliendis omnis generis vitris simplicem admodum et universalem pollicetur, partim ait, se reperisse modum quendam colligendi omnes radios ab omnibus obiecti punctis venientes in totidem alia puncta respondentia, sed tantum in certa distantia figuraque obiecti.

Caeterum id, quod a me propositum est, huc redit, non ut omnium punctorum radii recolligantur id enim in qualibet obiecti distantia aut figura, quantum hactenus cognitum sit, impossibile est, sed ut aeque colligantur radii punctorum extra axim opticum, ac in axe optico; ac proinde aperturae vitrorum, salva distincta visione, possint fieri quantaecumque. Sed haec acutissimo iudicio tuo stabunt. Vale faveque,

Froncofurti 5. Octobr. stylo novo 1671.

amplissime vir,
cultori sedulo
GOTTFRIDO LEIBNITIO,
I. U. D. et consiliario Mogunt.

A Monsieur

Spinosa,
médecin très-célèbre et philosophe très-profond
à
Amsterdam.
par couvert.

P. S. Si qua me responsione dignabere, curabit eam spero non illibenter Nobil.^{mus} Diemerbroekius I. C.^{tus}. Puto visam tibi hypothesin meam fysicam novam; sin minus, mittam.

---

54. EPISTOLA LII.

Eruditissimo nobilissimoque viro Gottfrido Leibnitio
I. U. D. et consiliario Mogunt.

ß. D. S.

Responsio ad praecedentem.

NOBILISSIME VIR,

Schedulam, quam mihi dignatus es mittere, legi, magnasque pro eiusdem communicatione habeo gratias. Doleo, quod mentem tuam, quam tamen credo te satis clare explicuisse, non satis assequi potuerim, videlicet, an aliam credis esse causam, cur in vitrorum apertura parci esse debemus, quam quia radii, qui ex uno puncto veniunt, non in alio accurate puncto, sed in spatiolo, quod punctum mechanicum appellare solemus, congregentur, quod spatiolum pro ratione aperturae maius aut minus est. Deinde rogo, num lentes illae, quas pandochas vocas, hoc vitium corrigant, ut scilicet punctum mechanicum sive spatiolum, in quo radii, qui ex eodem puncto veniunt, post refractionem congregantur, idem ratione magnitudinis semper maneat, sive apertura magna sit sive parva. Nam si haec praestant, earum aperturam ad libitum augere licebit, et consequenter omnibus aliis figuris mihi cognitis longe praestantiores erunt; alias nihil video, cur easdem supra communes lentes tantopere commendas. Lentes enim circulares eundem ubique habent axem, adeoque quando illas adhibemus, omnia obiecti puncta, tanquam in axe optico posita, sunt consideranda: et quamvis omnia obiecti puncta non in eadem sint distantia, tamen differentia, quae inde oritur, sensibilis esse non potest, quando obiecta admodum remota sunt, quia tum radii, qui ex uno puncto veniunt, tanquam paralleli considerati, ingrederentur vitrum. Hoc tamen credo lentes tuas iuvare posse, quando plurima obiecta uno obtutu comprehendere volumus (ut fit, quando lentes circulares conversas admodum magnas adhibemus), ut omnia scilicet distinctius repraesententur. Verum iudicium de his omnibus suspendere malo, donec mentem tuam clarius explices, quod ut facias, enixe rogo. Domino Huddenio, ut iubes, alterum exemplar misi. Respondit, sibi impraesentiarum tempus non esse id examinandi; se tamen post unam aut alteram hebdomadam vacaturum sperat.

Prodromum Francisci Lanae necdum vidi, ut nec etiam Ioh. Oltii cogitationes physico-mechanicas, et, quod magis doleo, nondum hypothesis tua physica ad manus meas pervenit, nec hic Hagae Comitis venalis exstat. Munus igitur, quod mihi tam liberaliter promittis, acceptissimum mihi erit, et si qua alia re tibi inservire potero, semper me invenies paratissimum. Precor itaque ut ad haec pauca mihi respondere non graveris.

Hagae Comitis 9. Nov. 1671.

Vir amplissime,

ex asse tuus

B. D. Spinoza.

P. S. Dom. Diemerbroekius hic non habitat. Cogor itaque hanc tabellioni ordinario tradere. Non dubito, quin hic Hagae Comitis aliquem qui epistolas nostras curare velit noveris, quem ego novisse velim, ut epistolae commodius et securius curari possent. Si tractatus theologico-politicus ad tuas manus nondum pervenerit, unum exemplar, nisi molestum erit, mittam. Vale.

55. EPISTOLA LIII.

Philosopho acutissimo ac celeberrimo B. D. S.
I. LUDOVICUS FABRITIUS.

Celeberrime vir,

In mandatis mihi dedit serenissimus elector Palatinus, dominus meus clementissimus, ut ad te, mihi quidem hucusque ignotum, serenissimo vero principi commendatissimum scriberem, ac rogarem, an in illustri sua academia ordinariam philosophiae professionem suscipere animus esset. Stipendium exsolvetur annuum, quo ordinarii professores hodie fruuntur. Non alibi invenias principem faventiorem eximiis ingeniis, inter quae te aestimat. Philosophandi libertatem habebis amplissimam, qua te ad publice stabilitam religionem conturbandam non abusurum credit. Ego sapientissimi principis mandato non potui non obsecundare. Quapropter te rogo quam impensissime, ut quam primum mihi respondeas, tuamque ad me responsionem vel serenissimi electoris residenti Hagae Comitis D. Grotio, vel D°. Gilles van der Hek ad me in fasciculo literarum, quae in aulam transmitti solent, curandam tradas, vel alia denique commoditate, quae opportunissima videbitur, utaris. Hoc unum addo, te, si huc venias, vitam philosopho dignam cum voluptate transacturum, nisi praeter spem et opinionem nostram alia omnia accidant. His vale et salve,

Heidelb. 16. Febr. 1673.

vir clarissime,
a nominis tui studiosissimo
I. Lvdovico Fabritio,
acad. Heidelb. professore et
electoris Palatini consiliario.

56. EPISTOLA LIV.

Amplissimo nobilissimoque viro D. I. Ludovico Fabritio
acad. Heidelbergensis professori et electoris Palatini consiliario

B. D. S.

Responsio ad praecedentem.

AMPLISSIME VIR,

Si unquam mihi desiderium fuisset alicuius facultatis professionem suscipiendi, hanc solam optare potuissem, quae mihi a serenissimo electore Palatino per te offertur, praesertim ob libertatem philosophandi, quam princeps clementissimus concedere dignatur, ut iam taceam, quod dudum desideraverim sub imperio principis, cuius sapientiam omnes admirantur, vivere. Sed quoniam nunquam publice docere animus fuit, induci non possum, ut praeclaram hanc occasionem amplectar, tametsi rem diu mecum agitaverim. Nam cogito primo, me a promovenda philosophia cessare, si instituendae iuventuti vacare velim. Cogito deinde, me nescire, quibus limitibus libertas ista philosophandi intercludi debeat, ne videar publice stabilitam religionem perturbare velle: quippe schismata non tam ex ardenti religionis studio oriuntur, quam ex vario hominum affectu vel contradicendi studio, quo omnia, etsi recte dicta sint, depravare et damnare solent. Atque haec quum iam expertus sim, dum vitam privatam et solitariam ago, multo magis timenda erunt, postquam ad hunc dignitatis gradum adscendero. Vides itaque, vir amplissime, me non spe melioris fortunae haerere, sed prae tranquillitatis amore, quam aliqua ratione me obtinere posse credo, modo a publicis lectionibus abstineam. Quapropter te enixissime rogo, ut serenissimum electorem ores, ut mihi hac de re amplius deliberare liceat, deinde ut favorem clementissimi principis cultori devotissimo conciliare pergas, quo magis tibi devincias,

Hagae Comitis 30. Martii 1673.

amplissime nobilissimeque domine,
tuum ex asse
B. D. S.

57. EPISTOLA LV.

Acutissimo philosopho β. D. S.
* * * * * * *
Versio.

CLARISSIME VIR,

Causa, cur hanc tibi scribam, est, quod tuam de apparitionibus et spectris vel lemuribus sententiam scire desiderem, et si dentur, quid de illis tibi videatur, et quam diu illorum duret vita; eo quod alii ea immortalia, alii vero mortalia esse opinantur. In hac mea dubitatione, an nimirum ea dari concedas, ulterius non pergam. Certum interim est, veteres eorum existentiam credidisse. Theologi ac philosophi hodierni eiusmodi creaturas existere hactenus credunt, licet in eo, quaenam illorum sit essentia, non concordent. Quidam ex tenuissima et subtilissima constare materia, alii ea spiritualia affirmant. Verum (ut iam dicere coepi) multum ab invicem dissentimus, quia, an largiaris ea existere, dubius sum; quamvis, uti nec te fugit, tot exempla et historiae in omni antiquitate inveniantur, ut revera ea vel negare, vel in dubium vocare, difficile foret. Certum est, nempe quod, si fatearis ea existere, non tamen credas, quaedam eorum esse animas demortuorum, ut Romanae fidei defensores volunt. Hic finiam tuumque exspectabo responsum. Nihil de bello, nihil de rumoribus dicam, eo quod in ea nostra aetas incidit tempora etc. Vale.

14. Septemb. 1674.

58. EPISTOLA LVI.

Amplissimo prudentissimoque viro * * * * * * *
β. D. S.

Responsio ad praecedentem.
Versio.

AMPLISSIME VIR,

Tua, quam heri accepi, mihi fuit acceptissima, tam quod aliquod de te nuntium audire desiderabam, quam quod te mei penitus non oblitum esse video. Quamvis forte alii malum esse omen putarent, vel lemures causam ad me scribendi fuisse, ego tamen econtra maius quid in eo noto; res non tantum veras, sed et nugas atque imaginationes mihi usui esse posse perpendo.

Verum hoc, an nimirum spectra, phantasmata ac imaginationes sint, seponamus; quia nempe non tantum ea negare, verum etiam de iis dubitare, adeo rarum tibi videtur, quam ei, qui tot historiis, quas hodierni et antiqui narrant, convictus est. Magna aestimatio ac honor, in quo te habui semper et adhuc habeo, ut contradicam, multo minus ut tibi blandiar, non patitur. Medium, quod servabo, est, ut ex tot, quas de spectris legisti historias, unam vel alteram eligere placeat, de qua minimum dubitare licet, quaeque clarissime spectra existere demonstrat. Nam, ut verum fatear, nunquam fide dignum legi authorem, qui ea dari clare ostenderet. Et hactenus quid sint ignoro, nemoque mihi unquam id potuit indicare. Certum tamen est, quod de re, quam tam clare monstrat experientia, debemus scire quid sit; alioquin difficillime ex aliqua historia spectra dari colligimus. Colligitur quidem aliquid esse, quod tamen nemo scit, quid sit. Si philosophi, quae ignoramus, spectra nominare volunt, ea haud negabo, quia res infinitae sunt, quae me latent.

Denique, vir amplissime, antequam me hac in materia ulterius explicem: dic quaeso mihi, quaenam res haec spectra vel spiritus sint. Suntne infantes, stulti vel insani: quia quae de iis auribus hausi, potius insipientibus, quam sapientibus conveniunt, quaeque, ut ea in meliorem interpretemur partem, rebus puerilibus vel stultorum delectamentis similiora sunt? Antequam finio, hoc unum tibi proponam, illud scilicet desiderium, quod plerumque homines habent, res, non ut revera sunt, sed ut eas desiderant, narrandi, facilius ex narrationibus de lemuribus spectrisque ac ex aliis cognosci. Huius rei praecipua, ut credo, ratio est, quod, quia eiusmodi historiae non alios habent testes, nisi earum narratores, harum inventor pro lubitu circumstantias, quae ei commodissimae videntur, vel addere vel demere potest, nec timet, ut sibi quisquam contradicat; speciatim vero eas fingit, ut metum, quem de somniis et phantasmatis concepit, iustificet, vel etiam ut audaciam, fidem et opinionem suam stabiliat. Praeter has alias adinveni rationes, quae me ad dubitandum, si non de ipsis historiis, saltem de narratis circumstantiis permovent, quaeque quam maxime ad conclusionem, quam ex illis historiis deducere conamur, faciunt. Hic desinam, usque dum intellexero, quaenam eae sint historiae, quibus ita convictus es, ut tibi de iis dubitare absurdum videatur etc.

59. EPISTOLA LVII.

Acutissimo philosopho β. ᴅ. ʃ.

* * * * * * *

Responsio ad praecedentem.

Versio.

Acutissime vir,

Non aliud, quam ad me dedisti responsum, nimirum ab amico aliamque foventes sententiam exspectabam. Posterius non curo; nam amicos in rebus indifferentibus dissentire semper salva licitum fuit amicitia.

Exigis, ut tibi, antequam tuam promas sententiam, quaenam haec spectra spiritusve sint, dicam, an sint infantes, stulti vel insani etc., et addis, quicquid de iis audiveris, potius ab insanientibus, quam sanis profectum fuisse. Verum est proverbium, quod videlicet praeoccupata opinio veritatis indagationem impedit.

Credo igitur his de causis spectra dari: primo quia ad universi pulchritudinem ac perfectionem, ut sint, pertinet; secundo quia verisimile est creatorem ea creasse, quia sibi, quam corporeae creaturae, similiora sunt; tertio quia sicuti corpus sine anima, ita etiam anima sine corpore existit; quarto denique quia in supremo aëre, loco vel spatio nullum obscurum corpus esse, quin suos obtineat habitatores, existimo; et per consequens, immensurabile, quod inter nos astraque est, spatium, non vacuum, sed spiritibus habitatoribus repletum esse. Forte summi et remotissimi veri spiritus, infimi vero in infimo aëre creaturae sunt substantiae subtilissimae et tenuissimae, insuperque invisibiles. Opinor igitur omnis generis, sed fortassis nullos foeminini dari spiritus.

Hoc ratiocinium eos, qui mundum fortuito creatum esse temere credunt, nullatenus convincet. Quotidiana insuper, his missis rationibus, spectra dari ostendit experientia, quorum multae tam novae, quam antiquae historiae etiamnum exstant. Videantur horum historiae apud Plutarchum in libro „de viris illustribus" aliisque eius operibus, apud Suetonium in vitis Caesarum, nec non apud Wierum et Lavaterum in libris de spectris, qui de hac materia prolixe egerunt et ex omnis generis scriptoribus eas congesserunt. Cardanus, ob eruditionem suam celeberrimus, etiam de iis in libris *de subtilitate, varietate* et *de vita sua* loquitur, ubi ea sibi, cognatis amicisque apparuisse experientia ostendit. Melanthon, vir prudens et veritatis amans, et alii non pauci de suis testantur experientiis. Consul quidam, vir doctus et sapiens, quique adhuc in vivis est, aliquando mihi narravit, de nocte ita audiri opus in matris suae officina cerevisiaria perfici, quemadmodum illud de die, quando cerevisia coquebatur, absolvebatur; quin hoc saepius factum esse testabatur. Idem mihi saepiuscule contigit, quod nunquam memoria excidet; adeo ut his experimentis dictisque rationibus spectra dari victus sim.

Quantum ad spiritus malos, qui miseros homines in hac et post hanc vitam torquent, nec non magiam attinet, ego harum rerum historias fabulas esse existimo. In tractatibus, qui de spiritibus agunt, circumstantiarum copiam invenies. Poteris, praeter allegatos, si placet, Plinium secundum libro septimo in epistola ad Suram, ut et Suetonium in vita Iulii Caesaris capite trigesimo secundo, Valerium Maximum capite octavo libri primi sectione septima et octava, et Alexandrum ab Alexandro in opere dierum genialium consulere: hos enim penes te esse libros mihi persuadeo. Non loquor de monachis et clericis, qui tot animarum ac malorum spirituum apparitiones et visiones, totque, ut sic loquar potius, spectrorum fabulas referunt, ut prae copia taedio afficiant lectorem. Thyraeus Iesuita in libro „de spirituum apparitionibus" talia quoque tractat. Illi autem lucri solummodo causa, utque melius esse purgatorium probent, haec tractant, quae ipsis minera, unde tantam auri ac argenti vim effodiunt, existit. Id vero in memoratis aliisque modernis scriptoribus nullum obtinet locum, qui sine partium studio maiorem propterea merentur fidem.

Responsionis vice ad tuam epistolam, ubi de stultis et amentibus verba facis, hic conclusionem eruditi Lavateri, qua librum suum primum de spectris aut lemuribus his verbis finit, pono: *Qui tot unanimes tam hodiernos, quam*

veteres negare audet testes, fide mihi indignus censetur. Quemadmodum enim levitatis signum est iis omnibus, qui se quaedam vidisse spectra affirmant, protinus credere; ita e contrario tot dignis historicis, patribus aliisque magna praeditis authoritate temere et impudenter contradicere insignis esset impudentia.
21. Septemb. 1674.

60. EPISTOLA LVIII.

Amplissimo prudentissimoque viro *******

B. D. S.

Responsio ad praecedentem.

Versio

AMPLISSIME VIR,

Ego eo, quod in epistola tua 21. praeteriti mensis dicis, nixus, scilicet amicos in re indifferenti salva amicitia dissentire posse, clare dicam, quid de rationibus et historiis sentiam, ex quibus *omnis generis, sed nullos forte foeminini generis dari lemures* concludis. Causa, cur citius non responderim, est quod ii libri, quos citas, ad manum non sunt, nec praeter Plinium et Suetonium ullos reperi. Sed hi duo labore alios inquirendi me sublevabunt, quia mihi persuadeo, eos omnes eodem modo delirare, et historias rerum non vulgarium, quae homines attonitos reddunt ac in admirationem rapiunt, amare. Fateor, me non parum non historias, quae narrantur, sed eos, qui eas scribunt, obstupuisse. Miror, viros ingenio et iudicio praeditos facundiam suam insumere, et ea, ut nobis eiusmodi nugas persuadeant, abuti.

Authores vero missos faciamus et rem ipsam aggrediamur. Primo etenim ratiocinium meum circa conclusionem tuam paulisper versabitur. Videamus, an ego, qui nego, spectra aut spiritus dari, eo minus istos scriptores, qui de hoc negotio scripserunt, intelligam; an tu, qui ea existere statuis, hos scriptores non pluris, quam merentur, facias. Quod ab una parte spiritus dari masculini generis in dubium non voces, ab altera vero parte, an ii foeminini generis sint, dubites, phantasiae, quam dubitationi similius videtur. Nam si haec tua esset opinio, magis ea cum vulgi imaginatione, qui Deum masculini, non vero foeminini generis esse statuit, convenire videretur. Miror eos, qui spectra nuda conspexere, oculos in genitalia non coniecisse, forte prae timore vel prae ignorantia huius discriminis. Regeres: hoc est ridere, non autem ratiocinari; et hinc video, tuas rationes tam validas tamque bene fundatas tibi videri, ut iis nemo (tuo saltem iudicio) contradicere queat, nisi perverse aliquis, mundum fortuito factum esse, putaret. Hoc ipsum, antequam praecedentes tuas examino rationes, me urget, ut breviter meam de hac positione opinionem, *an mundus fortuito sit creatus*, proponam. Respondeo vero, quod, sicuti certum est *fortuitum* et *necessarium* duo esse contraria, ita manifestum etiam est, eum, qui mundum necessarium divinae naturae effectum affirmat, omnino etiam mundum casu factum esse negare: illum autem, qui affirmat Deum potuisse creationem mundi omittere, confirmare, licet aliis verbis, eundem casu factum fuisse; quoniam a voluntate, quae nulla esse poterat, processit. Quia vero haec opinio haecque sententia penitus absurda est, vulgo unanimiter, Dei voluntatem aeternam ac nunquam indifferentem fuisse, concedunt: et propterea necessario quoque debent largiri (nota bene), mundum naturae divinae necessarium esse effectum. Vocent hoc voluntatem, intellectum vel quocunque lubet nomine, eo tamen tandem devenient, quod unam eandemque rem diversis nominibus exprimunt. Si enim eos roges, an divina voluntas ab humana non differat, respondent, priorem non nisi nomen cum posteriore commune habere: praeterquam quod plerumque Dei voluntatem, intellectum, essentiam aut naturam unam eandemque rem esse concedunt; sicuti et ego, ne divinam naturam cum humana confundam, Deo humana attributa, nempe voluntatem, intellectum, attentionem, auditum etc. non adsigno. Dico igitur, ut iam modo dixi, *mundum divinae naturae necessarium effectum, eumque fortuito non esse factum.*

Hoc sufficere arbitror, ut tibi persuadeam, eorum opinionem, qui dicunt (si qui tamen tales dantur), mundum fortuito factum esse, meae omnino contrariari, et hac nixus hypothesi ad earum rationum inquisitionem, ex quibus spectra omnis generis existere concludis, pergo. Quod in genere de iis dicere valeo, est, eas magis coniecturas, quam rationes videri, meque difficillime credere, te eas pro rationibus demonstrativis habere. Verum videamus, sive coniecturae sive rationes sunt, an eas pro fundatis assumere liceat.

Prima tua ratio est, quod ad pulchritudinem ac universi perfectionem ea dari pertinet. Pulchritudo, amplissime vir, non tam obiecti, quod conspicitur, est qualitas, quam in eo, qui conspicit, effectus. Si nostri oculi essent vel longiores vel breviores, aut nostrum aliter se haberet temperamentum, ea, quae nunc pulchra, deformia, ea vero, quae nunc deformia, pulchra nobis apparerent. Pulcherrima manus per microscopium conspecta terribilis apparebit. Quaedam procul visa pulchra, et e propinquo conspecta deformia sunt; adeo ut res in se spectatae, vel ad Deum relatae, nec pulchrae nec deformes sint. Is ergo, qui ait, Deum mundum, ut pulcher esset, creasse, horum alterutrum necessario statuere debet; nempe vel Deum mundum ad appetitum et hominum oculos, vel appetitum et hominum oculos ad mundum condidisse. Iam vero sive prius, sive posterius statuamus, cur Deus spectra et spiritus creare debuerit, ut alterutrum horum consequeretur, non video. Perfectio atque imperfectio sunt denominationes, quae non multum a denominationibus pulchritudinis et deformitatis differunt. Ego igitur, ne nimis sim prolixus, solummodo interrogo: quid magis ad ornatum et mundi perfectionem faciat, an quod spectra, an quod multiplicia dentur monstra, ut Centauri, Hydrae, Harpyiae, Satyri, Gryphes, Argi et plures huiusmodi nugae? Certe mundus bene exornatus fuisset, si Deus eum pro libitu nostrae phantasiae iisque rebus, quae facile quivis sibi imaginatur et somniat, nemo vero unquam intelligere potis est, ornasset et concinnasset!

Secunda ratio est, quod quia spiritus magis, quam aliae corporeae creaturae, Dei imaginem exprimunt, verosimile quoque sit, Deum eos creasse. Profecto me hactenus nescire, in quo spiritus magis, quam aliae creaturae Deum exprimant, fateor. Hoc scio, inter finitum et infinitum nullam esse proportionem; adeo ut discrimen inter maximam et praestantissimam creaturam atque inter Deum non aliud sit discrimen, quam quod inter Deum ac minimam creaturam est. Hoc ergo nihil ad rem facit. Si tam claram de spectris, quam de triangulo vel circulo haberem ideam, nullatenus dubitarem statuere, ea a Deo creata fuisse: verum enimvero, quandoquidem idea, quam de iis habeo, omnino cum ideis convenit, quas de Harpyiis, Gryphis, Hydris etc. in mea deprehendo imaginatione, ea non aliter, quam somnia, considerare possum, quae a Deo tantopere, quam ens et non ens discrepant.

Tertia ratio (quae est, quod, quemadmodum corpus sine anima, etiam anima sine corpore debeat esse) aeque mihi absurda videtur. Dic, quaeso, mihi, an non etiam sit verisimile, memoriam, auditum, visum etc. sine corporibus dari, eo quod corpora sine memoria, auditu, visu etc. inveniuntur, vel globum sine circulo, quia circulus sine globo existit?

Quarta et ultimo ratio eadem est cum prima, ad cuius responsionem me refero. Hic loci tantum notabo, me, quinam illi supremi et infimi sint, quos in materia infinita concipis, nescire, nisi terram universi centrum esse sentias. Si enim sol vel Saturnus universi sit centrum, sol vel Saturnus, non autem terra infima erit. Hoc ergo et quod restat praetermittens concludo, quod hae hisque similes rationes neminem convincent, spectra vel lemures omnis generis dari, quam eos, qui aures intellectui occludentes se a superstitione seduci patiuntur; quae adeo rectae rationi infesta est, ut potius, quo philosophorum aestimationem minuat, vetulis fidem habeat.

Quantum ad historias attinet, iam in prima mea epistola dixi, me eas non omnino, sed inde deductam conclusionem negare. Huic accedit, quod eas non adeo fide dignas habeam, ut de multis circumstantiis non dubitem, quas saepius addunt, magis ut ornent, quam ut historiae veritatem, vel id, quod inde volunt concludere, aptius efficiant. Speraveram, ut ex tot historiis saltem unam alteramve proferres, de qua minime dubitare liceret, quaeque clarissime spectra vel lemures existere ostenderet. Quod memoratus consul inde, quod in matris suae officina cerevisiaria spectra ita de nocte laborare audivit, vult concludere ea existere, quemadmodum de die audire assuetus erat, risu dignum mihi videtur. Similiter etiam nimis longum videretur, hic loci omnes, quae de his ineptiis conscriptae sunt, historias examinare. Ut ergo brevis sim, me ad Iulium Caesarem refero, qui teste Suetonio haec ridebat, et tamen felix erat, iuxta id, quod Suetonius de hoc principe in vita eius capite 59. narrat. Et ad eum modum omnes, qui mortalium imaginationum et pathematum effectus perpendunt, talia ridere debent; quicquid etiam Lavaterus aliique, qui cum eo hoc in negotio somniarunt, in contrarium producant.

61. EPISTOLA LIX.

Acutissimo philosopho B. D. S.

* * * * * * *

Responsio ad praecedentem.

Versio.

Acutissime vir,

Ad tuas opiniones serius respondeo, eo quod exiguus morbus me studiorum et meditationum oblectamento orbavit et ad te scribere impedivit. Nunc, Deo gratiam habeo, in integrum restitutus sum. In respondendo tuae epistolae vestigia premam, atque tuas in eos, qui de spectris scripserunt, exclamationes transiliam.

Dico igitur, me existimare, nulla foeminini generis esse spectra, quia eorum generationem infitior. Quod talis sint figurae et compositionis, quia id ad me non pertinet, omitto. Aliquid fortuito factum dicitur, quando praeter authoris scopum producitur. Ubi terram ad vineam plantandum vel puteum ad sepulchrum faciendum fodimus et thesaurum invenimus, de quo nunquam cogitavimus, id casu fieri dicitur. Nunquam is, qui ex libero suo arbitrio ita operatur, ut possit operari, vel non, casu operari, siquidem operatur, dicitur. Hoc enim pacto omnes humanae operationes casu fierent, quod absurdum esset. Necessarium et liberum, non vero necessarium et fortuitum contraria sunt. Licet vero Dei voluntas sit aeterna, non tamen sequitur mundum esse aeternum, eo quod Deus ab aeterno, ut mundum crearet statuto tempore, definire potuit.

Negas porro, Dei voluntatem unquam indifferentem fuisse, quod ego infitior; nec adeo accurate ad hoc, ut tu putas, attendere est necesse. Neque omnes dicunt, Dei voluntatem necessariam esse. Hoc enim necessitatem involvit; quia is, qui alicui tribuit voluntatem, per id intelligit, eum pro sua voluntate posse operari, vel non. Si vero ei adscribimus necessitatem, necessario debet operari.

Denique ais, te in Deo nulla humana concedere attributa, ne divinam cum humana confunderes naturam. Quod hactenus probo; neque enim qua ratione Deus operetur, nec qua ratione velit, intelligat, perpendat, videat, audiat, percipimus etc. Verum enimvero, si has operationes summasque nostras de Deo contemplationes pernegas, affirmasque, eas non esse eminenter et metaphysice in Deo; tuum Deum, aut quid per hanc vocem *Deus* intelligas, ignoro. Quod non percipitur, haud negandum est. Mens, quae spiritus et incorporea est, non nisi cum subtilissimis corporibus, nempe humoribus, operari potest. Et quaenam inter corpus mentemque est proportio? Qua ratione mens cum corporibus operatur? Sine his enim illa quiescit, et illis turbatis mens contrarium, quam quod debebat, operatur. Mihi, qui hoc fiat, monstra. Non poteris, ut nec ego. Videmus tamen et sentimus, mentem operari, quod verum manet, licet, qua ratione haec fiat operatio, non percipiamus. Similiter licet, quomodo Deus operatur, non capiamus eique humana nolimus adsignare opera; non tamen de ipso negandum, ea eminenter et incomprehensibiliter cum nostris concordare, uti velle, intelligere, intellectu, non vero oculis aut auribus videre ac audire; ad eum modum, quo ventus atque aër regiones montesque sine manibus aliisve instrumentis destruere, nec non evertere potest; quod tamen hominibus absque manibus machinisque est impossibile. Si necessitatem Deo tribuis, eumque voluntate aut libera electione privas, dubitari posset, numne eum, qui ens infinite perfectum est, instar monstri depingas et exhibeas. Ut tuum attingas scopum, aliis ad iaciendum tuum fundamentum opus erit rationibus; quia, meo iudicio, in allatis nihil soliditatis reperitur, et, si eas probes, aliae adhuc supersunt, quae forte tuarum pondus aequabunt. Sed his missis pergamus.

Postulas ad probandum, spiritus in mundo esse, demonstrativas probationes, quae valde paucae in mundo sunt, nullaeque praeter mathematicas adeo certae, ac quidem optamus, inveniuntur; quippe probabilibus, ut et verosimilibus coniecturis sumus contenti. Si rationes, quibus res probantur, essent demonstrationes, non nisi stulti et pervicaces invenirentur, qui eis contradiccrent. Verum, dilecte amice, non adeo sumus beati. In mundo minus accurati sumus, aliquatenus coniecturam facimus et in ratiociniis defectu demonstrationum probabile assumimus. Hoc ipsum ex omnibus tam divinis, quam humanis scientiis controversiarum et disputationum plenis patet, quarum multitudo in causa est, quod tot diversae apud quosvis inveniuntur sententiae. Hac de causa olim, ut nosti, philosophi sceptici dicti, qui de omnibus dubitabant, fuerunt. Hi pro et contra disputabant, ut probabile tantum verarum rationum defectu consequerentur, et ex iis unusquisque, quod probabilius videbatur, credebat. Luna directe infra solem est posita; et ideo sol in quodam terrae loco obscurabitur; et si sol non obscuretur, dum dies est, directe infra eum luna non est posita. Haec est probatio demonstrativa, a causa ad effectum et ab effectu ad causam. Eiusmodi aliquot, sed valde paucae dantur, quae a nullo, si eas modo percipiat, contradici possunt.

Quantum ad pulchritudinem, sunt quaedam, quorum partes respectu aliarum proportionales et melius, quam aliae, sunt compositae; et Deus intellectui et iudicio hominis convenientiam et harmoniam cum eo, quod proportionatum est, non vero cum eo, in quo nulla est proportio, attribuit: ut in sonis consonantibus et dissonantibus, in quibus auditus consonantiam et dissonantiam bene distinguere novit, quia illa delectationem, haec vero molestiam adfert. Rei perfectio est etiam pulchra, quatenus nihil ei deest. Huius multa extant exempla, quae, ne prolixior sim, omitto. Mundum intueamur tantummodo, cui nomen totius vel universi tribuitur. Si hoc verum est, uti revera est, rebus incorporeis non depravatur minuiturve. Quae de Centauris, Hydris, Harpyiis etc. dicis, hic nullum habent locum. Loquimur enim de universalissimis rerum generibus deque primis eorundem gradibus, quae sub se varias et innumerabiles comprehendunt species; scilicet de aeterno et temporali, causa et effectu, finito et infinito, animato ac inanimato, substantia et accidenti vel modo, corporali et spirituali etc. Dico spiritus Deo, quia etiam spiritus est, esse similes. Tam claram de spiritibus, quam de triangulo postulas ideam, quod impossibile est. Dic mihi, obsecro quam de Deo habeas ideam, et an ea intellectui tuo adeo sit clara, ac idea trianguli! Scio te non habere, dixique, nos tam beatos non esse, ut res probationibus demonstrativis percipiamus, et plerumque probabile in hoc mundo praevalere. Affirmo nihilominus, quod sicuti corpus sine memoria etc., ita etiam memoria etc. sine corpore; quodque sicuti circulus sine globo, sic etiam globus sine circulo existit. Sed hoc est ab universalissimis generibus ad particulares species descendere, de quibus hoc ratiocinium non intelligitur. Dico, quod sol sit mundi centrum, quodque stellae fixae longius a terra distent, quam Saturnus, et hic longius, quam Mars; adeo ut in indefinito aëre quaedam remotiora a nobis et quaedam nobis propinquiora sint, quae nos altiora vel inferiora nominamus.

Ii, qui spiritus defendunt, philosophos extra fidem non collocant, sed quidem, qui eos negant; quia omnes philosophi tam antiqui, quam moderni se convictos, spiritus dari, arbitrantur. Plutarchus huius rei testis est in tractatibus de philosophorum sententiis et de Socratis genio. Testantur quoque omnes Stoici, Pythagorici, Platonici, Peripatetici, Empedocles, Maximus Tyrius, Apuleius aliique. Ex modernis nemo spectra negat. Reiice ergo tot sapientes oculatos et auritos testes, tot philosophos, tot historicos talia narrantes; affirma eos omnes cum vulgo stultos ac insanos esse: licet tuae responsiones non persuadeant, sed quidem absurdae sint et passim scopum nostrae controversiae non attingant, neque tu ullam quidem probationem, quae tuam confirmet sententiam, proferas. Caesar cum Cicerone et Catone non ridet spectra, sed omina et praesagia; et tamen si eo die, quo interibat, Spurinam non illusisset, ipsius hostes tot vulneribus eum non confodissent. Sed haec hac vice sufficiant etc.

62. EPISTOLA LX.

Amplissimo prudentissimoque viro ******

β. D. S.

Responsio ad praecedentem.

Versio.

AMPLISSIME VIR,

Ad tuam respondere heri mihi traditam, propero; eo quod, si longiores necto moras, cogar responsionem diutius, quam quidem vellem, differre. Tua me turbasset valetudo, nisi te melius habere intellexissem; et spero, te iam omnino convaluisse.

Quam difficulter duo, qui diversa sequuntur principia, in materia a multis aliis dependente invicem possint convenire et idem sentire, ex hac quaestione sola, licet nulla id demonstraret ratio, pateret. Dic mihi, quaeso, an aliquos philosophos videris aut legeris, qui in ea fuerunt sententia, mundum casu factum esse, nempe eo sensu, quo tu intelligis, Deum scilicet in creando mundo scopum sibi praefixum habuisse, et tamen eum, quem decreverat, transgressum esse. Nescio, tale quid unquam in ullius hominis cogitationem incidisse. Similiter me latet, quibus rationibus, ut credam *fortuitum et necessarium* non esse contraria, mihi persuadere conaris. Quam primum animadverto, tres trianguli angulos duobus rectis necessario aequales esse, nego quoque id casu fieri. Similiter, quam primum adverto, calorem necessarium ignis esse effectum, nego quoque id casu accidere. Quod *necessarium ac liberum* duo contraria sunt, non minus absurdum et rationi repugnans videtur. Nam nemo negare potest, Deum se ipsum et caetera omnia libere cognoscere; et tamen cuncti communi suffragio concedunt, Deum se ipsum necessario cognoscere. Quare mihi nullam inter coactionem vel vim et necessitatem differentiam constituere videris. Quod homo vult vivere, amare etc., non est coactum opus, sed tamen necessarium, et multo magis, quod Deus vult esse, cognoscere ac operari. Si praeter dicta animo volvis, indifferentiam non nisi ignorantiam vel dubitationem esse, atque voluntatem semper constantem et in omnibus determinatam virtutem necessariamque intellectus esse proprietatem, videbis mea verba penitus cum veritate concordare. Si affirmamus, Deum potuisse rem non velle, et non potuisse eam non intelligere, Deo diversas attribuimus libertates, alteram necessariam, alteram indifferentem; et consequenter Dei voluntatem ab essentia sua suoque intellectu diversam concipiemus, et hoc pacto in aliam ac aliam incidemus absurditatem.

Attentio, quam in praecedenti mea exegeram, non tibi visa est necessaria; et hoc fuit in causa, quod cogitationes tuas in praecipuum non defixeris, illudque, quod quam maxime ad rem faciebat, neglexeris.

Porro, ubi dicis, si in Deo actum vivendi, audiendi, attendendi, volendi etc., eosque in eo esse eminenter nego, quod te tum lateat, qualem habeam Deum: hinc suspicor te credere, non maiorem esse perfectionem, quam quae memoratis attributis explicari potest. Haec non miror; quia credo, quod triangulum, siquidem loquendi haberet facultatem, eodem modo diceret, Deum eminenter triangularem esse, et circulus, divinam naturam eminenti ratione circularem esse. Et hac ratione quilibet sua attributa Deo adscriberet, similemque se Deo redderet, reliquumque ei deforme videretur.

Epistolae parvitas et temporis angustia non sinunt, ut meam de divina natura sententiam quaestionesque a te propositas enucleem; praeterquam quod difficultates obiicere non sit proferre rationes. Nos in mundo multa ex coniectura facere verum est; sed nos nostras ex coniectura habere meditationes est falsum. In communi vita verisimillimum, in speculationibus vero veritatem cogimur sequi. Homo siti et fame periret, si, antequam perfectam obtinuisset demonstrationem, cibum ac potum sibi profuturum, edere aut bibere nollet. Id autem in contemplatione locum non habet. Econtra cavendum nobis est, quicquam tanquam verum admittere, quod solummodo verisimile est. Ubi enim unam admisimus falsitatem, infinitae sequuntur.

Porro hinc, quod divinae et humanae scientiae multis litibus et controversiis repletae sunt, nequit concludi, ea omnia, quae in iis tractantur, incerta esse; quoniam plurimi fuerunt, qui tanto contradicendi studio tenebantur, ut etiam demonstrationes geometricas irriserint. Sextus Empiricus aliique sceptici, quos citas, dicunt falsum esse, quod totum sua parte maius est, et sic de caeteris iudicant axiomatibus.

Ut vero, praetermisso ac concesso, nos demonstrationum defectu verisimilitudinibus debere esse contentos, dico, demonstrationem verosimilem talem esse debere, ut, licet de ea dubitare possimus, contradicere tamen nequeamus; quia id, cui potest contradici, non vero, sed falso simile est. Si exempli gratia dico, Petrum in vivis esse, quia eum heri sanum conspexi, vero quidem id simile est, quatenus mihi nemo contradicere potest; si autem alius dicit, se heri vidisse, eum deliquium animi passum fuisse, seque credere, Petrum inde diem obiisse supremum, hic, ut mea verba falsa videantur, efficit. Tuam coniecturam de spectris et lemuribus falsam et ne verisimilem quidem videri, tam clare ostendi, ut in responso tuo nihil animadversione dignum inveniam.

Ad quaestionem tuam, an de Deo tam claram, quam de triangulo habeam ideam, respondeo affirmando. Si me vero interroges, utrum tam claram de Deo, quam de triaugulo habeam imaginem, respondebo negando. Deum enim non imaginari, sed quidem intelligere possumus. Hic quoque notandum est, quod non dico, me Deum omnino cognoscere; sed me quaedam eius attributa, non autem omnia, neque maximam intelligere partem, et certum est, plurimorum ignorantiam, quorundam eorum habere notitiam, non impedire. Quum Euclidis elementa addiscerem, primo tres trianguli angulos duobus rectis aequari intelligebam; hancque trianguli proprietatem clare percipiebam, licet multarum aliarum ignarus essem.

Quod ad spectra vel lemures, hactenus nullam intelligibilem de iis auribus hausi proprietatem; sed quidem de phantasiis, quas nemo capere potest. Quum dicis spectra vel lemures hic inferius (stylum tuum sequor, licet ignorem, materiam hic inferius, quam superius minoris esse pretii) ex tenuissima, rarissima et subtilissima constare substantia, videris de aranearum telis, aëre vel vaporibus loqui. Dicere eos esse invisibiles, tantum mihi valet, ac si diceres, quid non sint, non vero quid sint: nisi forte velis indicare, quod pro lubitu se iam visibiles, iam invisibiles reddunt, quodque imaginatio in his, sicut et in aliis impossibilibus inveniet difficultatem.

Non multum apud me authoritas Platonis, Aristotelis ac Socratis valet. Miratus fuissem, si Epicurum, Democritum, Lucretium vel aliquem ex atomistis atomorumque defensoribus protulisses. Non enim mirandum est eos, qui qualitates occultas, species intentionales, formas substantiales ac mille alias nugas commenti sunt, spectra et lemures excogitasse et vetulis credidisse, ut Democriti authoritatem elevarent, cuius bonae famae tantopere inviderunt, ut omnes eius libros, quos tanta cum laude ediderat, combusserint. Si iis fidem adhibere animus est, quas rationes habes ad miracula divae virginis et omnium sanctorum negandum, quae a tot celeberrimis philosophis, theologis ac historicis conscripta sunt, ut horum vel centum, illorum vero vix unum producere queam? Denique, amplissime vir, longius quam volebam, processi; nec te diutius iis rebus, quas (scio) non concedes, molestias creare volo, quia alia longe a meis diversa sequeris principia etc.

63. EPISTOLA LXI.

Praestantissimo acutissimoque philosopho B. D. S.

* * * * * * *

PRAESTANTISSIME VIR,

Miror saltem, quod eo ipso, quo demonstrent philosophi, aliquid falsum esse, eadem ratione ostendant eius veritatem. Certitudinem enim intellectus in *suae methodi initio* Cartesius omnibus aequalem esse putat; in *meditationibus* autem demonstrat. Idem illi probant, qui putant se aliquid certi demonstrare posse hac ratione, ut pro indubitato a singulis hominibus accipiatur.

Sed his missis experientiam provoco, et ut ad haec accurate attendas, submisse rogo. Sic enim deprehendetur, si ex duobus unus aliquid affirmet, alter vero neget, et ita, ut sibi eius sint conscii, loquantur, quod, licet verbis contrarii videantur, attamen perpensis eorum conceptibus ambo (unusquisque pro suo conceptu) vera dicant. Quod quidem refero, quum immensae sit in vita communi utilitatis, et possent hoc unico observato innumerae controversiae et inde sequentes contentiones praecaveri; quamvis veritas haec in conceptu non semper absolute vera sit, sed positis tantum iis, quae in intellectu supponuntur ut vera. Quae regula etiam adeo est universalis, ut apud omnes homines, ne dementibus quidem ac dormientibus exceptis, reperiatur. Quicquid enim hi dicunt, se videre (licet nobis non ita appareat) aut vidisse, certissimum est, haec revera ita se habere. Quod etiam in casu proposito, *de libero* nempe *arbitrio*, clarissime conspicitur. Uterque enim tam qui pro, quam qui contra disputat, verum mihi dicere videtur, prout nimirum quilibet libertatem concipit. Liberum enim dicit Cartesius, quod a nulla causa cogitur; et tu econtra, quod a nulla causa determinatur ad aliquid. Fateor itaque tecum, nos in omnibus rebus a certa causa ad aliquid determinari, et sic nullum nos habere liberum arbitrium. Sed contra quoque puto cum Cartesio in certis rebus (quod statim aperiam) nos nullatenus cogi, atque ita habere liberum arbitrium. Exemplum formabo a praesenti.

Triplex autem est status quaestionis: *primo* an in res, quae extra nos sunt, absolute habeamus potestatem? Quod negatur. Exempli gratia, quod hanc nunc exaro epistolam, non est absolute in mea potestate, quandoquidem certe prius scripsissem, ni vel absentia vel amicorum praesentia impeditus fuissem. *Secundo,* an nos in motus corporis nostri, qui sequuntur, voluntate eos ad id determinante, absolute habeamus potestatem? Respondeo limitando, si nimirum sano corpore vivamus. Si enim valeo, semper me ad sribendum applicare vel non applicare possum. *Tertio,* an, quando mihi meum rationis exercitium usurpare licet, eo liberrime, hoc est, absolute uti possim? Ad quod respondeo affirmative. Quis enim mihi negaret, nisi contradicendo propriae conscientiae, quod non possum in meis cogitationibus cogitare, me velle scribere aut non scribere. Et quoad operationem quoque, quia hoc externae causae permittunt (quod secundum concernit casum), quod equidem tam scribendi, quam non scribendi facultatem habeam: fateor quidem tecum, dari causas, quae me ad id determinant, quod iam scribo, quia scilicet primo mihi scripsisti, eademque opera postulavisti, ut prima occasione rescriberem et, quia impraesentiarum datur occasio, eam non libenter amitterem. Pro certo etiam affirmo, teste conscientia, cum Cartesio, istiusmodi res me propterea non cogere, meque revera (quod negatu videtur impossibile) id nihilominus omittere posse, non obstantibus his rationibus. Si quoque cogeremur a rebus externis, cui possibile est habitum virtutis acquirere? Imo hoc posito omnis malitia excusabilis esset. Sed quot modis non fit, ut, si a rebus externis ad aliquid determinemur, obfirmato tamen ac constanti ei resistamus animo?

Ut itaque superioris regulae clariorem dem explicationem. Ambo equidem verum dicitis proprium iuxta conceptum. Si autem absolutam veritatem spectemus, haec tantum competit sententiae Cartesii. Supponis enim in conceptu, ut certum, libertatis essentiam in eo consistere, quod a nulla re determinamur. Hoc sic posito utrumque verum erit. Veruntamen quum essentia cuiuslibet rei in eo consistat, sine quo ne quidem concipi possit, et clare sane concipiatur libertas, licet ab externis causis in nostris actionibus ad aliquid determinemur, sive licet semper causae sint, quae incitamento nobis sunt, ut actiones nostras tali modo dirigamus, quum tamen id plane non efficiant; verum nullatenus, posito quod cogamur. Vide praeterea Cartesii I. tom.

epist. 8. et 9., item II. tom. pag. 4. Sed haec sufficiant. Rogo, ut ad has difficultates respondeas etc.
8. Octob. 1674.

64. EPISTOLA LXII.

Viro doctissimo atque expertissimo ✱✱✱✱✱✱

B. D. S.

Responsio ad praecedentem.

EXPERTISSIME DOMINE,

Misit mihi amicus noster I. R. literas, quas ad me dignatus es scribere, una cum iudicio tui amici de mea et Cartesii *de libero arbitrio* sententia, quae mihi gratissima fuerunt. Et quamvis in praesentia, praeterquam quod valetudinem non satis firmam habeam, aliis rebus admodum distrahar, tamen vel singularis tua humanitas, vel, quod ego praecipuum puto, veritatis studium, quo teneris, me cogit, ut tuo desiderio pro mei ingenii tenuitate satisfaciam. Etenim quid tuus amicus velit, antequam experientiam provocat et accuratam attentionem petit, nescio. Quod deinde addit: *si quando inter duos alter de re quapiam quid affirmat, alter autem neget etc.,* verum est, si intelligit illos duos, quamvis iisdem utantur vocabulis, de rebus tamen diversis cogitare, cuius rei exempla aliquot amico I. R. olim misi, cui iam scribo, ut tibi eadem communicet.

Transeo igitur ad illam libertatis definitionem, quam meam esse ait; sed nescio, unde illam sumpserit. Ego eam *rem liberam* esse dico, quae ex sola suae naturae necessitate existit et agit, *coactum* autem, quae ab alio determinatur ad existendum et operandum certa ac determinata ratione. Ex. gr. Deus, tametsi necessario, libere tamen existit, quia ex sola suae naturae necessitate existit. Sic etiam Deus se et absolute omnia libere intelligit, quia ex sola ipsius naturae necessitate sequitur, ut omnia intelligat. Vides igitur me libertatem non in libero decreto, sed in libera necessitate ponere.

Sed ad res creatas descendamus, quae omnes a causis externis determinantur ad existendum et operandum certa ac determinata ratione. Quod ut clare intelligatur, rem simplicissimam concipiamus. Ex. gr. lapis a causa externa ipsum impellente certam motus quantitatem accipit, qua postea cessante causae externae impulsu moveri necessario perget. Haec igitur lapidis in motu permanentia coacta est, non quia necessaria, sed quia impulsu causae externae definiri debet; et quod hic de lapide, id de quacunque re singulari, quantumvis illa composita et ad plurima apta esse concipiatur, intelligendum est, quod scilicet unaquaeque res necessario a causa externa aliqua determinatur ad existendum et operandum certa ac determinata ratione.

Porro, concipe iam, si placet, lapidem, dum moveri pergit, cogitare et scire, se, quantum potest, conari, ut moveri pergat. Hic sane lapis, quandoquidem sui tantummodo conatus est conscius et minime indifferens, se liberrimum esse et nulla alia de causa in motu perseverare credet, quam quia vult. Atque haec humana illa libertas est, quam omnes habere iactant et quae in hoc solo consistit, quod homines sui appetitus sint conscii et causarum, a quibus determinantur, ignari. Sic infans se lac libere appetere credit; puer autem iratus vindictam velle et timidus fugam. Ebrius deinde credit, se ex libero mentis decreto ea loqui, quae postea sobrius tacuisse vellet. Sic delirans, garrulus et huius farinae plurimi se ex libero mentis decreto agere, non autem impetu ferri credunt. Et quia hoc praeiudicium omnibus hominibus innatum est, non ita facile eodem liberantur. Nam quamvis experientia satis superque doceat, homines nihil minus posse, quam appetitus moderari suos, et quod saepe, dum contrariis affectibus conflictantur, meliora videant et deteriora sequantur, se tamen liberos esse credunt, idque propterea, quod res quasdam leviter appetant, et quarum appetitus facile potest contrahi memoria alterius rei, cuius frequenter recordamur.

His, quaenam mea de libera et coacta necessitate deque ficta humana libertate sit sententia, satis, ni fallor, explicui: ex quibus facile ad tui amici obiectiones respondetur. Nam quod cum Cartesio ait, illum liberum esse, qui a nulla causa externa cogitur, si per hominem coactum intelligit eum, qui invitus agit, concedo nos quibusdam in rebus nullatenus cogi, hocque respectu habere liberum arbitrium. Sed si per coactum intelligit, qui quamvis non invitus, necessario tamen agit (ut supra explicui), nego nos aliqua in re liberos esse.

At amicus tuus contra affirmat, *nos rationis exercitio liberrime, hoc est, absolute uti posse*, qua in re satis, ne dicam, nimis confidenter perstat. *Quis enim*, ait, *nisi propriae contradicendo conscientiae, negaret, me cogitationibus meis cogitare posse, quod vellem et quod non vellem scribere?* Pervelim scire, quam ille conscientiam praeter illam, quam supra exemplo lapidis explicui, narrat. Ego sane, ne meae conscientiae, hoc est ne rationi et experientiae contradicam et ne praeiudicia et ignorantiam foveam, nego, me ulla absoluta cogitandi potentia cogitare posse, quod vellem et quod non vellem scribere. Sed ipsius conscientiam appello, qui sine dubio expertus est, se in somnis nos habere potestatem cogitandi, quod vellet et quod non vellet scribere; nec quum somniat se velle scribere, potestatem habet, non somniandi se velle scribere. Nec minus expertum illum esse credo, quod mens non semper aeque apta sit ad cogitandum de eodem obiecto, sed prout corpus aptius est, ut in eo huius vel illius obiecti imago excitetur, ita mens aptior est ad hoc vel illud obiectum contemplandum.

Quum praeterea addit, quod causae, cur animum ad scribendum applicuerit, ipsum quidem ad scribendum impulerint, sed non coëgerint, nihil aliud significat (si rem aequo pondere examinare velis), quam quod ipsius animus ita tum erat constitutus, ut causae, quae ipsum alias, quum scilicet magno aliquo affectu conflictatur, non potuissent, nunc facile potuerunt flectere, hoc est, causae, quae ipsum alias non potuisset cogere, coëgerunt iam, non ut invitus scriberet, sed ut necessario scribendi esset cupidus.

Quod porro statuit: *quod si a causis externis cogeremur, virtutis habitum acquirere possit nemo;* nescio, quis ipsi dixerit, non posse ex fatali necessitate, sed tantummodo ex libero mentis decreto fieri, ut firmato et constanti simus animo.

Et quod denique addit: *quod hoc posito omnis malitia excusabilis esset.* Quid inde? Nam homines mali non minus timendi sunt, nec minus perniciosi, quando necessario mali sunt. Sed de his, si placet, vide meae appendicis ad Cartesii principiorum lib. I. et II. ordine geometrico demonstratos partis II. caput 8.

Denique tuus amicus, qui haec mihi obiicit, vellem, ut mihi responderet, qua ratione ille humanam virtutem, quae ex libero mentis decreto oritur, simul concipiat cum Dei praeordinatione. Quod si cum Cartesio fatetur, se haec nescire conciliare, ergo telum, quo ipse transfixus iam est, in me vibrare conatur. Sed frustra. Nam si meam sententiam attento animo examinare velis, omnia congruere videbis etc.

65. EPISTOLA LXIII.

Praestantissimo atque acutissimo philosopho β. D. S.

* * * * * * *

PRAESTANTISSIME VIR,

Methodum tuam recte regendae rationis in acquirenda veritatum incognitarum cognitione, ut et generalia in physicis quando impetrabimus? Novi te iam modo magnos in iis fecisse progressus. Prius iam mihi innotuit, et posterius noscitur ex lemmatibus parti secundae ethices adiectis: quibus multae difficultates in physicis facile solvuntur. Si otium et occasio sinit, a te submisse peto, veram *motus definitionem*, ut et eius explicationem, atque qua ratione, quum extensio, quatenus per se concipitur, indivisibilis, immutabilis etc. sit, a priori deducere possimus, tot tamque multas oriri posse varietates et per consequens existentiam figurae in particulis alicuius corporis, quae tamen in quovis corpore variae et diversae sunt a figuris partium, quae alterius corporis formam constituunt. Praesens mihi indicasti *methodum*, qua uteris in indagandis necdum cognitis veritatibus. Experior eam methodum valde esse praecellentem, et tamen valde facilem, quantum ego de ea concepi, et possum affirmare hac unica observatione magnos me in mathematicis fecisse progressus. Optem idcirco, ut mihi veram traderes definitionem ideae adaequatae, verae, falsae, fictae et dubiae. Differentiam inter *ideam veram et adaequatam* quaesivi. Huc usque tamen nil aliud rescire potui, quam quum rem inquisivi et certum conceptum vel ideam, quod, inquam (ut porro expiscarer, an haec idea vera etiam alicuius rei adaequata esset), ex me quaesiverim, quae sit causa huius ideae aut conceptus; qua cognita denuo interrogavi, quae sit rursus causa huius conceptus, et sic semper in causas causarum idearum inquirendo perrexi, usque dum talem causam nanciscerer, cuius aliam causam rursus videre non possem, quam quod inter omnes ideas possibiles, quas penes me habeo, haec una quoque ex iisdem existat. Si, exempli causa, inquirimus, in quo consistat vera nostrorum errorum origo; Cartesius respondebit, quod assensum praebeamus rebus nondum clare perceptis. Verum licet haec vera idea huius rei sit, nondum tamen potero omnia circa haec scitu necessaria determinare, nisi quoque huius rei adaequatam ideam habuero; quam ut assequar, denuo in causam huius conceptus inquiro, quare nimirum fiat, ut assensum praebeamus rebus non clare intellectis, et respondeo hoc fieri ex defectu cognitionis. Sed hic rursus ulterius inquirere non licet, quaenam sit causa, ut quaedam ignoremus; ac proinde video me adaequatam ideam nostrorum errorum detexisse. Hic interim a te requiro, an, quia constat, multas res infinitis modis expressas habere adaequatam sui ideam et ex quavis adaequata idea omnia ea, quae de re sciri possunt, educi posse, quamvis facilius ex hac, quam ex illa idea eliciantur, an, inquam, sit medium, quo noscatur, utra prae alia usurpanda sit. Sic exempli gratia adaequata idea circuli consistit in radiorum aequalitate; eadem quoque consistit in infinitis rectangulis sibi invicem aequalibus, factis a segmentis duarum linearum, atque sic porro infinitas habet expressiones, quarum unaquaeque adaequatam circuli naturam explicat; et quamvis ex unaquaque harum omnia alia deducere liceat, quae de circulo sciri possunt, id ipsum tamen multo facilius fit ex una harum, quam ex altera. Sic quoque, qui applicatas curvarum considerat, multa deducet, quae ad dimensionem harum spectant, sed maiori facilitate, si consideremus tangentes etc. Et ita indicare volui, quo usque hac in disquisitione progressus sum; cuius perfectionem vel, si alicubi erro, emendationem, nec non desideratam definitionem exspecto. Vale.

[5. Ian. 1675.]

66. EPISTOLA LXIV.

Nobilissimo ac doctissimo viro *******
β. D. ς.
Responsio ad praecedentem.

Nobilissime vir,
Inter ideam veram et adaequatam nullam aliam differentiam agnosco, quam quod nomen veri respiciat tantummodo convenientiam ideae cum suo ideato, nomen adaequati autem naturam ideae in se ipsa; ita ut revera nulla detur differentia inter ideam veram et adaequatam praeter relationem illam extrinsecam. Iam autem, ut scire possim, ex qua rei idea ex multis omnes subiecti proprietates possint deduci, unicum tantum observo, ut ea rei idea sive definitio causam efficientem exprimat. Exempli gratia, ad circuli proprietates investigandas inquiro, an ex hac idea circuli, quod scilicet constat ex infinitis rectangulis, possim omnes eius proprietates deducere; inquiro, inquam, an haec idea causam circuli efficientem involvat. Quod quum non fiat, aliam quaero: nempe quod circulus sit spatium, quod describitur a linea, cuius unum punctum est fixum, alterum mobile. Quum haec definitio iam causam efficientem exprimat, scio me omnes inde posse circuli proprietates deducere etc. Sic quoque quum Deum definio esse ens summe perfectum quumque ea definitio non exprimat causam efficientem (intelligo enim causam efficientem tam internam, quam externam), non potero inde omnes Dei proprietates expromere; at quidem quum definio Deum esse *ens* etc. Vide definit. VI. part. I. ethices.

Caeterum de reliquis, nimirum de *motu*, quaeque ad *methodum* spectant, quia nondum ordine conscripta sunt, in aliam occasionem reservo.

Circa illa, quae ais, quod ille, *qui considerat applicatas curvarum, multa deducet, quae ad dimensionem earum spectant, sed maiori facilitate considerando tangentes* etc.: ego contrarium puto, quod etiam considerando tangentes multa alia difficilius deducentur, quam considerando ordinatim applicatas; et absolute statuo, quod ex quibusdam proprietatibus alicuius rei (quacunque data idea) alia facilius, alia difficilius (quae tamen omnia ad naturam illius rei spectant) inveniri possint. Sed hoc tantum observandum existimo, ideam talem esse inquirendam, ex qua omnia elici queant, ut supra dictum. Omnia enim ex aliqua re possibilia deducturus, necessario sequitur, ultima prioribus difficiliora fore etc.

67. EPISTOLA LXV.

Praestantissimo acutissimoque philosopho β. D. S.

VIR NOBILISSIME AC PRAESTANTISSIME,

Erubescerem ob diuturnum hactenus silentium meum, unde pro favore a benevolentia tua mihi immerito exhibito ingratitudinis accusari possem, nisi et cogitarem, generosam tuam humanitatem ad excusandum potius quam incusandum inclinare, et scirem eandem pro communi amicorum bono tam seriis vacare meditationibus, quales sine sontica turbare causa eidem noxium atque damnosum foret. Hanc itaque ob causam silui, contentus ex amicis prosperam tuam valetudinem interea percipere, sed per praesentes significare nitor, eadem Nobilissimum amicum nostrum D^{um} de Tschirnhaus nobiscum in Anglia adhuc frui, qui ter in suis, quas ad me dedit, literis Domino summa officia cum salute honorifica impertiri iussit, me iterato rogans, ut sequentium dubiorum solutionem tibi proponerem, insimulque ad ea responsionem desideratam expeterem; nimirum, num placeret domino demonstratione aliqua ostensiva, sed non ad impossibile deducente convincere, nos non posse plura Dei attributa cognoscere quam cogitationem et extensionem; praeterea, num inde sequatur, quod creaturae quae aliis attributis constant econtra nullam possint concipere extensionem.

Serio abs te peto, ut dubitationes hic motas solvere tuamque ad eas responsionem mittere placeat. Sit, rogo, demonstratio ea ostensiva, non vero ad impossibile deducens, num scilicet primo nos plura de Deo attributa, quam cogitationem extensionemque possimus cognoscere? Porro num inde sequatur, creaturas aliis constantes attributis nullam posse concipere extensionem? Unde sequeretur tot constituendos esse mundos, quot dantur Dei attributa. Quantae ex. gr. extensionis noster existeret mundus, tantae quoque extensionis mundi aliis affecti attributis essent. Quemadmodum vero praeter cogitationem non nisi extensionem percipimus, ita etiam istius mundi creaturae non nisi sui mundi attributa atque cogitationem perciperent.

Secundo, quoniam Dei intellectus tam essentia, quam existentia a nostro differt intellectu, nihil ergo cum nostro commune habebit; ac proinde (per ethic. part. 1. propos. 3.) Dei intellectus nostri causa esse nequit.

Tertio, in schol. 10. prop. part. 1. ethic. ais, *nihil in natura clarius esse, quam quod unumquodque ens sub aliquo attributo debeat concipi* (quod optime capio), *et quo plus realitatis aut esse habeat, eo plura ei competant attributa*. Hinc sequi videtur, dari entia, quae tria, quatuor aliaque plura habent attributa, licet ex demonstratis colligere licuerit, unumquodque ens duobus tantum constare attributis, nimirum certo quodam Dei attributo eiusdemque attributi idea.

Quarto, eorum, quae a Deo immediate producta sunt, quaeque mediante infinita quadam modificatione producuntur, exempla desiderarem. Prioris generis cogitatio ac extensio, posterioris vero intellectus in cogitatione, motus in extensione esse videntur. Atque haec sunt quae a praestantia tua praedictus noster Tschirnhaus illustrari mecum desiderat, si forte otium subsecivum id concesserit; caeterum refert D^{um} Boyle et Oldenburg mirum de tua persona formasse conceptum, quam ipse eisdem non solum ademit, sed rationes addidit, quarum inductione iterum non solum dignissime et faventissime de eadem sentiant, sed et Tr. Theol. Politicum summe aestiment, cuius pro regimine tuo te certiorem facere non fui ausus, certissimus me ad quaevis officia esse et vivere

Amstel. 25. Iulii 1675.

Nobilissimi viri
  servum paratissimum
    G. H. Schaller.

D. a Gent officiose salutat, uno cum I. Rieuw(erts).

Viro nobilissimo ac praestantissimo
  Domino Benedicto de Spinoza
            Hagam.

68. EPISTOLA LXVI.

Doctissimo expertissimoque viro *******

B. D. S.

Responsio ad praecedentem.

Expertissime vir,

Gaudeo, quod tandem occasio tibi oblata fuerit, ut me tuis literis, mihi semper gratissimis, recreares, quod ut frequenter facias, enixe rogo etc.

Ad dubia pergo; et quidem ad primum dico, mentem humanam illa tantummodo posse cognitione assequi, quae idea corporis actu existentis involvit, vel quod ex hac ipsa idea potest concludi. Nam cuiuscunque rei potentia sola eius essentia definitur (per ethices part. 3. prop. 7.), mentis autem essentia (per ethic. part. 2. prop. 13.) in hoc solo consistit, quod sit idea corporis actu existentis; ac proinde mentis intelligendi potentia ad ea tantum se extendit, quae haec idea corporis in se continet, vel quae ex eadem sequuntur. Ad haec corporis idea nulla alia Dei attributa involvit neque exprimit, quam extensionem et cogitationem. Nam eius ideatum, nempe corpus (per ethic. part. 2. prop. 6.) Deum pro causa habet, quatenus sub attributo extensionis et non quatenus sub ullo alio consideratur; atque adeo (per ethic. part. 1. ax. 6.) haec corporis idea Dei cognitionem involvit, quatenus tantummodo sub extensionis attributo consideratur. Deinde haec idea quatenus cogitandi modus est, Deum etiam (per eandem prop.) pro causa habet, quatenus res est cogitans, et non quatenus sub alio attributo consideratur; adeoque (per idem axioma) huius ideae idea Dei cognitionem involvit, quatenus sub cogitationis et non quatenus sub alio attributo consideratur. Apparet itaque mentem humanam sive corporis humani ideam praeter haec duo nulla alia Dei attributa involvere, neque exprimere. Caeterum ex his duobus attributis vel eorundem affectionibus nullum aliud Dei attributum (per ethic. part. 1. prop. 10.) concludi, neque concipi potest. Atque adeo concludo, mentem humanam nullum Dei attributum praeter haec posse cognitione assequi, ut fuit propositum. Quod autem addis: an ergo tot mundi constituendi sunt, quod dantur attributa?

vide schol. prop. 7. ethices part 2. Posset praeterea haec propositio facilius demonstrari, deducendo rem ad absurdum; quod quidem demonstrandi genus, quando propositio negativa est, prae altero eligere soleo, quia cum natura similium magis convenit. Sed quia positivum tantummodo petis, ad alterum transeo, quod est, an id possit ab alio produci, in quo tam essentia, quam existentia discrepat; nam quae ab invicem ita differunt, nihil commune habere videntur. Sed quum omnia singularia praeter illa, quae a suis similibus producuntur, differant a suis causis tam essentia quam existentia, nullam hic dubitandi rationem video.

Quo autem ego sensu intelligam, quod Deus sit causa efficiens rerum, tam essentiae quam existentiae, credo me satis explicuisse in schol. et coroll. prop. 25. ethic. part. 1.

Axioma scholii prop. 10. part. 1., ut in fine eiusdem scholii innui, formamus ex idea, quam habemus entis absolute infiniti, et non ex eo, quod dentur aut possint dari entia, quae tria, quatuor etc. attributa habeant.

Denique exempla, quae petis, primi generis sunt in cogitatione intellectus absolute infinitus, in extensione autem motus et quies; secundi autem facies totius universi, quae quamvis infinitis modis variet, manet tamen semper eadem, de quo vide schol. lemmatis 7. ante prop. 14. ethic. part. 2.

His, vir praestantissime, ad tuas nostrique amici obiectiones respondisse me credo. Si tamen scrupulum adhuc remanere existimas, rogo, ut mihi significare non graveris, ut eum etiam, si possim, evellam. Vale etc.

Hagae Com. 29. Iulii 1675.

69. EPISTOLA LXVII.

Acutissimo ac doctissimo philosopho β. D. S.

* * * * * *

Vir clarissime,

Abs te peto demonstrationem eius, quod dicis; nempe quod anima non possit plura attributa Dei, quam extensionem et cogitationem percipere. Quod quidem licet evidenter videam, contrarium tamen ex schol. prop. 7. part. 2. ethices posse deduci, mihi videtur, forte non aliam ob causam, quam quia sensum huius scholii non satis recte percipio. Constitui ergo, haec qua ratione deducam, exponere, te, vir clarissime, obnixe rogans, ut mihi velis, ubicunque sensum tuum non recte assequor, solita tua humanitate succurrere. Ea autem sic sese habent. Quod, licet inde colligam, mundum utique unicum esse, id tamen exinde non minus quoque clarum est, eum ipsum infinitis modis expressum, ac proinde unamquamque rem singularem infinitis modis expressam esse. Unde videtur sequi, quod modificatio illa, quae mentem meam constituit, ac modificatio illa, quae corpus meum exprimit, licet una et eadem sit modificatio, ea tamen infinitis modis sit expressa, uno modo per cogitationem, altero per extensionem, tertio per attributum Dei mihi incognitum, atque sic porro in infinitum, quia infinita dantur attributa Dei, et ordo et connexio modificationum videtur esse eadem in omnibus. Hinc iam quaestio oritur: quare mens, quae certam modificationem repraesentat et quae eadem modificatio non solum extensione, sed infinitis aliis modis est expressa; quare, inquam, tantum modificationem illam per extensionem expressam, hoc est, corpus humanum et nullam aliam expressionem per alia attributa percipiat? Sed tempus mihi non permittit, ut ea prolixius prosequar; forte haec dubia omnia crebrioribus meditationibus eximentur.

Londini 12. Augusti 1675.

70. EPISTOLA LXVIII.

Nobilissimo ac doctissimo viro *******

β. D. S.

Responsio ad praecedentem.

Nobilissime vir,

— — Caeterum, ad tuam obiectionem ut respondeam dico, quod quamvis unaquaeque res infinitis modis expressa sit in infinito Dei intellectu, illae tamen infinitae ideae, quibus exprimitur, unam eandemque rei singularis mentem constituere nequeunt, sed infinitas; quandoquidem unaquaeque harum infinitarum idearum nullam connexionem cum invicem habent, ut in eodem scholio propositionis 7. part. 2. ethic. explicui et ex prop. 10. part. 1. patet. Ad haec si aliquantulum attendas, nihil difficultatis superesse videbis etc.

Hagae 18. Augusti 1675.

71. EPISTOLA LXIX.

Acutissimo atque doctissimo philosopho B D. S.

******

Vir clarissime,

— — Primo difficulter admodum concipere queo, qui a priori corporum existentia demonstretur, quae motus et figuras habent; quum in extensione absolute rem considerando nil tale occurrat. Secundo erudiri abs te vellem, quomodo intelligendum sit, cuius meministi epistola de infinito his verbis: *Nec tamen concludunt, talia omnem numerum superare ex partium multitudine.* Nam revera omnes mathematici mihi videntur circa talia infinita semper demonstrare, quod partium numerus sit tam magnus, ut omnem assignabilem numerum superent, et in exemplo de duobus circulis ibidem allato non hoc ipsum declarare videris, quod tamen susceperas. Ibi enim tantum ostendis, quod non hoc ipsum concludunt *ex nimia spatii interpositi magnitudine* et *quod eius maximum et minimum non habeamus;* sed non demonstras, prout volebas, quod id non concludant ex partium multitudine etc.

2. Maii 1676.

72. EPISTOLA LXX.

Nobilissimo atque doctissimo viro ******

B. D. S.

Responsio ad praecedentem.

Nobilissime vir,

Quod in epistola de infinito dixi, quod partium infinitatem ex earum multitudine non concludant, hinc patet, quod, si ea ex earum multitudine concluderetur, non possemus maiorem partium multitudinem concipere, sed earum multitudo, quavis data, deberet esse maior; quod falsum est. Nam in toto spatio inter duos circulos diversa centra habentes duplo maiorem partium multitudinem concipimus, quam in eiusdem dimidio, et tamen partium numerus, tam dimidii, quam totius spatii omni assignabili numero maior est. Porro ex extensione, ut eam Cartesius concipit, molem scilicet quiescentem, corporum existentiam demonstrare non tantum difficile, ut ais, sed omnino impossibile est. Materia enim quiescens, quantum in se est, in sua quiete perseverabit, nec ad motum concitabitur, nisi a causa potentiori externa; et hac de causa non dubitavi olim affirmare, rerum naturalium principia Cartesiana inutilia esse, ne dicam absurda.

Hagae 5. Maii 1676.

73. EPISTOLA LXXI.

Acutissimo doctissimoque philosopho β. D. S.

* * * * * *

DOCTISSIME VIR,

— Velim, ut hac in re mihi gratificeris indicando, qui ex conceptu extensionis secundum tuas meditationes varietas rerum a priori possit ostendi, quandoquidem meministi opinionis Cartesii, in qua Cartesius statuit, se eam ex extensione nullo alio modo deducere posse, quam supponendo, motu a Deo excitato hoc effectum fuisse in extensione. Deducit ergo iuxta meam opinionem corporum existentiam non ex quiescente materia, nisi forte suppositionem motoris Dei pro nihilo haberes; quandoquidem, qui illud ex essentia Dei a priori necessario sequi debeat, abs te non sit ostensum; id quod Cartesius ostensurus captum humanum superare credebat. Quare a te hanc rem requiro, sciens bene, te alias cogitationes habere, nisi alia sontica subsit forte causa, quare illud hactenus manifestum facere nolueris; et si hoc, de quo non dubito, non opus fuisset, tale quid obscure indicares. Sed certo tibi persuasum habeas, quod sive candide mihi aliquid indices, sive celes, meus tamen erga te affectus immutatus maneat.

Rationes tamen, cur illud specialiter desiderem, hae sunt, quod in mathematicis semper observarim, quod nos ex quavis re in se considerata, hoc est, ex definitione cuiusque rei, unicam saltem proprietatem deducere valeamus; quod si autem plures proprietates desideremus, necesse esse, ut rem definitam ad alia referamus: tunc siquidem ex coniunctione definitionum harum rerum novae proprietates resultant. Ex. gr. si circuli peripheriam considerem solam, nihil aliud concludere potero, quam quod ubique sibi similis sive uniformis existat, qua quidem proprietate ab omnibus aliis curvis essentialiter differt, nec ullas alias unquam potero deducere. Verum si ad alia referam, nimirum ad radios ex centro deductos, ad duas lineas sese intersecantes aut plures quoque, plures utique hinc proprietates deducere valebo; quae quidem aliquo modo videntur adversari prop. 16. ethices, quae praecipua fere est primi libri tui tractatus, in qua tanquam notum assumitur, posse ex data cuiuscunque rei definitione plures proprietates deduci. Quod mihi videtur impossibile, si non ad alia referamus rem definitam; id quod porro effecit, ut non possim videre, qua ratione ex attributo aliquo solo considerato, ex. gr. extensione infinita, corporum varietas exsurgere possit; vel si existimas, hoc quoque non posse concludi ex unico solo considerato, sed omnibus simul sumptis, vellem hoc edoceri abs te, et qua ratione hoc concipiendum foret. Vale etc.

Parisiis 13. Iun. 1676.

74. EPISTOLA LXXII.

Nobilissimo atque doctissimo viro ******

B. D. S.

Responsio ad praecedentem.

Nobilissime vir,

Quod petis, an ex solo extensionis conceptu rerum varietas a priori possit demonstrari, credo me iam satis clare ostendisse, id impossibile esse; ideoque materiam a Cartesio male definiri per extensionem; sed eam necessario debere explicari per attributum, quod aeternam et infinitam essentiam exprimat. Sed de his forsan aliquando, si vita suppetit, clarius tecum agam. Nam huc usque nihil de his ordine disponere mihi licuit.

Quod autem addis, nos ex definitione cuiusque rei in se consideratae unicam tantum proprietatem deducere valere, locum forsan habet in rebus simplicissimis, vel entibus rationis (ad quae figuras etiam refero), at non in realibus. Nam ex hoc solo, quod Deum definio esse ens, ad cuius essentiam pertinet existentia, plures eius proprietates concludo: nempe quod necessario existit, quod sit unicus, immutabilis, infinitus etc., et ad hunc modum plura alia exempla adferre possem, qua impraesentiarum omitto.

Denique rogo, ut inquiras, an tractatus D. Huet (nempe contra tractatum theologico-politicum), de quo antea scripsisti, lucem iam viderit, et an mihi exemplar transmittere poteris; deinde an iam noveris, quaenam ea sint, quae de refractione noviter inventa sint. Hisce vale, nobilissime vir, et amare perge etc.

Hagae Com. 15. Iulii 1676.

75. EPISTOLA LXXIII.

Doctissimo et acutissimo viro β. D. S.

ALBERTUS BURGH

S. P.

Promisi tibi scribere ex patria discedens, nimirum si quid digni mihi in itinere occurreret. Haec autem occasio quum mihi data sit, maximique quidem momenti, debitum meum persolvo, tibi significans, me per infinitam Dei misericordiam in ecclesiam catholicam reductum, eiusdemque membrum effectum esse; quod quomodo acciderit ex scripto, quod clarissimo expertissimoque viro D. Craeneno, professori Leidensi, misi, particularius intelligere tibi licebit; iamque hinc, ad tuam quae spectant, utilitatem, brevibus subiungam.

Quo magis te antea aliquando prae subtilitate et acumine tui ingenii admiratus sum, eo magis te nunc defleo et deploro; quoniam, homo quum sis ingeniosissimus et praeclaris dotibus mentem a Deo ornatam nactus, veritatisque amans, imo avidus sis, te tamen a misero et superbissimo illo spirituum scelestorum principe circumduci et decipi patiaris. Tota enim tua philosophia quid est, nisi mera illusio et chymaera? Et tamen non solum illi tranquillitatem mentis tuae in hac vita, sed et salutem aeternam animae tuae committis. Vide quam misero omnia tua innitantur fundamento. Te veram philosophiam demum invenisse praesumis. Quomodo scis, tuam philosophiam optimam esse inter illas omnes, quae unquam in mundo doctae fuerunt, etiamnum docentur, aut unquam in posterum docebuntur? An, ut de excogitatione futurarum taceam, omnes illas philosophias tam antiquas, quam novas, quae hic et in India et ubique per totum terrarum orbem docentur, examinasti? Et quamvis illas rite examinaveris, quomodo scis te optimam elegisse? Dices: mea philosophia rationi rectae congrua est; caeterae eidem repugnant. Sed omnes reliqui philosophi praeter tuos discipulos a te dissentiunt, ac eodem iure idem, quod tu de tua, ipsi de se suaque philosophia praedicant, teque, sicut tu illos, falsitatis errorisque arguunt. Manifestum igitur est, a te, ut veritas tuae philosophiae eluceat, proponendas esse rationes, quae reliquis philosophiis non sunt communes, sed soli tuae applicari possint; aut tuam philosophiam aeque incertam et nugatoriam esse, ac alias reliquas, fatendum est.

Iam autem me ad librum tuum, cui titulum istum impium praefixisti, restringens, confundensque philosophiam tuam cum tua theologia, quoniam tu ipse illas revera confundis, quamvis astutia diabolica unam ab altera separatam esse et diversa principia habere, statuere obtendas, sic ulterius pergo.

Dices itaque forsan: Alii Sacram Scripturam toties non legerunt, quam ego, et ex illa ipsa S. Scriptura, cuius agnitio authoritatis differentiam inter Christianos et reliquos totius mundi populos constituit, probo mea placita. Sed quomodo? Applicando textus claros obscurioribus S. Scripturam explico et ex illa mea interpretatione dogmata mea compono, vel iam antea in cerebro meo conflata confirmo. Sed obsecro, ut reflectas serio ad hoc, quod dicis! Quomodo enim scis te bene dictam istam applicationem facere, et deinde istam applicationem rite factam interpretationi S. Scripturae sufficientem esse, sicque te bene eiusdem S. Scripturae interpretationem instituere, praesertim quum Catholici dicant et verissimum sit, verbum Dei universum non esse scriptis traditum, et sic S. Scripturam per S. Scripturam solam non posse explicari, non dicam ab uno homine, sed ne quidem ab ipsa ecclesia, quae sola est S. Scripturae interpres? Traditiones enim apostolicae etiam consulendae sunt, quod ex ipsa S. Scriptura et sanctorum patrum testimonio probatur, nec non rationi rectae pariter ac experientiae consentaneum est. Atque ita falsissimum quum sit tuum principium et in exitium ducens; ubi tota tua doctrina huic falso fundamento innixa et superaedificata remanebit?

Sic igitur, si in Christum crucifixum credis, agnosce pessimam tuam haeresin, resipiscas a perversione tuae naturae et cum ecclesia reconciliator.

Quid enim alio modo tua probas, quam omnes haeretici, qui unquam ex ecclesia Dei exierunt, etiamnum exeunt, aut unquam in posterum exibunt, fecerunt, faciunt aut facient? Omnes enim, sicut et tu, eodem principio, scilicet sola S. Scriptura ad sua dogmata conflanda et stabilienda utuntur.

Neque tibi abblandiatur, quod forte Calvinistae seu Reformati dicti, neque Lutherani, neque Mennonitae, neque Sociniani etc. tuam doctrinam refellere possint. Omnes enim isti, ut iam dictum est, aeque miseri sunt, ac tu es, et pariter tecum in umbra mortis sedent.

Si vero in Christum non credis, miserior es, quam effari possum. Remedium tamen facile est. Resipisce a peccatis tuis, animadvertens arrogantiam exitialem miseri et insani tui ratiocinii. In Christum non credis. Quare? Dices: quia principiis meis doctrina et vita Christi, nec non Christianorum de ipso Christo doctrina meae doctrinae minime convenit. Sed iterum dico: tunc te maiorem cogitare audes omnibus iis, qui unquam in civitate vel ecclesia Dei surrexerunt, patriarchis, prophetis, apostolis, martyribus, doctoribus, confessoribus et virginibus sanctis innumeris, imo per blasphemiam ipso domino Iesu Christo. Tunc illis solus doctrina, vivendi modo, in omnibus denique antecellis? Tunc miser homuncio, vilis terrae vermiculus, imo cinis, vermium esca, te ipsum incarnatae sapientiae infinitae aeterni patris blasphemia ineffabili praeferre gesties? Tunc solus prudentiorem et maiorem te ipsum reputabis omnibus iis, qui unquam ab initio mundi in ecclesia Dei fuerunt et in Christum venturum aut iam ventum crediderunt, aut etiamnum credunt? Quo fundamento innititur haec tua temeraria, insana, deplorabilis et execranda arrogantia?

Negas Christum filium Dei vivi, verbum aeternae sapientiae patris, manifestatum in carne et pro genere humano passum et crucifixum esse. Quare? Quia principiis tuis illud omne non respondet. Sed ultra quod probatum iam sit, te vera principia non habere, sed falsa, temeraria, absurda, nunc plus dico, nimirum quod, etiamsi veris principiis innixus fueris et iisdem omnia superstrueres, nihilo magis tamen per eadem illa omnia, quae in mundo sunt, evenerunt aut eveniunt, explicare posses, neque audacter asserere tibi liceret, quum aliquid ipsis principiis videtur repugnare, illud idcirco revera impossibile esse aut falsum. Quam plurima enim sunt, imo innumera, quae, si aliquid certi cognosci datur in rebus naturalibus, explicare tamen minime poteris; sed neque quidem apparentem talium phaenomenorum contradictionem cum reliquorum tuis explicationibus a te pro certissimis habitis auferre. Nullum penitus ex tuis principiis explicabis eorum, quae in fascinatione et praecantationibus verborum certorum sola pronuntiatione, aut simplici illorum, aut characterum in quacunque materia expressorum gestatione efficiuntur, nec non phaenomenorum stupendorum a daemoniis obsessorum, quorum omnium ego ipse varia exempla vidi, et innumerorum talium certissima testimonia quam plurium personarum fide dignissimarum et uno ore loquentium intellexi. Quid poteris iudicare de rerum omnium essentiis, concesso, quod ideae aliquae, quas in mente habes, rerum istarum essentiis, quarum ideae sunt adaequatae, conveniant, quum securus nunquam esse possis, an omnium rerum creatarum ideae in mente humana habeantur naturaliter, an vero multae, si non omnes in eadem produci possint et revera producantur ab obiectis externis, ac etiam per suggestionem spirituum bonorum malorumve divinamque revelationem evidentem? Quomodo itaque non consulens aliorum hominum testimonia et rerum experientiam, ne iam dicam de subiiciendo tuo iudicio omnipotentiae divinae, ex tuis principiis definire praecise poteris stabilireque pro certo existentiam actualem aut non existentiam, possibilitatem aut impossibilitatem existendi harum ex. gr. sequentium rerum (scilicet illas vel dari actualiter vel non dari, aut posse dari in rerum natura), uti sunt: virga probatoria ad detegendum metalla et aquas subterraneas, lapis, quem quaerunt alchymistae, potentia verborum et characterum, apparitiones spirituum variorum tam bonorum, quam malorum, eorundemque potentia, scientia et occupatio, repraesentatio plantarum et florum in phiala vitrea post illarum combustionem, Syrenes, homunculi in mineris saepius

EPISTOLA LXXIII.

sese, ut fertur, ostendentes, antipathiae et sympathiae rerum quam plurimarum, impenetrabilitas corporis humani etc.? Nihil prorsus, mi philosophe, etiamsi millies subtiliore et acutiore, quam polles, ingenio praevaleres, horum dictorum poteris determinare; et si soli intellectui tuo in hisce et similibus diiudicandis confidis, certe eodem modo iam cogitas de illis, quae tibi incognita aut incomperta sunt, ac proinde impossibilia habentur. Sed revera incerta tantum, donec testimonio quam plurium fide dignorum testium convictus fueris, deberent videri; sicut Iulius Caesar, uti mihi imaginor, iudicaturus fuisset, aliquo ipsi dicente: pulvis aliquis componi potest et posterioribus saeculis communis reddetur, cuius potentia, tam erit efficax, ut castella, civitates integras, imo montes ipsos in aëra prosilire faciat, et in quovis loco conclusus, subito post accensionem suam se mirum in modum dilatans, omne, quod actionem eius impedit, disrumpat. Hoc enim Iulius Caesar nullo modo credidisset, sed plenis cachinnis irrisisset hunc hominem, utpote volentem ipsi persuadere rem iudicio ipsius ac experientiae summaeque scientiae militari contrariam.

Sed in viam redeamus. Si haec praedicta igitur non cognoscis, neque diiudicare potes; quid superbia diabolica tumidus miser homo indicabis temerario de mysteriis tremendis vitae et passionis Christi, quae ipsi Catholici docentes incomprehensibilia praedicant? Quid porro insanies, nugatorie et futiliter garriendo de miraculis innumeris et signis, quae post Christum apostoli et discipuli eius, et deinceps aliquot millia sanctorum in testimonium et confirmationem veritatis fidei catholicae per omnipotentem Dei virtutem ediderunt, ac quae per eandem Dei omnipotentem misericordiam et bonitatem etiamnum diebus nostris sine numero per totum terrarum orbem fiunt? Et si hisce contradicere non potes, ut certe minime poteris, quid plus obstrepis? Manum da et resipisce ab erroribus et a peccatis tuis; humilitatem indue et regenerator.

Verum praeterea ad veritatem facti, sicut revera est fundamentum religionis Christianae, descendere libet. Quomodo audebis negare, si recte attendas, efficaciam consensus tot myriadum hominum, quorum aliquot millia doctrina, eruditione et vera subtili soliditate vitaeque perfectione te multis parasangis antecelluere ac antecellunt, qui omnes unanimiter et uno ore affirmant, Christum filium Dei vivi incarnatum esse passum et crucifixum, mortuumque esse pro peccatis generis humani, resurrexisse, transfiguratum esse, regnare in coelis cum patre aeterno in unitate Spiritus Sancti Deum, et reliqua, quae huc spectant, ab eodem domino Iesu, et in nomine eius postea ab apostolis reliquisque sanctis per virtutem divinam et omnipotentem miracula innumera captum humanum non tantum excedentia, sed et sensui communi repugnantia in ecclesia Dei facta fuisse (quorumque in hunc diem usque indicia materialia innumera et longe lateque per orbem terrarum diffusa visibilia signa supersunt), ac etiamnum fieri? An non eodem modo liceret mihi negare, Romanos antiquos unquam in mundo fuisse, imperatoremque Iulium Caesarem oppressa reipublicae libertate illorum regimen in monarchiam mutasse, nihil videlicet curanti tot monumenta omnibus obvia, quae de Romanorum potentia nobis tempus reliquit, nec non contra testimonium gravissimorum illorum authorum, qui unquam historias Romanae reipublicae et monarchiae, particulariter ibi plurima de Iulio Caesare narrantes, conscripsere, et iudicium tot hominum millium, qui aut dicta monumenta ipsi viderunt, aut iis (utpote quae ab innumeris existere affirmantur) pariter, ac dictis historiis fidem unquam adhibuerunt, ac etiamnum adhibent; hoc cum fundamento, nimirum quod hac nocte praeterita somniassem, monumenta, quae de Romanis restant, non esse res actuales, sed meras illusiones; similiter et illa, quae de Romanis dicuntur, paria esse cum iis, quae libri isti, quos Romansios vocant, de Amadiis, de Galliis et similibus heroibus pueriliter narrant; nec non Iulium Caesarem, aut unquam in mundo fuisse, aut si extitit, hominem fuisse Atrabilarium, qui non revera Romanorum libertatem conculcavit, se ipsum super maiestatis imperatoriae thronum erigens; sed ad credendum, se haec magna perfecisse, sua propria stulta imaginatione, vel amicorum ipsi blandientium persuasione inductus fuit? Annon prorsus eodem modo liceret mihi negare, regnum Chinae a Tartaris occupatum, Constantinopolin sedem imperii Turcarum esse et similia innumera? Verum an ullus me haec negantem mentis habere compotem, ac insaniae deplorandae excusaret? Quoniam omnia haec communi aliquot millium hominum consensu innituntur, ac idcirco eorum certitudo est evidentissima, quia impossibile est, ut omnes talia, imo quam plurima alia asserentes, se ipsos fefellerint, aut fallere alios voluerint per tot saeculorum, imo in quam plurimis a primis mundi annis, usque in hunc diem successionem.

Considera secundo ecclesiam Dei ab initio mundi ad hunc usque diem non interrupta successione propagatam, immotam ac solidam persistere; quum omnes aliae religiones paganae aut haereticae initium saltem postea, si non et iam finem habuerint, idemque de regnorum monarchiis et philosophorum quorumvis opinionibus dici debeat.

Considera deinde tertio ecclesiam Dei per adventum Christi in carne a cultu veteris ad novi testamenti cultum redactam, et ab ipso Christo filio Dei vivi fundatam, propagatam deinceps fuisse ab apostolis et eorum discipulis et successoribus, hominibus secundum mundum indoctis, qui tamen philosophos omnes confuderunt quamvis doctrinam Christianam, quae sensui communi repugnat et omne humanum ratiocinium excedit et transcendit, docuerint; hominibus secundum mundum abiectis, vilibus et ignobilibus, quos non adiuvit potentia regum aut principum terrenorum, sed qui econtra ab iisdem omni tribulatione persecuti et reliquas mundi adversitates perpessi sunt, quorumque opus, quo magis potentissimi imperatores Romani illud impedire, imo opprimere nitebantur, quot poterant Christianos omnis generis martyrio interficientes, tanto plus incrementi cepit; atque hoc pacto brevi temporis spatio per totum terrarum orbem diffusam esse Christi ecclesiam, ac tandem ad fidem Christianam conversis ipso Romano imperatore et regibus principibusque Europae in illam potentiae vastitatem excrevisse hierarchiam ecclesiasticam, sicut illam hodie admirari licet; idque omne effectum per caritatem, mansuetudinem, patientiam, fiduciam in Deo et reliquas Christianas virtutes (non armorum strepitu, exercituum numerosorum vi et devastatione regionum, sicuti principes mundani limites suos extendunt), nihil adversus ecclesiam praevalentibus inferi portis, ut ei promisit Christus. Hic etiam perpende terribile et ineffabiliter severum supplicium, quo Iudaei ad ultimum miseriae et calamitatis gradum depressi sunt, quia Christum crucifigendi authores fuerunt. Percurre, volve ac revolve omnium temporum historias, et nihil simile quid in alia quavis societate accidisse, ne per somnium quidem, illic invenies.

Animadverte quarto in essentia catholicae ecclesiae includi, et revera eiusdem ecclesiae inseparabiles esse proprietates, nimirum *antiquitatem*, qua succedens in locum religionis Iudaicae, quae tunc temporis vera erat, initium suum a Christo ante sexdecim et dimidium saecula numerat, et per quam nunquam interruptae successionis suorum pastorum seriem ducit, quaque fit, ut illa sola libros sacros divinosque puros et incorruptos una cum traditione verbi Dei non scripti aeque certa ac immaculata possideat; *immutabilitatem*, qua doctrina eius et administratio sacramentorum, prout ab ipso Christo et apostolis statuta est, inviolata, atque, uti convenit, in suo vigore conservatur; *infallibilitatem*, qua omnia ad fidem pertinentia summa cum authoritate, securitate et veritate determinat et decidit, secundum potestatem ipsi a Christo hunc in finem largitam, et Spiritus Sancti, cuius ecclesia sponsa est, directionem; *irreformabilitatem*, qua corrumpi et falli fallereque quum non possit, nunquam egere constat; *unitatem*, qua omnia eius membra idem credunt, idem quoad fidem docent, unum idemque altare et omnia sacramenta communia habent, ac tandem in unum eundemque finem conspirant, sibi mutuo obedientia; *nullius animae*, sub quocunque demum praetextu, *ab ipsa separabilitatem*, quin simul incurrat aeternam damnationem, nisi ante mortem eidem iterum per poenitentiam fuerit unita, qua patet, omnes haereses ex illa exiissse, dum illa semper sibi eadem constans et stabiliter firma, utpote petrae inaedificata, permanet; *extensionem vastissimam*, qua per totum mundum sese, idque visibiliter, diffundit, quod de nulla alia societate schismatica aut haeretica aut pagana, neque de ullo politico regimine aut philosophica doctrina asseri potest, sicuti nec ulla ex dictis proprietatibus ecclesiae catholicae ulli alii societati convenit aut convenire potest; ac tandem *perpetuitatem usque ad finem mundi*, de qua securam ipsam reddidit ipsa via, veritas et vita, quamque experientia omnium dictarum proprietatum, similiter ipsi ab eodem Christo per Spiritum Sanctum promissarum ac datarum, manifeste etiam demonstrat.

Collige quinto, ordinem admirabilem, quo dirigitur ac gubernatur ecclesia, tantae molis corpus, indicare manifeste, illam admodum particulariter a Dei providentia dependere, et a Spiritu Sancto mirabiliter disponi, protegi ac dirigi eius administrationem; sicut harmonia, quae in cunctis rebus huius universi perspicitur, omnipotentiam, sapientiam et providentiam infinitam, quae omnia creavit et etiamnum conservat, indigitat. In nulla enim alia societate talis ordo, tam pulcher et strictus et sine interruptione servatur.

Cogita sexto, Catholicos, ultra quod innumeri utriusque

sexus (quorum adhuc hodie multi supersunt, aliquos ipsemet vidi et novi) admirabiliter et santissime vixerint et per virtutem Dei omnipotentem in nomine adorando Iesu Christi multa miracula fecerint, nec non quotidie adhuc fiant conversiones momentaneae quam plurimorum a pessima ad meliorem vere Christianam et sanctam vitam, universos in genere, quo sanctiores et perfectiores, eo humiliores esse, seque magis indignos reputare et aliis cedere laudem sanctioris vitae; peccatores autem vel maximos semper nihilominus respectum debitum in sacra retinere, confiteri suam propriam malignitatem, accusare propria vitia et imperfectiones, et ab illis velle liberari et sic emendari: ita ut possit dici, perfectissimum haereticum aut philosophum, qui unquam fuit, vix inter imperfectissimos Catholicos mereri ut consideretur. Ex quibus etiam liquet et evidentissime sequitur, doctrinam catholicam sapientissimam et profunditate admirabilem esse, uno verbo, omnes reliquas doctrinas huius mundi antecellere; siquidem homines meliores caeteris alius cuiusvis societatis efficiat, illosque viam securam ad tranquillitatem mentis in hac vita et salutem animae aeternam post eandem consequendam doceat ac tradat.

Septimo reflecte serio ad multorum haereticorum obstinatione induratorum et gravissimorum philosophorum confessionem publicam, nimirum quod post receptam ab ipsis fidem catholicam demum viderint cognoverintque, se antea miseros, caecos, ignorantes, imo stultos et insanos fuisse, dum prae superbia tumidi et arrogantiae vento inflati, se supra caeteros doctrinae, eruditionis et vitae perfectione longe evectos esse sibi falso persuadebant; et quorum deinde aliqui vitam sanctissime traduxerunt et innumerorum miraculorum memoriam post se reliquerunt, alii martyrio alacriter et summo cum iubilo obviam ierunt; nonnulli etiam, inter quos divus Augustinus, subtilissimi, profundissimi, sapientissimi ac proinde utilissimi ecclesiae doctores, imo sicut columnae, effecti sunt.

Et reflecte tandem ultimo ad miserrimam et inquietam vitam atheorum, quamvis prae se ferant aliquando magnam mentis hilaritatem, et iucunde ac cum summa interna animi pace vitam traducere velint videri; praecipue vero infelicissimam et horrendam eorundem mortem intuere, quorum aliqua exempla ipsemet vidi, quam plurima, imo innumera ex relatione aliorum et ex historia aeque certo scio; et disce horum exemplo in tempore sapere.

Atque sic igitur vides, aut saltem te videre spero, quam temerarie te ipsum committas opinionibus tui cerebri (si enim Christus verus Deus est et homo simul, ut certissimum est, vide, quo redactus sis; perseverans enim tuis abominandis erroribus et gravissimis peccatis, quid aliud tibi exspectare licet, quam damnationem aeternam? quod quam horrendum sit ipse recogites); quam parum argumenti habeas irridendi totum mundum praeter tuos miseros adoratores; quam stulte superbus et inflatus evadas cogitatione excellentiae tui ingenii et admiratione vanissimae, imo falsissimae et impiissimae tuae doctrinae; quam turpiter te ipsum miseriorem facias ipsis bestiis, tollendo tibi ipsi libertatem voluntatis, quam tamen, si revera non experireris neque agnosceres, quomodo tibi posses illudere, cogitando tua esse summa laude, imo et exactissima imitatione digna?

Si nolis (quod absit cogitare), ut Deus tui misereatur aut proximus tuus, tu ipsemet saltem miserere tui ipsius miseriae, qua miseriorem te ipsum, quam nunc es, aut minus miserum, quam si ita continuaveris, futurus es, studes efficere.

Resipisce, homo philosophe, agnosce stultitiam tuam sapientem et sapientiam tuam insanam; ex superbo devenito humilis, et sanatus eris. Adora Christum in sanctissima trinitate, ut dignetur misereri tuae miseriae, et excipiet te. Lege sanctos patres et doctores ecclesiae, et instruent te de iis, quae tibi facienda sunt, ut ne pereas, sed habeas vitam aeternam. Consule catholicos homines fidem suam profunde edoctos et bonae vitae, et tibi multa dicent, quae nunquam scivisti et quibus obstupesces.

Atque ego quidem hanc epistolam tibi perscripsi cum intentione vere Christiana, primo ut cognoscas amorem, quem erga te, quamvis gentilem, habeo; ac deinde, ut rogarem te, ne perseveres alios etiam pervertere.

Concludam sic igitur: Deus animam tuam vult ab aeterna damnatione eripere, modo tu velis. Ne dubites domino obedire, qui te vocavit tam saepe per alios, iam iterum et forte ultima vice te vocat per me, qui, gratiam hanc ab ineffabili ipsius Dei misericordia consecutus, eandem tibi ex toto animo precor. Ne renuas. Si enim iam non auscultes Deum te vocantem, ipsius Domini ira contra te accendetur, et periculum est, ne ab eius misericordia infinita derelinquaris, et iustitiae divinae omnia in ira consumentis misera evadas victima. Quod omnipotens Deus avertat ad maiorem nominis sui gloriam et animae tuae salutem, nec non in multorum infelicissimorum tui idololatrarum salutiferum et sequendum exemplum, per dominum et salvatorem nostrum Iesum Christum, qui cum aeterno patre vivit et regnat in unitate Spiritus Sancti Deus per omnia saecula saeculorum. Amen.

Florentiae III. Non. Sept. cıɔ ıɔ clxxv.

76. EPISTOLA LXXIV.

Nobilissimo iuveni Alberto Burgh

β. D. S.

Responsio ad praecedentem.

Quod ab aliis mihi relatum credere vix potueram, ex tuis tandem literis intellexi; nimirum te non tantum Romanae ecclesiae membrum effectum, ut ais, sed et eius acerrimum propugnatorem esse, iamque maledicere et petulanter in tuos adversarios debacchari didicisse. Ad easdem nihil respondere proposueram, certus tibi magis opus esse temporis usu, quam ratione, ut ad te tuosque restituaris; ut iam taceam alias causas, quas tu olim probasti, quando de Stenonio (cuius nunc vestigia sequeris) sermo inter nos fuit. Sed amici quidam, qui ex egregia tua indole magnam spem mecum conceperant, me summopere rogarunt, ne amici officio deessem et id potius cogitarem, quod nuper fueris, quam quod nunc sis et alia huiusmodi; quibus tandem adductus sum haec pauca tibi scribere, enixe rogans, ut eadem aequo animo legere digneris.

Neque hic sacerdotum et pontificum vitia, ut ecclesiae Romanae adversarii solent, narrabo, quo te ab iisdem avertam. Solent enim haec saepe malo ex affectu vulgari, et magis ad irritandum, quam ad docendum adduci. Imo concedam in Romana plures reperiri magnae eruditionis viros et probatae vitae, quam in alia quacunque ecclesia Christiana: plures enim huius ecclesiae membra quum sint, plures etiam cuiuscunque conditionis viri in eadem reperiuntur. Hoc tamen negare minime poteris, nisi forte cum ratione memoriam etiam amisisti, in quacunque ecclesia plures dari viros honestissimos, qui Deum iustitia et caritate colunt. Plures enim huius generis inter Lutheranos, Reformatos, Mennonitas et Enthusiastas novimus; et, ut alios taceam, parentes tuos nosti, qui tempore ducis Albani pari animi constantia ac libertate omnium tormentorum genera propter religionem passi sunt. Ac proinde concedere debes vitae sanctitatem non esse Romanae ecclesiae propriam, sed omnibus communem. Et quia per hoc novimus (ut cum apostolo Iohanne epist. 1. cap. 4. vers. 13. loquar), quod in Deo manemus et Deus manet in nobis, sequitur, quicquid Romana ecclesia ab aliis distinguit, superfluum omnino esse, et consequenter ex sola superstitione institutum. Est enim, ut cum Iohanne dixi, iustitia et caritas, unicum et certissimum verae fidei catholicae signum et veri Spiritus Sancti fructus; et ubicunque haec reperiuntur, ibi Christus revera est, et ubicunque desunt, deest Christus. Solo namque Christi spiritu duci possumus in amorem iustitiae et caritatis. Haec si tecum recte voluisses perpendere, nec te perdidisses, nec tuos parentes in acerbum moerorem coniecisses, qui tuam fortunam nunc misere deflent.

Sed ad tuam epistolam revertor, in qua primo defles, quod me a scelestorum spirituum principe circumduci patiar. Sed qaeso bono animo sis atque ad te redi. Quum mentis compos eras, Deum infinitum, ni fallor, adorabas, cuius virtute omnia absolute fiunt et conservantur: iam vero principem Dei hostem somnias, qui invito Deo homines plerosque (rari quippe boni) circumducit et decipit, quos propterea Deus huic scelerum magistro in aeternum cruciandos tradit. Patitur ergo divina iustitia, ut diabolus homines impune decipiat; at minime, homines misere ab ipso diabolo deceptos et circumductos manere impunes.

Atque haec absurda toleranda adhuc essent, si Deum adorares infinitum et aeternum, non illum, quod Chastillon in oppido Tienen, sic a Belgis nuncupato, equis comedendum impune dedit. Et me defles, miser? meamque philosophiam, quam nunquam vidisti, chymaeram vocas? O mente destitute iuvenis, quis te fascinavit, ut summum illud et aeternum te devorare et in intestinis habere credas?

Ratione tamen velle uti videris, meque rogas, *quomodo sciam, meam philosophiam optimam esse inter illas omnes, quae unquam in mundo doctae fuerunt, etiamnum docentur aut unquam in posterum docebuntur?* Quod profecto longe

EPISTOLA LXXIV.

meliori iure te rogare possum. Nam ego non praesumo, me optimam invenisse philosophiam, sed veram me intelligere scio. Quomodo autem id sciam, si roges, respondebo: eodem modo, ac tu scis tres angulos trianguli aequales esse duobus rectis; et hoc sufficere negabit nemo, cui sanum est cerebrum, nec spiritus immundos somniat, qui nobis ideas falsas inspirant veris similes. Est enim verum index sui et falsi.

At tu, qui demum optimam religionem, vel potius optimos viros invenisse praesumis, quibus credulitatem tuam addixisti, *qui scis, eos optimos esse inter omnes, qui alias religiones docuerunt, etiamnum docent aut in posterum docebunt? An omnes illas religiones tam antiquas quam novas, quae hic et in India et ubique per totum terrarum orbem docentur, examinasti? Et quamvis illas rite examinaveris, quomodo scis te optimam elegisse,* quandoquidem tuae fidei rationem nullam dare potes? At dices, te in interno Spiritus Dei testimonio acquiescere, reliquos autem a scelestorum spirituum principe circumduci ac decipi. Sed omnes, qui extra ecclesiam Romanam sunt, eodem iure id, quod tu de tua, ipsi de sua praedicant.

Quod autem addis de communi hominum myriadum consensu deque [non] interrupta ecclesiae successione etc., ipsissima Pharisaeorum cantilena est. Hi namque non minori confidentia, quam ecclesiae Romanae addicti testium myriadas exhibent, qui aequali ac Romanorum testes pertinacia audita, tanquam ab ipsis experta, referunt. Stirpem deinde suam ad Adamum usque proferunt. Eorum ecclesiam in hunc usque diem propagatam, immotam et solidam invito hostili ethnicorum et Christianorum odio permanere, pari arrogantia iactant. Antiquitate omnium maxime defenduntur. Traditiones ab ipso Deo acceptas, seque solos verbum Dei scriptum et non scriptum servare, uno ore clamant. Omnes haereses ex iis exiisse, ipsos autem constantes aliquot annorum millia absque ullo imperio cogente, sed sola superstitionis efficacia mansisse, negare nemo potest. Miracula, quae narrant, delassare valent mille loquaces. Sed quo sese maxime efferunt, est, quod longe plures, quam ulla natio, martyres numerent et numerum quotidie augeant eorum, qui pro fide, quam profitentur, singulari animi constantia passi sunt; neque hoc mendacio. Ipse enim inter alios quendam Iudam, quem fidum appellant, novi, qui in mediis flammis, quum iam mortuus crederetur, hymnum, qui incipit: *Tibi Deus animam meam offero,* canere incepit et in medio cantu exspiravit.

Ordinem Romanae ecclesiae, quem tantopere laudas, politicum et plurimis lucrosum esse fateor; nec ad decipiendam plebem et hominum animos coërcendum commodiorem isto crederem, ni ordo Mahumedanae ecclesiae esset, qui longe eundem antecellit. Nam a quo tempore haec superstitio incepit, nulla in eorum ecclesia schismata orta sunt.

Si igitur recte calculum ineas, id solum, quod tertio loco notas, pro Christianis esse videbis, quod scilicet viri indocti et viles totum fere orbem ad Christi fidem convertere potuerint. Sed haec ratio non pro Romana ecclesia, sed pro omnibus, qui Christi nomen profitentur, militat.

At pone, omnes, quas adfers, rationes solius Romanae ecclesiae esse. Putasne te iisdem eiusdem ecclesiae authoritatem mathematice demonstrare? Quod quum longe absit, cur ergo vis, ut credam, meas demonstrationes a scelestorum spirituum principe, tuas autem a Deo inspirari, praesertim quum videam et tuae literae clare indicent, te huius ecclesiae mancipium factum, non tam amore Dei ductum, quam inferorum metu, qui superstitionis est unica causa? Estne haec tua humilitas, ut nihil tibi, sed ut aliis, qui a plurimis damnantur, credas? An arrogantiae et superbiae ducis, quod ratione utar, et in hoc vero Dei verbo, quod in mente est, quodque nunquam depravari nec corrumpi potest, acquiescam? Apage hanc exitiabilem superstitionem et, quam tibi Deus dedit, rationem agnosce, eamque cole, nisi inter bruta haberi velis. Desine, inquam, absurdos errores mysteria appellare, nec turpiter confunde illa, quae nobis incognita vel nondum reperta sunt, cum iis, quae absurda esse demonstrantur, uti sunt huius ecclesiae horribilia secreta, quae, quo magis rectae rationi repugnant, eo ipsa intellectum transcendere credis.

Caeterum tractatus theologico-politici fundamentum, quod scilicet Scriptura per solam Scripturam debeat exponi, quodque tam proterve absque ulla ratione falsum esse clamas, non tantum supponitur, sed ipsum verum seu firmum esse apodictice demonstratur, praecipue cap. 7., ubi etiam adversariorum opiniones confutantur; quibus adde, quae in fine cap. 15. demonstrantur. Ad haec si attendere velis, et insuper ecclesiae historias (qnarum te ignarissimum video) examinare, ut videas, quam falso pontificii plurima tradunt et quo fato quibusque artibus ipse Romanus pontifex post sexcentos demum annos a Christo nato ecclesiae principatum adeptus est, non dubito, quin tandem resipiscas. Quod ut fiat, tibi ex animo opto. Vale etc.

77. EPISTOLA.

Domino doctissimo Lamberto van Velthuysen

Dr. med. Ultraiectino

B. D. S.

Praestantissime Clarissimeque Domine,

Miror Neostadium nostrum dixisse, me animo volvere refutationem eorum scriptorum, quae ab aliquo tempore contra meum tractatum sunt edita, et inter ea mihi refutandum proponere manuscriptum tuum. Nam scio, me numquam in mente habuisse, meorum quemquam adversariorum refellere: adeo omnes mihi indigni visi sunt, quibus responderem; nec domino Neostadio aliud me dixisse memini, quam quod proposuerim praedicti tractatus loca quaedam obscuriora notis illustrare iisque manuscriptum tuum una cum mea responsione adiungere, si hoc bona venia posset fieri, quam ut abs te peteret, ipsum rogavi, addens, quod si forte hanc nobis veniam concedere ea de causa nolles, quod in mea responsione quaedam asperius dicta sint, ut tibi eadem vel corrigendi vel delendi integra esset potestas. Sed interim domino Neostadio nihil succenseo, tibi tamen rem, ut est, indicare volui, ut si quam peto veniam impetrare non potero, ostenderem saltem, me manuscriptum tuum te invito nequaquam vulgare voluisse. Et quamvis credam posse id fieri absque ullo tuae famae periculo, si modo nomen tuum eidem non inscribatur, nihil tamen faciam, nisi mihi eiusdem evulgandi licentiam concedas. Sed, ut verum fatear, rem mihi multo magis gratam faceres, si argumenta illa, quibus te meum tractatum impugnare posse credis, velis scribere, et manuscriptum tuum iisdem augere, quod ut facias enixissime rogo. Nam nemo est, cuius ego argumenta libentius perpendere velim; scio enim te solo veritatis studio teneri, et singularem tui animi candorem novi,

per quem te ego iterum atque iterum oro, ut hoc laboris ad te suscipere non graveris, et me esse credas
[Hagae Comitum anno 1674 vel 1675]
tui observantissimum
B. DE SPINOZA.

78. EPISTOLA.

[Doctissimo expertissimoque viro I. B.]

[B. D S.]

AMICE SINGULARIS,

Nescio an mei prorsus oblitus sis; multa tamen concurrunt quae suspicionem afferunt. Primo cum profecturus tibi vale dicere volebam, et te, a te ipso invitatus domi sine dubio offendere putabam, Hagam petiisse intellexi; revertor Voorburgum, nullus dubitans quin hic saltem in transitu nos inviseris, at tu, si Diis placet, insalutato amico, domum reversus est.

Tres denique septimanas expectavi, nec hoc temporis litteras tuas videre contigit. Si igitur opinionem hanc meam a te amotam vis, tuis litteris facile amovebis, quibus etiam indicare poteris modum instituendi commercium nostrum epistolarium, de quo semel in tuis aedibus locuti sumus. Velim interim te enixe rogatum, habere, imo iam per nostram amicitiam te oro rogoque, ut serium opus vero studio navare velis, atque intellectus animaeque cultus meliorem vitae partem sacrare digneris, iam, inquam, dum tempus est, et antequam de tempore, imo de te lapso conqueraris.

Porro ut de commercio nostro instituendo aliquid dicam, quo liberius mihi scribere audeas, scias me antehac suspectum fuisse et fere pro certo habere te tuo ingenio aliquomodo et magis quam par est, diffidere, et vereri ne aliquid roges aut proponas, quod virum doctum non redoleat. Verum te coram laudare et tuas dotes narrare non decet.

Si tamen vereris ne ego tuas epistolas aliis communicem, quibus postea ludibrio sis, de hac re fidem tibi dehinc do, me eas religiose servaturum, nec ulli mortalium, nisi tua venia, communicaturum.

His conditionibus commercium nostrum aggredi potes, nisi forte de mea fide dubites, quod minime credo. Tuam circa haec sententiam ex primis tuis litteris scire expecto et simul aliquid conservae rosarum rubrarum, ut promiseras, quamvis iam longe melius me habeam. Postquam inde profectus sum, venam semel aperui, nec tamen febris cessavit, (quamvis aliquomodo agilior earm etiam ante venae sectionem; ut opinor, propter aëris mutationem), sed tertiana his aut ter laboravi; quam tamen bona diëta tandem expuli misique in maximam malam crucem; nescio vero quo ivit, curo tamen ne huc redeat.

Quod ad tertiam partem nostrae philosophiae attinet, eius aliquam brevi vel tibi, si translator esse vis, vel amico De Vries mittam; et quamvis decreveram nihil mittere antequam eam absolverem, tamen, quia praeter sententiam longior evadit, nolo vos nimis diu detinere; mittam usque ad 80. propositionem circiter. De rebus Anglicanis multa audio, nihil tamen certe; populus omnia mala suspicari non cessat, nec ullus rationem aliquam invenire scit, cur classi non immittantur habenae; at res quidem nondum videtur esse in vado. Vereor ne nostrates nimis velint esse docti et providi; res tamen ipsa tandem indicabit quid in animo gestiant quidve moliantur, quod Dii vertant bene.

Quid, nostri ibi sentiant quidque certi sciant audire desidero; sed magis et supra omnia, ut mei, etc.

79. EPISTOLA.

[Viro doctissimo ac praestantissimo domino B. D. S.]

[G. H. Schaller.]

Amsteld. 14. Novemb. 1675.

Doctissime ac praestantissime Domine, fautor summopere colende. Ultimas meas una cum processu anonymi tibi rite fuisse traditas spero simulque te adhuc bene valere, prout ego bene valeo. Caeterum intra trimestre spatium a nostro Tschirnhausio nihil literarum habui, unde tristes coniecturas formaveram, ipsum ex Anglia in Gallias tendentem iter funestum fecisse; iam vero iis acceptis gaudio plenus, eas (iuxta eius petitum) cum Domino communes facere debui atque significare, cum officiossima salute, eum salvum Parisios advenisse, D^m Hugenium ibidem, prout praemonuerimus, offendisse, quaque de causa se ipsius ingenio omnimodo accommodaverat, adeo ut ab ipso magni aestimetur. Mentionem fecerat Dominationem Vestram ei conversationem ipsius (Hugenii) commendasse eiusque personam plurimi facere, quod ei valde arriserat, adeo ut et se similiter vestram personam magni facere responderit, iamque nuper Tr. Theol. Pol. ab illa obtinuerit, qui a multis ibidem aestimatur, seduloque inquiritur, numquid plura eiusdem authoris scripta lucem videant; at quod Ds. Tschirnh. responderat, sibi nulla praeter Demonstr. in 1 et 2 partem Princ. Cartesii esse nota. Caeterum de Domino nihil praeter iam dicta retulit, unde sperat id ei quoque non ingratum fore. Nuper Hugenius nostrum Tschirnhausium ad se accersi curaverat eique indicaverat Dominum Colbert desiderare aliquem, qui eius filium in Mathematicis instrueret, quod si eiusmodi conditio ei arrideret, eam compararet; ad quae noster aliquod dilationis tempus petens tandem se promptum declaraverat. Rediit itaque Hugenius cum responso, quod D° Colbert ista propositio maxime placuisset, praesertim cum ex imperitia linguae Gallicae eius filium Latine alloqui tenebitur. Ad nuperrime factam obiectionem respondet, pauca illa verba, quae iussu Domini scripseram, ipsi sensum intimius aperuisse seque easdem cogitationes iam modo fovisse (quandoquidem bisce duobus modis explicationem praecipue admittant); quod vero eam, quae nuper in obiectione erat contenta, secutus fuerit, duae sequentes effecerant rationes, quarum prima, quod sibi alias videantur adversari prop. 5 et 7 lib. 2^{dl}. In prima n. harum statuitur ideata esse causam idearum efficientem, quod tamen per demonstrationem posterioris videtur evinci propter citatum axioma 4 p. 1., vel (quod mihi potius persuadeo) applicationem huius axiomatis iuxta authoris intentum non recte instituo, quod sane perlibenter ab ipso, si negotia eius ferant, perciperem. Secunda, quominus exhibitam explicationem sequerer, causa fuit, quod hac ratione attributum cogitationis se multo latius quam attributa caetera extendere statuatur. Cum vero unumquodque attributorum essentiam Dei constituat, non video sane, qua ratione hoc huic non contrarietur. Hoc saltem insuper dicam, si alia ingenia ex meo iudicare liceat, propositiones 7 et 8^{am} lib. 2 admodum difficulter intellectum iri, idque non alia de causa quam quia authori placuit (cum non dubitem, quod ipsi tam planae fuerunt visae) demonstrationes iis adiunctas tam brevibus et non verbosius explicatis complecti. Refert praeterea se Parisiis invenisse virum insigniter eruditum, inque variis scientiis versatissimum, ut et a vulgaribus Theologiae praeiudiciis liberum, Leibniz appellatum, quocum familiaritatem contraxit intimam, cum sit subiectum, quod una cum eo intellectus perfectionem continuare allaborat, imo hoc ipso melius aestimat utiliusve censet. In moralibus eum inquit esse exercitatissimum, qui sine ullo affectuum impetu ex solo rationis dictamine loquitur. In Physicis et praesertim Metaphysicis studiis de Deo et anima pergit illum esse expertissimum. Tandem concludit eum esse dignissimum cui scripta Domini, concessa prius venia, communicentur, cum credat quod authori magnum inde proveniet commodum, prout prolixe ostendere promittit, si Dominationi Tuae id placuerit; sin vero minus, nullum moveat scrupulum, quin iuxta datam fidem ingenue ea sit celaturus, uti ne vel minimam eorum mentionem fecit. Idem ille Leibniz magni aestimat Tr. Theol. Polit. de cuius materia Domino, si meminerit, epistolam aliquando scripsit. Rogarem itaque Dominum, ut, nisi sontica subsit causa, id pro generosa tua humanitate permittere ne graveris, sed si fieri possit, quam proxime resolutionem tuam aperias, cum acceptis responsoriis tuis nostro Tschirnhausio respondere potero, quod avide die Martis vesperi facerem, nisi impedimenta graviora Domini moram nectere coegerint.

D. Bresserus ex Clivia redux factus, multam cerevisiae patriae quantitatem huc misit; monui ipsum, ut dimidiam tonnam Domino concederet, quod cum amicissima salutatione praestare promisit.

Denique styli ruditati calamique celeritati ignoscas quaeso mihique ad servitia tua exequenda imperes, ut occasionem realem habeam testandi me esse, vir praestantissime,
servum tibi paratissimum
G. H. Schaller.

80. EPISTOLA.

[Viro expertissimo, amico plurimum colendo]
[G. H. S c h a l l e r]
[B. D. S.]

Responsio.

EXPERTISSIME D°, AMICE PLURIMUM COLENDE,

Pergratum mihi fuit, ex literis tuis, hodie acceptis, intelligere, quod bene valeas, et quod Tschirnhausius noster, feliciter iter suum in Galliam confecerit. In sermonibus, quos cum D° Hugenio de me habuit, prudenter sane, meo quidem iudicio, se gessit, et praeterea summopere gaudeo, quod tam opportunam occasionem ad finem, quem sibi destinaverat, invenerit. Quid autem in axiomate 4° p. 1. repererit, ex quo contradicere videatur prop. 5 p. 2 non video; in hac enim prop. affirmatur, quod ideae cuiuscunque essentia Deum, quatenus ut res cogitans consideratur, pro causa habet; in illo autem axiomate, quod effectus cognitio, sive idea, a cognitione sive idea causae pendat. Sed ut verum fatear, tuae epistolae sensum hac in re non satis assequor, et vel in tua epistola, vel in ipsius exemplari errorem festinantis calami esse credo. Nam scribis, in prop. 5 affirmari, ideata esse causam efficientem idearum, cum tamen hoc ipsum in eadem propositione expresse negetur; atque hinc omnem confusionem oriri nunc existimo, ac proinde frustra in praesentiarum de hac materia prolixius scribere conarer, sed expectandum mihi est, donec ipsius mentem mihi clarius explices, et sciam an satis emendatum habeat exemplar. Leibnizium de quo scribit me per epistolas novisse credo, sed qua de causa in Galliam profectus sit, qui Francfurti consiliarius erat, nescio. Quantum ex ipsius epistolis coniicere potui, visus est mihi homo liberalis ingenii et in omni scientia versatus. Sed ut tam cito ei mea scripta credam, inconsultum esse iudico. Cuperem prius scire, quid in Gallia agat et iudicium nostri Tschirnh. audire, postquam ipsum diutius frequentaverit, et ipsius mores intimius noverit. Caeterum nostrum istum amicum meo nomine saluta, et si qua in re ipsi servire possum, quicquid velit, imperet, et me sibi ad omnia obsequia paratissimum reperiet. Adventum sive reditum Domini et amici colendissimi Bresseri gratulor, pro promissa deinde cerevisia magnas ago gratias, et quocunque modo potero etiam referam. Tui denique parentis processum nondum experiri tentavi, nec credo quod animum ad id tentandum applicare potero. Nam quo magis rem ipsam cogito, mihi magis persuadeo, te non aurum confecisse sed parum quod in antimonio latebat separavisse. Sed de hoc alias fusius, nunc temporis augustia praecludor; interim si aliqua in re tibi operam praestare possum, ecce me, quem semper invenies

Hagae Comitis, 18. Novembri 1675.

vir praestantissime
tibi amicissimum et servum peratissimum
B. DESPINOZA.

Mijn Heer
    G. H. Schaller
      der medecijnen Doctor,
        woonende in de Kortsteegh in de gestofarde hoet
                                           t'
Port.   Amsterdam.

LA VIE

DE

B. DE SPINOSA

TIRÉE DES ECRITS DE CE FAMEUX PHILOSOPHE, ET DU TÉMOIGNAGE DE PLUSIEURS PERSONNES DIGNES DE FOI, QUI L'ONT CONNU PARTICULIÈREMENT

PAR

JEAN COLERUS,
MINISTRE DE L'ÉGLISE LUTHÉRIENNE DE LA HAYE.

LA VIE DE B. DE SPINOSA.

Spinosa ce Philosophe, dont le nom fait tant de bruit dans le monde, étoit Juif d'origine. Ses parens, peu de tems après sa naissance, le nommèrent *Baruch*. Mais ayant dans la suite abandonné le Judaïsme, il changea lui-même son nom, et se donna celui de *Benoît* dans ses Ecrits et dans les lettres qu'il signa. Il naquit à Amsterdam le 24 Novembre en l'année 1632. Ce qu'on dit ordinairement, et qu'on a même écrit, qu'il étoit pauvre et de basse extraction, n'est pas véritable: ses parens Juifs Portugais, honnêtes gens, et à leur aise, étoient Marchands à Amsterdam, où ils demeuroient sur le Burgwal dans une assez belle maison, près de la vieille Synagogue Portugaise. Ses manières d'ailleurs civiles et honnêtes, ses proches et alliés, gens accommodés, et les biens laissés par ses Père et Mère, font foi que sa race aussi bien que son éducation étoient au-dessus du commun. *Samuel Carceris* Juif Portugais épousa la plus jeune de ses deux soeurs. L'aînée s'appelloit Rebecca, et la cadette Miriam de Spinosa, dont le fils *Daniel Carceris*, neveu de Benoît de Spinosa, se porta pour l'un de ses héritiers après sa mort. Ce qui paroît par un Acte passé devant le Notaire *Libertus Loef*, le 30 Mars 1677, en forme de Procuration adressée à *Henri van der Spyck*, chez qui Spinosa logeoit lors de son décès.

Ses premières Etudes.

Spinosa fit voir dès son enfance, et encore mieux ensuite dans sa jeunesse, que la Nature ne lui avoit pas été ingrate. On reconnut aisément qu'il avoit l'imagination vive, et l'esprit extrémement prompt et pénétrant.

Comme il avoit beaucoup d'envie de bien apprendre la Langue Latine, on lui donna d'abord pour Maître un Allemand. Pour se perfectionner ensuite dans cette Langue, il se servit du fameux *François Van den Ende* qui la montroit alors à Amsterdam, et y exerçoit en même temps la profession de Médecin. Cet homme enseignoit avec beaucoup de succès et de réputation; de sorte que les plus riches Marchands de la Ville lui confièrent l'instruction de leurs enfans, avant qu'on eût reconnu qu'il montroit à ses Disciples autre chose que le Latin. Car on découvrit enfin qu'il répandoit dans l'esprit de ces jeunes gens les premières semences de l'Atheïsme. C'est un fait que je pourrois prouver s'il en étoit besoin, par le témoignage de plusieurs gens d'honneur qui vivent encore, et dont quelques-uns ont rempli la charge d'Ancien dans nôtre Eglise d'Amsterdam, et en ont fait les fonctions avec édification. Ces bonnes âmes ne se lassent point de bénir la mémoire de leurs parens, qui les ont arrachés encore à tems de l'école de Satan, en les tirant des mains d'un Maître si pernicieux et si impie.

Van den Ende avoit une Fille unique qui possédoit elle-même la Langue Latine si parfaitement, aussi bien que la Musique, qu'elle étoit capable d'instruire les Ecoliers de son père en son absence, et de leur donner leçon. Comme *Spinosa* avoit occasion de la voir et de lui parler très-souvent, il en devint amoureux; et il a souvent avoué qu'il avoit eu dessein de l'épouser. Ce n'est pas qu'elle fût des plus belles, ni des mieux faites; mais elle avoit beaucoup d'esprit, de capacité, et d'enjoûment; ce qui avoit touché le cœur de *Spinosa*, aussi bien que d'un autre Disciple de *Van den Ende*, nommé *Kerkering* natif de Hambourg. Celui-ci s'apperçut bientôt qu'il avoit un Rival, et ne manqua pas d'en devenir jaloux. Ce qui l'obligea à redoubler ses soins, et ses assiduités auprès de sa Maîtresse. Il le fit avec succès; quoique le présent qu'il avoit fait auparavant à cette fille d'un colier de perles de la valeur de deux ou trois cens pistoles contribuât sans doute à gagner ses bonnes graces. Elle les lui accorda donc, et lui promit de l'épouser; ce qu'elle exécuta fidellement après que le Sieur *Kerkering* eût abjuré la Religion Luthérienne dont il faisoit profession, et embrassé la Catholique. On peut consulter sur ce sujet le Dictionnaire de *Mr. Bayle* Tome 3. Edit. 2. à l'article de Spinosa à la page 2770. Aussi bien que le Traité du *Docteur Kortholt de tribus impostoribus*, Edit. 2. dans la Préface.

A l'égard de *Van den Ende* comme il étoit trop connu en Hollande, pour y trouver de l'emploi, il se vit obligé d'en aller chercher ailleurs. Il passa en France, où il fit une fin très-malheureuse, après y avoir subsisté pendant quelques années de ce qu'il gagnoit à sa Profession de Médecin. *F. Halma* dans sa traduction Flammande de l'Art. de Spinosa, p. 5. rapporte, que *Van den Ende* ayant été convaincu d'avoir attenté à la vie de Mr. le Dauphin, fut condamné à être pendu, et exécuté. Cependant quelques autres qui l'ont connu très-particulièrement en France avouent à la vérité cette exécution; mais ils en rapportent autrement la cause. Ils disent que *Van den Ende* avoit tâché de faire soulever les Peuples d'une des Provinces de France, qui par ce moyen espéroient rentrer dans la jouissance de leurs anciens Priviléges; en quoi il avoit ses vûes de son côté, qu'il songeoit à délivrer les Provinces-Unies de l'oppression où elles étoient alors, en donnant assez d'occupation au Roi de France en son propre Païs, pour être obligé d'y employer une grande partie de ses forces. Que c'étoit pour faciliter l'éxécution de dessein qu'on avoit fait équiper quelques Vaisseaux, qui cependant arrivèrent trop tard. Quoi qu'il en soit, *Van den Ende* fut éxécuté; mais s'il eût attenté à la vie du Dauphin, il eût apparemment expié son crime d'une autre manière et par un supplice plus rigoureux.

Spinosa s'attache à l'étude de la Théologie, qu'il quitte pour étudier à fond la Physique.

Après avoir bien appris la Langue Latine, *Spinosa* se proposa l'étude de la Théologie, et s'y attacha pendant quelques années. Cependant, quoi qu'il eût déjà beaucoup d'esprit et de jugement, l'un et l'autre se fortifioient encore de jour à autre. De sorte que se trouvant plus de disposition à la recherche des productions et des causes naturelles, il abandonna la Théologie pour s'attacher entièrement à la Physique. Il délibéra long-temps sur le choix qu'il devoit faire d'un Maître, dont les écrits lui pûssent servir de guide dans le dessein où il étoit. Mais enfin, les Oeuvres de *Descartes* étant tombées entre ses mains ils les lut avec avidité; et dans la suite il a souvent déclaré, que c'étoit de là qu'il avoit puisé ce q'uil avoit de connoissance en Philosophie. Il etoit charmé de cette maxime de *Descartes*, qui établit qu'on ne doit jamais rien recevoir pour véritable, qui n'ait été auparavant prouvé par de bonnes et solides raisons. Il en tira cette conséquence, que la Doctrine et les Principes ridicules des Rabins Juifs, ne pouvoient être admis par un homme de bon sens; puisque ces principes sont établis uniquement sur l'autorité des Rabins mêmes, sans que ce qu'ils enseignent vienne de Dieu, comme ils le prétendent à la vérité, mais sans fondement, et sans la moindre apparence de raison.

Il fut dès lors fort réservé avec les Docteurs Juifs, dont il évita le commerce autant qu'il lui fut possible; on le vit rarement dans leurs Synagogues, où il ne se trouvoit que par manière d'acquit, ce qui les irrita extrémement contre lui; car ils ne doutoient point qu'il ne dût bien-tôt les abandonner, et se faire Chrètien. Cependant, à dire la vérité, il n'a jamais embrassé le Christianisme, ni reçû le Saint Batême; et quoi qu'il ait eu de fréquentes conversations depuis sa desertion du Judaïsme avec quelques sçavans Mennonites, aussi-bien qu' avec les personnes les plus éclairées des autres Sectes Chrêtiennes, il ne s'est pourtant jamais déclaré pour aucune, et n'en a jamais fait profession.

Le Sieur *François Halma*, dans la *Vie de Spinosa qu'il a traduite en Flammand* rapporte page 6. 7. 8., que les Juifs lui offrirent une Pension peu de tems avant sa desertion pour l'engager à rester parmi eux, sans discontinuer de se faire voir de tems en tems dans leurs Synagogues. C'est aussi ce que Spinosa lui-même a souvent affirmé au Sieur *Van der Spyck* son Hôte, aussi-bien qu' à d'autres, ajoûtant que les Rabins avoient fixé la Pension qu'ils lui destinoient à 1000 florins; mais il protestoit ensuite que quand ils lui eussent offert dix fois autant, il n' eût pas accepté leurs offres, ni fréquenté leurs Assemblées par un semblable motif; parce qu'il n' étoit pas hypocrite, et qu'il ne recherchoit que la Vérité. Monsieur *Bayle* rapporte en outre, qu'il lui arriva un jour d'être attaqué par un Juif au sortir de la Comédie, qu'il en reçût un coup de couteau au visage, et quoique la playe ne fût pas dangereuse, *Spinosa* voyoit pourtant que le dessein du Juif avoit été de le tuer. Mais l'Hôte de *Spinosa* aussi bien que sa femme, qui tous deux vivent encore, m'ont rapporté ce fait tout autrement. Ils le tiennent de la bouche de *Spinosa* même, qui leur a souvent raconté qu'un soir sortant de la vieille Synagogue Portugaise, il vit quelqu'un auprès de lui le poignard à la main, ce qui l'ayant obligé à se tenir sur ses gardes et à s'écarter, il évita le coup qui porta seulement dans ses habits. Il gardoit encore alors le justaucorps percé du coup, en mémoire de cet événement. Cependant, ne se croyant plus assez en sûreté à Amsterdam, il ne songeoit qu' à se retirer en quelqu'autre lieu à la première occasion. Car il vouloit d'ailleurs poursuivre ses études et ses méditations Physiques, dans quelque retraite paisible et éloignée du bruit.

Les Juifs l'excommunient.

Il s'étoit à peine séparé des Juifs et de leur Communion, qu'ils le poursuivirent iuridiquement selon leurs Loix Ecclésiastiques, et l'excommunièrent. Il a avoué plusieurs fois que la chose s'étoit ainsi passée, et déclaré, que depuis il avoit rompu toute liaison et tout commerce avec eux. C'est aussi ce dont Mr. *Bayle* convient aussi-bien que le Docteur *Musaeus*. Des Juifs d'Amsterdam qui ont très bien connu Spinosa, m'ont pareillement confirmé la vérité de ce fait, ajoûtant que c'étoit le vieux *Chacham Abuabh,* Rabin alors de grande réputation parmi eux, qui avoit prononcé publiquement la Sentence d'excommunication. J'ai sollicité inutilement les fils de ce vieux Rabin de me communiquer cette Sentence; ils s'en sont excusés sur ce qu'ils ne l'avoient pas trouvée parmi les papiers de leur père; quoi qu'il me fût aisé de voir qu'ils n'avoient pas envie de s'en dessaisir, ni de la communiquer à personne.

Il m'est arrivé ici à la Haye de demander un jour à un sçavant Juif, quel étoit le Formulaire dont on se servoit pour interdire ou excommunier un Apostat. J'en eus pour réponse, qu'on le pouvoit lire dans les écrits de *Maimonides,* au Traité *Hilcoth Thalmud Thorah* chap. 7. v. 2. et qu'il étoit conçû en peu de paroles. Cependant, c'est le sentiment commun des interprètes de l'Ecriture, qu'il y avoit trois sortes d'Excommunication parmi les anciens Juifs; quoique ce sentiment ne soit pas suivi par le sçavant *Jean Seldenus* qui n'en établit que deux dans son Traité [latin] du Sanhedrin des anciens Hébreux Liv. I. chap. 7. pag. 64. Ils nommoient *Niddui* la première espèce d'Excommunication qu'ils partageoient en deux branches. Premièrement on séparoit le coupable et on lui fermoit l'entrée de la Synagogue pour une semaine, après lui avoir fait auparavant une sévère réprimande, et l'avoir fortement exhorté à se repentir et à se mettre en état d'obtenir le pardon de sa faute. A quoi n'ayant pas satisfait, on lui donnoit encore trente jours ou un mois pour rentrer en lui-même.

Pendant ce temps-là il lui étoit défendu d'approcher personne plus près de huit ou dix pas; et personne n'osoit non plus avoir aucun commerce avec lui, excepté ceux qui lui apportoient à boire et à manger; et cette Interdiction étoit nommée l'Excommunication mineure. Mr. *Hofman* dans son *Lexicon* Tom. 2. pag. 213, ajoute qu'il étoit défendu à un chacun de boire et manger avec un tel homme, ou de se laver dans un même bain. Qu'il pouvoit cependant, s'il vouloit, se trouver aux Assemblées pour y écouter seulement, et pour s'instruire. Mais si pendant ce terme d'un mois il lui naissoit un fils, on lui refusoit la Circoncision: et si cet enfant venoit à mourir, il n'étoit pas permis de le pleurer, ni d'en témoigner aucun deuil; au contraire, pour marque d'une éternelle infamie, ils couvroint d'un monceau de pierres le lieu où il étoit inhumé ou bien ils y rouloient une seule pierre extrémement grosse dont ce même lieu étoit couvert.

Mr. *Goerée* dans son Livre intitulé *Antiquités Judaiques* Tom. I. pag. 641, soûtient que parmi les Hébreux personne n'a jamais été puni d'une Interdiction ou Excommunication particulière, n'y ayant rien de semblable parmi eux qui fût en usage; mais presque tous les Interprètes des Saintes Ecritures enseignent le contraire; et on en trouvera peu, soit Juifs ou Chrétiens, qui approuvent son sentiment.

La seconde espèce d'Interdiction ou Excommunication étoit appellée *Cherem*. C'étoit un banissement de la Synagogue accompagné d'horribles Malédictions prises pour la plûpart du Deutéronome chap. 28.; c'est là le sentiment du Docteur *Dilherr*, qu'il explique au long au 2 Tom. *Disp. Re. et Philolog.* pag. 319. Le sçavant *Lightfoot* sur la première Epître aux Corinthiens 5. 5., au 2 Tom. de ses Oeuvres pag. 890., enseigne que cette Interdiction ou Banissement étoit mise autrefois en usage, lorsque le terme de trente jours expiré, le coupable ne se présentoit point pour reconnoître sa faute; et c'est là, selon son sentiment, la seconde branche de l'Interdiction ou Excommunication mineure. Les Malédictions qui y étoint inserées étoient tirées de la Loi de Moïse, et elles étoient prononcées solemnellement contre le coupable, en présence des Juifs dans une de leurs Assemblées publiques. On allumoit alors des cierges ou chandelles qui brûloient pendant tout le temps que duroit la lecture de la Sentence d'excommunication, laquelle étant finie, le Rabin éteignoit les cierges, pour marquer par là que ce malheureux homme étoit abandonné à son sens réprouvé et entièrement privé de la lumière Divine. Après une pareille interdiction, il n'étoit pas permis au coupable de se trouver aux Assemblées même pour s'instruire et pour écouter. Cependant, on lui donnoit encore un nouveau délai d'un mois, qui s'étendoit ensuite jusqu'à deux et trois, dans l'espérance qu'il pourroit rentrer en lui même, et demander pardon de ses fautes: mais lors qu'il n'en vouloit rien faire, on fulminoit enfin la troisième et dernière Excommunication.

C'est cette troisième sorte d'excommunication qu'ils appelloient *Schammatha*. C'étoit une interdiction ou banissement de leurs Assemblées ou Synagogues, sans espérance d'y pouvoir jamais rentrer. C'étoit aussi ce qu'ils appelloient d'un nom particulier leur *Grand Anathême*, ou Banissement. Quand les Rabins le publioient dans l'Assemblée, ils avoient dans les premiers tems accoûtumé de sonner du cornet pour répandre ainsi une plus grande terreur dans l'esprit des assistans. Par cette Excommunication le criminel étoit privé de toute aide et assistance de la part des hommes, aussi bien que des secours de la grace et de la misericorde de Dieu; abandonné à ses jugemens les plus severes, et livré pour jamais à une ruine et une condamnation inévitable. Plusieurs estiment que cette Excommunication est la même que celle dont il est fait mention en la première Epître aux Cor. chap. 16. v. 22., où l'Apôtre la nomme *Maranatha*. Voici le passage: *s'il y a quelqu'un qui n'aime pas le seigneur Jésus, qu' il soit Anathême Maharam Motha*, ou *Maranatha*, c'est à dire, qu'il soit anathême, ou excommunié à jamais, ou, suivant l'explication de quelques autres, le Seigneur vient, à sçavoir pour juger cet excommunié et pour le punir. Les Juifs avancent que le bien-heureux *Enoch* est l'Auteur de cette excommunication, et que c'est de lui qu'ils-la tiennent, et qu'elle a passé jusqu'à eux par une Tradition certaine et incontestable.

A l'égard des raisons pour lesquelles quelqu'un pouvoit être excommunié, les Docteurs Juifs en rapportent deux principales, suivant le témoignage de *Lightfoot* au lieu même que nous avons cité; à savoir pour dettes, ou à cause d'une vie libertine et Epicurienne.

On étoit excommunié pour dettes, lorsque le Débiteur condamné par le Juge à payer, refusoit cependant de satisfaire à ses Créanciers. On l'étoit pareillement pour mener une vie licentieuse et Epicurienne, quand on étoit convaincu d'être blasphêmateur, idolatre, violateur du Sabath, ou deserteur de la Religion et du Service de Dieu. Car au Traité du Talmud Sanhedrin Fol. 99., un Epicurien est défini un homme qui n'a que du mépris pour la Parole de Dieu, et pour les enseignemens des Sages, qui les tourne en ridicule, et qui ne se sert de sa langue, que pour proférer des choses mauvaises contre la Majesté Divine.

Ils n'accordoient aucun délai à un tel homme. Il encouroit l'Excommunication qu'on fulminoit aussi-tôt contre lui. D'abord il étoit nommé et cité le premier jour de la semaine, par le Portier de la Synagogue. Et comme il refusoit ordinairement de comparoître, celui qui l'avoit cité en faisoit publiquement son rapport en ces termes: *j'ai, par ordre du Directeur de l'Ecole, cité N. N. qui n'a pas répondu à la citation, ni voulu comparoître.* On procédoit alors par écrit à la Sentence d'Excommunication, qui étoit après signifiée au Criminel, et servoit d'Acte d'interdiction ou banissement, dont chacun pouvoit tirer copie en payant. Mais s'il arrivoit qu'il comparût, et qu'il persévérât néanmoins dans ses sentimens avec opiniâtreté, son Excommunication lui étoit seulement prononcée de bouche, à quoi les assistans joignoient encore l'affront de le bafouer et de le montrer au doigt.

Outre ces deux causes d'Excommunication, le sçavant *Lightfoot,* au lieu ci-devant cité, en rapporte vingt-quatre autres, tirées des écrits des anciens Juifs; mais ce qu'il dit sur ce sujet nous méneroit trop loin, et est d'une trop grande étendue pour être inséré ici.

Enfin, à l'égard du Formulaire dont ils usoient dans les sentences d'excommunication publiées de bouche, ou exprimées par écrit; voici ce qu'en dit le Docteur *Seldenus,* au lieu déjà cité pag. 59., et qu'il a tiré des écrits de *Maimonides.* On énonçoit premièrement le crime de l'Accusé, ou ce qui avoit donné lieu à la poursuite qu'on faisoit contre lui, à quoi on joignoit ensuite ces Malédictions conçûes en peu de paroles. *Cet homme N. N. soit excommunié de l'Excommunication Niddui, Cherem, ou Schammatha; qu'il soit séparé, bani, ou entièrement exstirpé du milieu de nous.*

J'ai longtems cherché quelqu'un des Formulaires dont les Juifs usoient dans ces sortes d'Excommunications; mais ç'a été inutilement; il n'y a point eu de Juif qui ait pû ou voulu m'en communiquer aucun. Mais enfin, le sçavant Mr. *Surenhusius* Professeur des Langues Orientales, dans l'Ecole Illustre d'Amsterdam, et qui a une parfaite connoissance des coûtumes et des écrits des Juifs m'a mis en main le Formulaire de l'Excommunication ordinaire et générale dont ils se servent pour retrancher de leur Corps tous ceux qui vivent mal et desobéissent à la Loi. Il est tiré du Cérémonial des Juifs nommé *Colbo,* et il me l'a donné traduit en Latin. On peut cependant le lire dans *Seldenus* page 524. liv. 4. chap. 7. de son Traité *de jure naturae et gentium.**)

Spinosa s'étant séparé ouvertement des Juifs, dont il avoit auparavant irrité les Docteurs en les contredisant, et découvrant leurs fourberies ridicules, on ne doit pas s'étonner s'ils le firent passer pour un blasphêmateur, un ennemi de la Loi de Dieu, et un Apostat, qui ne s'étoit retiré du milieu d'eux, que pour se jetter entre les bras des infidèles; et il ne faut pas douter qu'ils n'ayent fulminé contre lui la plus terrible des Excommunications. C'est aussi ce qui m'a été confirmé par un sçavant Juif, qui m'a assuré qu'au cas que *Spinosa* ait été excommunié, c'étoit certainement l'Anathême *Schammatha,* qu'on avoit prononcé contre lui. Mais *Spinosa* n'étant pas présent à cette cérémonie, on mit par écrit sa Sentence d'excommunication, dont copie lui fut signifiée. Il protesta contre cet acte d'Excommunication, et y fit une réponse en Espagnol qui fut adressée aux Rabins, et qu'ils reçurent comme nous le marquerons dans la suite.

---

*) Colerus hat in der von ihm 1706 herausgegebenen Vie de Spinosa an dieser Stelle eine von Seldenus a. a. O. mitgetheilte Bannformel eingefügt, Paulus sie aber, offenbar von ihrer Ungeheuerlichkeit abgestossen, als wohl nicht in Anwendung gebracht, weggelassen. Wir geben im Anhange die neuerdings aufgefundene ächte Bannformel, wie sie van Vloten im Supplementum ad Benedicti de Spinoza Opera (1862) veröffentlicht hat.

Spinosa apprend un Mètier, ou Art méchanique.

La Loi et les anciens Docteurs Juifs, marquent expressément qu'il ne suffit pas d'être sçavant; mais qu'on doit en outre s'éxercer dans quelque Art méchanique ou profession, pour s'en pouvoir aider à tout événement, et y gagner de quoi subsister. C'est ce que dit positivement *Raban Gamaliel* dans le Traité du *Talmud Pirke Aboth* chap. 2., où il enseigne que l'étude de la Loi est quelque chose de bien desirable, lorsqu'on y joint une profession, ou quelque Art méchanique; Car, dit-il, l'application continuelle à ces deux éxercices, fait qu'on n'en a point pour faire le mal, et qu'on l'oublie; Et tout Sçavant qui ne s'est pas soucié d'apprendre quelque Profession, devient à la fin un homme dissipé et déréglé en ses moeurs. Et le *Rabin Jéhuda* ajoûte, que tout homme qui ne fait pas apprendre un métier à ses enfans, fait la même chose que s'il les instruisoit à devenir voleurs de grand chemin.

Spinosa sçavant dans la Loi et dans les coûtumes des Anciens, n'ignoroit pas ces maximes, et ne les oublia pas, tout séparé des Juifs et excommunié qu'il étoit. Comme elles sont fort sages et raisonnables, il en fit son profit, et apprit un Art méchanique, avant d'embrasser une vie tranquille et rétirée, comme il y étoit résolu. Il apprit donc à faire des verres pour des Lunettes d'approche et pour d'autres usages, et il y réussit si parfaitement, qu'on s'adressoit de tous côtés à lui pour en acheter; ce qui lui fournit suffisamment de quoi vivre et s'entretenir. On en trouva dans son cabinet après sa mort encore un bon nombre qu'il avoit polis; et ils furent vendus assez cher, comme on le peut justifier par le registre du Crieur public, qui assista à son inventaire et à la vente de ses meubles.

Après s'être perfectionné dans cet Art, il s'attacha au Dessein, qu'il apprit de lui-même; et il réussit bien à tracer un portrait avec de l'encre ou du charbon. J'ai entre les mains un livre entier de semblables portraits où l'on en trouve de plusieurs Personnes distinguées qui lui étoient connues, ou qui avoient eu occasion de lui faire visite. Parmi ces portraits je trouve à la 4. feuille un Pêcheur dessiné en chemise, avec un filet sur l'épaule droite, tout à fait semblable pour l'attitude au fameux Chef des rebelles de Naples Massaniello, comme il est représenté dans l'Histoire et en Taille-douce. A l'occasion de ce dessein je ne dois pas omettre, que le Sr. *Van der Spyck* chez qui *Spinosa* logeoit lorsqu'il est mort, m'a assuré que ce crayon, ou portrait, ressembloit parfaitement bien à *Spinosa*, et que c'étoit assurément d'apres lui-même qu'il l'avoit tiré. Il n'est pas nécessaire de faire mention des Personnes distinguées dont les portraits crayonnés se trouvent pareillement dans ce livre par ses autres desseins.

De cette manière il pouvoit fournir à ses nécessités du travail de ses mains, et s'attacher à l'étude comme il avoit résolu. Ainsi rien ne l'arrêtant plus à Amsterdam, il en partit et s'alla loger chez un homme de sa connoissance qui demeuroit sur la route qui mène d'Amsterdam à Auwerkerke. Il y passa le tems à étudier, et à travailler à ses verres; lors qu'ils étoient polis, ses Amis avoient soin de les envoyer prendre chez lui, de les vendre, et de lui en faire tenir l'argent.

Il va demeurer à Rynsburg, ensuite à Voorburg, et enfin à la Haye.

En l'an 1661, *Spinosa* partit de ce lieu et se retira à *Rynsburg* proche de Leyde où il passa l'hyver; mais aussitôt après il en partit et alla demeurer à Voorburg à une lieuë de *la Haye,* comme il le témoigne lui-même dans sa trentième lettre écrite à *Pierre Balling*. Il y passa, comme j'en ai été informé, trois ou quartre ans; pendant quoi il se fit un grand nombre d'Amis à la Haye, tous gens distingués par leur condition, ou par les Emplois qu'ils éxerçoient dans le Gouvernement, ou à l'Armée. Ils se trouvoient volontiers en sa compagnie, et prenoient beaucoup de plaisir à l'entendre discourir. Ce fut à leur prière, qu'il s'établit enfin et se fixa à la Haye, où il demeura d'abord en pension sur le Veerkaay, chez la veuve *Van Velden,* dans la même maison où je suis logé pour le présent. La chambre où j'étudie, à l'extrémité de la maison sur le derrière, au second étage, est la même où il couchoit, et où il s'occupoit à l'étude et à son travail. Il s'y faisoit souvent apporter à manger, et y passoit les deux et trois jours sans voir personne. Mais s'étant apperçû qu'il dépensoit un peu trop dans sa pension, il loua sur le Pavilioengragt derrière ma maison, une chambre chez le Sieur *Henri Van der Spyck* dont nous avons souvent fait mention, où il prit soin lui-même de se fournir ce qui lui étoit nécessaire pour le boire et pour le manger, et où il vécut à sa fantaisie d'une manière fort retirée.

Il étoit fort sobre et fort ménager.

Il est presque incroyable, combien il a été sobre pendant ce tems là et bon ménager. Ce n'est pas qu'il fût réduit à une si grande pauvreté qu'il n'eût pû faire plus de dépense s'il l'eût voulu; assez de gens lui offroient leur bourse et toute sorte d'assistance: mais il étoit fort sobre naturellement, et aisé à contenter; et il ne vouloit pas avoir la réputation d'avoir vécu, même une seule fois, aux dépens d'autrui. Ce que j'avance de sa sobriéte et de son oeconomie, se peut justifier par différens petits comptes, qui se sont rencontrés parmi les papiers qu'il a laissés. On y trouve qu'il a vécu un jour entier d'une soupe au lait accommodée avec du beure, ce qui lui revenoit à trois sous, et d'un pot de bière d'un sou et demi; un autre jour il n'a mangé que du gruau apprêté avec des raisins et du beure, et ce plat lui avoit couté quartre sous et demi. Dans ces mêmes comptes il n'est fait mention que de deux demi-pintes de vin tout au plus par mois. Et quoi qu'on l'invitât souvent à manger, il aimoit pourtant mieux vivre de ce qu'il avoit chez lui, quelque peu de chose que ce fût, que de se trouver à une bonne table aux dépens d'un autre.

C'est ainsi qu'il a passé ce qui lui restoit de vie chez son dernier Hôte, pendant un peu plus de cinq ans et demi. Il avoit grand soin d'ajuster ses comptes tous les quartiers, ce qu'il faisoit, afin de ne dépenser justement ni plus ni moins que ce qu'il avoit à dépenser chaque année. Et il lui est arrivé quelquefois de dire à ceux du logis, qu'il étoit comme le serpent, qui forme un cercle la queue dans la bouche, pour leur marquer qu'il ne lui restoit rien de ce qu'il avoit pu gagner pendant l'année. Il ajoûtoit que ce n'êtoit pas son dessein de rien amasser, que ce qui seroit nécessaire pour être enterré avec quelque bien-séance; et que comme ses Parens ne lui avoient rien laissé, ses proches et ses héritiers ne devoient pas s'attendre non plus de profiter beaucoup de sa succession.

Sa personne et sa manière de s'habiller.

A l'égard de sa personne, de sa taille, et des traits de son visage, il y a encore bien des gens à la Haye qui l'ont vû et connu particulièrement. Il étoit de moyenne taille, il avoit les traits du visage bien proportionnés, la peau un peu noire, les cheveux frisés et noirs, et les sourcils longs, et de même couleur, de sorte qu'à sa mine on le reconnoissoit aisément pour être descendu de Juifs Portugais. Pour ce qui est de ses habits, il en prenoit fort peu de soin, et ils n'étoient pas meilleurs que ceux du plus simple Bourgeois. Un Conseiller d'Etat des plus considérables l'étant allé voir, le trouva en robe de chambre fort mal propre; ce qui donna occasion au Conseiller de lui faire quelques reproches et de lui en offrir une autre; *Spinosa* lui répondit, qu'un homme n'en valoit pas mieux, pour avoir une plus belle robe. *Il est contre le bon sens,* ajoûta-t-il, *de mettre une enveloppe précieuse à des choses de néant, ou de peu de valeur.*

Ses manières, sa conversation, et son désintéressement.

Au reste, si sa manière de vivre étoit fort réglée, sa conversation n'étoit pas moins douce et paisible, il sçavoit admirablement bien être le maître de ses passions. On ne l'a jamais vû ni fort triste, ni fort joyeux. Il sçavoit se posséder dans sa colère, et dans les déplaisirs qui lui survenoient, il n'en paroissoit rien au dehors; au moins s'il lui arrivoit de témoigner son chagrin par quelque geste, ou par quelques paroles, il ne manquoit pas de se retirer aussitôt, pour ne rien faire qui fût contre la bienséance. Il étoit d'ailleurs fort affable et d'un commerce aisé, parloit souvent à son Hôtesse, particulièrement dans le tems de ses couches, et à ceux du logis lors qu'il leur survenoit quelqu' affliction, ou maladie: il ne manquoit point alors de les consoler et de les exhorter à souffrir avec patience des maux qui étoient comme un partage que Dieu leur avoit assigné. Il avertissoit les enfans d'assister souvent à l'église au Service Divin, et leur enseignoit combien ils devoient être obéïssans et soûmis à leurs parens. Lorsque les gens du logis revenoient du Sermon, il leur demandoit souvent quel profit ils y avoient fait, et ce qu'ils en avoient retenu pour leur édification. Il avoit une grande estime pour mon Prédécesseur le Docteur *Cordes*, qui étoit un homme sçavant, d'un bon naturel, et d'une vie exemplaire; ce qui donnoit occasion à *Spinosa* d'en faire souvent l'éloge. Il alloit même quelquefois l'entendre prêcher, et faisoit état sur-tout de la manière sçavante dont il expliquoit l'Ecriture, et des applications solides qu'il en faisoit. Il avertissoit en même temps son Hôte et ceux de la maison, de ne manquer jamais aucune Prédication d'un si habile homme.

Il arriva que son Hôtesse lui demanda un jour si c'étoit son sentiment qu'elle pût être sauvée dans la Religion dont elle faisoit profession; à quoi il répondit: *Votre Religion est bonne, vous n'en devez pas chercher d'autre, ni douter que vous n'y fassiez votre salut, pourvûqu'en vous attachant à la piété, vous meniez en même tems une vie paisible et tranquille.*

Pendant qu'il restoit au logis, il n'étoit incommode à personne; il y passoit la meilleure partie de son tems tranquillement dans sa chambre. Lors qu'il lui arrivoit de se trouver fatigué pour s'être trop attaché à ses méditations Philosophiques, il descendoit pour se délasser, et parloit à ceux du logis de tout ce qui pouvoit servir de matière à un entretien ordinaire, même de bagatelles. Il se divertissoit aussi quelquefois à fumer une pipe de tabac; ou bien, lorsqu'il vouloit se relâcher l'esprit un peu plus long tems, il cherchoit des araignées qu'il faisoit battre ensemble, ou des mouches qu'il jettoit dans la toile d'araignée, et regardoit ensuite cette bataille avec tant de plaisir, qu'il éclatoit quelquefois de rire. Il observoit aussi avec le Microscope les différentes parties des plus petits insectes, d'où il tiroit après les conséquences qui lui sembloient le mieux convenir à ses découvertes.

Au reste il n'aimoit nullement l'argent, comme nous l'avons dit, et il étoit fort content d'avoir, au jour la journée, ce qui lui étoit nécessaire pour sa nourriture et pour son entretien. *Simon de Vries* d'Amsterdam, qui marque beaucoup d'attachement pour lui dans la 26 Lettre, et qui l'appelle en même tems son très-fidèle Ami *(Amice integerrime)* lui fit un jour présent d'une somme de deux mille florins, pour le mettre en état de vivre un peu plus à son aise; mais *Spinosa*, en présence de son Hôte, s'excusa civilement de recevoir cet argent, sous prétexte qu'il n'avoit besoin de rien, et que tant d'argent, s'il le recevoit, le détourneroit infailliblement de ses études et de ses occupations.

Le même *Simon de Vries* approchant de sa fin, et se voyant sans femme et sans enfans, vouloit faire son Testament et l'instituer héritier de tous ses biens; mais *Spinosa* n'y voulut jamais consentir, et remontra à son Ami, qu'il ne devoit pas songer à laisser ses biens à d'autres qu'à son frère qui demeuroit à *Schiedam*, puis qu'il étoit le plus proche de ses parens, et devoit être naturellement son héritier.

Ceci fut exécuté comme il l'avoit proposé; cependant, ce fut à condition que le frère et héritier de *Simon de Vries* feroit à *Spinosa* une pension viagère qui suffiroit pour sa subsistance; et cette clause fut aussi fidèlement exécutée. Mais ce qu'il y a de particulier, c'est qu'en conséquence on offrit à *Spinosa* une Pension de 500 florins, qu'il n'accepta pas, parce qu'il la trouvoit trop considérable, de sorte qu'il la réduisit à 300. Cette pension lui fut payée régulièrement pendant sa vie; et après sa mort, le même *de Vries* de Schiedam eut soin de faire encore payer au Sieur *Van der Spyck* ce qui pouvoit lui être dû par *Spinosa*, comme il paroît par la lettre de *Jean Rieuwertz* Imprimeur de la ville d'Amsterdam employé dans cette Commission: elle est datée du 6. Mars 1678, et adressée à *Van der Spyck* même.

On peut encore juger du désintéressement de *Spinosa*, par ce qui se passa après la mort de son Père. Il s'agissoit de partager sa succession entre ses Soeurs et lui, à quoi il les avoit fait condamner par Justice, quoiqu'elles eussent mis tout en pratique pour l'en exclure. Cependant, quand il fut question de faire le partage, il leur abandonna tout, et ne réserva pour son usage qu'un seul lit, qui étoit à la vérité fort bon, et le tour de lit qui en dépendoit.

Il est connu de plusieurs Personnes de grande considération.

Spinosa n'eut pas plûtôt publié quelques-uns de ses Ouvrages, qu'il se fit un grand nom dans le monde, parmi les Personnes les plus distinguées, qui le regardoient comme un beau génie et un grand Philosophe. *Monsieur Stoupe* Lieutenant-Colonel d'un Régiment Suisse au service du Roi de France, commandoit dans Utrecht en 1673. Il avoit été auparavant Ministre de la Savoye à Londres, dans les troubles d'Angleterre au tems de *Cromwell;* il devint dans la suite Brigadier, et ce fut en faisant les fonctions de cette charge, qu'il fut tué à la Bataille de *Steenkerke.* Pendant qu'il étoit à *Utrecht* il fit un Livre qu'il intitula, *la Religion des Hollandois,* où il reproche entr' autres choses aux Théologiens Réformés, qu'ils avoient vû imprimer sous leurs yeux en 1670 le livre qui porte pour titre, *Tractatus Theologico-Politicus,* dont *Spinosa* se déclare l'Auteur en sa dix-neuvième Lettre, sans cependant s'être mis en peine de le réfuter, ou d'y répondre. C'est ce que *Mr. Stoupe* avançoit. Mais le célèbre *Braunius* Professeur dans l'Université de Groningue a fait voir le contraire dans un Livre qu'il fit imprimer pour réfuter celui de *Mr. Stoupe:* et en effet, tant d'écrits publiés contre ce Traité abominable, montrent évidemment que *Mr. Stoupe* s'étoit trompé. Ce fut en ce tems-là même qu'il écrivit plusieurs Lettres à *Spinosa,* dont il reçut aussi plusieurs Réponses; et qu'il le pria enfin de vouloir bien se rendre à Utrecht dans un certain tems qu'il lui marqua. *Mr. Stoupe* avoit d'autant plus d'envie de l'y attirer, que le *Prince de Condé* qui prenoit alors possession du Gouvernement d'Utrecht, souhaitoit fort de s'entretenir avec *Spinosa:* et c'étoit dans cette vûe qu'on assuroit, que son Altesse étoit si bien disposée à le servir auprès du Roi, qu'elle espéroit d'en obtenir aisément une Pension pour *Spinosa,* pourvû seulement qu'il pût se résoudre à dédier quelqu'un de ses Ouvrages à Sa Majesté. Il reçut cette Dépêche, accompagnée d'un Passeport, et partit peu te tems après l'avoir reçûe. Le Sieur *Halma,* dans la Vie de notre Philosophe, qu'il a traduite et extraîte du Dictionnaire de *Mr. Bayle,* rapporte à la page II., qu'il est certain qu'il rendit visite au *Prince de Condé,* avec qui il eut divers entretiens pendant plusieurs jours, aussi bien qu' avec plusieurs autres Personnes de distinction, particulièrement avec le Lieutenant-Colonel *Stoupe.* Mais *Van der Spyck* et sa femme chez qui il étoit logé, et qui vivent encore à présent, m'assurent qu'à son retour, il leur dit positivement, qu'il n'avoit pû voir le *Prince de Condé,* qui étoit parti *d'Utrecht* quelques jours avant qu'il y arrivât. Mais que dans les entretiens qu'il avoit eus avec *Mr. Stoupe,* cet Officier l'avoit assuré qu'il s'employeroit pour lui volontiers, et qu'il ne devoit pas douter d'obtenir à sa recommandation, une Pension de la libéralité du Roi. Mais que pour lui *Spi-*

nosa, comme il n'avoit pas dessein de rien dédier au Roi de France, il avoit refusé l'offre qu'on lui faisoit, avec toute la civilité dont il étoit capable.

Après son retour, la populace de la Haye s'émût extraordinairement à son occasion; il en étoit regardé comme un Espion, et ils se disoient déjà à l'oreille, qu'il falloit se défaire d'un homme si dangereux, qui traitoit sans doute d'affaires d'Etat, dans un Commerce si public qu'il entretenoit avec l'Ennemi. L'Hôte de Spinosa en fut allarmé, et craignit avec raison, que la canaille ne l'arrachât de sa maison, après l'avoir forcée, et peut être pillée; mais Spinosa le rassura et le consola le mieux qu'il fut possible. *Ne craignez rien*, lui-dit-il, *à mon égard, il m'est aisé de me justifier: assez de gens et des Principaux du Pays sçavent bien ce qui m'a engagé à faire ce voyage. Mais, quoi qu'il en soit, aussi-tôt que la Populace fera le moindre bruit à votre porte, je sortirai et irai droit à eux, quand ils devroient me faire le même traitement qu'ils ont fait aux pauvres Messieurs de Witt. Je suis bon Républicain, et n'ai jamais eu en vûe que la gloire et l'avantage de l'Etat.*

Ce fut en cette même année, que *l'Electeur Palatin* Charles Louis, de glorieuse mémoire, informé de la capacité de ce grand Philosophe, voulant l'attirer à *Heydelberg* pour y enseigner la Philosophie, n'ayant sans doute aucune connoissance du venin qu'il tenoit encore caché dans son sein, et qui dans la suite se manifesta plus ouvertement. Son Altesse Electorale donna ordre au célèbre Docteur *Fabricius* Professeur en Théologie, bon Philosophe et l'un de ses Conseillers, d'en faire la proposition à *Spinosa*. Il lui offroit, au nom de son Prince, avec la Chaire de Philosophie, une liberté très-étenduë de raisonner suivant ses principes comme il jugeroit le plus à propos, *cum amplissima philosophandi libertate*. Mais à cet offre on avoit joint une condition, qui n'accommodoit nullement *Spinosa*. Car quelqu' étenduë que fût la liberté qu'on lui accordoit, il ne devoit aucunement s'en servir au préjudice de la Religion établie par les Loix. Et c'est ce qui paroît par la Lettre du Docteur *Fabricius* datée de *Heydelberg* du 16. Février; Voyez *Spinosae oper. Posth.* Epist. 53, pag. 561. On trouve dans cette Lettre qu'il y est régalé du tître de Philosophe très-cèlébre et de génie transcendant. *Philosophe acutissime ac celeberrime*.

C'étoit là une mine qu'il éventa aisément, s'il m'est permis d'user de cette expression; il vit la difficulté, ou plûtôt l'impossibilité où il étoit de raisonner suivant ses principes, et de ne rien avancer en même tems qui fût contraire à la Religion établie. Il fit réponse à *Mr. Fabricius* le 30 Mars 1673, et refusa civilement la Chaire de Philosophie qu'il lui offroit. Il lui manda que *l'instruction de la jeunesse seroit un obstacle à ses propres études, et que jamais il n'avoit eu la pensée d'embrasser une semblable profession.* Mais ceci n'est qu'un prétexte, et il découvre assez ce qu'il a dans l'âme, par les paroles suivantes. *De plus, je fais réflexion,* dit-il au Docteur, *que vous ne me marquez point dans quelles bornes doit être renfermée cette liberté d'expliquer mes sentimens, pour ne pas choquer la Religion. Cogito deinde me nescire quibus limitibus libertas illa philosophandi intercludi debeat, ne videar publice stabilitam Religionem perturbare velle.* Voyez ses Oeuvres Posthumes pag. 563, Epist. 54.*)

Ses Ecrits et ses sentimens.

A l'égard de ses Ouvrages, il y en a qu'on lui attribue et dont il n'est pas sûr qu'il soit l'Auteur; quelquesuns sont perdus, ou au moins ne se trouvent point, les autres sont imprimés et exposés aux yeux d'un chacun.

Mr. Bayle a avancé, que *Spinosa* composa en Espagnol une Apologie de sa sortie de la Synagogue, et que cependant cet écrit n'auroit jamais été imprimé. Il ajoûte que *Spinosa* y avoit inséré plusieurs choses, qu'on a depuis trouvées dans le Livre qu'il publia sous le titre de *Tractatus Theologico-Politicus,* mais il ne m'a pas été possible d'apprendre aucune nouvelle de cette Apologie, quoique dans les recherches que j'ai faites, j'en aye demandé à des gens qui vivoient familièrement avec lui, et qui sont encore pleins de vie.

L'année 1663, il mit sous la presse, les Principes de Philosophie de Mr. Descartes démontrés geométriquement, première et seconde Partie. *Renati Descartes Principiorum Philosophiae, pars prima et secunda more Geometrico demonstratae,* qui furent bien-tôt suivis de ses Méditations Métaphysiques, *Cogitata Metaphysica;* Et s'il en fût de-

---
*) Siehe Seite 155 ds. Bandes.

meuré là, ce malheureux homme auroit encore à présent la réputation qu'il eût méritée de Philosophe sage et éclairé.

L'année 1665, il parut un petit Livre in 12, qui avoit pour titre, *Lucii Antistii Constantis de jure Ecclesiasticorum*, Alethopoli apud Cajum Valerium Pennatum. *Du Droit des Ecclésiastiques, par Lucius Antistius Constans*, imprimé à Alethopole, chez Caïus Valerius Pennatus. L'Auteur s'efforce de prouver dans cet Ouvrage, que le Droit Spirituel et Politique que le Clergé s'attribuë, et qui lui est attribué par d'autres, ne lui appartient aucunement; que les gens d'Eglise en abusent d'une manière profane, et que toute leur autorité dépend entièrement de celle des Magistrats, ou Souverains qui tiennent la place de Dieu dans les Villes et Républiques, où le Clergé s'est établi: qu'ainsi ce n'est point leur propre Religion, que les Pasteurs doivent s'ingérer d'enseigner; mais celle que le Magistrat lui ordonne de prêcher. Tout ceci au reste n'est établi que sur les principes mêmes dont *Hobbes* s'est servi dans son *Leviathan*.

Mr. Bayle*) nous apprend, que le style, les principes, et le dessein du Livre *d'Antistius* étoient semblable à celui de *Spinosa* qui a pour titre, *Tractatus Theologico-Politicus*, mais ce n'est rien dire de positif. Que ce Traité ait paru justement dans le même tems où *Spinosa* commença d'écrire le sien; et que le *Tractatus Theologico-Politicus* ait suivi peu de tems après cet autre Traité, n'est pas une preuve non plus que l'un ait été l'avant-coureur de l'autre. Il est très possible que deux personnes entreprennent d'écrire et d'avancer les mêmes impiétés; et parceque leurs écrits viendroient à peu près en même tems, il n'y auroit pas lieu pour celà d'en inférer qu'ils seroient d'un seul et même Auteur. *Spinosa* lui-même interrogé par une Personne de grande considération, s'il étoit l'Auteur du premier Traité, le nia positivement; ce que je tiens de Personnes dignes de foi. La Latinité des deux Livres, le stile et les manières de parler ne sont pas non plus si semblables comme on prétend. Le premier s'exprime avec un profond respect en parlant de Dieu. Il le nomme souvent Dieu très bon et très grand, *Deum ter optimum maximum*. Mais je ne trouve de pareilles expressions en aucun endroit des écrits de *Spinosa*.

---

*) Tome 3. du Dict. Hist. et Crit. pag. 2773.

Plusieurs Personnes sçavantes m'ont assuré que le Livre impie qui a pour titre, *L'Ecriture Sainte expliquée par la Philosophie* *) *Philosophia Sacrae Scripturae interpres*, et le Traité dont nous avons fait mention venoient l'un et l'autre d'un même Auteur, à sçavoir L... M... Et quoique la chose me semble fort vrai-semblable, je la laisse pourtant au jugement de ceux qui peuvent en avoir une connoissance plus particulière.

Ce fut en l'an 1670 qui *Spinosa* publia son *Tractatus Theologico-Politicus*. Celui qui l'a traduit en Flamand a jugé à propos de l'intituler, *De Regtzinnige Theologant, of Godgeleerde Staatkunde*. *Le Théologien Judicieux et Politique*. Spinosa dit nettement qu'il en est l'Auteur dans sa dix-neuvième Lettre adressée à *Mr. Oldenbourg***), il le prie dans cette Lettre même de lui proposer les objections que les Personnes sçavantes formoient contre son Livre, car il avoit alors dessein de le faire réimprimer, et d'y ajoûter des Remarques. Au bas du titre du Livre on a trouvé bon de marquer que l'impression en avoit été faite à Hambourg chez Henri Conrad. Cependant il est certain, que ni le Magistrat, ni les vénérables Ministres de Hambourg, n'ont jamais souffert que tant d'impiétès eussent été imprimées et debitées publiquement dans leur Ville.

Il n'y a point de doute que ce Livre fut imprimé à Amsterdam chez Christophle Conrad Imprimeur sur le Canal de l'Eglantir. En 1679 étant appellé en cette Ville là pour quelques affaires, Conrad même m'apporta quelques Exemplaires de ce Traité et m'en fit présent, ne sçachant pas combien c'étoit un Ouvrage pernicieux.

Le Traducteur Hollandois a pareillement jugé à propos d'honorer la ville de Brême d'une si digne production; comme si sa Traduction y fût sortie de dessous la presse de Hans Jurgen Van der Weyl en l'année 1694. Mais ce qui est dit de ces impressions de *Brême* et de *Hambourg*, est également !faux, et l'on n'eût pas manqué de trouver les mêmes difficultés dans l'une et dans l'autre de ces deux Villes, si on eût entrepris d'y imprimer et publier de pareils Ouvrages. *Philopater* dont nous avons déjà fait mention, dit ouvertement dans la suite de sa Vie, page 231, que le vieux *Jean Hendrikzen Glasemaker*, que j'ai fort bien connu, a été le Traducteur de cet Ouvrage; et il nous

---
*) Imprimé in 4. en 1666.
**) Siehe Seite 51 ds. Bandes.

assure en même tems qu'il avoit aussi traduit en Hollandois les Oeuvres Posthumes de *Spinosa*, publiées en 1677. Il fait au reste un si grand cas de ce Traité de *Spinosa*, et l'élève si haut, qu'il semble que le monde n'ait jamais vû son pareil. L'Auteur ou du moins l'Imprimeur de la suite de la Vie de *Philopater*, *Aard Wolsgryck* ci-devant Libraire à Amsterdam sur le coin du Rosmaryn-steeg, fut puni de cette insolence, comme il le méritoit, et confiné dans la Maison de Correction où il fut condamné pour quelques années. Je souhaite de tout mon coeur qu'il ait plû à Dieu de lui toucher le coeur pendant le séjour qu'il a fait en ce lieu, et qu'il en soit sorti avec de meilleurs sentimens. C'est la disposition où j'espère qu'il étoit lors que je le vis ici à *la Haye* l'été dernier, où il vint pour demander aux Libraires le payement de quelques Livres qu'il avoit ci-devant imprimés, et qu'il leur avoit livrés.

Pour revenir à *Spinosa* et à son *Tractatus Theologico-Politicus*, je dirai ce que j'en pense, après avoir auparavant rapporté le jugement qu'en ont fait deux célèbres Auteurs, dont l'un est de la Confession d'Augsbourg, et l'autre Réformé. Le premier est *Spitzelius* qui parle ainsi dans son Traité qui a pour titre, *Infelix Literator*, page 363. *Cet Auteur impie* (Spinosa) *par une présomption prodigieuse qui l'aveugloit, a poussé l'impudence et l'impiété jusqu'à soûtenir que les Prophéties ne sont fondées que sur l'imagination des Prophètes, qu'ils étoient sujets à illusion aussi-bien que les Apôtres; et que les uns et les autres avoient écrit naturellement suivant leurs propres lumières, sans aucune révélation, ni ordre de Dieu; Qu'ils avoient au reste accommodé la Religion, autant qu'ils avoient pû, au génie des hommes qui vivoient alors, et l'avoient établie sur des principes connus en ces tems là, et reçûsi favorablement d'un chacun.* Irreligiosissimus Autor stupenda sui fidentia plane fascinatus, eo progressus impudentiae et impietatis fuit, ut Prophetiam dependisse dixerit a fallaci imaginatione Prophetarum, eosque pariter ac Apostolos non ex Revelatione et Divino mandato scripsisse, sed tantum ex ipsorummet naturali judicio; accommodavisse insuper Religionem, quoad fieri potuerit, hominum sui temporis ingenio, illamque fundamentis tum temporis maxime notis et acceptis superaedificasse. C'est cette même méthode que *Spinosa*, dans son *Tractatus Theologico-Politicus*, prétend qu'on peut et qu'on doit même suivre encore à présent dans l'explication de l'Ecriture Sainte; car il soûtient entre autres choses, que *comme on s'est conformé aux sentimens établis, et à la portée du Peuple, lorsqu'on a premièrement produit l'Ecriture; de même il est à la liberté d'un chacun de l'expliquer selon ses lumières, et de l'ajuster à ses propres sentimens.*

Si c'étoit véritable, bon Dieu, où en serions-nous? Comment pouvoir maintenir que l'Ecriture est divinement inspirée? Que c'est une Prophetie ferme et stable; que ces saints Personnages qui en sont les Auteurs n'ont parlé et écrit que par ordre de Dieu, et par l'inspiration du Saint Esprit; Que cette même Ecriture est très certainement vraye, et qu'elle rend à nos consciences un témoignage assuré de sa vérité; qu'elle est enfin, un Juge dont les décisions doivent être la règle ferme et inébranlable de nos sentimens, de nos pensées, de notre foi, et de notre vie? C'est alors qu'on pourroit bien dire que la Sainte Bible n'est qu'un nez de cire qu'on tourne et forme comme on veut; une lunette ou un verre au travers de qui un chacun peut voir justement ce qui plaît à son imagination; un vrai bonnet de fou, qu'on ajuste et tourne à sa fantaisie en cent manières differentes, après s'en être coëffé. Le Seigneur te confonde Satan, et te ferme la bouche.

Spitzelius ne se contente pas de dire ce qu'il pense de ce Livre pernicieux, il joint au jugement qu'il en fait celui de *Mr. de Manseveld* ci-devant Professeur à Utrecht, qui dans un Livre qu'il fit imprimer à Amsterdam en 1674 en parle en ces termes: *Nous estimons que ce Traité doit être à jamais enséveli dans les ténèbres du plus profond oubli.* Tractatum hunc ad aeternas damnandum tenebras, etc. Ce qui est bien judicieux; puis que ce malheureux Traité renverse de fond en comble la Religion Chrétienne, en ôtant toute autorité aux Livres Sacrés sur qui elle est uniquement fondée et établie.

Le second témoignage que je veux produire est celui du Sieur *Guillaume van Blyenburg* de Dordrecht qui a entretenu un long commerce de lettres avec *Spinosa*, et qui dans sa trente-unième insérée dans les Oeuvres Posthumes de *Spinosa* page 476 dit, en parlant de lui-même, qu'il n'a embrassé aucun parti ou vocation, et qu'il subsiste par un négoce honnête qu'il éxerce. *Liber sum nulli adstrictus professioni, honestis mercaturis me alo*).* Ce Marchand

---
*) Siehe Seite 78 ds. Bandes.

homme sçavant, dans la Préface d'un Ouvrage qui porte pour titre: *La Vérité de la Religion Chrétienne*, imprimé à Leide en 1674, exprime ainsi le jugement qu'1 fait du Traité de *Spinosa*. *C'est un Livre, dit-il, rempli de Découvertes curieuses, mais abominables, dont la science et les recherches ne peuvent avoir été puisées qu'en Enfer. Il n'y a point de Chrétien, ni même d'homme de bon sens qui ne doive avoir un tel Livre en horreur; l'Auteur tâche d'y ruiner la Religion Chrétienne, et toutes nos espérances qui en dépendent; au lieu de quoi il introduit l'Athéisme, ou tout au plus une Religion naturelle, forgée selon le caprice où l'intérêt des Souverains. Le mal y est uniquement réprimé par la crainte du chatiment; mais quand on ne craint ni Bourreau, ni Justice, un homme sans conscience peut tout attenter pour se satisfaire*, etc.

Je dois ajoûter que j'ai lû avec application ce Livre de *Spinosa* depuis le commencement jusqu'à la fin; mais je puis en même tems protester devant Dieu, de n'y avoir rien trouvé de solide, ni qui fût capable de m'inquiéter le moins du monde dans la profession que je fais de croire aux Vérités Evangéliques. Au lieu de preuves solides, on y trouve des suppositions, et ce qu'on appelle dans les Ecoles, *Petitiones principii*. Les choses même qu'on avance y passent pour preuves, lesquelles étant niées et rejettées, il ne reste plus à cet Auteur que des mensonges et des blasphêmes. Sans être obligé de donner ni raison, ni preuve de ce qu'il avançoit, vouloit-il de son côté obliger le monde à le croire aveuglement sur sa parole?

Enfin, divers écrits que *Spinosa* laissa après sa mort, furent imprimés en 1677 qui fut aussi l'année qu'il mourut. C'est ce qu'on apelle ses *Oeuvres Posthumes, Opera Posthuma*. Les trois Lettres Capitales B. D. S. se trouvent à la tête du Livre qui contient cinq Traités. Le premier est un Traité de Morale démontrée Géométriquement *(Ethica more Geometrico demonstrata)*. Les second est un Ouvrage de Politique. Le troisième traite de l'Entendement et des moyens de le rectifier *(De emendatione intellectus)*. Le quatrième volume est un Recueil de Lettres et de réponses, *(Epistolae et responsiones)*. Le cinquième un Abregé de Grammaire Hébraïque, *(Compendium Grammatices Linguae Hebraeae)*. Il n'est fait mention ni du nom de l'Imprimeur, ni du lieu où cet Ouvrage a été imprimé; ce qui montre assez que celui qui en a procuré l'impression n'avoit pas dessein de se faire connoître. Cependant, l'Hôte de *Spinosa*, le Sieur *Henri van der Spyck*, qui est encore plein de vie, m'a témoigné que *Spinosa* avoit ordonné, qu'immédiatement après sa mort on eût à envoyer à Amsterdam à *Jean Rieuwertzen* Imprimeur de la Ville, son Pupitre où ses Lettres et papiers étoient enfermés: ce que *Van der Spyck* ne manqua pas d'éxécuter selon la volonté de *Spinosa*. Et *Jean Rieuwertzen* par sa Réponse au Sieur *Van der Spyck* datée d'Amsterdam du 25. Mars 1677 reconnoît avoir reçû le Pupitre en question. Il ajoûte sur la fin de sa lettre, que *les parens de* Spinosa *voudroient bien sçavoir à qui il avoit été adressé, parce qu'ils s'imaginoient qu'il étoit plein d'argent, et qu'ils ne manqueroient pas de s'en informer aux Bateliers à qui il avoit été confié; mais*, dit-il, *si l'on ne tient pas à la Haye Registre des paquets qu'on envoye ici par le bateau, je ne vois pas comment ils pourront être éclaircis, et il vaut mieux en effet qu'ils n'en sçachent rien*, etc., et c'est par ces mots qu'il finit sa lettre, par laquelle on voit clairement à qui on a l'obligation d'une production si abominable.

Des personnes sçavantes ont déjà suffisamment découvert les impiétés contenuës dans ces Oeuvres Posthumes, et avertis en même tems tout le monde de s'en donner garde. Je n'ajouterai que peu de chose à ce qu'ils en ont écrit. Le Traité de Morale commence par des définitions ou definitions ou descriptions de la Divinité. Qui ne croiroit d'abord, à un si beau début, que c'est un Philosophe Chrètien qui parle? Toutes ces définitions sont belles, particulièrement la sixième, où *Spinosa* dit, que *Dieu est un Etre infini; c'est à dire une substance qui renferme en soimême une infinité d'attributs, dont chacun représente et exprime une Essence éternelle et infinie*. Mais quand on examine de plus près ses sentimens, on trouve que le Dieu de *Spinosa* n'est qu'un phantôme, un Dieu imaginaire, qui n'est rien moins que Dieu. Ainsi c'est à ce Philosophe qu'on peut bien appliquer ce que l'Apôtre dit des impies Tit. I. 16. *Ils font profession de reconnoître un Dieu par leurs discours; mais il ne renient par leurs oeuvres.* Ce que David dit des impies Pseaume 14, 1, lui convient bien encore, *l'insensé dit en son coeur qu'il n'y a point de Dieu.* Quoi qu'en ait dit *Spinosa*, c'est là véritablement ce qu'il pense. Il se donne la liberté d'employer le nom de *Dieu*, et de le prendre dans un sens inconnu à tout ce qu'il y a jamais eu de Chrétiens. C'est ce qu'il avoue lui-même dans sa 21 Lettre à *Monsieur Oldenbourg, je reconnois*, dit-il, *que j'ai de Dieu et de la Nature une idée bien différente de ce que les Chrétiens Modernes veulent en établir.* J'estime que Dieu est le principe et la cause de toutes choses, *immanente* et non pas passagère. *(Deum rerum omnium causam immanentem, non vero transeuntem statuo).* Et pour appuyer son sentiment il se sert de ces paroles de Saint Paul, qu'il détourne en son sens. *C'est en Dieu que nous avons la vie, le mouvement et l'être.* Act. 17, 28.

Pour comprendre sa pensée, il faut considérer qu'une *cause passagère* est celle dont les productions sont extérieures ou hors d'elle-même, comme quelqu'un qui jette une pierre en l'air, ou un charpentier qui bâtit une maison, au lieu qu'une *cause immanente* agit intérieurement et s'arrête en elle même, sans en sortir aucunement. Ainsi quand notre âme pense ou desire quelque chose, elle est, et s'arrête dans cette pensée ou desir sans en sortir, et elle en est la cause immanente. C'est de cette manière que le Dieu de *Spinosa* est la cause de cet Univers où il est, et n'est point au delà. Mais comme l'Univers a des bornes, il s'ensuivroit que Dieu est un Etre borné et fini. Et quoiqu'il dise de Dieu qu'il est infini, et qu'il renferme une infinité de propriétés; il faut bien qu'il se joue des termes d'Eternel et de l'Infini, puis que par ces mots il ne peut entendre un Etre, qui a subsisté par soi même avant tous les tems, et avant qu'aucun autre Etre eût été créé, mais il appelle infini ce à quoi l'entendement humain ne peut trouver de fin ni de bornes: car les productions de Dieu, selon lui, sont en si grand nombre, que l'homme avec toute la force de son esprit, n'y en sçauroit concevoir. Elles sont d'ailleurs si bien affermies, si solides, et si bien liées l'une à l'autre, qu'elles dureront éternellement.

Il assure pourtant, dans sa 21 Lettre, que ceux-là avoient tort qui lui imputoient de dire que Dieu et la matière où Dieu agit, ne sont qu'une seule et même chose. Mais enfin, il ne peut s'empêcher d'avouer que la matière est quelque chose d'essentiel à la Divinité, qui n'est et n'agit que dans la matière, c'est à dire dans l'Univers. Le Dieu de *Spinosa* n'est donc autre chose que la nature, infinie à la vérité, mais pourtant corporelle et matérielle, prise en général et avec toutes ses modifications. Car il suppose qu'il y a en Dieu deux propriétés éternelles, *cogitatio et extensio*, la pensée et l'étendue: par la première de ces propriétés, Dieu est contenu dans l'Univers; par la seconde il est l'Univers lui-même; les deux jointes ensemble font ce qu'il appelle Dieu.

Autant que j'ai pû comprendre les sentimens de *Spinosa*, voici sur quoi roule la dispute qu'il y a entre nous qui sommes Chrétiens et lui: sçavoir si le Dieu véritable, est une substance éternelle, différente et distincte de l'Univers, et de toute la nature; et si par un acte de volonté entièrement libre il a tiré du néant le monde et toutes les créatures; ou si l'Univers et tous les Etres qu'il renferme appartiennent essentiellement à la nature de Dieu, considéré comme une substance dont la pensée et l'étendue sont infinies. C'est cette dernière proposition que *Spinosa* soûtient. On peut consulter *l'Antispinosa de Ch. Wittichius*, p. 18, et suivantes. Ainsi il avoue bien que Dieu est la cause généralement de toutes choses; mais il prétend que Dieu les a produites necessairement, sans liberté, sans choix, et sans consulter son bon plaisir. Pareillement tout ce qui arrive au monde, bien ou mal, vertu ou crime, péché ou bons oeuvres, part de lui nécessairement; et par conséquent il ne doit y avoir ni jugement, ni punition, ni résurrection, ni salut, ni damnation. Car autrement ce Dieu imaginaire puniroit et récompenseroit son propre Ouvrage, comme un enfant fait sa poupée. N'est ce pas là le plus pernicieux Athéïsme qui ait jamais paru au monde. C'est aussi ce qui donne occasion à *Mr. Burmannus*, Ministre des Réformés à Enkhuise, de nommer à juste titre *Spinosa* le plus impie Athée qui ait jamais vû le jour.

Ce n'a pas été mon dessein d'éxaminer ici toutes les impiétés et les absurdités de *Spinosa*; j'en ai rapporté quelques-unes, et me suis attaché à ce qu'il y a de plus capital, seulement dans la vûe d'inspirer au Lecteur Chrétien l'aversion et l'horreur qu'il doit avoir d'une doctrine si pernicieuse. Je ne dois cependant pas oublier de dire qu'il est visible, que dans la seconde partie de son Traité de Morale, il ne fait qu'une seule et même être de l'âme et du corps, dont les propriétés sont, comme il les exprime, celle de penser, et celle d'être étendue, car c'est ainsi qu'il s'explique à la page 40. „Quand je parle de „corps, je n'entens „autre chose qu'une modalité qui „exprime l'essence de Dieu d'une manière certaine et „précise, entant qu'il est considéré comme une chose étendue." *(Per corpus intelligo modum, qui Dei essentiam, quatenus ut res extensa consideratur, certo et determinato modo exprimit).* Mais à l'égard de l'âme qui est, et qui agit dans les corps, ce n'est qu'un autre mode ou manière d'Etre, que la nature produit, ou qui se manifeste soi-même par la pensée; ce n'est point un esprit ou une substance particulière non plus que le corps, mais une modalité qui exprime l'essence de Dieu, entant qu'il se manifeste, agit et opère par la pensée. A-t-on jamais oui de pareilles abominations parmi des Chrêtiens! De cette manière Dieu ne sçauroit punir ni l'âme, ni le corps, à moins que de vouloir se punir et se détruire lui-même. Sur la fin de sa 21 Lettre, il renverse le grand mystère de Piété, comme il est marqué dans la 1 Epit. à Tim. ch. 3, v. 16 en soutenant que l'Incarnation du Fils de Dieu n'est autre chose que la Sagesse éternelle, qui s'étant montrée généralement en toutes choses, et particulièrement en nos coeurs et en nos âmes, s'est enfin manifestée d'une manière extraordinaire en Jésus Christ: il dit un peu plus bas, qu'il est vrai que quelques Eglises ajoûtent à cela, que Dieu s'est fait Homme; mais, dit-il, *j'ai marqué positivement que je ne connois rien à ce qu'ils veulent dire. (Quod quaedam Ecclesiae his addunt, quod Deus naturam humanam assumpserit, monui expresse me quid dicant nescire,* etc.). Et cela, dit-il encore, me paroît aussi étrange, que si quelqu'un avançoit qu'un cercle a pris la nature d'un triangle ou d'un quarré. Ce qui lui donne occasion, sur la fin de sa vingt-troisième Lettre d'expliquer le célèbre passage de Saint Jean, *le Verbe s'est fait chair* ch. 1, v. 14, par une façon de parler familière aux Orientaux, et de le tourner ainsi, Dieu s'est manifesté en Jesus Christ d'une manière toute particulière.

Dans mon Sermon j'ai expliqué simplement et en peu de paroles comment dans sa vingt-troisième et vingt-quatrième Lettre il tâche d'anéantir le mystère de la Résurrection de Jésus Christ qui est une Doctrine capitale parmi nous, et le fondement de nos espérances et de nôtre consolation. Je ne dois pas m'arrêter plus longtems à rapporter les autres impiétés qu'il enseigne.

Quelques écrits de Spinosa qui n'ont point été imprimés.

Celui qui a eu soin de publier les Oeuvres Posthumes de

Spinosa, compte parmi les écrits de cet Auteur qui n'ont point été imprimés, un Traité de l'Iris ou de l'Arc-en-ciel. Je connois ici, à la Haye des Personnes distinguées qui ont vû et lû cet Ouvrage, mais qui n'ont pas conseillé à *Spinosa* de le donner au public; ce qui peut être lui fit de la peine, et le fit résoudre à jetter cet écrit au feu six mois avant sa mort, comme les gens du logis où il demeuroit m'en ont informé. Il avoit encore commencé une traduction du Vieux Testament en Flamand, sur quoi il avoit souvent conféré avec des Personnes sçavantes dans les Langues, et s'étoit informé des explications que les Chrétiens donnoient à divers passages. Il y avoit déjà longtems qu'il avoit achevé les cinq Livres de Moïse; quand peu de jours avant sa mort il jetta tout cet Ouvrage au feu dans sa chambre.

Plusieurs Auteurs réfutent ses Ouvrages.

Ses Ouvrages ont à peine été publiés que Dieu en même tems a suscité à sa gloire, et pour la défense de la Religion Chrêtienne divers Champions qui les ont combattus avec tout le succès qu'ils en devoient espérer. Le *Docteur Theoph. Spitzelius* dans son Livre qui a pour titre *Infelix Litterator*, en nomme deux, à sçavoir *François Kuyper* de Rotterdam, dont le Livre imprimé à Rotterdam en 1676, est intitulé, *Arcana Atheismi revelata*, etc., les Mystères profonds de l'Athéïsme découverts. Le second est *Regnier de Mansveld* Professeur à Utrecht qui dès l'année 1674, fit imprimer dans la même ville un Ecrit sur le même sujet.

L'année suivante à sçavoir 1675, on vit sortir de dessous la presse *d'Isaac Naeranus* sous le titre *d'Enervatio Tractatus Theologico-Politici*, une réfutation de ce Traité de *Spinosa* composée par *Jean Bredenbourg*, dont le Père avoit été Ancien de l'Eglise Luthérienne à Rotterdam. Le Sieur *George Mathias Konig* dans sa Bibliothéque d'Auteurs Anciens et Modernes, a trouvé à propos de nommer celui-ci pag. 770 un certain Tisserand de Rotterdam, *Textorem quendam Rotterodamensem*. S'il a exercé un Art si méchanique, je puis assurer avec vérité que jamais homme de sa profession n'a travaillé si habilement, ni produit un pareil Ouvrage; car il démontre géométriquement, en cet écrit, d'une manière claire et qui ne souffre point de replique, que la nature n'est et ne sçauroit être Dieu même, comme l'enseigne *Spinosa*. Comme il ne possédoit pas parfaitement la Langue Latine, il fut obligé de composer son Traité en Flamand, et de se servir de la plume d'un autre pour le traduire en Latin. Il en usa ainsi, comme il le déclare lui-même dans la Preface de son Livre, afin de ne laisser ni excuse, ni prétexte à *Spinosa* qui vivoit encore, au cas qu'il lui arrivât de ne rien repliquer.

Cependant, je ne trouve pas que tous les raisonnemens de ce sçavant homme portent coup. Il semble d'ailleurs que dans le corps de son Ouvrage il panche beaucoup vers le Socinianisme en quelques endroits. C'est au moins le jugement que j'en fais; et je ne crois pas qu'en cela il diffère de celui des personnes éclairées, à qui j'en laisse la décision. Il est toujours certain que *François Kuyper* et *Bredenbourg* firent imprimer divers écrits l'un contre l'autre, à l'occasion de ce Traité*), et que *Kuyper* dans les accusations qu'il formoit contre son aversaire, ne prétendoit pas moins que de le convaincre lui-même d'Athéisme.

L'année 1676 vit paroître le Traité de Morale de *Lambert Veldhuis* d'Utrecht, *de la Pudeur naturelle, et de la Dignité de l'homme.* (*Lamberti Velthusii Ultrajectensis, Tractatus Moralis de naturali pudore et dignitate hominis*). Il renverse en ce Traité de fond en comble des principes sur lesquels *Spinosa* a prétendu établir que ce que l'homme fait de bien et de mal est produit par une opération supérieure et nécessaire de Dieu ou de la Nature. J'ai fait mention ci-dessus de *Guillaume van Bleyenbourg* Marchand de Dort, qui dès l'an 1674 se mit sur les rangs et réfuta le Livre impie de *Spinosa* qui a pour titre, *Tractatus Theologico-Politicus;* je ne puis ici m'empêcher de le comparer à ce Marchand dont le Sauveur parle en Saint Matthieu chap. 13, v. 45 et 46, puis que ce ne sont point des richesses temporelles et périssables qu'il nous présente en donnant son Livre au Public, mais un trésor d'un prix inestimable et qui ne périra jamais, et il seroit fort à souhaiter qu'il se trouvât beaucoup de semblables Marchands sur les Bourses d'Amsterdam et de Rotterdam.

Nos Théologiens de la Confession d'Augsbourg se sont aussi distingués parmi ceux qui ont réfuté les impiétés de *Spinosa*. A peine son *Tractatus Theologico-Politicus* vit le jour, qu'ils prirent la plume et écrivirent contre lui. On

---

*) Voyez Bayle Diction. Crit. pag. 2774.

peut mettre à leur tête le Docteur *Musaeus* Professeur en Théologie à Jene, homme de grand génie, qui dans son tems n'eût peut-être pas son semblable. Pendant la vie de *Spinosa*, à sçavoir en l'année 1674 il publia une Dissertation de douze feuilles, dont le titre étoit, *Tractatus Theologico-Politicus ad veritatis lumen examinatus*. Le Traité de Théologie et de Politique, éxaminé par les lumières du bon sens et de la vérité. Il déclare en la pag. 2 et 3 l'aversion et l'horreur qu'il a d'une production si impie, et l'exprime en ces termes: *Iure merito quis dubitet, num ex illis, quos ipse Daemon ad humana divinaque jura pervertenda magno numero conduxit, repertus fuerit, qui in iis depravandis operosior fuerit quam hic Impostor, magno Ecclesiae malo et Reip. detrimento natus.* „Le Diable séduit un „grand nombre d'hommes, qui semblent tous être „à ses gages et s'attachent uniquement à renverser ce qu'il „y a de plus sacré au monde. Cependant il y a lieu de „douter, si parmi eux aucun a travaillé à ruiner tout droit „humain et divin avec plus d'efficace que cet Imposteur, qui n'a eu autre chose en vûe que la perte de l'Etat et de „la Religion." A la page 5, 6, 7 et 8 il expose fort nettement les expressions Philosophiques de *Spinosa*, explique celles qui peuvent souffrir un double sens, et montre clairement dans quel sens *Spinosa* s'en est servi, afin de comprendre d'autant mieux sa pensée. A la page 16, §. 32, il montre qu'en publiant un tel Ouvrage les vûes de *Spinosa* ont été d'établir que chacun homme a le droit et la liberté de fixer sa créance en matière de Religion, et de la restraindre uniquement aux choses qui sont à sa portée et qu'il peut comprendre. Il avoit déjà auparavant à la 14 page, § 28, parfaitement bien exposé l'état de la question, et marqué en quoi *Spinosa* s'écarte du sentiment des Chrétiens. Et c'est de cette manière qu'il continue d'éxaminer le Traité de *Spinosa*, où il ne laisse rien passer, pas la moindre chose, sans le réfuter par de bonnes et solides raisons. Il ne faut point douter que *Spinosa* lui-même n'ait lû cet écrit du *Doct. Musaeus*, puis qu'il s'est trouvé parmi ses papiers après sa mort.

Quoi qu'on ait beaucoup écrit contre le Traité de Politique et de Théologie, comme je l'ai déja marqué, il n'y a point eu d'Auteur cependant, selon mon sentiment, qui l'ait réfuté plus solidement que ce savant Professeur; et ce jugement que j'en fais est d'ailleurs confirmé par plusieurs autres. L'Auteur qui, sous le nom de *Theodorus Securus*, a composé un petit Traité qui porte pour titre, *l'Origine de l'Athéisme, (Origo Atheismi)*, dit dans un autre petit Livre intitulé, *Prudentia Theologica*, dont il est aussi l'Auteur: „Je suis fort surpris que la Dissertation du *Doct.* „*Musaeus* contre *Spinosa* est si rare et si peu connue ici „en Hollande. On devroit y rendre plus de justice à ce „sçavant Théologien qui a écrit sur un sujet si important, „car il a certainement mieux réussi qu'aucun autre." *Mr. Fullerus in continuatione Bibliothecae Universalis*, etc. s'exprime ainsi en parlant du *Doct. Masaeus*: „L'illustre „Théologien de Jena a solidement réfuté le Livre pernici„eux de *Spinosa* avec „l'habileté et le succès qui lui sont „ordinaires." *(Celeberrimus ille Jenensium Theologus* Joh. Musaeus *Spinosae pestilentissimum foetum acutissimis, queis solet, telis confodit).*

Le même Auteur fait aussi mention de *Frédéric Rappoltus* Professeur en Théologie à Leipsic, qui dans une Oraison qu'il prononça lors qu'il prit possession de sa Chaire de Professeur, réfuta pareillement les sentimens de *Spinosa*. Quoi qu'après avoir lû sa Harangue, je trouve qu'il ne l'a réfuté qu'indirectement, et sans le nommer: elle a pour titre, *Oratio contra naturalistas, habita ipsis Kalendis Junii* anno 1670, et on la peut lire dans les Oeuvres Théologiques de *Rappoltus* Tom. I. pag. 1386 et suiv. publiées par le Docteur *Jean Benoît Carpzovius* et imprimées à Leipsic en 1692. Le Docteur *Joh. Conrad Durrius* Professeur à Altorf a suivi le même plan dans une Harangue que je n'ai pas lûe à la vérité, mais dont on m'a parlé avec éloge comme d'une très bonne pièce.

Le Sieur *Aubert de Versé* publia en 1681 un Livre qui avoit pour titre, *l'Impie convaincu, ou Dissertation contre* Spinosa, *dans laquelle on réfute les fondemens de son Athéisme*. En 1687. *Pierre Yvon*, parent et disciple de *Labadie*, et Ministre de ceux de sa Secte à Wiewerden en Frise, écrivit un Traité contre *Spinosa* qu'il publia sous ce titre, *L'impiété vaincue*, etc. Dans le Supplément au Dictionaire de *Moréri*, à l'article de *Spinosa*, il est fait mention d'un Traité de la conformité de la raison avec la foi, (*de concordia rationis et fidei*), dont *Mr. Huet* est l'Auteur; ce Livre fut réimprimé à Leipsic en 1692 et les

Journalistes de cette Ville en ont donné un bon extrait*), où les sentimens de *Spinosa* sont exposés fort nettement, et réfutés avec beaucoup de force d'habileté. Le savant Mr. *Simon*, et Mr. *de la Motte*, Ministre de la Savoye à Londres, ont travaillé l'un et l'autre sur le même sujet j'ai bien vû les Ouvrages de ces deux Auteurs; mais je ne sçais pas assez le François pour en pouvoir juger. Le Sieur *Pierre Poiret* qui demeure à présent à *Reinsbourg* près de Leide, dans la seconde impression de son Livre *De Deo, anima, et malo*, y a joint un Traité contre Spinosa, dont le titre est, *Fundamenta Atheismi eversa, sive specimen absurditatis Spinosianae*. (Les Principes de l'Athéïsme renversés, etc.) C'est un Ouvrage qui mérite bien qu'on se donne la peine de le lire avec attention.

Le dernier Ouvrage dont je ferai mention est celui de Mr. *Wittichius* Professeur à Leide, qui fut imprimé en 1690 après la mort de l'Auteur, sous ce titre, *Christophori Wittichii Professoris Leidensis Anti-Spinosa, sive Examen Ethices B. de Spinosa*. Il parut encore quelque tems après traduit en Flamand, et imprimé à Amsterdam chez les *Wasbergen*. Il n'est pas étrange que dans un Livre tel que celui qui a pour titre, *Suite de la Vie de Philopater*, on ait tâché de diffamer ce sçavant homme, et de flêtrir sa réputation après sa mort. On debite dans cet écrit pernicieux, que Mr. *Wittichius* étoit un excellent Philosophe, grand ami de *Spinosa*, avec qui il étoit dans un commerce étroit, qu'ils cultivoient l'un et l'autre par lettres, et par des entretiens particuliers qu'ils avoient souvent ensemble; qu'ils étoient en un mot tous deux dans les mêmes sentimens. Que cependant, pour ne passer pas dans le monde pour *Spinosiste*, Mr. *Wittichius* avoit écrit contre le Traité de Morale de *Spinosa*, et qu'on n'avoit fait imprimer sa réfutation après sa mort, que dans la vûe de lui conserver son honneur, et la réputation de Chrétien Orthodoxe. Voilà les calomnies que cet insolent a avancées, je ne sçais d'où il les a puisées, ni sur quelle apparence de vérité il appuye tant de mensonges. D'où a-t-il appris que ces deux Philosophes avoient un commerce si particulier ensemble, qu'ils se voyoient et s'écrivoient si souvent l'un à l'autre? On ne trouve aucune lettre de *Spinosa* écrite à Mr. *Wittichius*, ni de Mr. *Wittichius* écrite à *Spinosa*, parmi les lettres

---

*) Vide act. Erud. Lips. an. 1695. p. 395.

de cet Auteur qu'on a pris soin de faire imprimer; et il n'y en a aucune non plus parmi celles qui sont restées sans être imprimées; de sorte qu'il y a tout lieu de croire, que cette liaison étroite et les lettres qu'ils s'écrivoient l'un à l'autre, sont du crû et de l'invention de ce calomniateur. Je n'ai à la vérité jamais eu occasion de parler à *Mr. Wittichius;* mais je connois assez particulièrement *Mr. Zimmermann* son neveu, Ministre pour le présent de l'Eglise Anglicane, et qui a demeuré avec son Oncle, pendant ses dernières années. Il ne m'a rien communiqué sur ce sujet qui ne fût fort opposé à ce que debite l'Auteur de la *Vie de Philopater;* jusqu'a me faire voir un écrit que son Oncle lui avoit dicté, où les sentimens de *Spinosa* étoient également bien expliqués et réfutés. Pour le justifier entièrement, faut-il autre chose que ce dernier Ouvrage qu'il a composé? C'est là où l'on voit qu'elle est sa créance, et où il fait en quelque manière une profession de foi peu de tems avant sa mort. Quel homme touché de quelque sentiment de Religion osera penser et moins encore écrire, que tout ceci n'a été qu'hypocrisie, fait uniquement en vûe de pouvoir aller à l'Eglise, sauver les apparences, et n'avoir pas la réputation d'Impie et de Libertin.

Si l'on pouvoit inférer de pareilles choses, de ce qu'on prétendroit qu'il y auroit eu quelque correspondance entre deux personnes, je ne me trouverois pas fort en sûreté, et il n'y a guère de Pasteurs qui n'eussent tout à craindre, aussi-bien que moi, de la part des calomniateurs; puis qu'il nous est quelquefois impossible d'éviter tout commerce avec des personnes dont la créance n'est pas toûjours des plus orthodoxes.

Je me souviens ici volontiers de *Guillaume Deurhof* d'Amsterdam, et le nomme avec toute la distinction qu'il mérite. C'est un Professeur qui dans ses Ouvrages, et particulièrement dans ses Leçons Théologiques, a toûjours vivement attaqué les sentimens de *Spinosa*. Le Sieur *François Halma* lui rend justice dans ses remarques sur la vie et sur les opinions de *Spinosa* page 85 lors qu'il dit qu'il a réfuté les sentimens de ce Philosophe d'une manière si solide, qu'aucun de ses Partisans n'a jamais osé jusqu'à présent le prendre à partie et se mesurer avec lui. Il ajoûte que ce subtil écrivain est encore en état de repousser comme il faut l'Auteur de la *Vie de Philopater,* sur les calomnies qu'il a debitées à la page 193 et de lui fermer la bouche.

Je ne dirai qu'un mot de deux Auteurs célèbres, et les joindrai ensemble, quoiqu'un peu opposés l'un à l'autre pour le présent. Le premier est *Mr. Bayle* trop connu dans la République des Lettres pour devoir en faire ici l'Eloge. Le second est *Mr. Jaquelot*, ci-devant Ministre de l'Eglise Françoise à la Haye, et à présent Prédicateur ordinaire de Sa Majesté le Roi de Prusse. Ils ont fait l'un et l'autre de sçavantes et solides Remarques sur la vie, les écrits et les sentimens de *Spinosa*. Ce qu'ils ont publié sur cette matière, avec l'approbation de tout le monde, a été traduit en Flammand par *François Halma* Libraire à Amsterdam, et Homme de Lettres. Il a joint à sa Traduction une Préface, et quelques Remarques judicieuses sur *la suite de la Vie de Philopater*. Ce qui est de lui vaut aussi son prix et mérite d'être lû.

Il n'est pas nécessaire de parler ici de plusieurs Ecrivains qui ont attaqué les sentimens de *Spinosa* tout récemment, à l'occasion d'un livre intitulé, *Hemel op Aarden*, „Le Paradis sur la Terre," composé par *Mr. van Leenhoff* Ministre Réformé à Zwol; où l'on prétend que ce Ministre bâtit sur les fondemens de *Spinosa*. Ces choses sont trop récentes et trop connues du Public pour s'y arrêter, c'est pourquoi je passe outre pour parler de la mort de ce célèbre Athée.

De la dernière maladie de Spinosa, et de sa mort.

On a fait tant de différens rapports, et si peu véritables, touchant la mort de *Spinosa*, qu'il est surprenant que des gens éclairés se soient mis en fraix d'en informer le Public sur des oui dire, sans auparavant s'être mieux instruit euxmêmes de ce qu'ils debitoient. On trouve un échantillon des faussetés qu'ils avancent sur ce sujet dans le Ménagiana imprimé à Amsterdam en 1695, où l'Auteur s'exprime ainsi: „J'ai oui dire que *Spinosa* étoit mort de la peur qu'il avoit eue d'être mis à la Bastille. Il étoit venue en France attiré par deux Personnes de qualité qui avoient envie de le voir. Mr. de Pomponne en fut averti; et comme c'est un Ministre fort zélé pour la Religion, il ne jugea pas à propos de souffrir *Spinosa* en France, où il étoit capable de faire bien du désordre, et pour l'en empêcher, il résolut de le faire mettre à la Bastille. *Spinosa* qui en eut avis, se sauva en habit de Cordelier; mais je ne garantis pas cette dernière circonstance. Ce qui est certain, est que bien des personnes qui l'ont vû, m'ont assuré qui'l étoit petit, jaunâtre, qu'il avoit quelque chose de noir dans la physionomie, et qu'il portoit sur son visage un caractère de réprobation."

Tout ceci n'est qu'un tissu de fables et de mensonges; car il est certain que *Spinosa* n'a été de sa vie en France; et quoique des Personnes de distinction ayent tâché de l'y attirer, comme il l'a avoué à ses Hôtes, il les a cependant bien assurés en même tems, qu'il n'espéroit pas d'avoir jamais assez peu de jugement, pour faire une telle folie. On jugera aisément aussi par ce que je dirai ci-après, qu'il n'est nullement véritable qu'il soit mort de peur. Pour cet effet je rapporterai les circonstances de sa mort sans partialité, et n'avancerai rien sans preuve; ce que je suis en état d'éxécuter d'autant plus aisément, que c'est ici à la Haye qu'il est mort et enterré.

Spinosa étoit d'une constitution très foible, mal sain, maigre et attaqué de Phthisie depuis plus de vingt ans; ce qui l'obligeoit à vivre de régime, et à être extrêmement sobre en son boire et en son manger. Cependant, ni son Hôte, ni ceux du logis, ne croyoient pas que sa fin fût si proche, même peu de tems avant que la Mort le surprît, et n'en avoient pas la moindre pensée. Car le 22 Février qui fut alors le samedi devant les jours gras, son Hôte et sa Femme furent entendre la prédication qu'on fait dans notre Eglise pour disposer un chacun à recevoir la Communion qui s'administre le lendemain selon une coûtume établie parmi nous. L'Hôte étant retourné au logis après le sermon à quatre heures ou environ, *Spinosa* descendit de sa chambre en bas, et eut avec lui un assez long entretien qui roula particulièrement sur ce que le Ministre avoit prêché, et après avoir fumé une pipe de tabac, il se retira à sa chambre qui étoit sur le devant et s'alla coucher de bonne heure. Le Dimanche au matin avant qu'il fût tems d'aller à l'Eglise, il descendit encore de sa chambre et parla avec l'Hôte et sa Femme. Il avoit fait venir d'Amsterdam un certain Médicin, que je ne puis désigner que par ces deux Lettres L. M.; celui-ci chargea les gens du logis d'acheter un vieux coq, et de le faire bouillir aussi-tôt, afin que sur le midi *Spinosa* pût en prendre le bouillon, ce qu'il fit aussi et en mangea encore de bon appetit, après que l'Hôte et sa Eemme furent revenus de l'Église. L'après-midi le Médecin L. M. resta seul auprès de *Spinosa*: ceux du logis étant retournés ensemble à leurs dévotions. Mais au sortir du sermon, ils apprirent avec surprise que sur les trois heures *Spinosa* étoit expiré en la présence de ce Médecin, qui le soir même s'en retourna à Amsterdam par le bateau de nuit, sans prendre le moindre soin du défunt. Il se dispensa de ce devoir d'autant plûtôt, qu'après la mort de *Spinosa* il s'étoit saisi d'un ducaton et de quelque peu d'argent que le défunt avoit laissé sur sa table, aussi-bien que d'un couteau à manche d'argent, et s'étoit retiré avec ce qu'il avoit butiné.

On a rapporté fort diversement les particularités de sa maladie et de sa mort; et cela même a fourni matière à plusieurs contestations. On debite, 1) que dans le tems de sa maladie, il avoit pris les précautions nécessaires pour n'être pas surpris, par les visites de gens dont la vûe ne pouvoit que l'importuner. 2) Que ces propres paroles lui étoient sorties de la bouche une et même plusieurs fois, *O Dieu, aye pitié de moi misérable pécheur*. 3) Qu'on l'avoit oui souvent soûpirer en prononçant le nom de Dieu. Ce qui ayant donné occasion à ceux qui étoient présens de lui demander, s'il croyoit donc à présent l'existence d'un Dieu, dont il avoit tout sujet de craindre les jugemens après sa mort? Il avoit répondu, que le mot lui étoit échappé, et n'étoit sorti de sa bouche que par coûtume et par habitude. On dit encore 4) qu'il tenoit auprès de soi du suc de Mandragore tout prêt dont il usa quand il sentit approcher la mort; qu'ayant ensuite tiré les rideaux de son lit, il perdit toute connoissance étant tombé dans un profond sommeil, et que ce fut ainsi qu'il passa de cette vie à l'Eternité. 5) Qu'il avoit défendu expressément de laisser entrer qui que ce soit dans sa chambre lors qu'il approcheroit de sa fin. Comme aussi, que se voyant à l'extrémité il avoit fait appeler son Hôtesse, et l'avoit priée d'empêcher qu'aucun Ministre ne le vint voir, parce qu'il vouloit, disoit-il, mourir paisiblement et sans dispute, etc.

J'ai recherché soigneusement la vérité de tous ces faits, et demandé plusieurs fois à son Hôte et à son Hôtesse qui vivent encore à présent, ce qu'ils en sçavoient; mais ils m'ont répondu constamment l'un et l'autre, qu'ils n'en avoient pas la moindre connoissance, et qu'ils étoient persuadés que toutes ces particularités étoient autant de mensonges. Car jamais il ne leur a défendu d'admettre qui que ce fût qui souhaitât de le voir. D'ailleurs, lorsque sa fin approcha, il n'y avoit dans sa chambre que le seul Médecin d'Amsterdam que j'ai désigné. Personne n'a oui les paroles qu'on prétend qu'il a proférées: *O Dieu, aye pitié de moi misérable pécheur*, et il n'y a pas d'apparence non plus qu'elles soient sorties de sa bouche, puis qu'il ne croyoit pas être si près de sa fin; et ceux du logis n'en avoient pas la moindre pensée. Et il ne gardoit point le lit pendant sa maladie; car le matin même du jour qu'il expira, il étoit encore descendu de sa chambre en bas, comme nous l'avons remarqué: sa chambre étoit celle de devant, où il couchoit dans un lit construit à la mode du Païs, et qu'on appelle *Bedstede*. Qu'il ait chargé son Hôtesse de renvoyer les Ministres qui pourroient se présenter, ou qu'il ait invoqué le nom de Dieu pendant sa maladie, c'est ce que ni elle, ni ceux du logis n'ont point oui, et dont ils n'ont nulle connoissance. Ce qui leur persuade le contraire, c'est que depuis qu'il étoit tombé en langueur, il avoit toûjours marqué, dans les maux qu'il souffroit, une fermeté vrayement stoïque, jusqu'à réprimander les autres lui-même, lors qu'il leur arrivoit de se plaindre et de témoigner dans leurs maladies peu de courage ou trop de sensibilité.

Enfin, à l'égard du suc de Mandragore, dont on dit qu'il usa étant à l'extrémité, ce qui lui fit perdre toute connoissance; c'est encore une particularité entièrement inconnue à ceux du logis. Et cependant c'étoit eux qui lui préparoient tout ce dont il avoit besoin pour son boire et manger, aussibien que les remèdes qu'il prenoit de tems en tems. Il n'est pas non plus fait mention de cette drogue dans le mémoire de l'Apothicaire, qui pourtant fut le même, chez qui le Médecin d'Amsterdam envoya prendre les remèdes dont *Spinosa* eut besoin les derniers jours de sa vie.

Après la mort de *Spinosa*, son Hôte prit soin de le faire enterrer. *Jean Rieuwertsz* Imprimeur de la Ville à Amsterdam l'en avoit prié, et lui avoit promis en même tems de le faire rembourser de toute la dépense, dont il vouloit bien être caution. La Lettre qu'il lui écrivoit fort au long à ce sujet, est datée d'Amsterdam du 6. Mars 1678. Il n'oublie pas d'y faire mention de cet Ami de Schiedam dont nous avons parlé ci-dessus, qui pour montrer combien la mémoire de *Spinosa* lui étoit chère et précieuse, payoit éxactement tout ce que *Van der Spyck* pouvoit encore prétendre de son défunt Hôte. La somme à quoi ses prétentions pouvoient monter, lui en étoit en même tems remise, comme *Rieuwertsz* lui-même l'avoit touchée par l'ordre de son Ami.

Comme on se disposoit à mettre le corps de *Spinosa* en terre, un Apothicaire nommé *Schroder* y mit opposition, et prétendit auparavant être payé de quelques médicamens qu'il avoit fournis au défunt pendant sa maladie. Son mémoire se montoit à seize florins et deux sous, je trouve qu'on y porte en compte de la Teintnre de safran, du Baume, des Poudres, etc.; mais on n'y fait aucune mention ni d'Opium, ni de Mandragore. L'opposition fut levée aussi-tôt et le compte payé par le Sieur *Van der Spyck*.

Le corps fut porté en terre le 25 Février accompagné de plusieurs Personnes illustres, et suivi de six carosses. Au retour de l'Enterrement qui se fit dans la nouvelle Eglise sur le Spuy, les Amis particuliers ou Voisins, furent régalés de quelques bouteilles de vin selon la coûtume du Païs dans la maison de l'Hôte du défunt.

Je remarquerai en passant que le Barbier de *Spinosa* donna après sa mort un mémoire conçû en ces termes: *Mr. Spinosa, de bien-heureuse mémoire*, doit à *Abraham Kervel* Chirurgien, pour l'avoir razé pendant le dernier quartier, la somme d'un florin dix huit sous. La Prieur d'Enterrement, et deux Taillandiers firent au défunt un pareil compliment dans leurs mémoires, aussi bien que le Mercier qui fournit des gands pour le Deuil de l'Enterrement.

Si ces bons gens avoient sçû quels étoient les principes de *Spinosa* en fait de Religion, il y a apparence qu'ils ne se fussent pas ainsi joués du terme de *bien-heureux* qu'ils employoient: ou estce qu'ils s'en sont servis selon le train ordinaire, qui souffre quelquefois l'abus qu'on fait de semblables expressions, à l'égard même de personnes mortes dans le desespoir, ou dans l'impénitence finale?

Spinosa étant enterré, son Hôte fit faire l'Inventaire des biens meubles qu'il avoit laissés. Le Notaire qu'il employa donna un compte de ses vacations en cette forme: *Guillaume van den Hove Notaire, pour avoir travaillé à l'inventaire des meubles et effects du feu* Sieur Bénoit de Spinosa: ses salaires se montent à la somme de dix-sept florins et huit sous; plus bas il reconnoît avoir été payé de cette somme le 14. Novembre 1677.

Rebecca de Spinosa soeur du défunt se porta pour son héritière, et en passa sa déclaration, à la maison où il étoit mort. Cependant, comme elle refusoit de payer préalablement les fraix de l'Enterrement, et quelques dettes dont la succession étoit chargée; le Sieur *Van der Spyck* lui en fit parler à Amsterdam, et la fit sommer d'y satisfaire par *Robert Schmeding* porteur de sa Procuration, *Libertus Loef* fut le Notaire, qui dressa cet Acte et le signa le 30. Mars 1677. Mais avant de rien payer elle vouloit voir clair et sçavoir, si les dettes et charges payées, il lui reviendroit quelque chose de la succession de son frère. Pendant qu'elle délibéroit, *Van der Spyck* se fit autoriser par Justice à faire vendre publiquement les biens et meubles en question, ce qui fut aussi éxécuté, et les deniers provenans de la vendue étant consignés au lieu ordinaire, la soeur de *Spinosa* fit arrêt dessus; mais voyant qu'après le payement des fraix et charges, il ne restoit que peu de chose ou rien du tout, elle se désista de son opposition et de toutes ses prétensions. Le Procureur *Jean Lukkats* qui servit *Van der Spyck* en cette affaire, lui porta en compte la somme de trente-trois florins seize sous, dont il donna sa quittance datée du 1. Juin 1678. La vendue des dits meubles avoit été faite ici à la Haye dès le 4. Novembre 1677 par *Rykus van Stralen* Crieur juré, comme il paroît par le compte qu'il en rendit daté du même jour.

Il ne faut que jetter les yeux sur ce compte, pour juger aussitôt que c'étoit l'inventaire d'un vrai Philosophe; on n'y trouve que quelques Livrets, quelques Taille-douces ou Estampes, quelques morceaux de verre polis, des instrumens pour les polir, etc.

Par les hardes qui ont servi à son usage, on voit encore combien il a été oeconome et bon ménager. Un Manteau de camelot, avec une Culote, furent vendus vingt-un florins quatorze sous, un autre Manteau gris douze florins quatorze sous, quatre linceuls six florins et huit sous, sept chemises neuf florins et six sols: un Lit et un Traversin quinze florins, dix-neuf Colets un florin onze sous, cinq Mouchoirs douze sous, deux Rideaux rouges, une Courtepointe et une petite Couverture de lit six florins, son Orfèvrerie consistoit en deux Boucles d'argent qui furent vendues deux florins. Tout l'inventaire ou vendue des meubles ne se montoit qu'à quatre cens florins et treize sous ; les fraix de la vendue et charges déduites, il restoit cens nonante florins quatorze sous.

Voilà ce que j'ai pû apprendre de plus particulier touchant la Vie et la Mort de *Spinosa*. Il étoit âgé de quarante-quatre ans deux mois et vingt-sept jours. Il est mort le vingt-unième Février 1677 et a été enterré le 25 du même mois.

ANHANG

zu

VIE DE B. DE SPINOSA,

enthaltend
die neuerdings aufgefundene und von van Vloten veröffentlichte Bannformel in lateinischer Uebersetzung.
(Zu Seite 219.)

Anathema, quod edictum est de sanctuario die 6⁰ mensis Ab contra Baruch de Espinoza.

Consilii Ecclesiastici domini Vobis communicant, quod iamdudum cognoscentes malas opiniones operaque mala Baruchii de Espinoza, per varios studuerunt modos et promissiones eum a malis distrahere viis; cum vero nihil in eo remediari potuerint, econtrario autem quotidie magis cognoscerent horribiles eius hereses ab eo actas doctasque, et insolentia, quae operabatur, opera, cumque multos eius rei fide dignos tenerent testes, qui deposuerunt et testati sunt, dicto Espinoza praesente, a quibus convictus fuit; examine de omnibus habito, in praesentia Dominorum Sapientium, deliberaverunt, ipsis assentientibus dictum Espinozam anathematizare et seiungere a natione Israelis, uti iam eum in anathemate ponunt, cum anathemate sequente:

Iudicio angelorum sanctorumque iudicio anathematizamus, seiungimus, maledicimus et execramus Baruch d'Espinoza, assentiente tribunali Ecclesiastico, et consentiente omni ista sancta communitate, coram sanctis libris, cum sexcentis et tredecim preceptis, quae in iis scripta sunt, cum anathemate quo Iosua Ierichontem anathematizavit, cum maledictione qua Elisa pueris maledixit et cum omnibus maledictionibus, quae in libro legis scriptae sunt:

Maledictus sit per diem et maledictus sit per noctem, maledictus sit quum intraverit et maledictus sit quum exiverit, maledictus sit quum cubuerit et maledictus sit quum surrexerit: Dominus nunquam illi ignoscere velit, furorem Domini et zelum in hominem istum posthac ardere faciat, illique imponat omnes maledictiones quae scriptae sunt in libro legis et destruet nomen eius infra coelum, et Dominus seiunget eum in malum ab omnibus Israelis tribubus cum omnibus maledictionibus firmamenti, in libro legis; et vos Domino Deo vestro adhaerentes vos omnes hodie salvete!

Advertentes, quod nemo cum alloqui possit oraliter, nemo per scriptum, nemo ei facere possit ullum favorem, nemo sub tecto cum illo stare, nemo quatuor distantibus ulnis, nemo documentum illum legere ab eo factum vel scriptum.

Druckfehler-Verzeichniss der Einleitung.

S. 21 Z. 12 v. o. lies „an" statt „von".
S. 22 Z. 15 v. u. lies Bestreben statt Buchstaben.
S. 27 Z. 14 v. u. lies an statt von.
S. 32 Z. 20 v. u. setze vor „Sp." die Anführungszeichen.
S. 39 Z. 10 v. o. lies da statt der.
S. 47 Z. 10 v. o. lies Anfange statt Anhange.
S. 53 Z. 9 v. u. lies der statt bei.
S. 53 Z. 3 v. u. lies Begriffensein statt Begriffsein.
S. 53 Z. 9 v. o. fehlt hinter dem wir auch das Wort „meist".
S. 55 Z. 5 v. u. lies vitam statt vidam.
S. 56 Z. 3 v. u. lies baufälligen statt beifälligen.
S. 64 Z. 18 v. o. lies Jahre statt Jahrhundert.
S. 70 Z. 12 v. o. lies Francisc. statt francisc.
S. 79 Z. 5 v. o. lies se statt de.
S. 79 Z. 13 v. o. lies ethices statt ethicis.
S. 80 Z. 14 v. u. lies quae statt que.

Druckfehler-Verzeichniss des Brieftextes.

S. 6 Z. 6 v. o. lies acquiescere statt aquiescere.
S. 20 Z. 5 v. u. lies est statt es.
S. 24 Z. 15 v. o. lies desideratum statt esideratum.
S. 24 Z. 23 v. u. lies sive statt sivi.
S. 31 Z. 20 v. u. lies aquae statt aqua.
S. 31 Z. 8 v. u. lies quartam statt quartem.
S. 31 Z. 1 v. u. lies quoad statt quaod.
S. 36 Z. 15 v. o. lies naturam statt natrram.
S. 36 Z. 4 v. u. lies acquiescere statt aquiscere.
S. 37 Z. 3 v. o. lies odore statt odere.
S. 45 Z. 12 v. u. lies determinantur statt determinatur.
S. 54 Z. 3 v. o. lies placitura statt acitura.
S. 54 Z. 5 v. u. lies resurrectio statt rosurrectio.
S. 57 Z. 13 v. o. lies totam statt totum.
S. 64 Z. 20 v. o. lies opus statt opns.
S. 66 Z. 1 v. u. lies hominis statt homines.
S. 81 Z. 6 v. o. lies novit statt uovit.
S. 88 Z. 3 v. u. lies malum hinter comitari.
S. 102 Z. 22 v. o. lies fructra statt fruçta.
S. 116 Z. 17 v. o. lies naturam für naturum.
S. 117 Z. 14 v. u. lies suscipio für suspicio.
S. 165 Z. 13 v. u. lies nullaeque für nullaequae.
S. 167 Z. 13 v. o. lies responsiones für reponsiones.
S. 186 Z. 11 v. u. lies 23 statt 13.
S. 195 Z. 2 v. o. lies sanctissimo statt santissime.
S. 207 Z. 8 v. u. lies paratissimum für peratissimum.
S. 207 Z. 3 v. u. lies gestofeerde statt gestofarde.
S. 214 Z. 11 v. u. lies qu'il statt qui'l.
S. 226 Z. 16 v. u. lies de statt te.
S. 228 Z. 8 v. o. lies jamais statt jaimeis.
S. 231 Z. 11 v. u. lies reçûs.
S. 234 Z. 19 v. u. ou definitions zu streichen.
S. 245 Z. 18 v. u. lies 20 statt 22.
S. 245 Z. 4 v. u. lies Médecin statt Médicin.

Anmerkung. Der Herausgeber hat kein Bedenken getragen, die irrige Angabe des Colerus Seite 221, wonach der Beginn des Aufenthalts in Rhynsburg erst in das Jahr 1664 fällt, durch die Jahreszahl 1661 im Texte selbst zu berichtigen.

Verlag von ERICH KOSCHNY (L. Heimann's Verlag) in Leipzig.

B. de Spinoza's
kurzgefasste Abhandlung
von Gott,
dem Menschen und dessen Glücke.

Aus dem Holländischen in's Deutsche übersetzt und mit einem Vorwort begleitet

von

C. SCHAARSCHMIDT,
Professor in Bonn.

Zweite verbesserte und vermehrte Auflage.

Preis 1 Mark.

Die
Briefe mehrerer Gelehrten
an

BENEDICT VON SPINOZA

und dessen

Antworten

soweit beide zum besseren Verständniss seiner Schriften dienen.

Uebersetzt und erläutert

von

J. H. von KIRCHMANN.

Preis 2 Mark.